Javier Díaz-Giménez es profesor de macroeconomía en la Universidad Carlos III de Madrid, y ha publicado numerosos artículos de investigación en las principales revistas internacionales.

MACROECONOMÍA: PRIMEROS CONCEPTOS

JAVIER DÍAZ-GIMÉNEZ

Universidad Carlos III de Madrid

MACROECONOMÍA:
PRIMEROS CONCEPTOS

Publicado por Antoni Bosch, editor
Manuel Girona, 61 – 08034 Barcelona
Tel. (34) 93 206 07 30 – Fax (34) 93 206 07 31
E-mail: info@antonibosch.com
http://www.antonibosch.com

© 1999, Javier Díaz Giménez
© de esta edición: Antoni Bosch, editor, S.A.

ISBN: 84-85855-86-8
Depósito legal: B-26.116-1999

Diseño de la cubierta: Compañía de Diseño
Ilustración de la cubierta:
Fotocomposición: Tipografía Kueli
Impresión y encuadernación: Tesys, S.A.

Impreso en España
Printed in Spain

A mi madre, porque hace ya muchos años se empeñó en que aprendiera a escribir también con la otra mano.

A mi padre, porque sigue pensando que habría hecho carrera en la radio.

A los dos, porque educarnos sigue siendo un trabajo de equipo agotador.

A Amparo, porque todo se lo dedico a Amparo.

Y a Jorge, que lo va a tener que leer desde el cielo.

CONTENIDO

Prólogo

Aprender macroeconomía es importante, entre otras muchas cosas, porque nos ayuda a entender por qué las personas que viven en unos países son tan ricos y las que viven en otros son tan pobres y qué se puede hacer para remediarlo. También sirve para ayudarnos a decidir a qué partido votar y a entender las páginas de economía de los periódicos. Por si esas razones no nos parecieran suficientes, aprender macroeconomía, como dijo Keynes, sirve para que a los macroeconomistas les resulte más difícil engañarnos. El objetivo de este libro es ayudarnos a dar los primeros pasos en este aprendizaje.

Pero el que la macroeconomía sea importante no justifica la necesidad de otro libro de introducción. En parte me decidí a empezar este proyecto, que me ha llevado casi una década, a petición de mis estudiantes. Aunque formalmente mis clases de introducción a la macroeconomía siempre se basaban en alguno de los libros de texto existentes, cada año, tanto su estilo como su contenido se distanciaban más de esos textos. Y los estudiantes siempre prefieren que las explicaciones de clase sigan un texto, por malo que sea.

Una de mis preocupaciones fundamentales al escribir este libro ha sido la de utilizar un lenguaje accesible y ameno, que se alejara en lo posible del oscurantismo de la jerga económica, y que se acercara a la realidad cotidiana de los estudiantes a los que está dirigido. También me he preocupado por utilizar únicamente las matemáticas que se imparten en los cursos de la enseñanza obligatoria. Los conceptos matemáticos que se resumen en el Tema 0, además de necesarios, son suficientes para entender el contenido del resto del libro, en el que, por ejemplo, el lector no va a encontrar ni una sola derivada.

Otro de mis objetivos ha sido incorporar a un curso de introducción los principales métodos y algunos de los resultados más accesibles de los trabajos recientes de investigación en macroeconomía. Algunos ejemplos de estos métodos y resultados son los siguientes: el texto introduce formalmente el concepto del equilibrio de un modelo; presenta la idea de que un modelo es una economía artificial diseñada para simular distintas políticas económicas y evaluar sus efectos; y reproduce los resultados de algunos artículos de investigación publicados en la década de los noventa.

También he intentado que el texto hiciera un análisis riguroso de unos cuantos conceptos sencillos y que ese análisis llegara hasta sus últimas consecuencias y me he propuesto que nada de lo que se aprende en este curso tenga que ser desaprendido en cursos posteriores. Por último, y al contrario que la mayoría de los textos introductorios, este libro está lleno de datos de las economías española e internacional. Todas las series económicas que se incluyen al final de los distintos capítulos del libro se pueden obtener directamente en la siguiente dirección de la red: `http://www.eco.uc3m.es/~kueli/`.

La organización del contenido del libro es la siguiente: el texto fue originalmente concebido para servir de referencia para un primer curso de introducción a la economía de un cuatrimestre de duración. En consecuencia, la primera parte contiene unos cuantos conceptos económicos básicos y establece el tono del libro. En esta parte, los Temas 1 y 2 son especialmente importantes porque los conceptos que en ellos se definen se usan repetidamente en los temas posteriores. En cambio, el contenido de los Temas 3 y 4 se encuentra en cualquier curso de microeconomía y puede omitirse de los programas en los que el curso de macroeconomía se imparta después que el curso de microeconomía. La segunda parte del libro describe los agregados macroeconómicos que constituyen el vocabulario esencial de la macroeconomía y es la transición natural entre un curso de microeconomía y un curso de macroeconomía. La tercera parte contiene una descripción informal de los principales problemas macroeconómicos, y la cuarta parte es una introducción al análisis macroeconómico propiamente dicho. El Tema 12 presenta el modelo macroeconómico básico que se utiliza en los cursos superiores y en la mayoría de los trabajos de investigación en macroeconomía. El Tema 13 introduce el análisis del crecimiento económico y el Tema 14 hace lo propio con el análisis de los ciclos económicos. El texto no contiene un análisis detallado del sector exterior. Esta omisión se debe al carácter excesivamente complejo de las relaciones económicas internacionales que aconseja que se estudien en cursos más avanzados.

El libro está dirigido sobre todo a los estudiantes de primero de las carreras de economía y a los de los cursos de introducción a la economía de otras carreras. También puede usarse en programas de tercer ciclo con contenido económico en los que participen licenciados de otras carreras. Como se deduce de los más de doscientos ejercicios intercalados en los capítulos, el libro requiere la participación activa del lector. La razón que justifica tanto esfuerzo es que el análisis económico es un método y no una doctrina, y que la mejor forma de aprender este método, como cualquier otro, es practicándolo. Por eso no he incluido las soluciones de los ejercicios. Encontrarlas es una competencia exclusiva del lector.

AGRADECIMIENTOS

Este libro se lleva escribiendo desde que una tarde en el invierno de 1985 crucé el puente y di mi primera clase de introducción a la economía. Desde entonces, cada año una nueva cosecha de estudiantes me ha servido al mismo tiempo de banco de pruebas y de acicate. A todos, muchas gracias. Gracias también a mis profesores de literatura, de economía y de matemáticas, por su admirable y desinteresada labor educadora. Aunque muchos de ellos me hayan puesto muy difícil estar a su altura, lo sigo intentando.

Como casi todo en economía, este libro es una obra colectiva en la que muchos de mis colegas y estudiantes han participado de formas muy distintas, muchas gracias a todos. Le estoy especialmente agradecido a Samuel Bentolila por todos los capítulos que se ha leído y por las series; a Ton Bosch por la paciencia que ha tenido con un manuscrito que casi ha sido interminable; a Jesús Escribano por escribir el programa que compone el índice analítico, por ayudarme con los gráficos y con los flecos y por todos los chistes malos que me ha contado; a Yadira González y a Belén Jerez por el trabajo que sirvió como base para el Tema 14; a Sergi Jiménez por su ejercicio sobre la búsqueda de empleo; a Juan Francisco Jimeno por todas las sugerencias que me hizo para mejorar el Tema 10; a Eduardo Ley por sus sugerencias para el Tema 6 y por contestar a todas mis innumerables preguntas informáticas; a Miguel Pacios por los postulados y las definiciones de Euclides; a Stephen Parente por facilitarme casi todas las series del Tema 8; a Leandro Prados por las series históricas de la economía española; a Javier Ruiz-Castillo por leer el primer borrador de las primeras páginas y por financiar su continuación con mil pesetas que salieron de su propio bolsillo; a David Taguas por explicarme los arcanos de la contabilidad nacional y por poner a mi disposición su excelente base de datos; y a Javier Vallés por resolver todas mis numerosas dudas y por facilitarme muchas de las series que no fui capaz de encontrar en otros sitios.

Gracias también a Andoni por su apoyo; a Beatriz por descifrarme los garabatos; a Clara por su entusiasmo; a la Doctora porque siempre ha estado a nuestro lado; a Ed y a José Víctor por toda la economía que me han enseñado; a Felisa y a Clemente por preguntarme tantas veces que qué tal iba el libro; a Guillermo por felicitarme a destiempo los cumpleaños; a Isabel por ganarme las apuestas; a José Enrique por su permanente buen humor; a Miguel por lo del bodrio; a Napo por su intensidad en la Fundación; a Pepe, entre tantas otras cosas, por las comas; a Pérez porque todavía no se ha aburrido; y a todos los que pasaron por Montpalau en el verano del 93 por aguantarme el mal humor cuando llegaba a la playa.

Amparo: si no me hubieras llenado de amor el nido del marsupilami, nunca habría sido capaz de escribir este libro. A ti, más que a nadie, gracias.

Madrid, Julio de 1999

PRIMERA PARTE

CONCEPTOS BÁSICOS

La primera parte del libro contiene los métodos matemáticos que son necesarios y suficientes para entender el resto del libro y unos cuantos conceptos básicos esenciales para iniciarse en el estudio de la economía. Los métodos matemáticos se describen en el Tema 0. En el Tema 1 se define la economía y se introduce el concepto del coste de oportunidad, que posiblemente sea el concepto más utilizado por todo el análisis económico. En el Tema 2 se define el concepto de mercancía y el de función de producción desde el punto de vista macroeconómico. El Tema 3 describe las posibilidades de producción de la economía y el Tema 4 es una introducción al funcionamiento del mercado.

Tema 0

PARA ENTENDERNOS

Apenas él le amalaba el noema, a ella se le agolpaba el clémiso y caían en hidromurias, en salvajes ambonios, en sustalos exasperantes. Cada vez que él procuraba relamar las incopelusas, se enredaba en un grimado quejumbroso y tenía que envulsionarse de cara al nóvalo, sintiendo cómo poco a poco las arnillas se espejunaban, se iban apeltronando, reduplimiendo, hasta quedar tendido como el trimalciato de ergomanina al que se le han dejado caer unas fílulas de cariaconcia. Y sin embargo era apenas el principio, porque en un momento dado ella se tordulaba los hurgalios, consintiendo en que él aproximara suavemente sus orfelunios. Apenas se entreplumaban, algo como un ulucordio los encrestoriaba, los extrayuxtaba y paramovía, de pronto era el clinón, la esterfurosa convulcante de las mátricas, la jadehollante embocapluvia del orgumio, los esproemios del merpasmo en una sobrehumítica agopausa. ¡Evohé!, ¡evohé! Volposados en la cresta del murelio, se sentían balparamar, perlinos y márulos. Temblaba el troc, se vencían las marioplumas, y todo se resolviraba en un profundo pínice, en niolamas de argutendidas gasas, en carinias casi crueles que los ordopenaban hasta el límite de las gunfias.

Julio Cortázar – *Rayuela*

Contenido

0.0   INTRODUCCIÓN

¿Qué quiere decir el extracto de *Rayuela* que encabeza este capítulo? De las 186 palabras de que consta hay 128 que podemos encontrar en cualquier diccionario de español, pero las 58 restantes no están en ningún diccionario. Y sin embargo, si leemos esas líneas con atención, casi podemos decir que tienen sentido. No nos resulta demasiado difícil imaginarnos la escena a pesar de esas 58 palabras que no terminamos de entender.

Ejercicio 0.0: ¿Qué ocurre en la escena que se describe en esas líneas?

Irene está convencida de que esa escena describe una relación sexual. Pero no sabría decirnos exactamente por qué, y cuando Lucas se lo pregunta, simplemente se encoge de hombros. Quizás sea por el ritmo de las frases. Quizás porque las palabras que no terminamos de entender nos recuerdan vagamente a otras cuyo significado sí que entendemos. Pero si insistimos en que se nos dé una explicación más precisa, Irene es incapaz de justificarse. Como no entiende todas las palabras, su interpretación es poco más que una intuición sin forma.

Si le pidiéramos a Irene que construyera frases nuevas usando las palabras cuyo significado no termina de entender, seguramente no podría porque es muy difícil construir frases nuevas usando palabras que no entendemos, o que entendemos sólo a medias. Y precisamente ése es el objetivo último de "entender". Entendemos de verdad el sentido de una palabra cuando somos capaces de usarla para construir frases nuevas. Y lo mismo ocurre con las ideas. Entendemos de verdad el significado de una idea cuando somos capaces de usarla para contestar preguntas cuyas respuestas desconocemos, o para resolver problemas cuyas soluciones no hemos visto nunca.

Supongo que a estas alturas el lector se estará preguntado a qué viene este preámbulo en las primeras páginas de un libro de economía. Pues viene a que el objetivo principal de este libro es precisamente ayudarnos a entender —pero a entender de verdad— unas cuantas ideas básicas en economía y a enseñarnos a pensar como piensan los economistas cuando construyen sus teorías. Pero como hemos quedado que entender de verdad significa ser capaces de usar creativamente las palabras o las ideas, antes de empezar a pensar en la economía, tenemos que ponernos de acuerdo en el significado del lenguaje que vamos a utilizar. Por eso, en este tema empezamos repasando el significado de unos cuantos conceptos básicos que constituyen el lenguaje formal que vamos a utilizar en muchas de las explicaciones del libro.

Las técnicas que se analizan en este capítulo además de necesarias son suficientes para comprender todo el contenido del libro. El lector que se considere suficientemente familiarizado con ellas puede omitir la lectura de este capítulo, aunque sería conveniente que echara un vistazo rápido a los ejercicios. Más que nada, para asegurarse de que verdaderamente entiende esos métodos que son esenciales para comprender el contenido las páginas que siguen.

0.1 LAS ECUACIONES LINEALES

Para entender este libro es imprescindible saber resolver ecuaciones lineales o de primer grado. Pero hasta este método tan sencillo se basa en una serie de conceptos previos que también debemos entender. Entre estos conceptos previos, los más importantes son los siguientes: la teoría elemental de los conjuntos; el concepto de operador; los operadores igualdad, "=", suma, "+", resta, "−", multiplicación, "×" y división, "/", y sus propiedades respectivas; y los conceptos de término, miembro y ecuación.

Si no estamos del todo seguros de entender de verdad alguno de estos conceptos, si no entendemos, por ejemplo, el significado de la palabra "operador", o si no recordamos qué ocurre con los signos algebraicos de los términos de una fracción precedida por un signo "−" al quitar el denominador de la fracción, sería conveniente que buscáramos las explicaciones correspondientes en cualquier libro de matemáticas elementales.

Ejercicio 0.1: Resuelva la siguiente ecuación:

$$\frac{7(x+1)-3}{3} - \frac{x-3}{4} = \frac{2x+11}{12} + 5.$$

La respuesta al Ejercicio 0.1 es $x = 2$. Si la ha encontrado sin dificultad, puede omitir el resto de este apartado que se dedica a repasar los métodos de solución de las ecuaciones lineales.

Entre estos métodos, uno de los más utilizados consiste en llevar a cabo sucesivamente las siguientes operaciones: (a) quitar los denominadores; (b) quitar los paréntesis; (c) agrupar los términos semejantes, y (d) despejar la incógnita. En los párrafos siguientes vamos a describir con detalle en qué consiste cada una de estas operaciones.

El primer paso nos pide que quitemos los denominadores. Para quitar los denominadores de la ecuación del Ejercicio 0.1, primero tenemos que multiplicar todos los términos de sus dos miembros por el mínimo común múltiplo de los denominadores.[1] Otro método más sencillo pero mucho más laborioso para quitar denominadores es multiplicar todos los términos de los dos miembros de la igualdad por el producto de todos los denominadores. En el Ejercicio 0.1, el mínimo común múltiplo de 3, 4 y 12 es $3 \times 2^2 = 12$, mientras que el producto de los tres denominadores es $3 \times 4 \times 12 = 144$. Si multiplicamos por 12 todos los términos de los dos miembros de la ecuación del Ejercicio 0.1, obtenemos la siguiente expresión:

$$\frac{12[7(x+1)-3]}{3} - \frac{12(x-3)}{4} = \frac{12(2x+11)}{12} + 12 \times 5. \tag{0.0}$$

A continuación usamos la propiedad fundamental de las fracciones —que establece que si multiplicamos o dividimos el numerador y el denominador de una fracción por un mismo número el cociente no varía— y dividimos el numerador y el denominador de cada fracción por su denominador. De este modo obtenemos la siguiente expresión:

$$4[7(x+1)-3] - 3(x-3) = 2x + 11 + 60. \tag{0.1}$$

En este paso el error más frecuente es no darnos cuenta de que el operador "−" delante de una fracción afecta a todo el numerador y no solamente a su primer término. Una forma de evitar esta equivocación es poner todos los numeradores entre paréntesis.

---

[1]Para calcular el mínimo común múltiplo de un grupo de números se descompone cada uno en sus factores primos y el mínimo común múltiplo es el producto de los factores primos comunes y de los factores primos no comunes elevados al mayor exponente.

El segundo paso nos pide que quitemos los paréntesis. Para hacerlo, tenemos que proceder desde dentro hacia fuera, y debemos ser especialmente cuidadosos con los signos, ya que un signo "−" delante de un paréntesis afecta a todos sus términos. Técnicamente lo que hacemos al quitar los paréntesis es utilizar las propiedades distributivas de la multiplicación con respecto a la adición y a la sustracción, y la propiedad asociativa de estas dos últimas. Si procedemos de esta forma con la expresión (0.1), obtenemos primero

$$4(7x + 7 − 3) − 3x + 9 = 2x + 11 + 60 \qquad (0.2)$$

y seguidamente,

$$28x + 28 − 12 − 3x + 9 = 2x + 11 + 60. \qquad (0.3)$$

El tercer paso nos dice que agrupemos los términos semejantes. En el caso de las ecuaciones de primer grado este paso es muy sencillo porque sólo tenemos dos clases de términos: términos con incógnita y términos sin incógnita, también llamados términos independientes. Antes de agrupar los términos semejantes, simplificamos la expresión que hemos obtenido haciendo las operaciones algebraicas correspondientes. A continuación, usamos las propiedades del operador "=", que establecen que si sumamos, restamos, multiplicamos o dividimos los dos miembros de una igualdad por un mismo número, la igualdad no varía y reunimos los términos con incógnita en uno de los miembros de la igualdad y los términos independientes en el otro. Siguiendo con el ejemplo del Ejercicio 0.1, si simplificamos la expresión (0.3), obtenemos la expresión

$$25x + 25 = 2x + 71, \qquad (0.4)$$

y restando primero 25 y luego $2x$ a los dos miembros de la ecuación anterior obtenemos la expresión

$$25x − 2x = 71 − 25 \qquad (0.5)$$

y simplificando otra vez obtenemos la expresión

$$23x = 46 \qquad (0.6)$$

El último paso nos pide que despejemos la incógnita. Para despejar la incógnita volvemos a aplicar la propiedad fundamental del operador "=" y dividimos los dos miembros de la igualdad por el coeficiente de la incógnita. En este caso, dividimos los dos miembros de la expresión (0.6) por 23 y obtenemos la expresión

$$x = 2, \tag{0.7}$$

que es la solución de la ecuación.

Ejercicio 0.2: Resuelva la siguiente ecuación:

$$\frac{y-3}{5} - \frac{3(7y-1)}{15} = \frac{11(6+2y)}{2} - 70$$

0.2 LOS SISTEMAS DE ECUACIONES LINEALES

Una vez que hemos aprendido a resolver ecuaciones lineales —la solución de la ecuación del Ejercicio 0.2 es $y = 3$— resolver sistemas de ecuaciones lineales es relativamente sencillo porque la mayoría de los métodos de solución consisten en transformar los sistemas hasta reducirlos a una sola ecuación lineal con una incógnita.

Ejercicio 0.3: Resuelva el siguiente sistema de dos ecuaciones lineales con dos incógnitas:

$$\begin{cases} 2y - x = 3 \\ \frac{y}{2} + 3x = 4 \end{cases}$$

Uno de los métodos de resolución de sistemas de dos ecuaciones lineales con dos incógnitas más usados es el método de sustitución. Este método consiste en llevar a cabo sucesivamente las siguientes operaciones: (a) despejar una de las dos incógnitas en una de las dos ecuaciones; (b) sustituir la expresión resultante en la otra ecuación; (c) resolver la ecuación de primer grado con una incógnita así obtenida; (d) sustituir el valor de la incógnita encontrada en la primera ecuación, y (e) resolver la ecuación lineal en la otra incógnita. En los párrafos siguientes vamos a describir con detalle en qué consiste cada una de estas operaciones.

El primer paso nos instruye que despejemos una de las dos incógnitas en una de las dos ecuaciones. En este paso podemos elegir cualquiera de las dos incógnitas y cualquiera de las dos ecuaciones. Por lo tanto intentaremos elegir la ecuación más sencilla y la incógnita que sea más fácil de despejar. Si despejamos la x en la primera ecuación del Ejercicio 0.3, obtenemos una expresión sin denominadores. Cualquier otra elección habría dado lugar a expresiones más complicadas. Para despejar la x en la primera ecuación usamos la propiedad fundamental de las igualdades, sumamos $-2y$ a los dos miembros de la igualdad, simplificamos, multiplicamos ambos miembros por -1, y obtenemos la siguiente expresión:

$$x = 2y - 3. \tag{0.8}$$

El segundo paso nos dice que sustituyamos la expresión resultante en la otra ecuación. Este paso no requiere muchas explicaciones. Si sustituimos la expresión (0.8) en la segunda ecuación del sistema del Ejercicio (0.3) obtenemos la siguiente expresión:

$$\frac{y}{2} + 3(2y - 3) = 4 \tag{0.9}$$

que es una ecuación de primer grado en y.

El tercer paso nos indica que resolvamos la ecuación lineal resultante. Con este fin, aplicamos los métodos de resolución de ecuaciones lineales descritos en el apartado anterior. En este caso, la solución que se obtiene es:

$$y = 2 \tag{0.10}$$

Los últimos dos pasos nos indican que sustituyamos el valor de la incógnita que acabamos de encontrar en la primera ecuación, y que resolvamos la ecuación lineal resultante. En este caso basta con sustituir la expresión (0.10) en la (0.8) con lo que obtenemos:

$$x = 4 - 3 \tag{0.11}$$

que es una ecuación de primer grado en x cuya solución, $x = 1$, se obtiene directamente simplificando.

Otros métodos de resolución de sistemas de dos ecuaciones lineales con dos incógnitas muy usados son el de igualación, el de reducción y el método gráfico. El lector interesado puede encontrar detalles sobre estos métodos en cualquier libro de matemáticas elementales.

Ejercicio 0.4: Proponga un método que le permita resolver sistemas de tres ecuaciones lineales con tres incógnitas.

Una vez que hemos entendido el método de resolución de sistemas de dos ecuaciones lineales con dos incógnitas, lo podemos usar para resolver sistemas lineales con más ecuaciones y más incógnitas. Acabamos de aprender que los métodos de solución de sistemas de dos ecuaciones lineales con dos incógnitas se basan en transformar el sistema hasta llegar a una sola ecuación lineal con una incógnita que se resuelve primero, y cuya solución se usa a continuación para encontrar el valor de la incógnita restante. Los métodos de solución de sistemas de tres ecuaciones lineales con tres incógnitas siguen el mismo principio: se basan en transformar los sistemas hasta reducir los números de ecuaciones y de incógnitas primero a dos y, seguidamente, a una sola.

Ejercicio 0.5: Compruebe que la solución del sistema del Ejercicio 0.3 es la misma, (a) despejando primero la x en la segunda ecuación; (b) despejando primero la y en la primera ecuación; y (c) despejando primero la y en la segunda ecuación.

Ejercicio 0.6: Resuelva el siguiente sistema de dos ecuaciones lineales con dos incógnitas:

$$\begin{cases} \frac{3(x-1)}{4} = \frac{5y+7}{3} - \frac{115}{12} \\ \frac{2y-1}{5} - 3x = 7 \end{cases}$$

Ejercicio 0.7: Proponga un método que le permita resolver sistemas de n ecuaciones con n incógnitas, donde $n = 4, 5, 6, \ldots$

0.3   EL PLANO EUCLÍDEO

Euclides fue un matemático griego que vivió en Alejandría en el siglo III antes de Jesucristo. Por aquel entonces en Alejandría reinaba Ptolomeo, y como Ptolomeo era muy aficionado a las matemáticas encargó a Euclides que recopilara en una sola obra todos los tratados de geometría conocidos hasta entonces. Euclides cumplió el encargo del rey y escribió los trece volúmenes que componen sus *Elementos de Geometría*. Los conceptos primitivos a partir de los que se construye la geometría euclídea son los conceptos de punto, recta y plano, y estos tres conceptos se caracterizan por ser muy intuitivos —todos tenemos una idea más o menos aproximada de su significado— pero muy difíciles de definir con precisión. Una aproximación a esas definiciones basada en el Libro I de Euclides es la siguiente:

Definición 0.0: Punto. Un punto es el límite mínimo de la extensión que se considera sin longitud, latitud ni profundidad.

Definición 0.1: Recta. Una recta es la línea más corta entre dos puntos indefinidamente prolongada en los dos sentidos.

Definición 0.2: Plano. Un plano es la superficie ilimitada que contiene la totalidad de dos rectas que se cortan.

Una forma alternativa de definir estos conceptos es usar la idea de dimensión. Basándonos en esta idea, un punto es un objeto ideal que no tiene dimensión; una recta es un objeto ideal de una sola dimensión —el largo— que se prolonga hasta el infinito; y un plano es un objeto ideal de dos dimensiones —el largo y el ancho— que también se prolongan hasta el infinito.

Ejercicio 0.8: Explique en cinco líneas su idea de infinito.

El problema de definir formalmente los conceptos de punto, recta y plano de esta forma estriba en que tenemos que definir previamente el concepto de dimensión. Y una vez más, aunque el concepto de dimensión sea sencillo de entender intuitivamente, su definición formal es complicada.

Ejercicio 0.9: ¿Cuántas dimensiones cree que tiene una parábola? ¿Y una superficie curvada, como la vela de un barco hinchada por el viento?

Otra forma de definir los conceptos de punto, recta y plano se basa en la idea de las intersecciones. Usando esta idea, un punto es la intersección de dos rectas pertenecientes al mismo plano; una recta es la intersección de dos planos pertenecientes al mismo espacio tridimensional, y un plano es la intersección de dos espacios tridimensionales pertenecientes al mismo espacio cuatridimensional. Si generalizamos esta idea, llegamos a la conclusión de que la intersección de dos elementos geométricos de una dimensión determinada pertenecientes al espacio apropiado es otro elemento geométrico de una dimensión inferior. Siguiendo con este enfoque, si queremos dar definiciones formales de punto, recta y plano tenemos que definir previamente el concepto de espacio tridimensional y, al intentar hacerlo, volvemos a encontrarnos con las mismas dificultades que en los dos casos anteriores: el concepto de espacio tridimensional es relativamente sencillo de entender intuitivamente y muy difícil de definir.

Como no hemos sido capaces de encontrar unas definiciones mejores, vamos a dar por buenas las Definiciones 0.0, 0.1 y 0.2, y vamos a usar el concepto de recta para definir otro concepto importante: la distancia euclídea entre dos puntos.

Definición 0.3: Distancia euclídea. La distancia euclídea entre dos puntos es la longitud del segmento de recta que los une y cuyos extremos son dichos puntos.

Ejercicio 0.10: Defina la distancia euclídea de un punto a una recta.

Ejercicio 0.11: Proponga una definición de plano usando únicamente los conceptos de punto y recta.

Ejercicio 0.12: ¿Por qué las mesas de cuatro patas cojean a veces, y las de tres patas no cojean nunca?

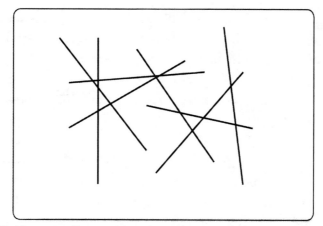

Gráfico 0.0: *Rectas dibujadas al azar en el plano euclídeo.*

0.4 LAS COORDENADAS CARTESIANAS

René Descartes fue un filósofo, físico, matemático y astrónomo francés que vivió durante la primera mitad del siglo XVII. Entre los muchos descubrimientos que debemos a Descartes, nos interesa especialmente su caracterización de los puntos y de las rectas en el plano euclídeo. La historia que se cuenta en las páginas que siguen es reconocidamente apócrifa, pero sirve para ayudarnos a entender la importancia de este descubrimiento de Descartes.

Ejercicio 0.13: ¿Cree que los teoremas matemáticos —el teorema de Pitágoras, por ejemplo— se inventan o se descubren? Pista: ¿Cree que los lados de los triángulos rectángulos cumplirían el teorema de Pitágoras si Pitágoras no hubiera existido?

Vayamos pues con la historia de las coordenadas cartesianas. Una mañana de invierno Descartes se puso a pensar en los problemas de la geometría euclídea. Casi sin darse cuenta, salpicó una hoja de papel con unas pequeñas gotas de tinta, y dejó volar su imaginación.

Supongamos que las manchas fueran puntos, se dijo, entonces ¿qué tendría que hacer para identificarlos de la forma más concisa posible? O, dicho de otra forma, que tendría que decirle a mi amigo Fermat para que dibujara exactamente los mismos puntos en una hoja de papel idéntica a la mía, pero usando el menor número posible de palabras en el mensaje? Con estas preguntas lo que en realidad quería descubrir Descartes era la forma más corta de darle un nombre único a todos los puntos del plano.

Ejercicio 0.14: Intente resolver el problema que se ha planteado Descartes en el párrafo anterior.

Una vez planteada la pregunta, puede ser que a Descartes se le ocurriera que una forma de empezar a contestarla era definir un marco de referencia, y medir luego las distancias entre los puntos de ese marco de referencia.

Ejercicio 0.15: Supongamos que a Descartes se le ocurrió usar rectas como marco de referencia. ¿Cuántas rectas necesitaría como mínimo para identificar los puntos que había dibujado en la hoja? ¿Y como máximo? ¿Qué posiciones relativas deberían tener esas rectas?

Seguro que Descartes se planteó las preguntas que nos propone el Ejercicio 0.15 y que enseguida se dio cuenta de que para construir un marco de referencia que le sirviera necesitaba como mínimo dos rectas, y que las dos rectas tenían que cortarse. Quizás empezó por probar con dos rectas perpendiculares, con dos bordes contiguos del papel —el borde superior y el borde izquierdo, pongamos por caso.

Ejercicio 0.16: ¿Qué habría ocurrido si Descartes hubiera elegido dos bordes paralelos?

Si Descartes y su amigo Fermat hubieran acordado de antemano cuál de las cuatro esquinas de la hoja iban a tomar como punto de referencia, el método propuesto por Descartes hubiera sido una solución aceptable para su problema. Pero no lo habían hecho, y además Descartes enseguida se dio cuenta de que esa solución no podía generalizarse a todo el plano euclídeo porque si suponía que los bordes del papel se prolongaban hasta el infinito, la esquina de referencia desaparecía. Cerró los ojos para visualizar mejor el problema, y se convenció de que la idea de medir distancias podía servirle, pero que para poder caracterizar todos los puntos del plano necesitaba un marco de referencia que fuera potencialmente infinito y que tuviera

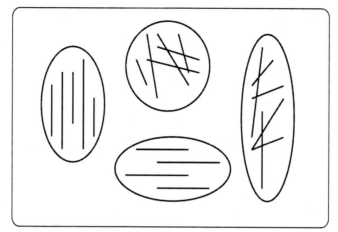

Gráfico 0.1: *Partición de las rectas del plano en cuatro clases.*

un origen fijo. Entonces se dio cuenta de que si dibujaba en la hoja dos rectas perpendiculares cualesquiera, el problema quedaba resuelto. Como esa solución se le había ocurrido a él antes que a nadie, llamó a esas rectas de referencia "ejes cartesianos" o "ejes de coordenadas cartesianas". Al punto de intersección de esos dos ejes lo llamó "origen de coordenadas" y propuso que las distancias que estuvieran a la derecha y arriba del origen se consideraran positivas y que las distancias que estuvieran a la izquierda y abajo del origen se consideraran negativas. Al eje horizontal lo llamó "eje de abscisas" y al vertical "eje de ordenadas" y, seguramente para confundir, propuso que la distancia de un punto al eje de ordenadas fuera su abscisa y la distancia de un punto al eje de abscisas fuera su ordenada. Propuso también que, al identificar un punto, se siguiera siempre la convención de indicar primero su abscisa y a continuación su ordenada. Esta vez no se le ocurrió ninguna objeción inmediata a la solución que había encontrado y la dio por buena justo en el momento en que le avisaban de que la comida estaba lista.

Ejercicio 0.17: ¿Cuántas palabras hacen falta para identificar un punto en el plano euclídeo si usamos las convenciones cartesianas?

Después de la siesta, Descartes volvió a su problema. Una vez que había descubierto un método para identificar todos los puntos del plano euclídeo, se le ocurrió que podía intentar hacer algo parecido con las rectas. Ahora su

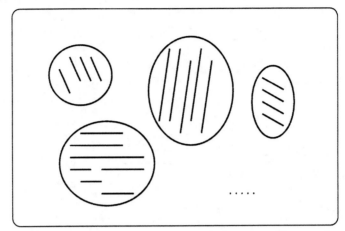

Gráfico 0.2: *Partición de las rectas del plano en infinitas clases.*

problema era descubrir la forma de darle a cada recta del plano un nombre único tan corto como fuera posible.

Para ayudarse a pensar, dibujó unas cuantas rectas en una hoja en blanco, seguramente parecidas a las del Gráfico 0.0. Después de contemplarlas durante un rato, se le ocurrió que podía agruparlas en cuatro grandes categorías: rectas horizontales, rectas verticales, y mirándolas de izquierda a derecha —que es como se mira siguiendo la tradición griega— rectas inclinadas hacia arriba, y rectas inclinadas hacia abajo, tal y como indica el Gráfico 0.1. En seguida se dio cuenta de que esa caracterización es exhaustiva porque todas las rectas del plano euclídeo pertenecen a una de las cuatro categorías y sólo a una, pero que todavía tenía que refinarla más porque cada grupo contiene infinitas rectas.

Seguramente a continuación se daría cuenta de que las rectas inclinadas podían agruparse en categorías más sencillas, y que una forma de hacerlo era precisando el concepto de inclinación, o pendiente. Es evidente que una recta tiene una inclinación tanto mayor, cuanto mayor es la distancia vertical que recorre por unidad de distancia horizontal. Una definición formal de pendiente que es consistente con esta idea intuitiva de inclinación es la siguiente:

Definición 0.4: Pendiente. La pendiente de una recta es la distancia vertical que recorre por unidad de distancia horizontal.

Para completar la definición de pendiente y hacerla aplicable a todas las rectas del plano quedaba por distinguir las rectas inclinadas hacia arriba de las rectas inclinadas hacia abajo. Para ello Descartes propuso que las pendientes de las rectas inclinadas hacia arriba se consideraran positivas, y que las pendientes de las rectas inclinadas hacia abajo se consideraran negativas. Como ilustra el Gráfico 0.2, con este nuevo refinamiento las rectas del plano euclídeo quedaron agrupadas en tantas categorías como pendientes, o sea infinitas. Además cada una de esas categorías contenía, a su vez, infinitas rectas paralelas.

Ejercicio 0.18: Conteste a las siguientes preguntas: (a) ¿cuántas pendientes tiene una recta?; (b) ¿cómo se calcula la pendiente de las rectas horizontales? ¿y la de las rectas verticales?, y (c) represente gráficamente rectas con pendiente 1, 10, −1 y −10.

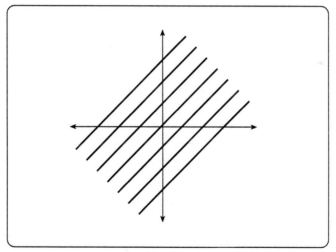

Gráfico 0.3: *La pendiente no es suficiente para identificar a la rectas paralelas.*

A pesar de que Descartes había avanzado mucho, todavía no había terminado de solucionar el problema. Para dar un nombre único a cada recta del plano euclídeo aún tenía que descubrir la forma de distinguir entre las distintas rectas paralelas. Fiel a su método de trabajo, dibujó unos ejes cartesianos y unas cuantas rectas paralelas como las que ilustra el Gráfico 0.3, y enseguida se le ocurrió que una forma de distinguir las rectas paralelas era considerar sus intersecciones con uno de los dos ejes de coordenadas. Como sólo le hacía falta un eje, eligió el eje de ordenadas y propuso la siguiente definición para la ordenada en el origen de una recta:

Definición 0.5: Ordenada en el origen. La ordenada en el origen de una recta es la distancia entre el punto de intersección de la recta con el eje de ordenadas y el origen de coordenadas.

El problema ya estaba prácticamente resuelto. Dados los ejes cartesianos y las convenciones sobre los signos, podía identificar cada recta del plano con solamente dos números: el valor de la pendiente de la recta y el de su ordenada en el origen. Para completar la solución, sólo tenía que resolver las objeciones que plantea el Ejercicio 0.19.

Ejercicio 0.19: ¿Cuál es la ordenada en el origen de las rectas verticales? ¿Y la del eje de ordenadas?

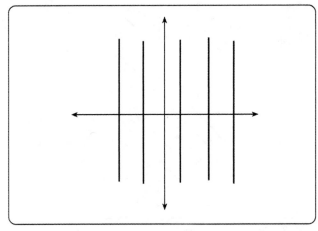

Gráfico 0.4: *Las rectas verticales no tienen ordenada en el origen y su pendiente no es un número real.*

Si observamos el Gráfico 0.4, nos damos cuenta de que una forma de distinguir las rectas verticales es usar las distancias entre su intersecciones con el eje de abscisas y el origen de coordenadas. Estas distancias se conocen técnicamente con el nombre de abscisas en el origen. Y de esta forma Descartes completó la solución del problema, y nosotros terminamos la historia apócrifa de las coordenadas cartesianas.

Ejercicio 0.20: Represente las siguientes rectas: (a) una recta con pendiente 1 y ordenada en el origen 0; (b) una recta con pendiente 0 y ordenada en el origen 0, y (c) una recta con pendiente ∞ y ordenada en el origen –3.

0.5   LA ECUACIÓN DE UNA RECTA

En este apartado vamos a usar los conceptos de pendiente y de ordenada en el origen para caracterizar los puntos que pertenecen a una recta y distinguirlos de todos los demás puntos del plano euclídeo. Esta caracterización es lo que vamos a llamar la ecuación de una recta.

Definición 0.6: Ecuación de una recta. La ecuación de una recta es la expresión algebraica que establece la relación que cumplen las coordenadas de todos sus puntos y sólo ellos.

La caracterización de los puntos que pertenecen a una recta puede adoptar muchas formas distintas. Nosotros vamos a construir la ecuación general de una recta en el plano a partir de su pendiente y de su ordenada en el origen.

Ejercicio 0.21: Demuestre que si la pendiente de una recta es A y su ordenada en el origen es B, entonces su ecuación es $y = Ax + B$.

En las demostraciones matemáticas, para ayudarnos a encontrar el camino suele ser muy útil saber adónde queremos llegar. En el caso del Ejercicio 0.21, para llegar a nuestro destino —la ecuación de una recta cuyas pendiente y ordenada en el origen conocemos— es muy útil saber que la forma general de las ecuaciones de las rectas en el plano euclídeo es la siguiente:

$$ay + bx + c = 0 \tag{0.12}$$

En la expresión (0.12) a, b y c son tres números reales que desconocemos, y el par (x, y) son las coordenadas de un punto genérico que pertenece a esa recta. Por lo tanto, para encontrar la ecuación de una recta que estamos buscando, tenemos que obtener los valores de a, b y c en función de la pendiente y la ordenada en el origen de los datos del problema. Pero antes de seguir vamos usar la propiedad fundamental de la igualdad para transformar la expresión (0.12) en la siguiente expresión más sencilla:

$$y = \alpha x + \beta \tag{0.13}$$

donde $\alpha = -b/a$ y $\beta = -c/a$. Con esta transformación el problema del Ejercicio 0.21 se simplifica, ya que ahora sólo tenemos que encontrar los valores de dos incógnitas, α y β, y no las tres que teníamos que encontrar al principio.

Como tenemos dos incógnitas, debemos encontrar dos ecuaciones que las relacionen con los datos del problema. Decir que el valor de la ordenada en el origen de una recta es B es lo mismo que decir que el punto $(0, B)$ pertenece a esa recta y, en consecuencia, que sus coordenadas tienen que satisfacer la ecuación de la recta que estamos buscando. Si sustituimos esos valores en la ecuación (0.13), obtenemos la siguiente expresión $B = \alpha \times 0 + \beta$, que equivale a

$$\beta = B, \tag{0.14}$$

y que es la primera de las dos ecuaciones que estamos buscando.

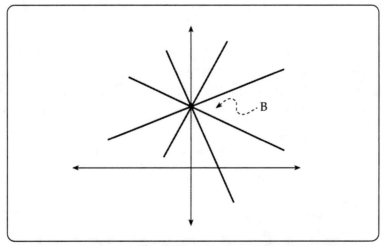

Gráfico 0.5: *Por cada punto del plano pasan infinitas rectas.*

La condición (0.14) es sólo una parte de la solución del problema porque, como ilustra el Gráfico 0.5, todas las rectas cuya ordenada en el origen es B cumplen esa condición. Para completar la solución tenemos que encontrar la recta cuya pendiente es A, descartando de este modo todas las demás rectas del gráfico. Para ello vamos a usar la definición de pendiente. Concretamente, vamos a imponer que el cociente entre la distancia horizontal y la distancia vertical correspondiente en la recta que estamos buscando sea precisamente A. Con ese fin, elegimos una distancia horizontal cualquiera y la vamos a llamar h. Entonces, según la ecuación (0.13), el valor de la ordenada del punto cuya abscisa es h y que pertenece a la recta que estamos buscando es $\alpha h + \beta$. Además, como puede verse en el Gráfico 0.6, la distancia vertical correspondiente a un desplazamiento horizontal de h unidades es $\alpha h + \beta - B$.

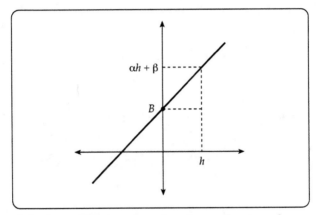

Gráfico 0.6: *La pendiente y la ordenada en el origen de una recta.*

Si aplicamos ahora la definición de pendiente, y exigimos que el valor de la pendiente que estamos buscando sea precisamente A, obtenemos la segunda ecuación que necesitamos para completar el sistema. Esa ecuación es la siguiente:

$$\frac{\alpha h + \beta - B}{h} = A \tag{0.15}$$

Ejercicio 0.22: Resuelva el siguiente sistema de dos ecuaciones lineales con dos incógnitas:

$$\begin{cases} \frac{\alpha h + \beta - B}{h} = A \\ \beta = B \end{cases}$$

Si resolvemos el sistema que plantea el Ejercicio 0.22, obtenemos que $\alpha = A$ y que $\beta = B$ y, por lo tanto, la ecuación de la recta que estamos buscando es $y = Ax + B$, que es precisamente lo que queríamos demostrar.

Ejercicio 0.23: Considere la recta descrita por la ecuación $y = 2x + 1$. Obtenga las coordenadas de dos puntos que pertenezcan a dicha recta, y úselas para representar gráficamente la recta. Calcule los valores de su pendiente, A, y de su ordenada en el origen, B, y compruebe que la ecuación de la recta es efectivamente $y = Ax + B$. Repita el ejercicio anterior para la recta $y = 3 - 5x$.

0.6 LAS FUNCIONES

El concepto de función es uno de los conceptos más usados en economía. Los economistas usan funciones para representar los objetivos de los hogares y sus restricciones presupuestarias; para caracterizar los objetivos de las empresas, sus tecnologías, sus ingresos y sus costes; para describir el comportamiento de compradores y vendedores en los distintos mercados; y para muchas otras cosas. Por lo tanto, el concepto de función es otro de los conceptos previos que tenemos que entender.

Igual que ocurría con las nociones básicas de geometría y de álgebra lineal que hemos repasado en este capítulo, el concepto de función se basa en otros conceptos previos. En este caso, para entender lo que es una función debemos repasar la teoría elemental de los conjuntos y, muy especialmente, el concepto de correspondencia, porque, como vamos a ver a continuación, las funciones son un caso especial de correspondencias.

Definición 0.7: Correspondencia. Una correspondencia es una relación que asocia los elementos de un conjunto con los elementos de otro conjunto.

La definición anterior establece que todas las correspondencias tienen tres partes: dos conjuntos y una regla de asociación. Además la definición de correspondencia es muy amplia: no impone ningún tipo de restricciones ni sobre los conjuntos, ni sobre las reglas de asociación —todos los conjuntos y todas las reglas nos sirven—. Las correspondencias se suelen representar gráficamente mediante flechas dibujadas entre los elementos que están asociados por la correspondencia. Por convención al conjunto del que parten las flechas se le suele llamar conjunto origen, y al que llegan las flechas se le suele llamar conjunto imagen.

Ejercicio 0.24: Proponga tres ejemplos de correspondencias.

Un ejemplo de correspondencia es la regla que asocia a cada recta del plano euclídeo con los símbolos $\{+, -, 0, \infty\}$ si su pendiente es positiva, negativa, o si se trata de una recta horizontal o vertical, respectivamente.

Ejercicio 0.25: Identifique los dos conjuntos y la regla de asociación de la correspondencia del ejemplo anterior.

Como hemos mencionado anteriormente, las funciones son una clase especial de correspondencia. O sea, todas las funciones son correspondencias, pero no todas las correspondencias son funciones. Una definición formal de función es la siguiente:

Definición 0.8: Función. Una función es una correspondencia que asocia a cada elemento del conjunto origen con un elemento del conjunto imagen, y sólo con uno.

Por lo tanto, para que un objeto matemático sea una función tiene que ocurrir lo siguiente: en primer lugar tiene que tratarse de una correspondencia, o sea de dos conjuntos y de una regla que asocia los elementos de uno de ellos —el conjunto origen— con los del otro —el conjunto imagen—. En segundo lugar, debe ocurrir que todos y cada uno de los elementos del conjunto origen tengan una imagen y, por último, esa imagen debe ser única.

Ejercicio 0.26: Determine si las siguientes correspondencias son o no funciones: (a) las correspondencias de los Ejercicios 0.25 y 0.24; (b) la correspondencia que asocia a cada recta del plano euclídeo con el valor de su ordenada en el origen, definida desde el conjunto de las rectas del plano euclídeo al conjunto de los números reales, $\mathbb{R}$; (c) la correspondencia que asocia a cada número real con las rectas del plano euclídeo cuya pendiente es ese número, definida desde $\mathbb{R}$ al conjunto de las rectas del plano euclídeo; (d) la correspondencia que asocia a cada número real con su cuadrado definida de $\mathbb{R}$ en $\mathbb{R}$, y (e) la correspondencia que asocia a cada número real su raíz cuadrada definida de $\mathbb{R}$ en $\mathbb{R}$.

Ejercicio 0.27: Si en alguno de los apartados del Ejercicio 0.26 ha contestado que la correspondencia propuesta no es una función, modifique el conjunto original para que lo sea. ¿Se puede convertir una correspondencia que no es una función en una función modificando tan sólo el conjunto imagen? Justifique sus respuestas.

LA IDEA MÁS IMPORTANTE DE ESTE TEMA

La idea más importante de este tema es la definición de función. No debemos olvidar que siempre que se mencione la palabra función tenemos que pensar en tres objetos: dos conjuntos y una regla que relaciona a cada elemento del primer conjunto con un elemento del segundo conjunto, y sólo con uno.

Tema 1

LA ECONOMÍA Y LA ESCASEZ

La Muerte (o su alusión) hace preciosos y patéticos a los hombres. Estos se conmueven por su condición de fantasmas; cada acto que ejecutan puede ser el último; no hay rostro que no esté por desdibujarse como el rostro de un sueño. Todo, entre los mortales, tiene el valor de lo irrecuperable y de lo azaroso. Entre los Inmortales, en cambio, cada acto (y cada pensamiento) es el eco de otros que en el pasado lo antecedieron, sin principio visible, o el fiel presagio de otros que en el futuro lo repetirán hasta el vértigo. No hay cosa que no esté como perdida entre infatigables espejos. Nada puede ocurrir una sola vez, nada es preciosamente precario. Lo elegíaco, lo grave, lo ceremonial, no rigen para los Inmortales. Homero y yo nos separamos en las puertas de Tánger: Creo que no nos dijimos adiós.

J. L. Borges – El Inmortal

Contenido

1.0 INTRODUCCIÓN

Este tema nos propone una doble reflexión sobre el contenido del análisis económico y sobre sus métodos. En las páginas que siguen vamos a descubrir que la economía es una ciencia social, y que la esencia de la economía es estudiar los problemas derivados de la escasez. Si fuéramos inmortales, como los personajes del cuento de Borges que se cita al principio del tema, todo en nuestras vidas sería abundante. Podríamos hacerlo todo, tenerlo todo y vivirlo todo, y el análisis económico no tendría lugar. No habría ninguna razón para economizar.

Pero por suerte o por desgracia —después de haber leído el cuento de Borges, Lucas no tiene muy claro qué es preferible— no somos inmortales. Nuestro tiempo es limitado y, en consecuencia, nos vemos obligados a elegir entre los distintos usos que podemos hacer de él. Y al optar por uno de esos usos, sufrimos porque nos vemos obligados a renunciar a los demás. Los economistas utilizan el valor de la mejor de esas alternativas rechazadas para medir el coste de oportunidad, que probablemente sea el concepto más importante en economía.

La escasez del tiempo se transmite a las cosas, y convierte a la economía en una actividad apasionante porque nos ayuda a elegir mejor. Como en las decisiones económicas intervienen muchos factores, su análisis formal es complicado. Para simplificar ese análisis los economistas simplifican los problemas que estudian. Estas versiones simplificadas y reducidas de la realidad son los modelos económicos, que vamos a definir en este tema, y que vamos a utilizar más adelante en la cuarta parte del libro. En las páginas que siguen vamos a definir informalmente el concepto de economía, vamos a aprender a calcular el coste de oportunidad y vamos a hacer una breve reflexión sobre los métodos del análisis económico.

1.1 UNA DEFINICIÓN DE LA ECONOMÍA

Definición 1.0: La economía. La economía es una ciencia social que estudia las decisiones que toman las personas al enfrentarse con problemas derivados de la escasez.

Como debe resultar evidente de su intencionada vaguedad, el objetivo de las líneas que anteceden no es dar una definición precisa de la economía, sino ayudarnos a reflexionar sobre el objeto y sobre los métodos del análisis económico. En los apartados siguientes vamos a comentar brevemente las principales ideas que están detrás de esta definición.

1.1.1 La economía como ciencia social

En líneas muy generales, el objeto de las ciencias es contestar preguntas y construir explicaciones. Para ello, las teorías científicas parten de unos supuestos iniciales sobre el comportamiento de los objetos a los que hacen referencia esas preguntas, y utilizan las reglas de la lógica formal para llegar a las consecuencias últimas de esos supuestos. En algunos casos esas consecuencias últimas de las teorías son empíricamente contrastables, que es la forma técnica de decir que se puede comprobar físicamente si se cumplen o no en la realidad. El objetivo último de las ciencias, por lo tanto, es descubrir verdades o, en los casos en que este objetivo resulte demasiado ambicioso, aproximarse al menos a algunos de los aspectos de esas verdades.

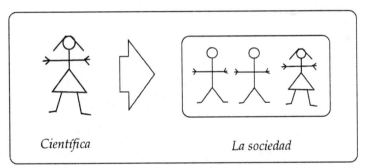

Científica   La sociedad

Gráfico 1.0: *El sujeto y el objeto de estudio en las ciencias sociales.*

Ejercicio 1.0: *¿Qué diferencia cree que hay entre ciencia y conocimiento? Suponga que le preguntamos a un guardia municipal por una dirección. ¿Cree que saberse el callejero es una ciencia? Justifique su respuesta.*

Ejercicio 1.1: *Si aceptamos que el objetivo de las ciencias es aproximarse a las verdades, ¿cree que el derecho es una ciencia? ¿y la contabilidad?*

La segunda idea de la Definición 1.0 nos dice que la economía es una ciencia social, y la característica principal de las ciencias sociales es que se plantean preguntas relativas al comportamiento de las personas, ya sea individualmente o en grupos.

Ejercicio 1.2: ¿Cuál es el objeto de estudio de las ciencias naturales?

Como ilustra el Gráfico 1.0, en las ciencias sociales el sujeto y el objeto de estudio tienen la misma naturaleza: la investigadora es una persona y estudia aspectos relacionados con el comportamiento de las personas, y, por lo tanto, potencialmente aplicables a sí misma. Como ilustra el Gráfico 1.1, con las ciencias naturales no ocurre lo mismo. En esas ciencias, la persona que investiga estudia aspectos del mundo natural que le es ajeno. Por ejemplo, una física nuclear que investiga el rastro dejado por un haz de partículas subatómicas en una cámara de burbujas llegará a los mismos resultados con independencia de cuáles sean sus ideas políticas, sus convicciones religiosas o sus valores morales, siempre que los aparatos de medida que esté utilizando funcionen correctamente, y que sus condiciones de observación sean normales.

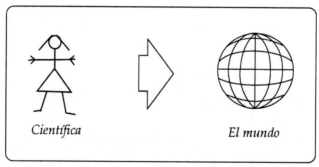

Gráfico 1.1: *El sujeto y el objeto de estudio en las ciencias naturales.*

Sin embargo, en el caso de una economista que tiene que realizar un informe sobre cuál es la mejor forma de reducir el paro en un país determinado, no ocurre lo mismo. En el caso de la economía, la coincidencia entre el sujeto y el objeto de estudio hace mucho más difícil evitar que las convicciones políticas de la economista —por ejemplo, sus ideas sobre el papel que debe jugar el Estado, o sobre las ventajas y los inconvenientes del mercado— afecten al contenido de su informe.

Por lo tanto, la coincidencia del sujeto y el objeto de estudio en las ciencias sociales en general, y en la economía en particular, plantea el problema de la objetividad en la construcción y en la exposición de las teorías de estas ciencias. En las teorías económicas puede ocurrir que en las explicaciones objetivas de —volviendo al ejemplo anterior— un análisis del paro, se mezclen las ideas políticas de la investigadora que propone esas explicaciones. El problema de la objetividad en las ciencias sociales es de difícil solución, y lo mejor que podemos hacer es tenerlo presente, y extremar nuestro espíritu crítico para separar, en la medida de lo posible, los resultados objetivos de los juicios de valor. Naturalmente, esta misma actitud crítica debe aplicarse también a las ideas contenidas en este texto. Al fin y al cabo puede que J. M. Keynes —un economista británico de la primera mitad del siglo XX— estuviera en lo cierto cuando dijo que una de las principales razones para estudiar economía era evitar caer en los engaños de los economistas.

Otras dos características importantes que distinguen a las ciencias sociales de las ciencias naturales son las proporciones de predicados que se pueden contrastar empíricamente, y la precisión de sus predicciones. En las ciencias naturales, una proporción muy alta de las conclusiones finales de sus teorías

es empíricamente contrastable, y muchas de sus predicciones pueden verificarse con casi total exactitud. Por ejemplo, si sabemos cuáles son la intensidad y la tensión de la corriente que alimenta a una bombilla, podemos predecir con casi total exactitud su luminosidad. Del mismo modo podemos predecir el momento exacto en que se va a producir un eclipse de luna o la cantidad exacta de agua que se va a obtener a partir de cantidades conocidas de oxígeno e hidrógeno en determinadas condiciones.

Sin embargo, en las ciencias sociales en general, y en la economía en particular, no ocurre lo mismo. Primero, la proporción de conclusiones de las teorías económicas susceptible de ser contrastada empíricamente es mucho más pequeña. Y, además, la mayoría de las predicciones económicas que pueden contrastarse son, en el mejor de los casos, aproximadas. Por ejemplo, un economista puede predecir con relativa certeza que los precios de las bebidas de dos máquinas expendedoras contiguas serán iguales, y que, en caso contrario, se venderían primero las bebidas más baratas. Pero ni siquiera una predicción tan sencilla como ésa puede hacerse de una forma totalmente contundente. Eso se debe, entre otras cosas, a que las personas nos equivocamos con frecuencia. En el ejemplo de las máquinas de bebidas, podría ocurrir que alguien no se diera cuenta de la diferencia de precios y comprara en la máquina más cara. Sin embargo, no parece razonable que este hecho se considerase razón suficiente para invalidar la teoría. En el caso de problemas más difíciles, las predicciones de las teorías económicas se vuelven mucho más imprecisas. Por ejemplo, es prácticamente imposible predecir con exactitud el número de parados que va a haber en una economía determinada un mes cualquiera o cuál va a ser la cotización exacta del dólar en los mercados de divisas internacionales el viernes que viene.

La mala noticia es que la mayor parte de las preguntas perfectamente legítimas que nos gustaría plantearles a los economistas —¿qué medidas deben tomarse para sacar a los países pobres de la miseria?, o ¿qué podemos hacer para acabar con el paro?, pongamos por caso— son muy complejas, y todavía no disponemos de teorías precisas que nos ayuden a contestarlas. En cambio, la buena noticia es que todavía nos queda mucho por aprender.

Ejercicio 1.3: Proponga cinco preguntas que le gustaría hacer a un economista y diga si cree que sería capaz de contestarlas.

1.1.2   Las decisiones económicas

Según la Definición 1.0, la economía estudia las decisiones que toman las personas al enfrentarse con los problemas derivados de la escasez. Un ejemplo de decisión económica que nos concierne a todos es la asignación del tiempo entre sus distintos usos. Como ya hemos comentado, dado que no somos inmortales, nuestro tiempo es escaso y su asignación se convierte probablemente en el problema económico más importante de nuestras vidas. El interés económico de esta decisión es todavía mayor, si cabe, porque el tiempo no se puede acumular. Mientras estemos vivos, todos disponemos de exactamente 24 horas cada día —en realidad de 14 porque las 10 restantes las tenemos que dedicar a comer, a dormir y al mantenimiento de nuestro cuerpo— y, por mucho que nos empeñemos, no las podemos almacenar. Por ejemplo, la noche del viernes que viene sólo va a ocurrir una vez en nuestras vidas y, nos guste o no, tenemos que vivirla precisamente entonces. Por más que queramos no podemos hacer nada por adelantarla ni por retrasarla.

Los economistas clasifican los distintos usos que podemos hacer de nuestro tiempo en dos grandes categorías: las actividades remuneradas, a las que llaman trabajo, y las actividades sin remunerar, como el estudio, el trabajo doméstico o el recreo, que suelen recibir el nombre genérico de "ocio".

Ejercicio 1.4: Calcule el número de horas semanales disponibles en su hogar. ¿Cuántas de esas horas se dedican al trabajo? ¿A qué actividades se dedican las horas que no se dedican a trabajar?

Otra decisión de especial interés para los economistas es la asignación de los ingresos, que se conocen con el nombre técnico de renta. Al contrario de lo que ocurría con el tiempo, la renta se puede acumular, y en algunos casos se puede gastar antes de haberse obtenido. Entre los distintos usos que podemos hacer de la renta, los economistas distinguen la parte que nos gastamos y la parte que ahorramos, presumiblemente para gastárnosla en el futuro.

Ejercicio 1.5: ¿Cree que el ahorro de una persona puede ser negativo? Relacione el ahorro negativo con la renta que se gasta antes de haberse obtenido.

La economía también estudia las decisiones que toman las empresas. Entre estas decisiones las más importantes son las decisiones de producción —¿qué producir y cómo hacerlo?— y las decisiones de empleo —¿cuántos trabajadores se deben contratar?, ¿cuántas máquinas, y de qué tipo?

Además de las decisiones individuales, la teoría económica también estudia las decisiones colectivas. Ejemplos de decisiones económicas colectivas son la regulación de los derechos de propiedad, el diseño del sistema impositivo o las decisiones de política económica. En las democracias, estas decisiones se recogen en los programas de los partidos políticos, y se adoptan aquellas que cuentan con el apoyo de la mayoría de los votantes, o sea aquellas que responden mejor a sus intereses individuales.

1.1.3 La escasez

Según la Definición 1.0, la característica esencial de las decisiones económicas es que su objetivo es resolver problemas derivados de la escasez. En realidad, la relación entre la economía y la escasez no puede ser más sencilla: sin escasez, la economía no tiene sentido. Los inmortales que se imaginó Borges no estudian economía porque no tienen nada que economizar. Pueden pasarse meses sin ni siquiera moverse, porque saben que les sobra el tiempo para hacer todas las cosas, y para vivir todas las vidas una y otra vez para siempre.

En el mundo real las cosas no son así. Es cierto que algunos recursos no son escasos y, en consecuencia, no son objeto de decisiones económicas. Algunos de esos recursos son tan abundantes en relación con sus usos que ni siquiera se han definido derechos de propiedad sobre ellos. El aire atmosférico y la arena de las playas son ejemplos de estos recursos abundantes. Que los motores de un avión en un viaje transatlántico utilicen la misma cantidad de oxígeno que una persona en toda su vida no nos importa, porque el aire atmosférico contiene oxígeno de sobra para todas las personas, para todos los aviones y para todos los demás usos que queramos hacer de él.

Pero si exceptuamos dos o tres ejemplos más o menos rebuscados, nuestro tiempo, nuestros ingresos y la mayoría de las cosas que nos interesan son escasas y, por lo tanto, son objeto de decisiones económicas. Por esta razón, aunque sea inconscientemente, el análisis económico ocupa un lugar central en nuestras vidas, y aprender economía nos enseña a decidir mejor.

Ejercicio 1.6: Conteste a las siguientes preguntas relacionadas con la escasez: (a) proponga otros dos ejemplos de recursos que no sean escasos; (b) imagine dos o tres circunstancias en las que el aire sea un bien escaso; (c) utilice la idea de la escasez para justificar la prohibición de fumar en determinados lugares; (d) proponga una explicación que relacione la escasez y los derechos de propiedad; (f) relacione la extensión de las aguas jurisdiccionales con la idea de la escasez, ¿por qué cree que a principios de siglo la extensión de estas aguas era de doce millas, y ahora en muchos casos ha aumentado hasta doscientas millas?; y (e) suponga que el universo es finito y relacione esta idea con la existencia de recursos que no sean escasos.

1.2 EL COSTE DE OPORTUNIDAD

La escasez de los recursos a la que nos hemos referido en el párrafo anterior no se debe entender en sentido absoluto, sino en relación con los distintos usos que se pueden dar a esos recursos. Por ejemplo, aunque el tiempo de Lucas sea limitado, le cuesta mucho más ponerse a estudiar un miércoles por la tarde si retransmiten un partido de fútbol que le interesa, o si Irene le propone que le acompañe a una fiesta, que si no tiene plan. Del mismo modo, las discusiones sobre la asignación de los presupuestos del sector público no serían tan encarnizadas si no hubiera tantos usos que compiten por esos fondos, y si aumentar las prestaciones sociales no nos obligara a reducir el gasto en carreteras, por ejemplo.

Por lo tanto, desde el punto de vista económico, un recurso es escaso cuando tiene más de un uso excluyente o, dicho con otras palabras, cuando dedicar ese recurso a un uso determinado nos obliga a renunciar a dedicarlo a otros usos. Volviendo al ejemplo del párrafo anterior, el tiempo de Lucas se vuelve más escaso cuando tiene dos o tres planes igual de atractivos, que cuando no tiene nada que hacer. En general, los problemas económicos se vuelven más acuciantes, y las decisiones económicas más difíciles de tomar, cuanto más parecidos son los usos excluyentes que tiene un recurso determinado. Estas ideas están recogidas en el concepto del coste de oportunidad, que es uno de los conceptos más importantes en economía. Formalmente, la definición del coste de oportunidad es la siguiente:

Definición 1.1: Coste de oportunidad. El coste de oportunidad de dedicar un recurso a un uso determinado es el valor del mejor uso alternativo de ese recurso al que nos vemos obligados a renunciar.

La Definición 1.1 pone de manifiesto que el coste de oportunidad de las cosas depende de su escasez. Si asignamos un recurso escaso a un uso determinado, tenemos que renunciar a dedicarlo a cualquiera de sus usos alternativos. El valor del mejor de esos usos alternativos rechazados es la forma elegida por los economistas para medir el coste en el que incurrimos al optar por la alternativa elegida.

Para llenar de contenido la Definición 1.1, necesitamos un procedimiento que nos permita calcular el valor de las distintas alternativas. El concepto de valor es probablemente una de las ideas más abstractas y difíciles en economía. Muchos de los grandes economistas de la historia han dedicado sus mejores páginas a definir el concepto de valor y, sin embargo, todavía quedan muchas preguntas por contestar. ¿Cuánto vale una cosa?: ¿el precio que hemos pagado por ella?, ¿la satisfacción que nos proporciona su posesión o su consumo?, ¿el esfuerzo que se ha dedicado a producirla?, ¿o alguna combinación de estas tres medidas? Contestar de una forma convincente a esas preguntas es muy difícil.

A pesar de que definir el concepto de valor sea una tarea difícil, todos tenemos una idea subjetiva, más o menos aproximada acerca de cuál es el valor de las cosas, y vamos a utilizar esa idea subjetiva del valor para calcular el coste de oportunidad. Concretamente, para valorar los usos alternativos de un recurso, vamos a tener en cuenta todos los aspectos que contribuyen a hacerlos agradables o desagradables, y vamos a adjudicar a cada alternativa un indicador subjetivo de su valor. Cualquier unidad que sea apropiada puede servirnos para medir el valor. Podemos medir el valor en pesetas, si somos capaces de valorar en pesetas cosas abstractas como la satisfacción de conducir una moto en verano o la frustración que supone un suspenso. Y si no somos capaces de hacerlo en pesetas, cualquier otra unidad de medida nos puede servir.

Ejercicio 1.7: Conteste a las siguientes preguntas, y use el concepto de coste de oportunidad para justificar sus respuestas: (a) proponga un ejemplo de un recurso cuyo coste de oportunidad sea cero y (b) ¿qué decisiones son más difíciles de tomar, aquellas en las que el valor de las distintas alternativas es muy diferente o aquellas en las que es muy parecido?

Ejercicio 1.8: Matías trabaja en una perfumería. A cambio de su trabajo recibe un salario de w€ al mes, y valora la satisfacción de trabajar en otros w€ mensuales, y en su contrato ha pactado con la empresa que, si le despiden, recibirá un subsidio de paro mensual de w€. Si le despiden, Matías tiene previsto dedicar el tiempo que antes dedicaba a trabajar a completar su colección de mariposas, y valora en w€ mensuales la satisfacción que le proporciona esta actividad. ¿Cuál es el coste de oportunidad en el que incurre Matías por trabajar? Si Matías tuviera que elegir entre trabajar o no hacerlo, ¿qué cree que elegiría?

Ejercicio 1.9: Un club de fútbol está dispuesto a pagar 1 millón de euros al año por contar con los servicios de un futbolista. Suponga que antes de dedicarse al fútbol, el jugador trabajaba como dependiente en la mercería de su familia y cobraba 5.000€ anuales, y calcule el coste de oportunidad en el que incurre el futbolista si se decide a fichar por ese club. ¿Por qué cree que el club está dispuesto a pagarle al jugador esa cantidad?

Una forma relativamente sencilla de contestar las preguntas relacionadas con el coste de oportunidad como las que plantean los Ejercicios 1.7, 1.8 y 1.9 es la siguiente: En primer lugar identificamos el recurso escaso —la tarde de un miércoles en el ejemplo de Lucas—. A continuación identificamos los usos alternativos de ese recurso —ver el partido de fútbol, salir con Irene o ponerse a estudiar—. Después adjudicamos un indicador de valor a cada alternativa teniendo en cuenta todos los aspectos que contribuyen a hacerlas agradables o desagradables. Una vez que sabemos cuánto vale cada alternativa, la más valorada será la elegida y, según la Definición 1.1, el coste de oportunidad de esa elección es el valor de la mejor de las alternativas rechazadas. El Gráfico 1.2 ilustra este método. Según ese gráfico, Lucas decide ver el partido de fútbol y renuncia a salir con Irene y a estudiar. El coste de oportunidad de la decisión de Lucas son las 120 unidades de valor que adjudica a salir con Irene, que es la mejor alternativa rechazada.

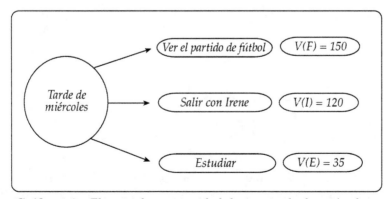

Gráfico 1.2: *El coste de oportunidad de una tarde de miércoles.*

Si usamos este mismo procedimiento para contestar a las preguntas que plantean los Ejercicios 1.7, 1.8 y 1.9, descubriremos que el coste de oportunidad de un recurso sólo es cero si es tan abundante que nunca hay que renunciar a ninguno de sus usos posibles, o si es tan inútil que todos esos usos carecen de valor; que las decisiones más difíciles de tomar son aquellas en las que valoramos las distintas alternativas por igual; que el coste de oportunidad en el que incurre Matías por trabajar es $2w$, y que los dos usos alternativos de su tiempo le resultan indiferentes porque los valora por igual; y que el caso del jugador de fútbol es un poco más complicado. Si aplicamos directamente la Definición 1.1 al enunciado del problema, tendríamos que contestar que el coste de oportunidad en el que incurre el futbolista si ficha por el club son los 5.000€ que hubiera ganado trabajando en la mercería. Sin embargo, esta respuesta debería dejarnos un poco intranquilos porque resulta difícil de entender que el valor de un recurso —en este caso el millón de euros de la ficha del jugador— y su coste de oportunidad —los 5.000€ que hubiera ganado trabajado en la mercería— estén tan alejados. Si pensamos un poco más allá del enunciado, nos daremos cuenta de que el mejor uso alternativo del tiempo del futbolista no es trabajar en la mercería familiar. Si el equipo en cuestión está dispuesto a ficharle por un millón de euros, seguramente será porque otro equipo estaría dispuesto a pagarle una cantidad similar. Por lo tanto, aunque el enunciado del Ejercicio 1.9 no mencione esa alternativa, el coste de oportunidad en el que incurre un futbolista si se decide a fichar por un equipo determinado es el valor que le supondría fichar por otro equipo, y no el de realizar cualquier otro trabajo para el que no tiene ningún talento especial.

Ejercicio 1.10: ¿Qué relación cree que existe entre el coste de oportunidad de las cosas y su precio?

1.3 EL MÉTODO DE LA ECONOMÍA

Seguramente la característica más destacable de las preguntas que se plantea la economía sea su complejidad. Cuando Lucas se plantea a qué dedicar la tarde del miércoles —que es claramente una decisión económica, puesto que está directamente motivada por la escasez—, tiene en cuenta los usos alternativos de su tiempo, sus gustos, el dinero que tiene para gastarse, su estado de ánimo, si se divirtió haciendo cosas parecidas en miércoles anteriores y otros muchos factores. En sentido estricto, un análisis riguroso del método que sigue Lucas para llegar a sus decisiones debería tener en cuenta todos estos factores, lo que convierte el estudio de las decisiones económicas de las personas en una tarea enormemente compleja. Con las decisiones de las empresas ocurre algo parecido: en esas decisiones también intervienen multitud de factores y, en consecuencia, su análisis es muy complejo. Algunos ejemplos de estos factores son la formación, la personalidad y el talante de los directivos y de los trabajadores, las condiciones del mercado, las estrategias de los competidores, los problemas técnicos relacionados con la producción y con la comercialización, y las restricciones que impone la legislación.

Esta complejidad se multiplica casi hasta el absurdo cuando nos planteamos problemas que afectan a toda la economía en su conjunto. Por ejemplo, en 1998, en la economía española vivían unos 40 millones de personas agrupadas en unos 12 millones de hogares. Además en la economía española había unos 4 millones de empresas en las que trabajaban unos 17 millones de personas. Durante ese año, esas empresas produjeron mercancías valoradas en aproximadamente medio billón de euros. Todos los días del año se tomaron literalmente millones de decisiones económicas, muchas de ellas interrelacionadas. Pues bien, el análisis económico pretende entender esa realidad tan compleja, y el método de la economía es la forma que usan los economistas para hacerlo.

Ejercicio 1.11: Enumere las decisiones que deben tomarse para abastecer una ciudad. ¿Cuáles de esas decisiones cree que son objeto de estudio por la economía? ¿Cómo cree que se estudian los problemas relacionados con el abastecimiento de las grandes ciudades?

La esencia del método de la economía consiste en simplificar la realidad y reducir las dimensiones de los problemas. La aplicación de este método de simplificación y reducción no es sencilla. En primer lugar, hay muchas formas distintas de simplificar la realidad y de reducir las dimensiones de un problema. Una parte del análisis económico se dedica a determinar qué aspectos de la realidad son prescindibles, y cuáles son imprescindibles para estudiar cada problema. Y ese análisis llega a la conclusión de que los aspectos prescindibles e imprescindibles dependen crucialmente de cuáles sean las preguntas que nos estemos planteando. Por ejemplo, si nuestro objetivo es estudiar los ciclos económicos —las expansiones y las recesiones que afectan de manera recurrente a la mayoría de las economías—, el comportamiento agregado del mercado de trabajo es un aspecto imprescindible, y los criterios que siguen en los supermercados para asignar el espacio de sus estanterías son irrelevantes. Por el contrario, si nuestro objetivo es estudiar el funcionamiento de las grandes superficies comerciales, los criterios de asignación del espacio son cruciales, y el comportamiento agregado del mercado de trabajo es mucho menos importante.

Un símil que se utiliza con frecuencia para ilustrar la relación que existe entre las preguntas y los métodos de la economía es el de la cartografía. Cuando queremos viajar de una ciudad a otra, por ejemplo, tener un mapa de carreteras es muy útil, pero los detalles de un callejero son irrelevantes. En cambio, cuando queremos encontrar un restaurante en una ciudad determinada, los detalles del callejero son imprescindibles, y el mapa de carreteras es prácticamente inútil.

Como en el análisis económico son las preguntas las que determinan los criterios de simplificación y reducción de la realidad, la sencillez de las teorías económicas se considera una virtud y, en cambio, el grado de realismo de esas teorías no es muy importante. Puesto que estudian versiones simplificadas de la realidad, todas las teorías económicas son esencialmente irreales, por lo que discutir el realismo de las teorías no tiene mucho interés. Lo que se pretende de una teoría económica es que sea capaz de darnos respuestas fiables a las preguntas que le planteemos.

El resultado del proceso de simplificación de la realidad y de reducción de las dimensiones de los problemas son los modelos económicos. Una definición de modelo económico es la siguiente:

Definición 1.2: Modelo económico. Un modelo económico es una representación simplificada de algún aspecto de la realidad económica que se pretende estudiar.

Como la economía se ocupa del análisis de las decisiones individuales, los economistas construyen modelos que describen el comportamiento de las personas y de las empresas. El diseño y el análisis de esos modelos es el objeto de estudio de la microeconomía. Usando como punto de partida estos modelos del comportamiento individual, los economistas también construyen modelos para estudiar el comportamiento económico de los países. Estos modelos agregados, que agrupan a las personas y a las empresas en grandes sectores, se utilizan para analizar los grandes problemas económicos, como el crecimiento, las fluctuaciones, el paro o la inflación, y constituyen el objeto de estudio de la macroeconomía propiamente dicha. El más sencillo de estos modelos agregados es el modelo macroeconómico básico que se estudia en el Tema 12 y se utiliza en los Temas 13 y 14.

Ejercicio 1.12: Compare el método de simplificación y reducción de la realidad económica con su forma de tomar apuntes. ¿Qué criterios emplea para determinar si una idea es importante o accesoria cuando toma apuntes?

1.4 LA MICROECONOMÍA Y LA MACROECONOMÍA

En este libro se adopta el punto de vista de que la microeconomía y la macroeconomía se distinguen por las preguntas que se plantean pero no por los métodos que emplean para contestarlas. Las preguntas que se plantea la microeconomía tienen que ver con las decisiones de las personas y de las empresas individuales. Algunos ejemplos de esas preguntas son los siguientes: ¿cómo cambian las decisiones de contratación de una empresa si se modifica la legislación laboral?, ¿cómo afecta al mercado de ordenadores la introducción de una máquina de color azul titanio, más rápida y sencilla de manejar que las demás, y un diez por ciento más barata que las máquinas parecidas de la competencia?

Por el contrario, las preguntas que se plantea la macroeconomía tienen que ver con problemas que afectan a todas las personas que viven en un país determinado, o incluso en todo el mundo. Algunos ejemplos de las preguntas que se plantea la macroeconomía son las siguientes: ¿por qué unas economías crecen más deprisa que otras?, ¿por qué las economías sufren periodos de recesión recurrentes?, ¿por qué hay personas que quieren trabajar y no encuentran trabajo?, ¿por qué los precios de casi todas las mercancías tienden a aumentar?

Para contestar a estas preguntas, los macroeconomistas utilizan resúmenes de los resultados de las decisiones individuales que constituyen el objeto de estudio de la microeconomía, y más concretamente de los precios y de las cantidades de intercambio que se obtienen en los distintos mercados.

Esos resúmenes son los agregados macroeconómicos que se describen en los Temas 5, 6 y 7 de este libro.

Además de resumir la información que se genera en los mercados individuales, la macroeconomía agrupa a las personas y las empresas en grandes sectores, y estudia las relaciones económicas entre esos sectores. Este método es útil porque muchas de las diferencias entre las personas y las empresas individuales no son relevantes para el estudio de los problemas económicos agregados, y porque muchas de las decisiones económicas de las personas y de las empresas están interrelacionadas.

El estudio de la economía desde este punto de vista agregado presenta ventajas e inconvenientes. Al permitirnos prescindir de muchos detalles, la macroeconomía reduce considerablemente la dimensión de los problemas y simplifica su análisis. Pero a cambio, el enfoque macroeconómico prescinde de una gran cantidad de información potencialmente importante, y no es capaz de contestar a muchas preguntas interesantes. Por ejemplo, el análisis macroeconómico estudia la evolución de la tasa de paro de toda la economía, pero no se suele ocupar de la evolución del empleo en, pongamos por caso, la industria del metal.

LA IDEA MÁS IMPORTANTE DE ESTE TEMA

La idea más importante de este tema es la definición del coste de oportunidad y la forma de calcularlo.

Tema 2
FACTORES, TECNOLOGÍAS Y PRODUCTOS

The western land, nervous under the beginning change. The Western States, nervous as horses before a thunder storm. The great owners, nervous, sensing a change, knowing nothing of the nature of the change. The great owners striking at the immediate thing, the widening government, the growing labor unity; striking at new taxes, at plans; not knowing these things are results, not causes. Results, not causes; results, not causes. The causes lie deep and simple —the causes are a hunger in a stomach, multiplied a million times; a hunger in a single soul, hunger for joy and some security, multiplied a million times; muscles and mind aching to grow, to work, to create, multiplied a million times. The last clear definite function of man —muscles aching to work, minds aching to create beyond the single need— this is man. To build a wall, to build a house, a dam, and in the wall and house and dam to put something of Manself, and to Manself take back something of the wall, the house, the dam; to take hard muscles from the lifting, to take clear lines and form from conceiving.

John Steinbeck – *The Grapes of Wrath*

Contenido

2.0 INTRODUCCIÓN

En el Tema 1 hemos aprendido que la característica principal de las decisiones que son objeto del análisis económico es la escasez de las cosas. A esas cosas unas veces las llamábamos recursos, otras veces bienes y servicios y otras veces factores o productos. Este tema empieza proponiéndonos una definición general de todos esos objetos sobre los que se toman las decisiones económicas, y que hasta ahora hemos venido llamando por varios nombres sin preocuparnos por definirlos con cuidado. A partir de ahora vamos a llamar genéricamente a todos esos objetos mercancías, y el primer apartado de este tema se dedica a la definición del concepto de mercancía.

A continuación vamos a aprovecharnos de uno de los aspectos de la definición de mercancías para agrupar las variables económicas en dos grandes categorías excluyentes: los flujos y los fondos. Vamos a aprender que los flujos son variables, como el salario, el consumo, o el trabajo, que se miden por unidad de tiempo, mientras que los fondos son variables, como el dinero, la riqueza o el capital, que se miden en un momento del tiempo. Seguidamente, en el tercer apartado del tema vamos a describir los factores de producción. Los factores de producción son mercancías —como el trabajo, el capital, la tierra y la organización de la producción— que se utilizan en la producción de otras mercancías. A continuación vamos a estudiar formalmente los procesos de producción, y vamos a aprender que estos procesos suelen representarse mediante funciones de producción. En el quinto apartado del tema vamos a estudiar las principales propiedades de las funciones de producción y, por último, en el sexto apartado vamos a caracterizar la que probablemente sea la función de producción que se usa con más frecuencia en el análisis macroeconómico: la función de producción neoclásica.

2.1 EL CONCEPTO DE MERCANCÍA

Recursos, productos, bienes y servicios escasos. Esas cosas son los objetos sobre los que se toman las decisiones económicas, y los que las llenan de contenido. Para definir esos objetos, tenemos que plantearnos cómo se distinguen unos de otros. Evidentemente, la primera característica que distingue unas cosas de otras es su naturaleza. No debería ser muy difícil convencernos de que un kilo de naranjas, una silla, unas entradas para un concierto de rock, un paseo en barca, una caja de preservativos o el libro de Steinbeck que se cita al principio de este tema son mercancías distintas. Sabemos que son mercancías distintas porque, en general, tienen precios distintos, y tienen precios distintos porque han sido objeto de procesos de transformación diferentes. Si lo pensamos un poco, nos daremos cuenta de que muchas actividades económicas se dedican a transformar unas mercancías en otras alterando su naturaleza. Por ejemplo, el trigo se transforma en harina y, con levadura, aceite y sal, se fabrica pan. El talento de un grupo de músicos, su destreza como instrumentalistas, sus instrumentos musicales, sus equipos de sonido, sus horas de ensayo, sus servicios de seguridad y un estadio de fútbol en la orilla de un río se transforman en un concierto de rock difícil de olvidar. Las actividades económicas que alteran la naturaleza de las cosas son las actividades de transformación, y cada día los trabajadores de miles de fábricas, laboratorios y otros centros de producción transforman unas mercancías en otras casi sin descanso.

Un análisis poco riguroso podría llevarnos a pensar que eso es todo. Que las mercancías se distinguen por su naturaleza y nada más. Pero si lo pensamos un poco mejor, seguramente nos daremos cuenta de que dos cosas de la misma naturaleza, incluso dos cosas idénticas, pueden ser mercancías diferentes. Un kilo de naranjas en un naranjal de Tabernes no es la misma mercancía que el mismo kilo de naranjas en un puesto de fruta del mercado de San Martín. Ni un concierto de rock en una cochera de autobuses abandonada en una ciudad dormitorio del extrarradio es la misma mercancía que un concierto idéntico, tocado por los mismos músicos, y con la misma inspiración, en una sala de conciertos de Barcelona. Ni un paseo en barca en el lago del Retiro es la misma mercancía que un paseo en la misma barca, de idéntica duración, y con la misma compañía en una cala desierta de Menorca. Por lo tanto, el lugar es otra característica que distingue unas mercancías de otras, y que modifica sus precios. Y el objetivo de muchas actividades económicas es simplemente cambiar las cosas de lugar. Estas actividades son los transportes, y cada día, literalmente, miles de aviones, barcos, trenes, camiones, carros, bicicletas y otros vehículos se dedican a transformar una mercancías en otras transportándolas de un lugar a otro del planeta.

Pero eso no es todo. Además de distinguirse por su naturaleza y por el lugar en que se encuentran, las mercancías también se distinguen por sus fechas. Una botella de vino de una cosecha determinada no es la misma mercancía en el momento de ponerse a la venta esa cosecha, que esa misma botella, en la misma mesa del mismo restaurante, dos o tres años más tarde, sobre todo si los expertos coinciden en que se trataba de la mejor añada de la década. Ni un kilo de naranjas en el mes de enero, en plena temporada, es la misma mercancía que ese mismo kilo de naranjas, en el mismo puesto del mercado, en el mes de agosto cuando los naranjos ni siquiera han florecido. Ni tampoco es la misma mercancía la cerveza que se toma Lucas el primer viernes del curso, cuando los profesores ni siquiera han puesto las primeras tareas, que esa misma cerveza, en el mismo bar, con los mismos amigos y en el mismo plan, un viernes quince semanas más tarde, tres días antes del examen final. Por lo tanto, el tiempo es otra característica que distingue a las mercancías, y que modifica sus precios. Y las actividades económicas que se dedican a cambiar el tiempo de las cosas son las actividades de almacenamiento.

Ejercicio 2.0: ¿Qué otra característica además de la naturaleza, del lugar y del tiempo cree que se podría usar para distinguir las mercancías?

Irene tiene un paraguas en el maletero del coche. Normalmente el paraguas es un estorbo: ocupa espacio, se ensucia y hay que buscarle un sitio cada vez que Irene quiere llenar el maletero. Pero cuando llueve, Irene está encantada con su paraguas, bendice su suerte y le agradece mentalmente a Lucas que un día se dejara el paraguas olvidado en su coche.

Ejercicio 2.1: ¿Cree que un paraguas un día de lluvia es la misma mercancía que el mismo paraguas un día que no llueve?

La respuesta al Ejercicio 2.1 es que un paraguas un día de lluvia no es la misma mercancía que el mismo paraguas, en el mismo lugar, en el mismo momento del tiempo, un día de sol. Una forma de convencernos de que se trata de dos mercancías distintas es plantearnos si estaríamos dispuestos a pagar precios distintos por el mismo paraguas en uno u otro caso, o sea, dependiendo de las circunstancias. Algo parecido ocurre cuando el experto en compras de una conservera contrata una cosecha de albaricoques cuando los árboles están todavía en flor. El precio que tiene que pagar es distinto al que pagaría por la misma cosecha dos días antes de la recogida, porque las circunstancias en las que se produce la compra son muy diferentes. Cuando los árboles están en flor, nadie sabe con certeza cómo van a ser las condiciones meteorológicas, ni la polinización, ni si los árboles van a sufrir un ataque de araña roja. En cambio, dos días antes de la recogida, todas esas circunstancias se conocen con certeza. Si la conservera compra la cosecha cuando los árboles están en flor, el comprador asume todos los riesgos —compra la cosecha pase lo que pase, en todas las circunstancias posibles— mientras que si la conservera compra la cosecha dos días antes de la recogida, el que asume los riesgos es el vendedor. Las circunstancias son diferentes en los dos casos, y eso hace que estemos ante dos mercancías distintas.

Por razones semejantes, el coche de Irene asegurado a todo riesgo no es la misma mercancía que el mismo coche, en el mismo lugar y en el mismo momento del tiempo, con un seguro a terceros. Ni el resguardo de una apuesta hípica a ganador, si el caballo elegido ha ganado la carrera, o si el jinete se ha caído. Ni un contrato de compra de una partida de carburadores a una empresa japonesa, pagadero a tres meses a un tipo de cambio conocido, que un contrato idéntico, pero pagadero al tipo de cambio que esté en vigor en el momento del pago. Por lo tanto, las circunstancias son otro aspecto que distingue a las mercancías, y que modifica sus precios. Y las empresas de seguros y los mercados de futuros en los que se compran a precios ciertos mercancías que se van a entregar en el futuro son ejemplos de actividades económicas que se dedican a modificar las circunstancias de las cosas y a protegerlas contra los riesgos que suponen las circunstancias cambiantes.

Definición 2.0: Mercancía. Una mercancía es un objeto —un bien, un servicio o un contrato— en un lugar, en un momento y en unas circunstancias determinadas.

Esta definición de mercancía es muy parecida a la propuesta por el economista Gerard Debreu, que recibió el Premio Nobel de Economía en 1993.[1]

---

[1] Vid. Gerard Debreu, *A Theory of Value.* Yale University Press. New Haven 1959.

Ejercicio 2.2: Proponga tres ejemplos de mercancías que se distingan por su naturaleza, su lugar, su momento del tiempo y sus circunstancias.

2.2 LOS FLUJOS Y LOS FONDOS

En este apartado vamos a aprovecharnos de la relación que existe entre las mercancías y el tiempo, y vamos a clasificar las variables económicas en dos grandes categorías: los flujos, como la renta o el gasto; y los fondos, como el dinero o la riqueza.

Definición 2.1: Flujo. Un flujo es una variables económica que representa un proceso que se produce en un periodo de tiempo, y cuya definición exige que se especifique la duración de ese periodo.

Ejemplos de flujos son la renta, el ahorro y el gasto. No es lo mismo ganar 500€ por hora, que al mes o al año. Ni tampoco es lo mismo gastar 200€ al día, que a la semana; ni ahorrar 30.000€ en un año o en toda la vida. Por lo tanto, si queremos que esas cifras tengan sentido tenemos que precisar el periodo de tiempo en el que se producen, y ésa es la condición que caracteriza a los flujos.

Ejercicio 2.3: Proponga tres ejemplos de variables flujo.

Definición 2.2: Fondo. Un fondo es una variable económica cuya cuantía se determina en un momento del tiempo, y no en un periodo de tiempo.

Ejemplos de fondos son el dinero y la riqueza. Si le preguntamos a Lucas cuánto dinero tiene, cuenta los billetes y las monedas que lleva en el bolsillo y nos contesta con una cifra —6,25€, por ejemplo—. Esa cantidad es el dinero que tiene Lucas en el momento de hacerle la pregunta y, por lo tanto, para contestarnos, sólo necesita una cifra —6,25€—. Para que su respuesta tenga sentido, Lucas no tiene que mencionar ningún periodo de tiempo. Como el dinero es un fondo, se entiende que queremos saber su valor justo en el momento de hacerle la pregunta.

Ejercicio 2.4: Proponga tres ejemplos de variables fondo.

En general, los flujos y los fondos están relacionados. Casi todos los flujos dan lugar a aumentos o disminuciones de algún fondo. Pensemos, por ejemplo, en la relación que existe entre la renta, la riqueza y el gasto. Matías trabaja de dependiente en una perfumería, y cobra una vez al mes. La nómina de Matías es su flujo de renta. Cada vez que le ingresan la nómina, el saldo de la cuenta corriente de Matías aumenta. El saldo de esa cuenta es uno de los componentes de su fondo de riqueza. Matías va de compras una vez a la semana. Cada vez que hace un pago, el saldo de su cuenta disminuye. Los pagos que hace Matías son sus flujos de gasto. Por lo tanto, los flujos de renta hacen que el fondo de riqueza aumente, y los flujos de gasto hacen que el fondo de riqueza disminuya.

Ejercicio 2.5: Suponga que sabemos la renta mensual de Matías. ¿Cómo calcularíamos su renta en un año? ¿Haríamos lo mismo con la riqueza? Proponga un método general para agregar en el tiempo variables flujo, y otro para agregar en el tiempo variables fondo.

Como sugiere el Ejercicio 2.5, otra de las características que distinguen a los flujos de los fondos es la forma de agregarlos en el tiempo. Los flujos se suman, pero los fondos no se suman nunca. Para calcular la renta anual de Matías, solamente tenemos que sumar las rentas que ha percibido durante los doce meses del año. Con los demás flujos ocurre algo parecido. Para calcular el valor anual de un flujo, se suman los valores diarios, semanales o mensuales de ese flujo. Sin embargo, con los fondos no ocurre lo mismo. Si le preguntamos a Lucas cuánto dinero tiene al mes, seguramente no sabrá qué contestarnos porque esa pregunta no tiene mucho sentido. Podemos preguntarle cuánto dinero tenía al salir de casa un día determinado de ese mes, o incluso cuánto dinero tenía al salir de casa todos los días del mes, y hacer una media con las respuestas. En general, para saber el valor de un fondo durante un periodo de tiempo, o elegimos un momento del tiempo que represente a todo el periodo, o elegimos varios momentos y calculamos el valor medio del fondo, pero en ningún caso sumamos los valores del fondo en distintos momentos del periodo. Y no lo hacemos, porque el resultado de esa suma sería una cifra sin sentido.

Ejercicio 2.6: El saldo de la cuenta corriente de Lucas a las 12 del día 1 de enero era de 25,34€, a las 12 del día 1 de febrero era de 32,17€, y a las 12 del día 1 de marzo era de 15,25€. Proponga dos formas distintas de calcular el valor trimestral de su fondo de dinero.

2.3 LOS FACTORES DE PRODUCCIÓN

Los factores de producción son unas mercancías que se caracterizan por formar parte de la mayoría de los procesos productivos. Los principales factores de producción son el trabajo, el capital, la tierra y la organización.

2.3.1 El trabajo

Todos los procesos productivos requieren que las personas les dediquen una parte de su tiempo. Cuando a cambio de ese tiempo se recibe una remuneración, a ese tiempo se le llama trabajo.

Definición 2.3: Trabajo. El trabajo es el tiempo que se dedica a realizar cualquier actividad remunerada.

En el Tema 1 hemos aprendido que los economistas clasifican los usos del tiempo en dos grandes categorías: las actividades remuneradas y las que no lo son. Como indica la Definición 2.3, desde el punto de vista de la economía, sólo las actividades remuneradas se consideran trabajo. La principal razón que justifica esta convención es que las actividades no remuneradas son mucho más difíciles de observar que las que se hacen a cambio de una remuneración.

El trabajo es un flujo, y se mide en horas trabajadas por periodo de tiempo —al día, a la semana, al mes, al trimestre o al año—. A pesar de ser un concepto muy intuitivo, la medición cuidadosa del trabajo presenta muchos problemas. En primer lugar, una parte del esfuerzo que realizamos cuando trabajamos es observable, y otra parte es inobservable. Si una empresa obliga a sus trabajadores a fichar, puede saber cuánto tiempo han permanecido en sus puestos de trabajo, pero el interés, el esfuerzo y el grado de concentración con los que han realizado sus cometidos es mucho más difícil de observar. Otra dificultad que presenta la medición del trabajo estriba en su heterogeneidad. No es lo mismo una hora de trabajo de una neurocirujana que la de un celador, ni la de un mecánico loco por las motos, que la del hijo del dueño del taller, que realiza a regañadientes las mismas tareas.

Incluso si adoptamos el supuesto simplificador de que todas las horas trabajadas son iguales, calcular las horas trabajadas en una economía es relativamente complicado. Para llegar a una estimación aproximada debemos tener en cuenta la duración de la jornada laboral en cada sector, las horas extraordinarias, las jornadas a tiempo parcial, las horas perdidas por huelgas, bajas médicas, días de fiesta, vacaciones y otras causas.

Los modelos más sencillos resuelven estas dificultades contando simplemente el número de trabajadores. Por lo tanto, esos modelos suponen implícitamente que todos los trabajadores son iguales, y que todos trabajan el mismo número de horas, y con la misma intensidad. En esos modelos, para pasar del número de trabajadores al número de horas trabajadas, basta con multiplicar el número de trabajadores por la duración de la jornada laboral. Otros modelos más sofisticados ponderan las horas trabajadas por la duración de la jornada laboral, por el grado de especialización de cada tipo de trabajador e incluso por algún indicador del esfuerzo realizado.

2.3.2 El capital

Además de trabajo, la mayor parte de los procesos productivos utilizan máquinas, herramientas, utensilios y aperos, que facilitan la actividad de los trabajadores, y que les permiten aumentar su productividad. Este tipo de mercancías reciben el nombre genérico de mercancías capital.

Definición 2.4: Capital. El capital de una economía son las máquinas, las herramientas, los utensilios y, en general, cualesquiera mercancías ya producidas, que se utilizan en los procesos productivos, que no se agotan por completo en los mismos y que favorecen la productividad del trabajo.

En los procesos productivos se utilizan dos clases de mercancías ya producidas: las mercancías intermedias, que se agotan por completo en esos procesos, y las mercancías que duran más de un proceso productivo, que son las mercancías de capital. Por ejemplo, la harina que se utiliza en la fabricación de una barra de pan es una mercancía intermedia, y la furgoneta que se usa para transportar la barra de pan desde la tahona a la panadería es una mercancía de capital.

El capital es un fondo y, como ocurría con el trabajo, el valor del fondo de capital es relativamente difícil de calcular. En primer lugar porque las máquinas también son muy heterogéneas: en el fondo de capital de una economía hay destornilladores y arados, hornos de fundición y ordenadores. Incluso las máquinas del mismo tipo pueden ser muy diferentes. Por ejemplo, los ordenadores de última generación se parecen muy poco a los que tienen cinco o seis años de antigüedad y, sin embargo, unos y otros se utilizan a veces incluso en los mismos procesos productivos.

Además, determinar el valor del capital plantea las dificultades adicionales asociadas con la medición de los fondos. Como ocurre con todos los fondos, la cantidad de máquinas, herramientas, edificios y equipos asociados a los procesos productivos se mide en un momento determinado del tiempo. Y esa cantidad cambia constantemente. Por una parte, se fabrican máquinas nuevas constantemente y, por otra parte, las máquinas ya fabricadas se deprecian también constantemente, como consecuencia del desgaste que sufren en los procesos productivos en los que se emplean.

Para complicar las cosas todavía más, si queremos saber cuánto capital se está usando en un proceso productivo, lo que en realidad tenemos que medir es el valor del flujo de servicios productivos que prestan esas máquinas. Conocer el valor del fondo de capital no nos sirve de mucho porque, por su propia definición, las mercancías de capital no se agotan en la producción. Y para medir el valor del flujo de servicios de un fondo de capital determinado deberíamos tener en cuenta la duración y la intensidad del uso de las mercancías que lo componen, y multiplicar la medida resultante por el alquiler explícito o implícito de esas mercancías.

Según la Definición 2.4, el capital hace que el trabajo se vuelva más productivo. Pero ésa no es la única forma de aumentar el número de mercancías que se pueden producir con una hora de trabajo. Con la educación y la formación profesional de las personas se pueden conseguir efectos muy parecidos. Quizás por esta razón, cuando los economistas calculan el valor del fondo de capital de una economía, también tienen en cuenta su fondo de capital humano, concepto acuñado por el economista Gary Becker, que recibió el Premio Nobel de Economía en 1991. El capital humano de una economía es la educación y la formación profesional de sus habitantes y, como no podía ser menos, también es muy difícil de medir.

Ejercicio 2.7: Conteste a las siguientes preguntas relacionadas con el capital humano: (a) el capital humano es un flujo: ¿verdadero o falso?; justifique su respuesta; (b) en un informe reciente sobre la situación de la economía mundial, la Organización para la Cooperación y el Desarrollo Económico (OCDE) recomienda a los países europeos que aumenten sus inversiones en capital humano para disminuir el paro; justifique o critique esta recomendación; (c) ¿qué cree que es más costoso, acumular capital físico o capital humano?; justifique su respuesta, y (d) el capital humano y el capital físico son mercancías complementarias: ¿verdadero o falso?; justifique su respuesta.

2.3.3 La tierra

La tierra es otro factor de producción que interviene en la mayoría de los procesos productivos. En algunas empresas, como las empresas agrícolas, las ganaderas y las del sector minero, la tierra es el factor de producción más importante. Pero incluso en los despachos de abogados y en las empresas que se dedican al diseño de programas informáticos la tierra es un factor de producción indispensable, si entendemos como tal el espacio físico que se dedica a realizar esas actividades productivas.

La tierra también es un fondo. La forma de determinar su valor es parecida a la que se usa para valorar el fondo de capital físico, y plantea los mismos problemas. En primer lugar la tierra también es un factor muy heterogéneo. Una hectárea de terreno en el centro comercial de una gran ciudad es muy diferente que una hectárea de monte bajo en La Mancha, y que una hectárea de regadío en la huerta murciana. Y una hectárea de desierto improductivo también es muy diferente que esa misma hectárea de desierto si se descubre que existe un yacimiento de petróleo en el subsuelo. Además, como ocurría con el capital, para cuantificar la participación de la tierra en la producción lo que en realidad nos interesa es medir el valor de su flujo de servicios productivos, y no el valor total del fondo.

Ejercicio 2.8: Conteste a las siguientes preguntas relacionadas con la tierra: (a) comente las similitudes y las diferencias entre la tierra y el capital; (b) proponga tres formas de aumentar el valor del flujo de servicios productivos de una extensión de tierra determinada, y (c) use el concepto de coste de oportunidad para justificar que el precio del alquiler de la tierra en las grandes ciudades sea muy elevado.

2.3.4 La organización y el riesgo

Por último, prácticamente todos los procesos productivos requieren que alguien los organice, y asuma los riesgos que esta actividad conlleva. Esta actividad es esencial porque sin ella las empresas simplemente no existirían. Las principales funciones de los organizadores de las empresas son elegir qué mercancías producir y cómo hacerlo, lo que supone que los organizadores también tienen que tomar las decisiones de contratación de los restantes factores productivos. En la mayoría de las pequeñas empresas las personas que se ocupan de su organización suelen ser sus propietarios. En cambio, en las grandes empresas la propiedad suele estar repartida entre un grupo muy numeroso de accionistas, y su organización recae sobre un grupo de gestores profesionales nombrados por el grupo de accionistas que tiene la participación de control.

Ejercicio 2.9: Suponga que dos fabricantes de automóviles usan exactamente las mismas cantidades de capital, trabajo y tierra. ¿Cree que los dos producirán exactamente lo mismo? ¿Por qué cree que los fabricantes de automóviles japoneses son más productivos que los europeos?

2.4 LAS TECNOLOGÍAS

Casi todas las actividades productivas consisten en transformar unas mercancías en otras y la tecnología es la descripción del conjunto de procedimientos técnicos que permiten llevar a cabo esas transformaciones.

Definición 2.5: Tecnología. Una tecnología es el conjunto de procedimientos técnicos por el que unas mercancías se transforman en otras.

Así, por ejemplo, la tecnología de fabricación del pan son los procesos por los que los factores productivos se combinan con harina, levadura, agua, sal y otras mercancías intermedias y se transforman en barras de pan. El transporte de naranjas desde los centros de producción a los de consumo es otro ejemplo de una tecnología que transforma unas mercancías en otras cambiando su localización, aunque sin modificar su naturaleza. Los métodos de almacenamiento de productos perecederos son tecnologías que transforman unas mercancías en otras cambiando su fecha, pero sin modificar ni su localización ni su naturaleza. Los contratos de seguros son tecnologías que transforman unas mercancías en otras cambiando sus circunstancias, pero sin modificar ni su fecha ni su localización ni su naturaleza. Los ejemplos anteriores deberían habernos convencido de que prácticamente todas las actividades productivas pueden describirse en términos de tecnologías que transforman unas mercancías en otras.

2.5 LAS FUNCIONES DE PRODUCCIÓN

La definición de tecnología identifica tres clases de objetos: los factores de producción, los procedimientos técnicos por los que esos factores se transforman en productos, y los productos.[2] Por lo tanto, la representación formal de las tecnologías mediante funciones es casi inmediata: basta con considerar como conjunto origen el conjunto de los factores, como conjunto imagen el conjunto de los productos y como regla de asociación la regla que asocia a los factores con los productos que se obtienen de esos factores. Una definición formal de las funciones de producción es la siguiente:

Definición 2.6: Función de producción. Una función de producción es la representación formal de una tecnología. El conjunto origen es el conjunto de los factores de producción, el conjunto imagen es el conjunto de los productos y la regla de asociación es la que resulta de asociar los factores con los productos que se obtienen a partir de esos factores.

Ejercicio 2.10: Describa una función de producción que caracterice a cada una de las siguientes tecnologías y represéntelas gráficamente: (a) Irene

---

[2]Para no complicar innecesariamente el debate, omitimos las mercancías intermedias, que pueden tratarse como si fueran un factor de producción más.

trabaja por las tardes haciendo encuestas, y siempre hace cinco encuestas por hora —lógicamente, si un día no trabaja no hace ninguna encuesta—; (b) los sábados por la mañana Lucas se dedica a la repostería fina y siempre utiliza cinco kilos de harina para hacer tres tartas, y (c) en una pequeña industria a domicilio, con tres máquinas de coser y una hora de trabajo se fabrican cinco camisas.

2.5.1 Las propiedades de las funciones de producción

Los párrafos anteriores ilustran una forma de razonar muy frecuente en economía. Su punto de partida es un argumento intuitivo que examina el mundo real y reconoce que las tecnologías se pueden describir como procesos que transforman factores en productos. A continuación se utiliza el lenguaje matemático para formalizar el argumento intuitivo, y se establece que las tecnologías se pueden representar mediante funciones. Pero las funciones son objetos muy abstractos y por lo tanto muy generales: como hemos aprendido en el Tema 0, cualquier correspondencia en la que cada elemento del conjunto origen tiene exactamente una imagen es una función. Sin embargo, la mayoría de las tecnologías del mundo real cumplen ciertas propiedades y no otras y, en consecuencia, sólo algunas funciones sirven para representar esas tecnologías. En los párrafos siguientes vamos a usar esas propiedades para limitar la clase de funciones que nos interesan.

El origen de coordenadas

En la mayoría de las tecnologías del mundo real, si no se usa ningún factor de producción, no se obtiene producto alguno. Esta propiedad es tan intuitiva que no necesita comentario. Se formaliza exigiendo que las funciones de producción pasen por el origen de coordenadas.

Funciones crecientes

En la mayoría de las tecnologías del mundo real, si se utilizan más factores, generalmente se obtienen más productos. Como en el mundo real prácticamente todos los factores productivos son escasos, y por lo tanto contratar los servicios de esos factores es costoso, las tecnologías que no cumplen esa propiedad simplemente no se utilizan. Si una tecnología fuera tan disparatada que empleando más factores se obtuvieran menos productos, simplemente se utilizarían menos factores, y de esta forma aumentaría la producción y disminuirían los costes. Técnicamente esta propiedad se formaliza exigiendo que las funciones de producción sean crecientes.

Ejercicio 2.11: (a) Proponga tres ejemplos de funciones de producción crecientes y represéntelas gráficamente; (b) proponga un ejemplo de una función de producción que no sea creciente y represéntela gráficamente, y (c) si tuviera que utilizar una tecnología de producción decreciente, ¿en qué punto de su función de producción produciría?

Los rendimientos marginales

Otra característica de la mayoría de las tecnologías del mundo real es que utilizan más de un factor de producción.

Ejercicio 2.12: Proponga tres ejemplos de tecnologías que usen un solo factor de producción.

Cuando en una tecnología se usa más de un factor productivo, generalmente se puede sustituir un factor por otro. Como ya hemos discutido anteriormente, la mayoría de las tecnologías usan trabajo y capital, pero para obtener una misma cantidad de producción, generalmente se pueden usar combinaciones distintas de esos dos factores. Unas tecnologías usan mucho trabajo y poco capital, y entonces decimos que son intensivas en trabajo, mientras que otras tecnologías usan mucho capital y poco trabajo, y entonces decimos que son tecnologías intensivas en capital.

Ejercicio 2.13: ¿Qué criterios seguirá una empresa para elegir entre una tecnología intensiva en mano de obra y otra intensiva en capital?

Ejercicio 2.14: Considere una economía en la que los costes de despido son muy elevados ¿A qué tipo de tecnologías productivas cree favorece esta medida?

Ejercicio 2.15: Irene cree que el progreso técnico tiene efectos negativos sobre el empleo porque las nuevas tecnologías favorecen la sustitución de trabajadores por máquinas, y aumentan el desempleo. Justifique o refute este razonamiento.

Aunque en general la mayoría de las tecnologías nos permiten sustituir unos factores productivos por otros, esas posibilidades de sustitución entre factores no suelen ser ilimitadas. Supongamos que tenemos una pequeña explotación agrícola. Si no contratamos a nadie, la tierra no producirá nada aprovechable. Si contratamos un trabajador, la producción total aumentará considerablemente. Si contratamos otro trabajador que comparta las tareas del primero, la producción seguramente seguirá aumentando. Pero si contratamos más y más trabajadores, y los ponemos a todos a cultivar la misma parcela, llegará un momento en que se estorbarán unos a otros, y la producción dejará de aumentar, o incluso disminuirá.

El ejemplo anterior sugiere que la mayoría de las tecnologías requieren que se mantengan unas proporciones mínimas entre los distintos factores, y que si no se cumplen esas proporciones, las tecnologías dejan de funcionar de una forma eficiente. Técnicamente cuando una tecnología cumple esta propiedad se dice que presenta rendimientos marginales decrecientes. Pero antes de describir esa propiedad, tenemos que definir los conceptos de rendimientos medios y rendimientos marginales.

Definición 2.7: Rendimiento medio. El rendimiento medio de un factor es el cociente que resulta de dividir la producción total por la cantidad de ese factor que se ha empleado en producirla.

El rendimiento medio de un factor es lo mismo que su producto medio y que su productividad. El siguiente ejemplo ilustra este concepto. La Fuerza del Destino es una pequeña empresa dedicada a la fabricación de calzado. Tiene a veinte trabajadores en nómina, y entre todos fabrican 15.000 pares de zapatos al año. El rendimiento medio del trabajo en esa empresa es $15.000/20 = 750$ pares de zapatos por trabajador y año.

Ejercicio 2.16: Suponga que los directivos de La Fuerza del Destino compran maquinaria nueva que les permite producir 23.000 pares de zapatos al

año con la misma plantilla de 20 trabajadores. Calcule el nuevo rendimiento medio del trabajo. Proponga otras tres medidas capaces de aumentar el
rendimiento medio de las empresas y justifique su respuesta.

El rendimiento medio de un factor mide la aportación de ese factor al
producto total, pero, como todas las medias, no nos dice cuál es la cantidad de producción atribuible a cada unidad del factor. El concepto de
rendimiento marginal recoge esa idea.

Definición 2.8: Rendimiento marginal. El rendimiento marginal de un
factor es la cantidad de producción atribuible a la última unidad contratada
de ese factor.

En el siglo XVIII, un grupo de economistas se dio cuenta de la gran
importancia que tienen las últimas unidades contratadas, compradas o producidas en el análisis económico. Esas decisiones basadas en las últimas
unidades se llamaron decisiones en el margen, y al análisis económico pro-
pugnado por esos autores se le llamó análisis marginalista. En el caso de
las empresas, el rendimiento marginal de un factor juega un papel esencial
en sus decisiones de contratación. Si el objetivo de la empresa es maximizar
sus beneficios, contratará unidades adicionales de cada factor hasta que el
valor del rendimiento marginal atribuible a ese factor sea igual que el coste
de contratarlo. En el caso del trabajo, el análisis marginalista concluye que
una empresa seguirá contratando trabajadores mientras que el aumento de
sus costes laborales sea menor que el aumento del valor de la producción
atribuible al último trabajador contratado.

Ejercicio 2.17: Complete el cuadro siguiente:

Trabajadores	Rdto. total	Rdto. medio	Rdto. marginal
1	–	20	–
2	–	–	14
3	45	–	–

*Ejercicio 2.18: Suponga que la función de producción de la Fuerza del Des-
tino es una línea recta con pendiente positiva. ¿Qué forma tendrá la función*

del rendimiento medio del trabajo?, ¿y la función del rendimiento marginal del trabajo?

Ejercicio 2.19: Más difícil. Considere una economía imaginaria en la que sólo se producen dos mercancías: vino, V, y rosas, R. Suponga que el rendimiento medio del trabajo en la producción de V es constante e igual a dos y represente gráficamente la función de producción de R si sabemos que cuando el número de docenas de rosas producidas es menor que 100, el coste de oportunidad de una docena de rosas medido en litros de vino es constante e igual a 1, y que cuando el número de docenas de rosas producidas es mayor que 100, el coste de oportunidad de una docena de rosas medido en litros de vino es constante e igual a 2.

La mayoría de los procesos productivos del mundo real se caracterizan porque presentan rendimientos marginales decrecientes, debido a las proporciones mínimas que deben mantenerse entre los factores de producción a las que aludíamos anteriormente y a que, en general, el trabajo no es homogéneo y las empresas tienden a contratar primero a las personas más productivas. Concretamente esta propiedad establece que si en un proceso productivo aumentamos la cantidad de un factor sin modificar las cantidades de los demás factores, llega un momento a partir del cual el rendimiento marginal de ese factor disminuye.

Ejercicio 2.20: (a) Complete las filas correspondientes a los rendimientos medio y marginal del trabajo en el cuadro siguiente; (b) represente la función de producción descrita por esos datos, e indique los tramos en los que el rendimiento marginal del trabajo es creciente, en los que es decreciente y en los que es constante, y (c) determine si ese proceso productivo presenta los rendimientos marginales decrecientes.

U. de trabajo	0	1	2	3	4	5	6	7	8	9
Rdto. total	0	10	27	49	73	96	112	119	121	122
Rdto. medio	–	–	–	–	–	–	–	–	–	–
Rdto. marginal	–	–	–	–	–	–	–	–	–	–

Ejercicio 2.21: Dibuje unas funciones de producción que, además de ser crecientes, cumplan las siguientes propiedades: (a) que el rendimiento marginal del trabajo sea siempre constante; (b) que el rendimiento marginal

del trabajo sea siempre decreciente; (c) que el rendimiento marginal del trabajo sea siempre creciente, y (d) que el rendimiento marginal del trabajo sea primero creciente y luego decreciente. Determine si las tecnologías correspondientes presentan rendimientos marginales decrecientes.

Ejercicio 2.22: Estudie la relación existente entre los rendimientos totales, los rendimientos medios y los rendimientos marginales de un factor. Si una función de producción es creciente en un factor, ¿cómo pueden ser las funciones de rendimientos medios y marginales de ese factor? ¿Y si la función de producción fuera decreciente? Si la función del rendimiento medio de un factor es creciente, ¿cómo puede ser su función de rendimiento marginal? ¿Y si la función del rendimiento medio fuera decreciente?

Los rendimientos a escala

La última propiedad de las tecnologías que vamos a analizar en este tema se ocupa de la posibilidad de reproducir los procesos productivos. En principio, parece lógico suponer que si tenemos una fábrica de zapatos, y construimos otra exactamente igual en la parcela contigua del mismo polígono industrial, la producción de zapatos de la segunda fábrica debería ser exactamente igual a la de la primera. Pues bien, cuando esto ocurre decimos que este proceso productivo presenta rendimientos a escala constantes.

Ejercicio 2.23: ¿Por qué cree que las tecnologías de producción de chocolate suizo, de ensaimadas mallorquinas y de cerveza tirada a la antigua en los mejores bares de Madrid son tan difíciles de reproducir en otros sitios?

En la práctica, debido a la especialización de los factores productivos, es muy difícil que los rendimientos a escala sean constantes por la sencilla razón de que no podemos hacer copias exactas de las personas, con sus idiosincrasias personales y sus formas peculiares de hacer las cosas. Si, como consecuencia de esas dificultades, al aumentar todos los factores que intervienen en un proceso productivo en una proporción determinada, la cantidad producida aumenta en una proporción menor, decimos que la tecnología presenta rendimientos a escala decrecientes. Si lo hace en una proporción mayor, decimos que los rendimientos a escala son crecientes.

Definición 2.9: Rendimientos a escala. Decimos que una función de producción presenta rendimientos a escala constantes, crecientes o decrecientes si al variar todos los factores productivos en una proporción determinada, el producto aumenta en la misma proporción, en una proporción mayor o en una proporción menor.

Ejercicio 2.24: Proponga tres razones que justifiquen los rendimientos a escala crecientes y otras tres que justifiquen los rendimientos a escala decrecientes.

Ejercicio 2.25: Analice los rendimientos a escala y los rendimientos medios y marginales del trabajo y del capital en las siguientes funciones de producción: (a) $y = n$; (b) $y = 3n$; (c) $y = 0,5n$; (d) $y = n^2$; (e) $y = n^{0,5}$; (f) $y = n^{0,7}k^{0,3}$; (g) $y = nk$, y (h) $y = n/k$.

Ejercicio 2.26: Explique intuitivamente las diferencias que existen entre el concepto de rendimientos marginales decrecientes y el de rendimientos a escala decrecientes.

Ejercicio 2.27: ¿Puede poner un ejemplo de una función de producción con un sólo factor productivo en la que la productividad marginal de ese factor sea decreciente y los rendimientos a escala sean constantes? ¿Puede demostrar que si en una función de producción con un solo factor productivo la productividad marginal es decreciente, los rendimientos a escala también lo son?

2.6 LA FUNCIÓN DE PRODUCCIÓN NEOCLÁSICA

A finales del siglo XIX vivió un grupo de economistas a los que después se les dio el nombre de economistas neoclásicos. Entre su numerosas aportaciones al análisis económico, destaca la función de producción neoclásica, que posteriormente se ha utilizado con éxito en los análisis del crecimiento y de las fluctuaciones económicas. En 1990 el economista Robert Solow recibió el Premio Nobel de Economía en parte por su análisis del crecimiento económico en modelos que representan la tecnología agregada de una economía mediante una función de producción neoclásica.

Decimos que una función de producción es una función de producción neoclásica cuando cumple las siguientes propiedades: (a) es creciente en todos los factores de producción; (b) los rendimientos marginales de todos sus factores son decrecientes, y (c) sus rendimientos a escala son constantes.

Ejercicio 2.28: Todas las funciones de producción de un solo factor que presentan rendimientos a escala constantes son líneas rectas. ¿Verdadero o falso? Justifique su respuesta.

Ejercicio 2.29: Todas las funciones de producción de un solo factor que son líneas rectas presentan rendimientos a escala constantes. ¿Verdadero o falso? Justifique su respuesta.

LA IDEA MÁS IMPORTANTE DE ESTE TEMA

El concepto de función de producción.

Tema 3

LAS POSIBILIDADES DE PRODUCCIÓN

> *After I had solaced my mind with the comfortable part of my
> condition, I began to look round me to see what kind of place I was
> in, and what was next to be done, and I soon found my comforts
> abate, and that in a word I had a dreadful deliverance: for I was wet,
> had no clothes to shift me, nor did I see any prospect before me, but
> that of perishing with hunger or being devoured by wild beasts; and
> that which was particularly afflicting to me was that I had no weapon
> either to hunt and kill any creature for my sustenance, or to defend
> my self against any other creature that might desire to kill me for
> theirs. In a word, I had nothing about me but a knife, a tobacco-pipe,
> and a little tobacco in a box; this threw me into terrible agonies of
> mind, that for a while I run about like a mad-man.*
>
> Daniel Defoe – *Robinson Crusoe*

Contenido

3.0 INTRODUCCIÓN

En el Tema 1 hemos aprendido que la escasez nos obliga a elegir, y que el objeto de la economía es estudiar las decisiones relacionadas con la escasez. En este tema vamos a profundizar en el análisis de las consecuencias de la escasez. Concretamente vamos a preguntarnos qué se puede producir en una economía en la que las dotaciones de factores productivos y los conocimientos técnicos que permiten a sus habitantes transformar esos factores en productos son limitados. Como ocurre con las preguntas más interesantes que se plantea el análisis macroeconómico, esta pregunta es cuantitativa. Además de saber qué mercancías se pueden producir, queremos averiguar qué cantidades de esas mercancías se pueden producir.

Contestar a esas preguntas en una economía real es muy difícil. En las economías reales se producen demasiadas mercancías distintas, de demasiadas formas diferentes. Para superar esas dificultades, vamos a construir un modelo económico siguiendo el método de simplificación y reducción de la realidad que se describe en el Tema 1. Como veíamos en dicho tema, este método consiste en inventarnos una economía sencilla que se pueda utilizar para contestar las preguntas que nos hemos planteado. En el modelo que vamos a estudiar supondremos que sólo se producen dos mercancías, que el trabajo es el único factor de producción, y que las funciones de producción son lineales. Nuestra economía imaginaria es tan sencilla que nos va a recordar al mundo que describe Daniel Defoe cuando nos cuenta las aventuras de Robinson Crusoe. Aprovechándonos de ese parecido, nosotros también vamos a imaginarnos que un grupo de náufragos se pierde en una isla olvidada de los mares del Sur, y vamos a estudiar sus decisiones económicas.

Para simplificar todavía más el análisis, vamos a empezar suponiendo que todos los náufragos son idénticos, y vamos a preguntarnos qué mercancías se pueden producir en esas circunstancias. Después vamos a estudiar cómo cambian las conclusiones de nuestro análisis si complicamos un poco el modelo, y suponemos que los náufragos se especializan. Por último vamos a utilizar las conclusiones del análisis de las posibilidades de producción para estudiar dos temas de gran interés macroeconómico: las causas del crecimiento económico y las ventajas del comercio.

3.1 EL CASO DEL TRABAJO HOMOGÉNEO

Sucedió que diez hermanos idénticos viajaban en un velero por los mares del Sur. Una noche, cuando menos se lo esperaban, el mar empezó a encresparse, y antes de que tuvieran tiempo de reaccionar, se encontraron en medio de un tifón tropical. Vientos huracanados y olas de más de quince metros de altura zarandeaban el barco y amenazaban con hacerlo naufragar. A pesar de que todos ellos eran unos navegantes avezados, y que hicieron lo imposible por mantenerse a flote, las olas terminaron por estrellar el barco contra un arrecife de coral. Nadando como pudieron, llegaron hasta una playa cercana, y se quedaron dormidos sobre la arena, acurrucados unos contra otros.

Por la mañana, después de comprobar que se habían salvado todos, y que no quedaba ni rastro del barco, se dividieron en dos grupos, y se dedicaron a explorar la isla. Al caer la tarde volvieron a la playa, y se reunieron a la sombra de unas palmeras para contarse sus descubrimientos y decidir qué hacer. Por un capricho de la meteorología o de la botánica, resultó que en la isla sólo crecían vides y rosales y que, por lo tanto, las únicas actividades productivas a las que podían dedicarse eran la elaboración de vino y el cultivo de rosas. Además, calcularon que en un día de trabajo cada uno de ellos podía producir 2 litros de vino o 1 docena de rosas.

Ejercicio 3.0: Obtenga dos funciones que representen las tecnologías de producción de vino y rosas que se describen en el párrafo anterior.

Una vez que habían averiguado cuáles eran las dotaciones de factores productivos y las tecnologías que tenían a su disposición, se plantearon la pregunta que se suelen plantear todos los náufragos que se ven en circunstancias parecidas: "¿qué podemos producir?.Estuvieron pensando durante un rato, y se les ocurrió que podían contestar a esa pregunta al menos de tres maneras distintas. Uno de ellos propuso que calcularan los pares de vino y rosas que podrían obtener si organizaban la producción de todas las maneras posibles. Otro planteó un sistema de tres ecuaciones lineales con tres incógnitas y propuso que resolvieran el problema analíticamente. Por último, otro se acordó de un ingenioso diagrama de cuatro cuadrantes que habían estudiado en el libro de *Introducción a la Economía* de los economistas Carlos Cuervo-Arango y José Antonio Trujillo, y propuso que resolvieran el problema gráficamente.[1] Los apartados siguientes describen los detalles de cada una de esas tres formas de averiguar cuáles son las posibilidades de producción de una economía cuyas tecnologías y dotaciones de factores productivos conocemos.

3.1.1 Todas las producciones posibles

Una de las formas más sencillas pero más tediosas de averiguar qué se puede producir en la isla de los náufragos es hacer una lista con las cantidades de vino y rosas que se producirían, asignando los diez náufragos a una u otra actividad de todas las formas posibles.[2]

Una de estas formas de organizar el trabajo es dedicar a los diez náufragos a la producción de vino. En este caso el número de trabajadores dedicados a la producción de vino sería $n_v = 10$, la producción de vino sería, $V = 2n_v = 20$, el número de trabajadores dedicados a la producción de rosas sería $n_r = 0$, y la producción de rosas sería, $R = n_r = 0$. Otra forma de asignar el trabajo es dedicar nueve náufragos a la producción de vino y uno a la producción de rosas. En este caso el número de trabajadores dedicados a la producción de vino sería $n_v = 9$, la producción de vino sería, $V = 2n_v = 18$, el número de trabajadores dedicados a la producción de rosas sería $n_r = 1$, y la producción de rosas sería, $R = n_r = 1$. Si repetimos este ejercicio para todas las formas posibles de asignar los trabajadores a las dos actividades, obtendremos las producciones de vino y rosas que se recogen en el Cuadro 3.0.

Como seguramente nos habremos dado cuenta, este método es muy tedioso en los casos en que hay muchos trabajadores, o si se elimina el supuesto de que todos los trabajadores dedican toda la jornada a realizar la misma actividad.

Ejercicio 3.1: Represente gráficamente el conjunto de posibilidades de producción que se define por extensión en el Cuadro 3.0. Determine si los

---

[1]Vid. Carlos Cuervo-Arango y José Antonio Trujillo, *Introducción a la Economía*, Mac Graw-Hill, págs 23-28.

[2]Para simplificar los cálculos vamos a suponer de momento que todos ellos dedican la jornada completa a realizar la misma actividad.

n_v	n_r	V	R
10	0	20	0
9	1	18	1
8	2	16	2
7	3	14	3
6	4	12	4
5	5	10	5
4	4	8	6
3	7	6	7
2	8	4	8
1	9	2	9
0	10	0	10

Cuadro 3.0: *Todas las asignaciones de trabajo posibles.*

puntos de la frontera de ese conjunto pertenecen o no a una misma recta, y en caso afirmativo obtenga la ecuación de esa recta.

El Gráfico 3.0 representa el conjunto de posibilidades de producción que soluciona el Ejercicio 3.1. Es evidente que todos esos puntos pertenecen a una misma recta, y es muy fácil calcular que la pendiente de esa recta es -2, y que su ordenada en el origen es 20. La ecuación de la recta, por lo tanto, es $R = 20 - 2V$.

Ejercicio 3.2: Proponga una interpretación económica de los pares de vino y rosas que representan las coordenadas de los puntos X, Y y Z del Gráfico 3.0, y de la pendiente de la recta que se representa en ese mismo gráfico.

La recta que se representa en el Gráfico 3.0 es el límite de las posibilidades de producción de la economía insular. Los puntos que pertenecen a la recta son las cantidades máximas de las dos mercancías que se pueden producir siempre y cuando todos los náufragos trabajen. Los puntos como el punto X, que pertenecen a esa recta, pero que no están incluidos en el Cuadro 3.0, representan las cantidades de las dos mercancías que se obtendrían asignando parte de la jornada laboral de uno de los náufragos a cada una de las dos actividades. Concretamente, el punto X representa

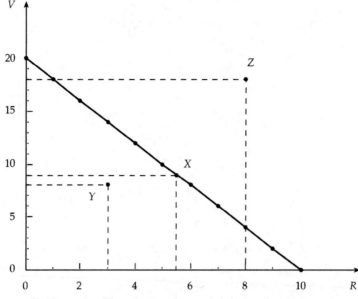

Gráfico 3.0: *El conjunto de posibilidades de producción.*

la producción que se obtendría dedicando 4 trabajadores a producir vino, 5 a cultivar rosas y media jornada laboral del décimo náufrago a cada actividad.

Para producir las cantidades de las dos mercancías que representan las coordenadas de los puntos que pertenecen a esa recta, es necesario que todos los náufragos dediquen toda su jornada laboral a trabajar. Técnicamente esas producciones se consideran socialmente eficientes porque, al usarse todos los factores productivos disponibles, la sociedad no incurre en el coste de oportunidad que supone mantener factores ociosos. Por el contrario, para producir las cantidades de las dos mercancías representadas por las coordenadas de los puntos que pertenecen al interior del conjunto limitado por la recta y por los ejes, como el punto Y, al menos uno de los náufragos tiene que estar parte de su tiempo sin trabajar. Esas producciones se consideran socialmente ineficientes porque se dejan de producir mercancías valiosas. Precisamente el valor de las mercancías que se habrían producido empleando a esos factores es el coste de oportunidad en el que incurre la sociedad al mantenerlos ociosos.

Ejercicio 3.3: Calcule el número de náufragos que se necesitan para produ-

*cir las mercancías representadas por el punto Y del Gráfico 3.0, y el número
de náufragos que permanecen ociosos. Calcule el coste de oportunidad en
el que incurre la sociedad al mantener a esos náufragos sin empleo medido,
(a) en litros de vino, y (b) en docenas de rosas.*

*Ejercicio 3.4: La discusión anterior no termina de convencer a Irene. ¿Por
qué las producciones como la que representa el punto Y se consideran ineficientes, si puede que los náufragos colectivamente prefieran dedicar parte
de su tiempo a otras actividades que no sean trabajar? ¿Es que el tiempo
libre no tiene valor? Intente contestar las preguntas que se plantea Irene.*

Por último, los puntos como el punto Z, que no pertenecen al conjunto
de posibilidades de producción, representan producciones que no se pueden
obtener con las tecnologías y los factores productivos disponibles en la isla.

*Ejercicio 3.5: ¿Cuántos náufragos harían falta para producir las mercancías
que representa el punto Z? ¿Podría obtenerse esa producción de Z sin
aumentar la fuerza de trabajo? Justifique su respuesta.*

Como se ha puesto de manifiesto en la discusión anterior, el conjunto
representado en el Gráfico 3.0 es la respuesta a la pregunta que nos planteábamos —nosotros y los náufragos— al empezar este tema. Los puntos
que pertenecen a ese conjunto representan todas las producciones que se
pueden obtener con las tecnologías y los factores disponibles en la isla. Por
lo tanto, ese conjunto es el conjunto de posibilidades de producción de la
economía insular. La definición formal de ese conjunto es la siguiente:

Definición 3.0: El conjunto de posibilidades de producción. El conjunto de posibilidades de producción de una economía es el conjunto de
todas las producciones que se pueden obtener a partir de los factores y de
las tecnologías disponibles en esa economía. Su frontera representa las producciones factibles máximas.

Para terminar de analizar el Gráfico 3.0, y de paso terminar de contestar al Ejercicio 3.2, tenemos que interpretar el significado económico de

la pendiente de la frontera del conjunto de posibilidades de producción. Supongamos que uno de los náufragos que estaba trabajando en la producción de vino se cambia de actividad y se dedica al cultivo de rosas. En ese caso, la producción de vino disminuirá en 2 litros y la producción de rosas aumentará en 1 docena. La relación que existe entre esas dos cantidades, 2/1, es el valor absoluto de la pendiente de la frontera del conjunto que estamos considerando, y, además, es el coste de oportunidad de producir una docena de rosas medido en litros de vino —para producir una docena más de rosas se dejan de producir 2 litros de vino, que es precisamente el valor de la alternativa que se rechaza.

Ejercicio 3.6: Calcule el coste de oportunidad en el que incurren los náufragos al producir una docena de rosas siguiendo el método que se propone en el Tema 1 y verifique que efectivamente es 2 litros de vino. Use el mismo método para calcular el coste de oportunidad de un litro de vino medido en docenas de rosas.

El método que acabamos de describir para obtener el conjunto de posibilidades de producción de una economía tiene la ventaja de que es muy sencillo, y el inconveniente de que es muy tedioso. Si en la isla hubiera habido cien, mil o trece millones de trabajadores como ocurre en la economía española, con este método nunca hubiéramos sido capaces de terminar el problema, y ésa es una de las razones que nos llevan a estudiar los dos métodos alternativos que se describen a continuación.

3.1.2 El método analítico

Como se puede apreciar en el Gráfico 3.0, la frontera del conjunto de posibilidades de producción es una función cuyo origen es el conjunto de las producciones de una de las dos mercancías, y cuya imagen es el conjunto de las producciones de la otra mercancía —en el ejemplo que estamos analizando $V = f(R)$—. La relación binaria que define esa función asocia a cada cantidad de la mercancía que representamos en el conjunto origen con la cantidad máxima que puede obtenerse de la mercancía que representamos en el conjunto imagen, si tomamos como dadas las dotaciones de factores y las tecnologías. Por lo tanto, los puntos que pertenecen a la frontera del conjunto de posibilidades de producción satisfacen las siguientes condiciones: son tecnológicamente factibles por lo que cumplen las dos funciones de producción; y se obtienen asignando todo el tiempo disponible al trabajo. En el ejemplo que nos ocupa las tres condiciones que satisfacen los puntos (R, V) que pertenecen a la frontera del conjunto de posibilidades de producción son las siguientes:

$$\begin{cases} R = n_r \\ V = 2n_v \\ n_r + n_v = 10 \end{cases} \tag{3.0}$$

Para encontrar la ecuación de la frontera del conjunto de posibilidades de producción solo tenemos que resolver el sistema (3.0) en términos de V y R. Una forma muy sencilla de resolver ese sistema es despejar el trabajo en las dos tecnologías, y sustituir las expresiones resultantes en la tercera ecuación. Los resultados de esas operaciones son los siguientes: $n_r = R$, $n_v = V/2$ y $R+V/2 = 10$. Quitando denominadores en la expresión anterior obtenemos que $V = 20 - 2R$, que es la ecuación de la frontera del conjunto de posibilidades de producción que estamos buscando.

Ejercicio 3.7: Considere una economía sencilla en la que hay ocho trabajadores y en la que se producen dos mercancías: pan, P, y espectáculos de circo, C. Las funciones de producción de esas dos mercancías son las siguientes: $P = 10n_p$ y $C = n_c/150$, donde n_p y n_c son las cantidades de trabajo que se dedican a cada actividad, y obtenga el conjunto de posibilidades de producción de esta economía.

3.1.3 El método gráfico

Para obtener el conjunto de posibilidades de producción de una economía usando el método gráfico, tenemos que empezar por representar gráficamente las dos funciones de producción y la condición que establece que todos los trabajadores deben estar empleados —que, como hemos visto en el apartado anterior, son las tres condiciones que cumplen los puntos que pertenecen a la frontera de dicho conjunto.

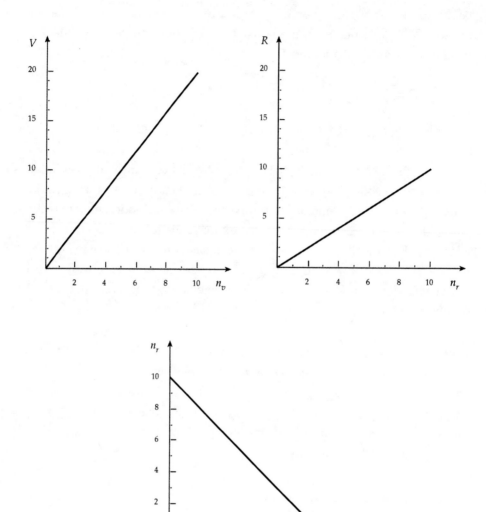

Gráfico 3.1: *Funciones de producción y dotación de trabajo.*

Ejercicio 3.8: Represente gráficamente las tecnologías de producción de vino y rosas y la restricción del trabajo disponible que se describen en el sistema de ecuaciones (3.0).

El Gráfico 3.1 contiene la representación gráfica de estas tres funciones en el caso de la isla de los náufragos y, por lo tanto, es la solución al Ejercicio 3.8.

Para obtener el conjunto de posibilidades de producción a partir de esos gráficos hacemos las siguientes operaciones: (a) construimos el Gráfico 3.2 transponiendo las funciones que se representan en el Gráfico 3.1; (b) elegimos el número de trabajadores que se van a dedicar a una de las dos producciones, por ejemplo $n_v = 4$; (c) usamos la condición que establece que se deben emplear todos los trabajadores disponibles para determinar el número de trabajadores que se tienen que dedicar a la otra actividad, en este caso $n_r = 6$; (d) usamos las funciones de producción correspondientes para determinar el punto de la frontera que corresponde a la asignación de trabajo elegida, (6,8), y (e) repetimos este ejercicio para las distintas formas de asignar el trabajo a las dos producciones, y obtenemos los restantes puntos de la frontera del conjunto de posibilidades de producción como ilustra el Gráfico 3.2.

Ejercicio 3.9: Obtenga gráficamente el conjunto de posibilidades de producción de la economía que se describe en el Ejercicio 3.7.

Este método es una forma muy ingeniosa de resolver el sistema de ecuaciones que caracteriza la frontera del conjunto de posibilidades de producción. Tiene la ventaja de que puede usarse con tecnologías no lineales, pero presenta el inconveniente de ser relativamente inexacto.

3.2 EL CASO DEL TRABAJO ESPECIALIZADO

En la economía que hemos analizado en el apartado anterior hemos adoptado el supuesto simplificador de que el trabajo era completamente homogéneo —los náufragos eran hermanos idénticos y, por lo tanto, sus rendimientos marginales también lo eran—. Si se dedicaban a la elaboración

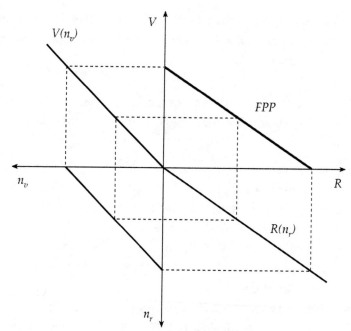

Gráfico 3.2: *El método gráfico para obtener la frontera del conjunto de posibilidades de producción.*

de vino, todos los hermanos producían el mismo número de litros, y si se dedicaban al cultivo de rosas, todos recogían el mismo número de docenas. Dos consecuencias de este supuesto son que las funciones de producción que representan esos procesos productivos son funciones lineales, y que la frontera del conjunto de posibilidades de producción también es lineal.

En el Tema 2 hemos aprendido que una de las características del trabajo es su heterogeneidad. En general las personas no solemos tener las mismas aptitudes, ni la misma educación, ni la misma motivación. Por lo tanto, parece lógico que nos preguntemos si las conclusiones a las que hemos llegado en el apartado anterior cambian mucho si relajamos el supuesto de que el trabajo es homogéneo, y estudiamos las posibilidades de producción de una economía en la que el trabajo no sea homogéneo y, en consecuencia, los rendimientos marginales de los trabajadores sean diferentes.

Para contestar a esa pregunta, tenemos que complicar un poco las cosas en la isla de los náufragos. Supongamos que una mañana los Elciego, que así se apellidaban los náufragos cuyas posibilidades de producción se han descrito en el apartado anterior, descubren con asombro que durante la noche otra tormenta ha provocado un nuevo naufragio, y que un grupo de supervivientes se ha refugiado en el otro extremo de la playa. Se acercan hasta allí y su asombro se hace aún mayor cuando comprueban que se trata de diez hermanas, idénticas como ellos, y que también son grandes aficionadas a la navegación. Se hacen las presentaciones, se cuentan las respectivas historias de sus vidas, y los Elciego averiguan que las hermanas se apellidan Narciso, y que son de Almería. Cuando se ponen a trabajar descubren que las chicas son mucho más productivas que ellos y en un día de trabajo son capaces de producir 5 litros de vino o 10 docenas de rosas cada una.

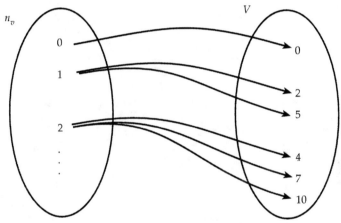

Gráfico 3.3: *La correspondencia de producción de vino.*

Ejercicio 3.10: Calcule las funciones de producción de vino y rosas después de la llegada a la isla de las hermanas Narciso.

El Ejercicio 3.10 es un buen ejemplo de lo pronto que se complican las cosas en economía. En primer lugar, como ilustra el Gráfico 3.3, cuando el trabajo se especializa, las funciones de producción dejan de serlo y se convierten en correspondencias. Ahora, para averiguar cuánto se va a producir de cada mercancía, no basta con saber el número de trabajadores que se dedican a cada actividad, sino que además tenemos que saber quiénes son esos trabajadores. Por ejemplo, la cantidad de vino que se produce en la isla de los náufragos con tres trabajadores es distinta si los tres son Elciego

(6 litros), si dos de ellos son Elciego y la tercera es una Narciso (9 litros), si uno de ellos es un Elciego y las otras dos son Narciso (12 litros), o si las tres son Narciso (15 litros). En esta correspondencia de producción se asocia a 3 trabajadores el conjunto formado por estas cuatro producciones, $\{6, 9, 12, 15\}$, y, en consecuencia, la correspondencia no cumple una de las condiciones necesarias para ser una función.

Ejercicio 3.11: (a) Calcule las cantidades de vino que se pueden producir en la isla de los náufragos con cuatro trabajadores tras la llegada de las hermanas Narciso, y (b) proponga dos formas de transformar la correspondencia de producción que se describe en el párrafo anterior en funciones de producción.

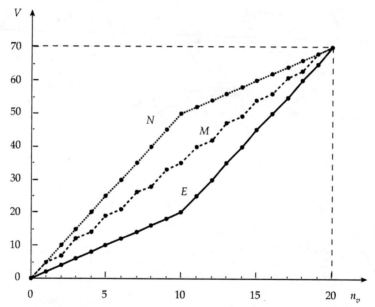

Gráfico 3.4: *Funciones de producción de vino con trabajadores especializados.*

Como ilustra el Gráfico 3.4, podemos seguir distintos criterios para transformar la correspondencia de producción en funciones de producción. El criterio que se ha seguido para obtener la función N es asignar primero a las hermanas Narciso a la producción de vino y cuando todas ellas estaban dedicadas a esa actividad, asignar a los hermanos Elciego. Para obtener la función E, se ha seguido el criterio contrario: primero se han asignado a los hermanos Elciego a la producción de vino, y cuando todos ellos estaban dedicados a esa actividad, se han asignado a las hermanas Narciso. Por último, para obtener la función M, los trabajadores se han ido alternando entre las dos familias, empezando por las Narciso y, como es lógico, terminando por los Elciego. Además de esos tres criterios, podríamos haber seguido otros muchos. Sin embargo, todas las funciones de producción resultantes habrían estado comprendidas entre las funciones N y E del Gráfico 3.4.

Ejercicio 3.12: Proponga un razonamiento económico que le permita seleccionar una forma de organizar la producción.

Para elegir entre todas esas formas de asignar el trabajo, nos gustaría seguir un criterio económico. A Lucas le parece bastante obvio que el criterio que se debería seguir es dedicar primero a la elaboración de vino a los trabajadores más productivos en esta actividad. De esta forma, se obtendría la función de producción más alejada del eje de abscisas. Siguiendo el criterio propuesto por Lucas, en la isla de los náufragos se elegiría la función de producción N. Sin embargo, Irene no está demasiado convencida. Irene sospecha que al tener en cuenta únicamente la producción de vino, Lucas se está olvidando de algo. El criterio que propone Lucas no considera que en la isla también se cultivan rosas, y que podría ocurrir que los trabajadores más productivos en la elaboración de vino también lo fueran en el cultivo de rosas. Y, en ese caso, puede que el criterio propuesto por Lucas no fuera el mejor.

Ejercicio 3.13: Obtenga el conjunto de posibilidades de producción de la economía insular, (a) siguiendo el criterio que propone Lucas en el párrafo anterior, y (b) siguiendo el criterio contrario: dedicando primero a los Elciego a la producción de vino y a las Narciso después.

El Gráfico 3.5 pone de manifiesto que esta vez Irene tenía razón. El conjunto de posibilidades de producción que se obtiene dedicando primero a la elaboración de vino a los trabajadores más productivos en esa actividad es más pequeño que el que se obtiene haciendo exactamente lo contrario, y la razón por la que esto ocurre es, más o menos, la que sospechaba Irene: si queremos asignar el trabajo especializado de una forma eficiente, debemos

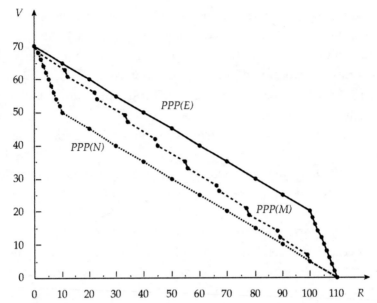

Gráfico 3.5: *Conjuntos de posibilidades de producción de vino y rosas con trabajadores especializados.*

tener en cuenta las productividades de los trabajadores en las dos actividades. Esta idea se puede formalizar con la ayuda del concepto del coste de oportunidad. Supongamos que empezamos asignando a todos los trabajadores a la producción de vino —en el caso del Gráfico 3.5 la producción de la isla estaría representada por las coordenadas del punto $(0, 70)$. Si queremos desplazar un trabajador al cultivo de rosas, tenemos dos opciones: podemos elegir una Narciso o un Elciego. ¿A quién elegimos si queremos maximizar la superficie del conjunto de posibilidades de producción?

El Gráfico 3.5 nos da la respuesta de un modo inmediato: tenemos que elegir la opción cuya pendiente, en valor absoluto, sea menor —en este caso se debe asignar primero al cultivo de rosas a las hermanas Narciso—. La razón económica que justifica esta elección es que el coste de oportunidad en el que se incurre al dedicar a las hermanas Narciso al cultivo de rosas —1/2 litro de vino por docena de rosas— es menor que el que se incurriría dedicando a los hermanos Elciego a esa actividad —2 litros de vino por docena de rosas—. Por lo tanto, en el caso del trabajo especializado, la asignación eficiente del trabajo exige que usemos el criterio del coste de oportunidad.

Ejercicio 3.14: Suponga que a la economía descrita en el Ejercicio 3.7 llegan otros 12 trabajadores cuyas funciones de producción de pan, P, y espectáculos de circo, C, son las siguientes: $P = 5n_p$ y $C = n_c/100$, donde n_p y n_c son las cantidades de trabajo que se dedican a cada actividad, y calcule el conjunto de posibilidades de producción de la economía, si se asigna el trabajo siguiendo el criterio del coste de oportunidad.

3.3 APLICACIÓN: LAS CAUSAS DEL CRECIMIENTO

En los dos apartados anteriores hemos estudiado las posibilidades de producción en dos economías partiendo del supuesto de que las dotaciones de factores productivos y la tecnología permanecían constantes. En este apartado vamos a suprimir esos dos supuestos, y vamos a estudiar cómo cambian las posibilidades de producción como consecuencia del crecimiento de las dotaciones de factores productivos y del progreso técnico.

3.3.1 El crecimiento de las dotaciones de factores

En el Tema 2 hemos estudiado que las mercancías se producen a partir de factores productivos, y que la relación entre factores y productos se formaliza mediante las funciones de producción. En ese mismo tema hemos aprendido que en el mundo real las funciones de producción son crecientes y, en consecuencia, si se emplean más factores productivos, se obtienen más productos. En este apartado vamos a dar un paso más en la formalización de esa intuición, y vamos a estudiar cómo afecta un aumento de la fuerza de trabajo al conjunto de posibilidades de producción de una economía.

Como contestar a esa pregunta en una economía real vuelve a ser muy difícil, vamos a hacerlo en la isla de los náufragos. Supongamos ahora que las hermanas Narciso se cansan de la convivencia con los hermanos Elciego y deciden marcharse de la isla. Como son muy habilidosas, no les cuesta mucho trabajo fabricarse una canoa trabajando por las noches mientras los Elciego duermen. Y una mañana, cuando los Elciego se levantan, descubren que las Narciso se han marchado. Ayudadas por el viento y las corrientes marinas, las Narciso no tardan en llegar a otra isla, que resulta ser muy parecida a la anterior. En esa nueva isla sólo crecen vides y rosales, y sus

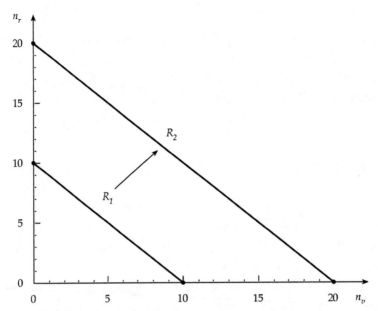

Gráfico 3.6: *El conjunto de posibilidades de producción cuando aumenta la fuerza de trabajo.*

rendimientos marginales son los mismos que los de antes: en un día de trabajo las Narciso producen 5 litros de vino o 10 docenas de rosas.

Ejercicio 3.15: a) obtenga el conjunto de posibilidades de producción de la economía que se describe en el apartado anterior, y b) suponga que cada una de las Narciso tiene una hija que resulta ser idéntica a su madre y obtenga el nuevo conjunto de posibilidades de producción.

Siempre que aumenta la dotación de trabajo de una economía, la restricción que resulta de la escasez de los factores productivos se relaja porque hay más personas que se pueden dedicar a trabajar. Formalmente, cuando aumenta la dotación de trabajo de una economía, su restricción del trabajo se desplaza hacia la derecha, tal y como ilustra el Gráfico 3.6.

Los efectos del aumento de la fuerza de trabajo sobre el conjunto de posibilidades de producción de la economía insular se ilustran en el Gráfico 3.7. Al aumentar la fuerza del trabajo, la restricción de los factores se desplaza de R_1 a R_2, y la frontera del conjunto de posibilidades de producción de la economía se desplaza de FPP_1 a FPP_2. Como consecuencia

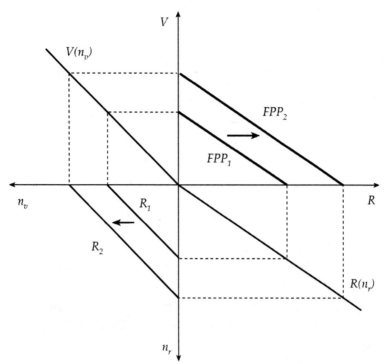

Gráfico 3.7: *Aumento de la fuerza de trabajo y desplazamiento de la frontera del conjunto de posibilidades de producción.*

de este cambio, las producciones pertenecientes a la superficie comprendida entre esas dos funciones, que antes eran inalcanzables, ahora se pueden producir.

Como ilustra el Ejercicio 3.16, los efectos de los cambios en las dotaciones de los restantes factores productivos sobre las posibilidades de producción de las economías son muy similares, y se analizan de una forma parecida.

Ejercicio 3.16: Considere una pequeña economía que dispone de 5.000 ha de tierra cultivable. La tierra se dedica al pastoreo o al cultivo de cereales. Las funciones de producción de estas dos mercancías son las siguientes $v = 2t_v$ y $c = 50t_c$, donde v denota el número de cabezas de ganado, c los quintales de cereales y t_v y t_c denotan, respectivamente, las cantidades de tierra dedicadas a la ganadería y a la agricultura. Obtenga el conjunto de posibilidades de producción de esta economía. Suponga que uno de

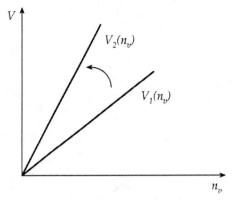

Gráfico 3.8: *Los efectos del progreso técnico sobre las funciones de producción.*

los países vecinos está gobernado por una dictadura militar presidida por un general. Para desacreditar a la oposición, el general invade la pequeña economía que estamos analizando y conquista la mitad de su territorio. Obtenga el conjunto de posibilidades de producción de la economía después de la invasión.

3.3.2 El progreso técnico

Otra de las causas del crecimiento económico es el progreso técnico. Aunque las dotaciones de factores de producción de una economía no cambien, el progreso técnico permite aumentar la cantidad de mercancías que se pueden obtener a partir de unas cantidades de factores determinadas. Como el progreso técnico hace que los factores se vuelvan más productivos, su representación gráfica es una rotación hacia la izquierda de la función de producción (véase el Gráfico 3.9).

Ejercicio 3.17: Suponga que en la economía que se describe en el apartado (a) del Ejercicio 3.15, las hermanas Narciso descubren una nueva tecnología de producción de vino que les permite duplicar sus rendimientos medios en esa actividad, y obtenga el conjunto de posibilidades de producción de esa economía.

Como ilustra el Gráfico 3.9, el progreso técnico provoca una rotación hacia la derecha de la frontera del conjunto de posibilidades de producción

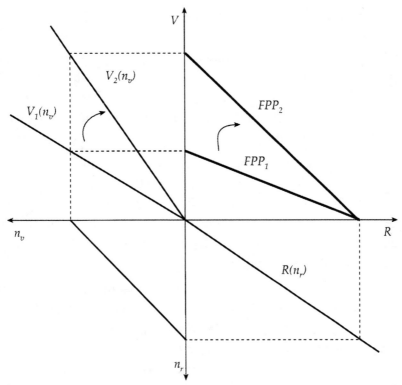

Gráfico 3.9: *El progreso técnico y el conjunto de posibilidades de producción.*

y permite producir pares de mercancías que antes eran inalcanzables. Igual que ocurría con el crecimiento de las dotaciones de factores productivos, el progreso técnico en una de las dos industrias permite aumentar la producción de las dos mercancías. La justificación de esta propiedad es que parte de los trabajadores que antes trabajaban en la industria que ha cambiado de tecnología ahora pueden dedicarse a la otra actividad.

Ejercicio 3.18: Analice los efectos del progreso técnico que se describe en el Ejercicio 3.17 sobre el coste de oportunidad de producir un litro de vino. Utilice sus conclusiones para explicar la disminución que ha experimentado el precio relativo de los ordenadores personales en los últimos quince años.

3.4 APLICACIÓN: LOS BENEFICIOS DEL INTERCAMBIO

El análisis del conjunto de posibilidades de producción de una economía también puede usarse para estudiar los beneficios del intercambio y establecer una de las bases de la teoría del comercio internacional: la teoría de la ventaja comparativa formulada por el economista británico D. Ricardo a principios del siglo XIX.

La teoría de la ventaja comparativa establece que los intercambios comerciales son beneficiosos para todos los participantes, incluso en el caso en que uno de ellos sea más productivo que el otro en la producción de las dos mercancías que se intercambian. Para llegar a esta conclusión, que a primera vista puede parecernos sorprendente, vamos a usar otra vez el ejemplo de las islas de los náufragos.

Supongamos que la economía de la isla de los hermanos Elciego, que a partir de ahora llamaremos la Isla E, no ha cambiado desde la desaparición de las chicas. Los Elciego siguen siendo diez, y sus funciones de producción de vino y rosas todavía son $V = 2n_v$ y $R = n_r$, respectivamente. Supongamos también que en la isla de las hermanas Narciso, que a partir de ahora llamaremos la IslaÑ, siguen siendo diez y que sus funciones de producción de vino y rosas son $V = 5n_v$ y $R = 10n_r$, respectivamente. Una mañana los hermanos Elciego reciben la visita inesperada de una canoa. La canoa esta cargada de rosas, y en ella viajan dos de las Narciso. Las Narciso desembarcan, y los Elciego, que no son rencorosos, las reciben encantados, y descubren con asombro que lo que pretenden las chicas es comerciar con ellos.

Ejercicio 3.19: Suponga que las tecnologías de producción de vino y rosas en las dos islas son las que se describen en el apartado anterior. ¿Cree que existe algún intercambio que sea beneficioso para las dos partes? Justifique su respuesta.

A primera vista puede parecer que las hermanas Narciso, que en un día de trabajo son capaces de producir 5 litros de vino o 10 docenas de rosas, no pueden beneficiarse de comerciar con los hermanos Elciego, porque son mucho más productivas que ellos en las dos industrias —los hermanos Elciego sólo son capaces de producir 2 litros de vino o 1 docena de rosas por día de trabajo—. Técnicamente cuando esto ocurre decimos que una economía, en este ejemplo la IslaÑ, tiene ventaja absoluta en la producción de las dos mercancías. Sin embargo, la teoría de la ventaja comparativa demuestra que, incluso cuando una economía tiene ventaja absoluta sobre otra en todas las producciones, el intercambio puede ser mutuamente beneficioso. Para llegar a esta conclusión se vuelve a utilizar el concepto de coste de oportunidad.

Ejercicio 3.20: Calcule el coste de oportunidad de producir una docena de rosas en las dos islas, y determine en cuál de las dos islas es más barato producir esa mercancía.

Para calcular el coste de oportunidad y contestar al Ejercicio 3.20, podemos usar el método que se ha descrito en el Tema 2. En la IslaÑ el coste de oportunidad de producir una docena de rosas es 1/2 litro de vino, y en la Isla E el coste de oportunidad de producir una docena de rosas es 2 litros de vino. Por lo tanto, cultivar rosas es más barato en la IslaÑ que en la Isla E. Técnicamente, cuando esto ocurre, decimos que una economía, en este caso la IslaÑ, tiene ventaja comparativa sobre la otra, en este caso la Isla E, en la producción de rosas.

Definición 3.1: Ventaja comparativa. Considere dos economías que producen las mismas mercancías a costes de oportunidad diferentes. Entonces decimos que la economía con el menor coste de oportunidad tiene ventaja comparativa sobre la otra en la producción de esa mercancía.

Ejercicio 3.21: Usando los datos del ejemplo que estamos analizando, calcule el coste de oportunidad de producir un litro de vino en las dos islas, y determine en cuál de las dos islas es más barato producir esa mercancía.

Siempre que consideremos solamente dos mercancías y dos economías, es relativamente sencillo demostrar que si una economía tiene ventaja comparativa en la producción de una de las dos mercancías, la otra economía necesariamente tendrá ventaja comparativa en la producción de la otra mercancía. La demostración se basa en que si solamente estamos considerando dos mercancías, el coste de oportunidad de una de ellas medido en términos de la otra, es el recíproco del coste de oportunidad de la segunda, medido en términos de la primera. En el ejemplo que estamos analizando, el coste de oportunidad de producir un litro de vino medido en docenas de rosas en la IslaÑ es 2, y el de producir una docena de rosas medido en litros de vino es 1/2, mientras que en la Isla E, estos mismos costes son, respectivamente, 1/2 y 2. Por lo tanto, aunque cultivar rosas sea más barato en la IslaÑ que en la Isla E, producir vino es más barato en la Isla E que en la IslaÑ.

Una vez que nos hemos convencido de que cada isla tiene ventaja comparativa en la producción de una mercancía, el paso siguiente es convencernos de que si sus habitantes se decidieran a comerciar, cada isla se especializaría en la producción de la mercancía en la que tiene ventaja comparativa. En el ejemplo que estamos analizando, si las Narciso y los Elciego se decidieran a comerciar, la IslaÑ se especializaría en la producción de rosas y la Isla E se especializaría en la producción de vino. Como en la IslaÑ el coste de oportunidad de producir una docena de rosas es 1/2 litro de vino, las Narciso estarán dispuestas a vender rosas a cambio de vino siempre que por una docena de rosas reciban más de esa cantidad. Concretamente, las Narciso estarán dispuestas a vender rosas siempre que su precio, medido en litros de vino, pertenezca al intervalo $(1/2, \infty)$. En cambio, en la Isla E el coste de oportunidad de producir una docena de rosas es 2 litros de vino. Por lo tanto, los Elciego estarán dispuestos a cambiar vino por rosas siempre que a cambio de 2 litros de vino reciban más de esa cantidad. Concretamente, los Elciego estarán dispuestos a vender vino siempre que el precio de una docena de rosas medido en litros de vino pertenezca al intervalo $(0, 2)$. El Gráfico 3.10 representa la mercancía en cuya producción se especializa cada isla como función del precio de intercambio.

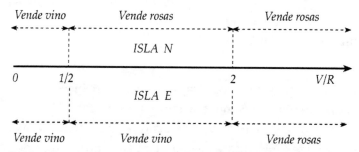

Gráfico 3.10: *Los precios de intercambio y la especialización.*

Por lo tanto, los precios de intercambio admisibles —los que benefician a los habitantes de las dos islas— son los que pertenecen al intervalo (1/2, 2). Como ilustra el Gráfico 3.10, si el precio de una docena de rosas fuera menor que 1/2 litro de vino, los habitantes de las dos islas querrían especializarse en la producción de vino, y si el precio de una docena de rosas fuera mayor que 2 litros de vino, los habitantes de las dos islas querrían especializarse en la producción de rosas, y por lo tanto no podrían comerciar. El precio finalmente elegido dependerá de la capacidad de negociación de unas y otros, pero, en cualquier caso, pertenecerá al intervalo limitado por los costes de oportunidad de cada economía medidos en un bien común. Supongamos que en nuestro ejemplo las Narciso y los Elciego se ponen de acuerdo en intercambiar una docena de rosas por un litro de vino.

Ejercicio 3.22: Obtenga los conjuntos de posibilidades de consumo de las dos islas sabiendo que los habitantes de la Isla E se especializan en la producción de vino, las de la IslaÑ en la de rosas y que el precio de intercambio es 1 docena de rosas por litro de vino.

Una de las principales consecuencias del comercio internacional es que iguala los precios de las mercancías que se comercian. Así en la Isla E nadie va a querer comprar rosas si tiene que pagar 2 litros de vino por docena —que es el coste de oportunidad en la Isla E— cuando el precio de una docena de rosas en el mercado interinsular es sólo 1 litro de vino por docena. Por lo tanto, los habitantes de la Isla E se especializan en la producción de vino, y se lo cambian por rosas a las habitantes de la IslaÑ que, al precio elegido, también se benefician con el intercambio.

Como el comercio hace que el precio de intercambio difiera de los costes de oportunidad locales, los conjuntos de posibilidades de consumo dejan de coincidir con los conjuntos de posibilidades de producción locales. Una vez que las Narciso y los Elciego han empezado a comerciar, la pendiente de la frontera del conjunto de posibilidades de consumo es −1, que es el precio de intercambio de una docena de rosas medido en litros de vino. Gráficamente, una vez iniciado el comercio, los conjuntos de posibilidades de producción y de consumo de las dos islas son los que se representan en el Gráfico 3.11. Las zonas sombreadas de los dos paneles de ese gráfico representan las combinaciones de mercancías que eran inalcanzables en autarquía, y que se hacen accesibles gracias al comercio. El hecho de que el conjunto de posibilidades de consumo aumente en las dos economías demuestra que el intercambio resulta beneficioso para los habitantes de ambas.

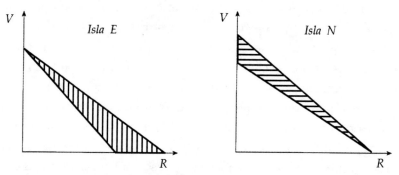

Gráfico 3.11: *El comercio amplía los conjuntos de posibilidades de consumo de las dos islas.*

Ejercicio 3.23: Conteste a las siguientes preguntas relacionadas con los beneficios del intercambio: (a) compare los efectos del avance técnico de una economía con los efectos de la apertura de una economía al comercio internacional; (b) proponga un ejemplo de dos economías que produzcan dos mercancías con dos funciones de producción lineales en que el comercio internacional no sea beneficioso para ninguno de los dos participantes, y (c) si las ventajas del comercio son tan evidentes como parece demostrar la teoría de la ventaja comparativa, ¿por qué cree que las economías no se especializan por completo en la producción de un número reducido de mercancías? Pista: considere una economía con trabajo especializado.

La teoría de la ventaja comparativa que acabamos de analizar nos permite concluir que en una economía con trabajadores idénticos y con funciones de producción lineales, el comercio internacional expande el conjunto de posibilidades de consumo de cada economía, e induce a sus empresas a especializarse por completo en la producción de las mercancías en las que tienen ventajas comparativas. Esta predicción es un buen ejemplo del tipo de aproximación a la verdad que persigue el análisis económico. Además, es una predicción que se puede contrastar empíricamente sin demasiadas dificultades: si observamos lo que ocurre en las distintas economías del mundo real, comprobamos que la mayoría de los países tienden a especializarse en la producción de un número relativamente reducido de mercancías, pero es muy difícil encontrar ejemplos de países que se especialicen por completo en la producción de una única mercancía.

Esta última observación difiere de las predicciones de la teoría de la ventaja comparativa, y nos lleva a plantearnos cuáles son las razones que justifican esas diferencias. Si la cadena de razonamientos que nos ha llevado de las premisas a las conclusiones —el análisis— ha sido correcta, la razón de las diferencias debería estar en los supuestos iniciales. Como ya se ha comentado anteriormente, el supuesto que más aleja al modelo de la realidad es el considerar que todos los trabajadores son idénticos. En el resto de este apartado vamos a estudiar cómo cambian las conclusiones de la teoría de la ventaja comparativa si suponemos que los rendimientos marginales de las personas son distintos y, en consecuencia, que el trabajo se especializa.

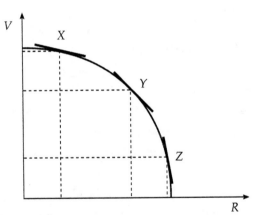

Gráfico 3.12: *Conjunto de posibilidades de producción estríctamente cóncavo y especialización incompleta.*

En el Gráfico 3.5 hemos visto que si los trabajadores de una economía tienen productividades marginales distintas, y si se les asigna a cada línea de producción siguiendo el criterio del coste de oportunidad, la frontera del conjunto de posibilidades de producción, en vez de ser una función lineal, es una función cóncava con respecto al origen. El mismo razonamiento nos lleva a concluir, que si los rendimientos marginales del trabajo cambian continuamente, la frontera del conjunto de posibilidades de producción se convierte en una curva cóncava como la que se representa en el Gráfico 3.12. En ese mismo gráfico las pendientes de las rectas X, Y y Z representan los coste de oportunidad de producir una docena de rosas para tres producciones diferentes. En los casos en que la frontera sea lineal, su pendiente es única, y el coste de oportunidad es siempre el mismo en todos los puntos de la frontera. Sin embargo, en los casos en que la frontera sea una curva, cada punto tiene una pendiente distinta y, por lo tanto, el coste de oportunidad cambia continuamente. Además, la concavidad de la frontera con respecto al origen indica que el coste de oportunidad de producir la mercancía representada en el eje de abscisas aumenta a medida que aumentamos la producción de esta mercancía.

Por lo tanto, aunque una economía tenga ventaja comparativa inicial en la producción de una mercancía determinada, esa ventaja va disminuyendo a medida que aumenta la producción de esa mercancía hasta que llega a desaparecer por completo. Esta propiedad se debe a que los factores de producción no son homogéneos, y a que sus rendimientos marginales son decrecientes. Por lo tanto, una de las razones por la que los países no se especializan por completo es que, en general, los factores de producción son heterogéneos y sus rendimientos marginales son decrecientes. En ese caso, como acabamos de demostrar, la especialización progresiva agota las ventajas comparativas iniciales hasta hacerlas desaparecer.

Ejercicio 3.24: Repita la discusión anterior desde el punto de vista de la economía que se especializa en la producción de rosas.

Además de las razones técnicas que acabamos de comentar, los países no se especializan por completo en la producción de una sola mercancía, o de un número reducido de mercancías, por consideraciones estratégicas. Por ejemplo, Japón tiene una densidad de población muy alta, y en consecuencia la tierra es uno de los factores de producción más escasos y más caros. Tanto es así que producir un kilo de arroz en Japón cuesta mucho más que producirlo en cualquiera de los países continentales del sudeste asiático. A pesar de esta clara desventaja comparativa, en Japón se produce arroz. Y una de las razones que justifican esta decisión es que durante la Segunda Guerra Mundial el bloqueo aliado dejó a los japoneses sin comida. Los japoneses todavía lo recuerdan y no están dispuestos a que les vuelva a ocurrir. Por lo tanto, los consumidores japoneses pagan de buen grado los aranceles sobre las importaciones agrícolas que hacen rentable la producción nacional de arroz. Algo parecido puede ocurrirle a cualquier país que dependa del comercio internacional para su subsistencia. Si por cualquier razón las relaciones comerciales internacionales se interrumpen, los beneficios del comercio desaparecen. En este caso, los costes en los que pueden incurrir como consecuencia de una especialización excesiva son potencialmente muy altos.

Ejercicio 3.25: Proponga tres ejemplos de mercancías en cuya producción la economía española tenga ventaja comparativa, y en cuya producción se ha especializado. Proponga otros tres ejemplos de mercancías que se producen en la economía española a pesar de no tener ventaja comparativa y justifique su respuesta.

LA IDEA MÁS IMPORTANTE DE ESTE TEMA

El aumento en las dotaciones de factores productivos y el progreso técnico son dos de las principales causas del crecimiento económico.

Tema 4

EL MERCADO

The quarter lying beyond the red lantern belt, populated by the small traders, money-lenders, coffee-speculators, shops' chandlers, smugglers; here in the open street one had the illusion of time spread out flat —so to speak— like the skin of an ox; the map of time which one could read from one end to the other, filling it with known points of reference. This world of Moslem time stretched back to Othello and beyond —cafés sweet with the trilling of singing birds whose cages were full of mirrors to give them the illusion of company. The love-songs of birds to companions they imagined —which were only reflections of themselves! How heartbreakingly they sang, these illustrations of human love! Here too the diviners, cartomancers —or those who would deftly fill your palm with ink and for half a piastre scry the secrets of your inmost life. Here the pedlars carried magic loads of variegated and dissimilar objects of vertu from the thistle-soft carpets of Shiraz and Baluchistan to the playing cards of the Marseilles tarot; incense of Hejaz, green beads against evil eye, combs, seeds, mirrors for bird-cages, spices, amulets and paper fans... the list was endless. He was perfectly at his ease, and he walked slowly, like a pregnant woman nearing term, drinking in the sights and sounds of the market.

Lawrence Durrell – *The Alexandria Quartet*

Contenido

4.0 INTRODUCCIÓN

En el tema anterior nos preguntábamos cuáles eran las posibilidades de producción de una economía, y aprendíamos que la respuesta a esa pregunta depende únicamente de sus dotaciones de factores productivos y de las tecnologías disponibles. Pero saber qué se puede producir en una economía no es suficiente. Lo que realmente nos gustaría saber es exactamente qué se produce —cuál de todas las producciones posibles es la que finalmente resulta elegida.

En este tema vamos a aprender a contestar a esa pregunta en las economías que se basan en la propiedad privada de los factores productivos. En esas economías cada día se producen y se intercambian muchos miles de mercancías, y el mercado es el mecanismo que coordina las decisiones individuales de todos los compradores y los vendedores que participan en esos intercambios. Por lo tanto, el objetivo principal de este tema es aprender cómo funcionan los mercados. Queremos saber qué hace posible que no falten unos productos y sobren otros, cómo se enteran las empresas de qué mercancías pueden vender y a qué precios, y cuál es el mecanismo que hace que la mayoría de los compradores vean sus necesidades atendidas de una forma casi inmediata. Para contestar estas preguntas, vamos a construir una teoría que describa las decisiones individuales de compradores y vendedores, y la forma en la que los mercados coordinan esas decisiones.

La primera dificultad con la que nos encontramos en la construcción de esa teoría es que la mayoría de las personas —o si se prefiere, de los hogares— somos compradores y vendedores al mismo tiempo. Vendemos una parte de nuestro tiempo y con el salario que recibimos a cambio de nuestro trabajo compramos las mercancías que necesitamos. Por lo tanto, las decisiones de vender servicios laborales y de comprar mercancías suelen estar relacionadas. Por ejemplo, si Irene decide independizarse, tendrá que buscarse un trabajo que le permita pagarse el alquiler, la comida y las demás mercancías que necesite. Como el análisis conjunto de las decisiones de compra y de venta es muy complicado, en este tema vamos a estudiar el comportamiento de los compradores y de los vendedores por separado.

La organización de este capítulo es la siguiente: primero se precisa el concepto del mercado. A continuación se estudia el comportamiento de los compradores partiendo del supuesto de que los precios de las mercancías están dados. Seguidamente se hace lo mismo con el comportamiento de los vendedores. Después se estudia la determinación de los precios y de las cantidades de intercambio. A continuación se analizan los fallos del mecanismo del mercado y su regulación y, por último, se ilustran los conceptos descritos en este tema estudiando el funcionamiento del mercado de divisas.

4.1 EL CONCEPTO DE MERCADO

Todos tenemos una idea intuitiva de lo que es un mercado, porque prácticamente todos los días compramos y vendemos cosas. Compramos café en el supermercado, cogemos el autobús, nos compramos un bocadillo en la cafetería de la universidad, regateamos en un mercadillo callejero, o vendemos nuestro tiempo y hacemos encuestas por las tardes, trabajamos en una tienda, ponemos copas en un bar los fines de semana, o hacemos unas prácticas con una empresa de auditoría. Siempre que compramos o vendemos algo participamos en un mercado y, por lo tanto, todos sabemos más o menos lo que son los mercados. Una definición un poco más rigurosa es la siguiente:

Definición 4.0: Mercado. Un mercado es cualquier institución, mecanismo o sistema que pone en contacto a compradores y vendedores, y facilita la formación de precios y la realización de intercambios.

Como ilustran los ejemplos anteriores, hay muchos tipos distintos de mercados. En los supermercados, por ejemplo, los vendedores exponen las mercancías en estanterías y anuncian los precios de venta. Los compradores eligen las mercancías que quieren comprar, y pagan el precio anunciado al salir del establecimiento. Si una mercancía no se vende, el encargado del supermercado terminará por bajarla de precio. Por el contrario, si la mercancía se agota antes de lo previsto, el encargado se dará cuenta de que se podría vender un poco más cara, y probablemente decida subirle el precio cuando tenga que reponerla.

Otro ejemplo de mercado son las subastas. Las subastas pueden ser de tres tipos: subastas dobles, subastas inglesas y subastas holandesas. En las subastas dobles todos los compradores y todos los vendedores compiten entre sí. Los vendedores ofrecen una mercancía perfectamente homogénea a distintos precios, y los compradores pujan por ella. Cuando una puja coincide con una oferta, se cierra el contrato y se produce el intercambio. La mayoría de las bolsas de valores funcionan de este modo. En las subastas inglesas el vendedor propone un precio de salida, los compradores pujan al alza, y el mejor postor se queda con la mercancía. Este sistema se utiliza en los mercados de obras de arte y de otros objetos únicos, para los que es difícil saber cuál es el precio de venta por la falta de referencias previas. Por último, en las subastas holandesas el vendedor anuncia precios a la baja en sucesión muy rápida hasta que uno de los compradores le detiene, se queda con la mercancía subastada y paga por ella el último precio anunciado. Este sistema se suele utilizar en las lonjas de pescado y en los mercados de flores.

Otros mercados se organizan de formas diferentes. Por ejemplo, en los mercados de materias primas o de metales preciosos, solamente participa un número reducido de operadores autorizados, y se utilizan diversas formas de negociación para llegar a la formación de los precios de intercambio. Aunque los detalles concretos del funcionamiento de muchos mercados sean distintos, todos los mercados tienen características comunes. Como establece la Definición 4.0, cualquier arreglo por el que un comprador y un vendedor llegan a un intercambio voluntario es un mercado.

4.2 EL COMPORTAMIENTO DE LOS COMPRADORES

En este apartado vamos a determinar cuáles son las variables económicas que influyen en la decisión de comprar, y vamos a estudiar las relaciones entre esas variables. Además de identificar esas variables, vamos a construir un modelo intuitivo que describa cómo se llega a la decisión de comprar una mercancía determinada.

Ejercicio 4.0: ¿Qué variables tenemos en cuenta cuando nos compramos unos pantalones vaqueros? ¿Y cuando nos compramos un libro de texto?

Cuando vamos a comprar una mercancía cualquiera primero tenemos en cuenta nuestros gustos y nuestras necesidades: sólo compramos las cosas que nos gustan, que nos hacen falta o que nos interesan. Y cuando encontramos una cosa que satisface al menos una de esas tres condiciones, preguntamos su precio, para averiguar si la podemos comprar. Una vez que sabemos el precio de una mercancía, lo comparamos con la cantidad de dinero que habíamos pensado gastarnos y con los precios de otras mercancías parecidas a la mercancía que nos gusta, o relacionadas de alguna forma con ella —a lo mejor en el mercado del barrio puedo comprar el mismo kilo de fresas bastante más barato, o aunque los botines morados estén muy rebajados, para combinarlos tendría que comprarme unos vaqueros del mismo tono, y ahora no tengo tanto dinero.

También tenemos en cuenta otras variables, como la moda, o las campañas publicitarias —a lo mejor pienso que con esos vaqueros me voy a parecer al chico del anuncio, o que si no me compro esos zapatos, mis amigas van a pensar que soy una anticuada porque todas ellas llevan otros parecidos—. Y en algunos casos tenemos en cuenta otras variables circunstanciales como la temperatura —hace mucho calor y daría lo que fuera por un helado—, el día de la semana —me encanta leer el periódico los domingos— o la época del año —acaban de abrir las piscinas y me tengo que comprar un bikini.

Una teoría que estudie el comportamiento de los compradores debe describir la relación existente entre las cantidades que un grupo de compradores estarían dispuestos a comprar y todas esas variables: sus gustos, sus ingresos, el precio de la mercancía, los precios de otras mercancías, la publicidad, la moda y cualquier otra variable relevante.

Como el análisis de sistemas en los que muchas variables cambian al mismo tiempo es muy complejo, vamos a estudiar esos cambios de uno en uno. Primero vamos a suponer que los gustos, las necesidades y los intereses de los compradores están dados. Además vamos a considerar únicamente algunas de estas variables —concretamente el precio de la mercancía, los ingresos de los compradores y los precios de otras mercancías— y vamos a omitir las demás. Estas simplificaciones limitan el alcance de nuestra teoría —por ejemplo, no podremos decir qué ocurre si cambian los gustos de los compradores— pero, a cambio, la hacen mucho más fácil de entender y de utilizar.

A pesar de estas simplificaciones, teorizar sobre la decisión de comprar sigue siendo difícil, porque estudiar cualquier aspecto del comportamiento de las personas es complicado. Por ello, los modelos formales analizan el comportamiento de unos compradores imaginarios enormemente simplificados. Esos modelos representan los gustos de los compradores mediante funciones que asignan a cada mercancía un indicador de satisfacción o de utilidad. La renta de los compradores y los precios de las mercancías definen el conjunto de mercancías que cada comprador se puede permitir. Además, esos modelos formales suponen que los compradores son completamente racionales —o sea, que eligen las mercancías que más satisfacción les proporcionan entre las que se pueden permitir—. Con todos esos supuestos se construye una teoría formal que explica las decisiones de compra de unos compradores racionales imaginarios.

A Lucas, el párrafo anterior le ha resultado difícil de entender y le ha recordado la discusión con la que empieza el Tema 0. Una explicación detallada de las ideas contenidas en ese párrafo requiere muchos ejemplos y tres o cuatro temas más que pueden encontrarse en cualquier texto de introducción a la microeconomía. Además, el formalismo de los modelos de decisión individual requiere unos conocimientos técnicos superiores a los que se exigen para entender este texto. Por lo tanto, en este tema vamos a seguir un enfoque distinto basado en el concepto del coste de oportunidad. Aunque este enfoque sea menos riguroso que el enfoque formal que hemos mencionado anteriormente, tiene la ventaja de ser más sencillo e intuitivo.

Lo que realmente tenemos que decidir cuando nos planteamos la posibilidad de comprar una mercancía cualquiera es si nos merece o no la pena pagar por ella el precio que se nos pide. Para contestar a esa pregunta, tenemos en cuenta todas las variables que hemos mencionado anteriormente —nuestros gustos, el precio que se nos pide, el dinero que podemos gastar, los precios de otras mercancías— y calculamos el coste en el que incurrimos si nos decidimos a comprarla. El coste de comprarnos una mercancía determinada es renunciar a las mercancías que podríamos habernos comprado con ese dinero.

Por lo tanto, como ilustra el Gráfico 4.0, comprar o no una mercancía determinada equivale a decidir si el valor que le adjudicamos a esa mercancía es mayor o menor que su coste de oportunidad —o sea, que el valor de la mejor de las alternativas que tendríamos que rechazar—. Cuando el valor que le damos a la mercancía en cuestión es mayor que su coste de oportunidad, llegamos a la conclusión de que merece la pena pagar su precio, y la compramos.

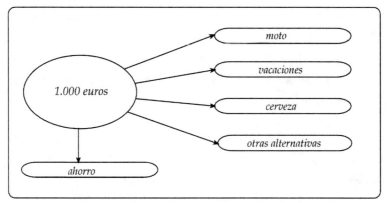

Gráfico 4.0: *La decisión de comprar equivale a decidir si nos merece la pena pagar el precio.*

Para representar formalmente la decisión de comprar vamos a definir una función, denominada función de compra, cuya expresión formal es la siguiente:

$$q^d = f(p, y, p_j) \tag{4.0}$$

donde q^d denota la cantidad de la mercancía en cuestión que estamos dispuestos a comprar —que también se suele llamar cantidad demandada—, p es el precio de la mercancía, y es la renta del comprador y p_j son los precios de otras mercancías relevantes. En los apartados siguientes vamos a estudiar cómo afectan los cambios en estas tres últimas variables a la cantidad demandada.

4.2.1 La cantidad demandada y el precio

El precio de una mercancía es el principal determinante de su coste de oportunidad, y por lo tanto es el principal determinante de la cantidad demandada.

Ejercicio 4.1: Supongamos que unos grandes almacenes han comprado una partida de vajillas inglesas. Para venderlas cuanto antes, cada día las reba-

jan un diez por ciento. ¿Cómo cree que cambia el número de personas a las que les merece la pena comprar la vajilla en función del precio?

Ejercicio 4.2: Considere el siguiente experimento económico: un represen-tante de relojes llega a clase e intenta vendernos un reloj calendario, su-mergible y antichoque de una marca conocida. ¿Cuántas personas cree que estarían dispuestas a comprar el reloj si su precio fuera: (a) 3.000€; (b) 300€; (c) 30€; y (d) 3€?

Los Ejercicios 4.1 y 4.2 deberían habernos convencido de que cuanto menor es el precio de una mercancía hay más gente dispuesta a comprarla. Esta propiedad se debe a que nuestros ingresos son limitados, y como a casi todos nos gustaría poder comprar o consumir más cosas de las que tenemos, cuanto menor es el precio de una mercancía, hay más personas a las que les merece la pena comprarla. Dicho en otras palabras, cuando disminuye el precio de una mercancía, su coste de oportunidad también disminuye y, por lo tanto, hay más personas a las que les merece la pena comprarla. Esta idea, que intuitivamente nos parece tan razonable, es la idea central de la teoría del comportamiento de los compradores, y técnicamente se conoce con el nombre del principio de la demanda.

Definición 4.1: El principio de la demanda. La cantidad demandada de una mercancía está inversamente relacionada con su precio, siempre que las demás variables que afectan a la decisión de comprar no varíen.

O sea, el principio de la demanda establece que, siempre que los in-gresos de los compradores y los precios de otras mercancías no cambien, la cantidad que estamos dispuestos a comprar de una mercancía aumenta cuando su precio disminuye, y disminuye cuando su precio aumenta. La salvedad que se hace en la Definición 4.1 es esencial porque si se producen cambios simultáneos en dos o más variables que afectan a una tercera, es muy difícil identificar las causas y sus efectos. Como ilustra el Ejercicio 4.3, si dos variables cambian al mismo tiempo, el principio de la demanda puede no cumplirse.

Ejercicio 4.3: Suponga que los habitantes de un pequeño y paupérrimo país se alimentan exclusivamente de pan ácimo. Un grupo de geólogos descubre un inmenso yacimiento de petróleo en su territorio y la renta de todos los habitantes de ese país se duplica. Al mismo tiempo, debido a una sucesión de malas cosechas, el precio del pan aumenta en un diez por ciento ¿Qué efectos cree que tendrán sobre la cantidad de pan consumido en ese país los cambios simultáneos en esas dos variables?

La relación existente entre los precios y las cantidades que los participantes en un mercado estarían dispuestos a comprar cuando los valores de todas las demás variables que afectan a la decisión de comprar no cambian se representa formalmente mediante una función, a la que vamos a llamar función de demanda.

Definición 4.2: La función de demanda. La función de demanda es una función que asocia a cada precio de una mercancía la cantidad que los compradores están dispuestos a comprar a ese precio, para valores dados de todas las demás variables relevantes.

El principio de la demanda establece que las cantidades demandadas de una mercancía están inversamente relacionadas con su precio y, por lo tanto, como ilustra el Gráfico 4.1, las funciones de demanda de las mercancías que cumplen ese principio tienen pendiente negativa. Si nos fijamos en el Gráfico 4.1 con atención, nos damos cuenta de que en realidad en ese gráfico no se representa la cantidad demandada como función del precio, $q^d = f(p)$, sino el precio como función de la cantidad demandada, $p = f(q^d)$. Esto es una curiosidad histórica, atribuible a los primeros teóricos del funcionamiento del mercado que posiblemente se equivocaron, pero que se ha mantenido hasta nuestros días. En este texto vamos a continuar con esa tradición.

La teoría del comportamiento de los compradores que hemos construido hasta ahora sólo es capaz de explicar las cantidades demandadas de una mercancía como función de una única variable: el precio de la mercancía en cuestión. Las siguientes preguntas que lógicamente debemos plantearnos son cómo cambia el comportamiento de los compradores cuando se modifican las demás variables que afectan a la decisión de comprar y cuáles son los efectos de esos cambios sobre las funciones de demanda.

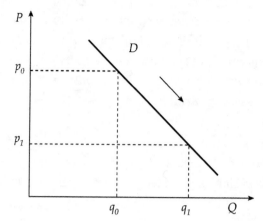

Gráfico 4.1: *La función de demanda de naranjas.*

Ejercicio 4.4: Analice los efectos sobre la función de demanda del pan de un aumento en el impuesto del valor añadido.

Ejercicio 4.5: Proponga un ejemplo de una mercancía cuya función de demanda tenga pendiente positiva y justifique su respuesta.

4.2.2 La cantidad demandada y la renta

Cuando nuestros ingresos cambian, las mercancías que compramos también suelen cambiar. Sin embargo, los cambios en la renta no afectan a todas las mercancías de la misma forma. El Ejercicio 4.6 nos propone que reflexionemos sobre las relaciones que existen entre la cantidad demandada y la renta.

Ejercicio 4.6: Suponga que su renta se duplica. ¿Cómo cambiarían sus cantidades demandas de: (a) transporte público; (b) hamburguesas, y (c) conciertos de rock?

Cuando nuestra renta aumenta compramos más de unas mercancías y menos de otras. El transporte privado, las comidas en restaurantes y las vacaciones en hoteles de lujo son ejemplos de mercancías cuyas cantidades demandadas suelen aumentar cuando aumenta la renta, y el transporte público, las comidas en casa y las vacaciones en tienda de campaña son ejemplos de mercancías cuyas cantidades demandadas suelen disminuir. A las mercancías del primer tipo las llamamos mercancías normales y a las del segundo tipo mercancías inferiores. Más concretamente, la definición de estos dos tipos de mercancías es la siguiente:

Definición 4.3: Las mercancías normales. Las mercancías normales son aquellas cuyas cantidades demandadas aumentan y disminuyen con la renta.

Definición 4.4: Las mercancías inferiores. Las mercancías inferiores son aquellas cuyas cantidades demandadas disminuyen cuando la renta aumenta, y aumentan cuando la renta disminuye.

Ejercicio 4.7: Proponga tres ejemplos de mercancías normales y otros tres de mercancías inferiores.

Ejercicio 4.8: Analice los efectos de una disminución generalizada de la renta sobre, (a) la función de demanda de transporte aéreo, y (b) la función de demanda de hamburguesas.

Para analizar los efectos de un aumento de renta sobre la función de demanda de una mercancía normal, tenemos que recordar que la función de demanda sólo está definida para valores dados de la renta y de las demás variables relevantes. Dicho de otra forma, para cada nivel de renta existe una función de demanda diferente porque, en general, cuando la renta cambia, también cambian los costes de oportunidad de la mayoría de las personas. Por ejemplo, si nuestra renta aumenta, el conjunto de cosas a las que tenemos que renunciar si decidimos comprarnos una mercancía determinada disminuye. Usando este razonamiento, en el Gráfico 4.2 se representan las funciones de demanda de una mercancía normal para dos valores de la renta diferentes.

Ejercicio 4.9: ¿Cree que pasar un fin de semana en la sierra es una mercancía normal o una mercancía inferior? ¿Cree que la mayoría de las personas contestaría a esa pregunta de la misma forma?

Ejercicio 4.10: Represente gráficamente la función de demanda de pantalones vaqueros. Analice los efectos que tiene un aumento en el impuesto sobre

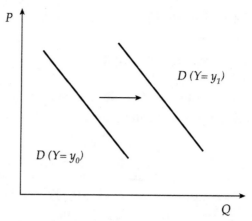

Gráfico 4.2: *La función de demanda de una mercancía normal*

la renta, sobre esa función de demanda. Pista: cuando aumenta el impuesto sobre la renta, la renta disponible para comprar disminuye.

4.2.3 La cantidad demandada y los precios de otras mercancías

Igual que ocurría con la renta, los cambios en los precios de unas mercancías repercuten sobre las funciones de demanda de otras. Además, esos cambios pueden ser muy distintos según cuales sean las mercancías que estemos considerando. Los Ejercicios 4.11 y 4.12 ilustran esta idea.

Ejercicio 4.11: Suponga que los directivos de la Coca-Cola se vuelven locos y deciden duplicar el precio de todas sus bebidas. Analice los efectos de esta medida sobre la funciones de demanda de (a) Coca-Cola, y (b) Pepsi.

Ejercicio 4.12: Suponga que la competencia entre las líneas aéreas se intensifica y que los precios de los billetes de avión disminuyen en un 20 %. Analice los efectos de esta medida sobre las funciones de demanda de (a) el transporte aéreo, y (b) las plazas hoteleras en las islas.

Dos mercancías son sustitutivas o complementarias según como afecten los cambios en los precios de una de ellas a las cantidades demandadas de la otra. Intuitivamente, dos mercancías son sustitutivas cuando compiten entre sí para satisfacer la misma necesidad o el mismo deseo de los consumidores —por ejemplo, la Coca-Cola y la Pepsi compiten entre sí para satisfacer el gusto de los consumidores por beber un jarabe azucarado y espumoso de color oscuro—. Cuando el precio de una de estas mercancías aumenta, la cantidad demandada de esa mercancía disminuye —tal y como establece el principio de la demanda— y una parte de sus antiguos compradores se pasa a la otra mercancía, que ahora se ha vuelto relativamente más barata.

Formalmente, la definición de mercancías sustitutivas se basa en los efectos que tiene la variación del precio de una de estas mercancías sobre la función de demanda de la otra. Cuando aumenta el precio de la Coca-Cola, parte de los consumidores de Coca-Cola deciden comprar Pepsi, y en consecuencia la función de demanda de Pepsi se desplaza hacia la derecha. Obviamente si el precio de la Coca-Cola disminuye, el desplazamiento de la función de demanda de Pepsi se produce en el sentido contrario. Por lo tanto, igual que ocurría con la renta, todas las mercancías tienen una función de demanda distinta para cada valor de los precios de sus mercancías sustitutivas. En el Gráfico 4.3 se representa la función de demanda de Coca-Cola para dos precios distintos de Pepsi. Formalmente, la definición de mercancías sustitutivas es la siguiente:

Definición 4.5: Las mercancías sustitutivas. Dos mercancías son sustitutivas cuando una disminución (un aumento) en el precio de una de ellas causa un desplazamiento hacia la izquierda (derecha) de la función de demanda de la otra.

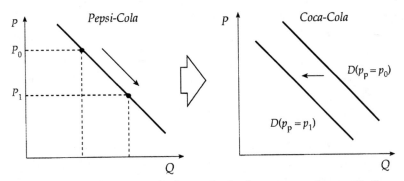

Gráfico 4.3: *Las funciones de demanda de dos mercancías sustitutivas.*

Ejercicio 4.13: Proponga tres ejemplos de pares de mercancías sustitutivas.

Ejercicio 4.14: Suponga que en una de sus campañas publicitarias los anunciantes de Coca-Cola intentan convencer a sus clientes de que beban Coca-Cola por las mañanas en vez de café. ¿Considera que la Coca-Cola y el café son mercancías sustitutivas? ¿Cree que la mayoría de las personas contestarían a esa pregunta de la misma forma?

Ejercicio 4.15: Represente gráficamente la función de demanda de una marca de neveras. Analice los efectos sobre esa función de demanda de la entrada en el mercado de un competidor que produce neveras de características parecidas y que las vende un 15 % más baratas.

Por su parte, las mercancías complementarias son aquellas que, como la ginebra y la tónica, o el transporte aéreo y las plazas hoteleras en las islas del Mediterráneo, se compran o se consumen juntas. En el caso de dos mercancías complementarias, cuando el precio de una de ellas aumenta —y por tanto su cantidad demandada disminuye— los compradores a los que ya no les merece la pena comprar esa mercancía también dejan de comprar la otra.

Como ocurría en el caso de las mercancías sustitutivas, la definición formal de mercancías complementarias se basa en los efectos que las variaciones en el precio de una de ellas tienen sobre la función de demanda de la otra. Por ejemplo, si aumenta el precio de la ginebra, algunos consumidores de ginebra con tónica optarán por otros combinados —cubalibres, por ejemplo— y en consecuencia, también dejarán de comprar tónica. Por lo tanto, cuando aumenta el precio de la ginebra se produce un movimiento hacia arriba a lo largo de la función de demanda de ginebra, y un desplazamiento hacia la izquierda de la función de demanda de tónica. Si el precio de la ginebra disminuye, el movimiento a lo largo de su función de demanda y el desplazamiento de la función de demanda de tónica se producirán en el sentido contrario.

Así pues, cada mercancía también tiene una función de demanda distinta para cada precio de sus mercancías complementarias. A modo de ejemplo, el Gráfico 4.4 representa la función de demanda de ginebra para dos precios distintos de la tónica. Formalmente, la definición de mercancías complementarias es la siguiente:

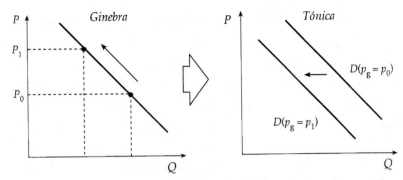

Gráfico 4.4: *Las funciones de demanda de dos mercancías complementarias.*

Definición 4.6: Las mercancías complementarias. Dos mercancías son complementarias cuando una disminución (un aumento) en el precio de una de ellas causa un desplazamiento hacia la derecha (izquierda) en la función de demanda de la otra.

Ejercicio 4.16: Proponga tres ejemplos de pares de mercancías complementarias.

Ejercicio 4.17: Suponga que en un país de locos los zapatos del pie izquierdo y los zapatos del pie derecho se venden por separado. ¿Qué relación cree que habrá entre los zapatos de uno y otro pie para la mayoría de las personas? ¿Serían mercancías sustitutivas o complementarias? Represente gráficamente la función de demanda de zapatos del pie izquierdo. Analice los efectos sobre esta función de demanda de un aumento del precio de los zapatos del pie derecho. ¿Qué ocurriría con la función de demanda de estos últimos cuando aumentara su propio precio?

4.2.4 La cantidad demandada y otras variables relevantes

Los efectos de las restantes variables económicas relevantes sobre la función de demanda de una mercancía determinada se analizan de una forma muy parecida. Por ejemplo, el objetivo de las campañas publicitarias es desplazar hacia la derecha las funciones de demanda de los productos que anuncian. Con las modas ocurre algo parecido: las funciones de demanda de las mercancías que se ponen de moda se desplazan hacia la derecha, y las funciones de demanda de las mercancías que se pasan de moda se desplazan hacia la izquierda.

También hay otras variables que afectan al comportamiento de los compradores de unas mercancías, pero no de otras. Por ejemplo, los efectos estacionales afectan mucho a las mercancías relacionadas con el turismo. En las épocas de temporada alta las funciones de demanda de esas mercancías se desplazan hacia la derecha, y en las de temporada baja se desplazan hacia la izquierda. Con la ropa de temporada y con los productos relacionados con el clima ocurre algo parecido. En general, cualquier cambio en las variables económicas que afectan a la decisión de comprar una mercancía determinada producen un desplazamiento de su función de demanda, con la única excepción de las variaciones en el precio de esa mercancía, que originan movimientos a lo largo de dicha función.

Ejercicio 4.18: Represente gráficamente la función de demanda de helados. Analice los efectos sobre esta función de una ola de calor excepcionalmente prolongada.

4.3 EL COMPORTAMIENTO DE LOS VENDEDORES

Para estudiar el comportamiento agregado de los vendedores, tendríamos que empezar por construir un modelo de decisión individual que explicara cómo se llega a la decisión de vender una mercancía determinada. Pero, antes de plantearnos cuáles son los determinantes de la decisión de vender, tenemos que identificar a los vendedores. En el Tema 12 vamos a aprender que los mercados de una economía se pueden clasificar en tres grandes categorías: mercados de factores, mercados de productos y mercados de activos financieros. Debido a las características especiales de los activos financieros, en este tema vamos a estudiar los mercados de los factores y los mercados de los productos. En las economías basadas en la propiedad privada los hogares son los propietarios de la mayoría de los factores productivos y, por lo tanto, en esos mercados los vendedores son los hogares. En cambio, las empresas se dedican a la producción de mercancías para su venta y, por lo tanto, en los mercados de productos los vendedores son las empresas.

El comportamiento de los vendedores puede estudiarse desde dos puntos de vista distintos: podemos estudiar el comportamiento de los hogares que venden los servicios de los factores productivos de su propiedad a cambio de las rentas factoriales correspondientes, o podemos estudiar el comportamiento de las empresas que deciden producir y vender determinados productos a cambio de sus precios correspondientes.

Los dos enfoques plantean dificultades importantes. Como todos los hogares son propietarios de su tiempo, y como casi todos venden una parte de ese tiempo a cambio de un salario, si decidimos estudiar el comportamiento vendedor de los hogares, parece razonable que nos centremos en el análisis de la decisión de trabajar. Cuando alguien nos ofrece un trabajo, tenemos en cuenta las características del puesto, el tipo de tarea que tenemos que realizar, la formación y la experiencia que vamos a adquirir, el salario que nos van a pagar y otros factores como la localización del trabajo, las posibilidades de promoción y el valor que le adjudicamos a los usos alternativos de nuestro tiempo.

El análisis del comportamiento de las empresas tampoco es sencillo. En primer lugar, la misma definición del concepto de empresa plantea dificultades importantes. Si pasamos por alto ese problema —aprovechándonos de que, aunque nos cueste trabajo precisar el concepto de empresa, todos sabemos lo que son— tenemos que plantearnos por qué una empresa se decide a entrar en un mercado y no en otro, cómo se elige la tecnología productiva que se va a emplear, el tamaño de la producción, la combinación de los distintos factores productivos, la organización de la producción y otras muchas preguntas parecidas.

Como ocurría en el caso del comportamiento de los vendedores, el análisis formal de estas decisiones complejas es muy laborioso, y requiere unos conocimientos técnicos que escapan a los límites que nos hemos impuesto en este texto; y, por otra parte, las formalizaciones simplificadas, al no ser rigurosas, son poco convincentes. Ante esta disyuntiva, en este apartado vamos a optar por hacer un análisis menos formal pero más intuitivo del comportamiento agregado de los vendedores, que se basa en el concepto de coste de oportunidad.

Con este fin, vamos a empezar adoptando unos cuantos supuestos que simplifican considerablemente las preguntas que nos estamos planteando. En el caso de los hogares, vamos a suponer que sus gustos están dados, y que también están dados todos los costes asociados con la prestación de los servicios laborales; y en el caso de las empresas, vamos a suponer que su objetivo es maximizar sus beneficios y que su tecnología y sus costes de producción también están dados. Una vez adoptados estos supuestos, nos vamos a preguntar cómo cambian las horas que un hogar estaría dispuesto a trabajar cuando cambia el salario; y en el caso de las empresas, cómo cambian las cantidades que estarían dispuestas a vender cuando cambian los precios de venta de sus productos.

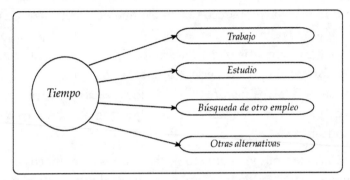

Gráfico 4.5: *Usos alternativos y coste de oportunidad del tiempo.*

Cuando nos planteamos la decisión de vender nuestros servicios laborales, lo que realmente nos estamos preguntando es si merece la pena renunciar al valor que nos supondría el mejor uso alternativo de nuestro tiempo. Para contestar esa pregunta, primero valoramos la alternativa de trabajar, teniendo en cuenta, además del salario, todas las variables asociadas al trabajo que hemos mencionado anteriormente. Y a continuación comparamos el valor de esa opción con el valor de los usos alternativos de nuestro tiempo, como estudiar o seguir buscando otro empleo mejor. Si el valor que nos supone trabajar es mayor que el del mejor de esos usos alternativos de nuestro tiempo, aceptaremos el contrato, y en caso contrario, no lo haremos.

Como hacíamos con la decisión de comprar, para representar formalmente la decisión de vender vamos a definir una función, que vamos a llamar función de venta, y cuya expresión formal es la siguiente:

$$q^s = f(p, costes) \tag{4.1}$$

donde q^s denota la cantidad que estamos dispuestos a vender de la mercancía en cuestión —que también se suele llamar cantidad ofrecida—, *p* es el precio de la mercancía, y los costes hacen referencia a todos los costes asociados a la venta: el coste de oportunidad de nuestro tiempo, si estamos analizando la decisión de vender nuestros servicios laborales; y los costes de producción de las mercancías, si estamos analizando el comportamiento de las empresas. En los apartados siguientes vamos a estudiar cómo afectan los cambios en estas dos variables a la cantidad ofrecida.

4.3.1 La cantidad ofrecida y el precio

El precio de una mercancía es el principal determinante del beneficio que se puede obtener por su venta, y por lo tanto es el principal determinante de la cantidad ofrecida.

Ejercicio 4.19: Suponga que le ofrecen un trabajo de ayudante de investigación en el que la jornada laboral es completamente flexible: usted elige el número de horas que va a trabajar a la semana ¿Cuántas horas estaría dispuesto a trabajar a los siguientes salarios por hora: (a) 1€; (b) 3€; (c) 10€; (d) 30€; y (e) 100€?

El Ejercicio 4.19 debería habernos convencido de que cuanto mayor sea el salario, habrá más personas a las que les compense trabajar. Esta característica del comportamiento de los vendedores —cuanto mayor sea el precio de venta habrá más personas que estén dispuestas a vender una mercancía determinada— es lo que formalmente llamamos el principio de la oferta.

Definición 4.7: El principio de la oferta. La cantidad ofrecida de una mercancía está directamente relacionada con su precio, siempre que las demás variables que afectan a la decisión de vender no varíen.

O sea, el principio de la oferta establece que, siempre que los costes de producción no varíen, la cantidad ofrecida de una mercancía aumenta y disminuye con su precio. Igual que ocurría con la demanda, la salvedad que hace la Definición 4.7 también es esencial porque si se producen cambios simultáneos en dos o más variables que afectan a una tercera es muy difícil identificar las causas y sus efectos.

Ejercicio 4.20: Construya un argumento semejante al de la discusión anterior por el que se demuestre intuitivamente que el principio de la oferta también se cumple en el caso de las empresas.

Ejercicio 4.21: Suponga que ha aceptado el trabajo de ayudante de investigación que se describe en el Ejercicio 4.19, que cobra 3€ por hora y que su jornada de trabajo es de 20 horas semanales. El equipo de investigación que le ha contratado está considerando trasladarse a la Universidad de Alcalá y le propone trasladarse con ellos. Si acepta el traslado, el director del equipo le ofrece pagarle 5€ por hora: ¿aceptaría el traslado, o preferiría seguir como estaba? Relacione su respuesta a esta pregunta con el principio de la oferta.

La relación existente entre la cantidad ofrecida y el precio de venta, cuando las demás variables económicas relevantes están dadas, se representa formalmente mediante una función a la que vamos a llamar la función de oferta.

Definición 4.8: La función de oferta. La función de oferta es una función que asocia a cada precio de una mercancía la cantidad que los vendedores están dispuestos a vender a ese precio, para valores dados de las demás variables económicas relevantes.

El principio de la oferta establece que las cantidades ofrecidas son una función creciente de los precios o, dicho de otra forma, que las funciones que cumplen el principio de la oferta deben tener pendiente positiva, como ilustra el Gráfico 4.6.

La teoría del comportamiento de los vendedores que hemos construido hasta el momento sólo considera una sola variable: el precio de venta de las mercancías. Como ocurría en el análisis del comportamiento de los compradores, la siguiente pregunta que tenemos que contestar es cómo se modifica el comportamiento de los vendedores cuando cambian las demás variables que intervienen en la decisión de vender, y cómo afectan estos cambios a las funciones de oferta del mercado.

Ejercicio 4.22: Repita el Ejercicio 4.19 pero suponiendo que tuviera que

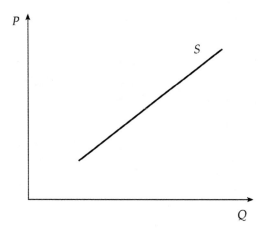

Gráfico 4.6: *La pendiente de la función de oferta de trabajo es positiva.*

pagar un impuesto sobre la renta del trabajo del 20 % y determine cómo cambia la función de oferta de trabajo cuando aumentan los impuestos.

4.3.2   La cantidad ofrecida y los costes

Como ya hemos mencionado anteriormente, si suponemos que los gustos de los hogares, y que los objetivos y la tecnología de las empresas están dados, podemos agrupar todas las demás variables que afectan a la decisión de vender bajo el nombre genérico de costes. Por lo tanto, las preguntas que nos planteábamos anteriormente se reducen a explicar cómo cambia el comportamiento de los vendedores cuando se modifican sus costes, y cómo afectan estos cambios a la decisión de vender.

Siguiendo con el ejemplo del hogar que está considerando la decisión de vender sus servicios laborales, un aumento de los costes asociados al trabajo equivale a una reducción del salario hora, para todos los niveles de salario. Por lo tanto, siempre que ninguna otra variable relevante cambie al mismo tiempo, para ese hogar el valor de la opción de trabajar será tanto menor cuanto mayores sean esos costes, lo que supondrá una reducción de las horas de trabajo ofrecidas por los hogares para todos los valores del salario. En términos de la función de oferta de trabajo, un aumento en los costes supone un desplazamiento hacia la izquierda de esa función, tal y como refleja el Gráfico 4.7, que además es la solución del Ejercicio 4.22.

El resultado que hemos analizado en el párrafo anterior puede gene-

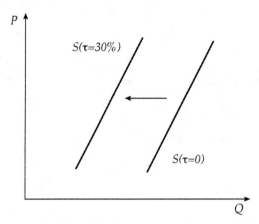

Gráfico 4.7: *Desplazamiento de la función de oferta de trabajo cuando aumentan los impuestos.*

ralizarse a cualquier otro cambio en los costes de producción de cualquier mercancía. Por lo tanto, la principal conclusión del análisis del comportamiento de los vendedores es que los cambios en el precio de una mercancía dan lugar a movimientos a lo largo de su función de oferta, mientras que los cambios en todas las demás variables relevantes, o sea en los costes, dan lugar a desplazamientos de la función de oferta.

Ejercicio 4.23: Construya un argumento semejante al de los párrafos anteriores en el que se demuestre intuitivamente que una disminución en los costes de producción de una empresa desplazaría hacia la derecha su función de oferta.

Ejercicio 4.24: Suponga que, cediendo a las presiones de la Asociación de Jóvenes Agricultores, el Estado decide conceder una subvención de 10 cts por kilo de patatas. Represente la función de oferta de patatas antes y después de concederse la subvención.

Ejercicio 4.25: Suponga que el salario mínimo interprofesional aumenta en un 6 %. Analice los efectos de este cambio sobre la función de oferta de trabajo poco cualificado. Suponga que los ayudantes de cocina de una cadena de hamburguesas cobran el salario mínimo. ¿Cómo cambia la función de oferta de hamburguesas una vez aprobada la subida?

4.4 EL CONCEPTO DE EQUILIBRIO

Intuitivamente, el concepto de equilibrio en economía sugiere estabilidad en el tiempo. Así, decimos que una situación económica es una situación de equilibrio, cuando los agentes económicos participantes no tienen incentivos para modificar su comportamiento. Un poco más formalmente, para que un mercado esté en equilibrio se deben cumplir la dos condiciones siguientes: las acciones de todos los participantes tienen que cumplir sus objetivos individuales; y considerados en su conjunto, todos esos objetivos tienen que ser consistentes. En el caso de los mercados, la primera condición de equilibrio se cumple siempre y cuando se satisfagan las funciones de demanda de los compradores y las funciones de oferta de los vendedores; y la segunda condición de equilibrio requiere que se vacíen los mercados, o sea que la cantidad que los compradores quieren comprar coincida con la que los vendedores quieren vender.

Ejercicio 4.26: Suponga que las funciones de oferta y de demanda de fresas en un mercado local durante el mes de mayo son, respectivamente, $q^d = 25{,}000 - 10{,}000p$ y $q^s = 1{,}000 + 6{,}000p$. Calcule el precio de equilibrio y la cantidad intercambiada a ese precio.

Para calcular el precio de equilibrio, tenemos que igualar la cantidad demandada a la cantidad ofrecida y que resolver la ecuación en una incógnita resultante. A Lucas esta solución formal le parece impecable, pero le gustaría hacerse una idea más intuitiva de lo que ocurre en la realidad. Para ayudarle a Lucas vamos a echar un vistazo al mercado de fresas que se describe en el Ejercicio 4.26. Para simplificar las cosas, supongamos que el mercado tiene veinte puntos de venta, que todos los puestos tienen fresas de exactamente la misma calidad y procedencia, y que en la entrada del mercado hay unas pantallas gigantes con información sobre los precios de todos los puestos. A primera hora de la mañana, antes de que abra el mercado, los vendedores tienen que decidir qué precio le van a poner a las fresas. La competencia entre los vendedores hace que todos elijan el mismo precio, ya que si algún vendedor eligiera un precio superior, se quedaría sin vender nada. Supongamos que el precio elegido es 2€/kg y que las funciones de oferta y de demanda de fresas son las que están enunciadas en el

Ejercicio 4.26, y representadas en el Gráfico 4.8.

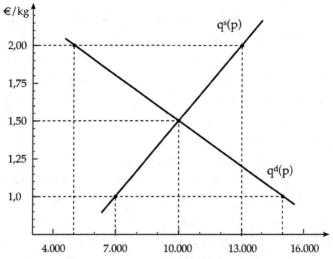

Gráfico 4.8: *El precio y la cantidad de equilibrio en el mercado de fresas.*

Según la función de oferta, cuando el precio es de 2€/kg, los vendedores quieren vender 13.000 kg de fresas, y en consecuencia ésa es la cantidad que llevan a los puestos. El mercado se abre, y los compradores observan el precio de venta de las fresas y toman sus decisiones de compra. La función de demanda de fresas que resume estas decisiones establece que, a un precio de 2€/kg, los compradores sólo están dispuestos a comprar 5.000 kg de fresas. A ese precio, por tanto, al final del día quedarán 8.000 kg de fresas sin vender.

Esta situación —5.000 kg de fresas vendidas a 2€/kg— cumple la primera de las dos condiciones de la definición de equilibrio: las acciones de los vendedores —vender 13.000 kg a 2€/kg— y las de los compradores —comprar 5.000 kg a 2€/kg— cumplen los objetivos individuales de unos y otros, pero no cumple la segunda condición, ya que esos objetivos no son consistentes desde un punto de vista agregado y 8.000 kg de fresas se quedan sin vender. Técnicamente, las situaciones en que la oferta es mayor que la demanda, y por lo tanto una parte de la mercancía se queda sin vender, reciben el nombre de situaciones de exceso de oferta.

Así las cosas, los vendedores se dan cuenta de que se han equivocado, y deciden modificar su comportamiento. Supongamos que al día siguiente los vendedores rebajan el precio de las fresas a 1€/kg, y que llevan al mercado 7.000 kg de fresas, tal y como indica su función de oferta. En cuanto se abre el mercado los compradores se arremolinan alrededor de los puestos de fruta, y antes del mediodía los vendedores ya han agotado sus existencias de fresas, pero los compradores siguen llegando a los puestos y pidiendo más ya que, según la función de demanda, a ese precio los compradores querrían comprar 15.000 kg de fresas. Otra vez los planes de unos y otros son incompatibles desde el punto de vista agregado. Esta vez se ha producido una situación de exceso de demanda, ya que a 1€/kg los consumidores estarían dispuestos a comprar 8.000 kg de fresas más que lo que los compradores están dispuestos a vender. Los vendedores se dan cuenta de que han vuelto a equivocarse, y que pueden vender más y subir los precios. Al día siguiente, por lo tanto, volverán a modificar su comportamiento.

Esta secuencia de equivocaciones y correcciones continúa hasta que se llega a un precio de 1,50€/kg y se intercambian 10.000 kg de fresas. A ese precio, los planes de los compradores y de los vendedores son consistentes entre sí. Por lo tanto, en este caso también se cumple la segunda condición de equilibrio, y ni los compradores ni los vendedores tienen razones para modificar su comportamiento. Por consiguiente, cabe esperar que mientras no cambie ninguna de las variables que afectan al comportamiento de unos u otros, esta situación perdurará en el tiempo.

Ejercicio 4.27: ¿Cree que en la realidad los mercados funcionan exactamente como hemos descrito anteriormente?

La descripción del proceso de ajuste de los precios en las líneas precedentes es sólo una aproximación a la realidad porque describe el funcionamiento de un mercado perfectamente competitivo y ese tipo de mercados en la realidad no existen. Para que un mercado sea perfectamente competitivo no puede haber barreras de entrada, las mercancías tienen que ser completamente homogéneas y todos los participantes tienen que tener acceso a toda la información sobre los precios y las demás variables relevantes. Y estas condiciones no se dan en ningún mercado del mundo real. En los mercados de frutas hay barreras de entrada, ya que no todo el mundo que quiere un puesto puede conseguirlo. Además las mercancías tampoco son completamente homogéneas: la calidad, la presentación y el aspecto de las mercancías, los dependientes, la localización y otras muchas variables hacen que unos puestos se diferencien de otros. En tercer lugar, adquirir la información relevante sobre los precios es una actividad costosa: hay que pasearse por todo el mercado y eso requiere tiempo y energías. Y si en vez de fresas pensamos en productos manufacturados —en dos marcas de pantalones vaqueros, por ejemplo— las limitaciones a la competencia son mucho mayores.

Ejercicio 4.28: Proponga un ejemplo de una mercancía cuya estructura de mercado se acerque mucho a la de un mercado competitivo y otro de una mercancía para la que ocurra lo contrario. Justifique sus respuestas.

Ejercicio 4.29: La bolsa es uno de los mercados más competitivos que existen. Use la teoría del mercado para justificar las fluctuaciones continuas de los precios de la mayoría de las acciones. ¿Cree que los mercados de acciones normalmente están en equilibrio? Justifique su respuesta.

Ejercicio 4.30: Las cantidades compradas y vendidas en un supermercado siempre coinciden, por tanto los supermercados siempre están en equilibrio. ¿Verdadero o falso? Justifique su respuesta.

Ejercicio 4.31: "El principio de oferta y el principio de la demanda son condiciones necesarias y suficientes para garantizar que los precios en los mercados competitivos tiendan al equilibrio". ¿Verdadero o falso? Justifique su respuesta.

LA TEORÍA DEL MERCADO

¿Cómo funcionan los mercados?
Descripción del comportamiento de los compradores $\Rightarrow q^d = f(p)$
Descripción del comportamiento de los vendedores $\Rightarrow q^s = f(p)$
Equilibrio: $q^d = q^s \Rightarrow p^*$

Gráfico 4.9: *La teoría del mercado resumida en tres líneas.*

4.5   LA REGULACIÓN DEL MERCADO

En el apartado anterior hemos estudiado que los mercados competitivos tienden a alcanzar los precios de equilibrio por sí solos. En este apartado vamos a estudiar qué ocurre cuando las autoridades económicas regulan el funcionamiento de los mercados en un intento de controlar las cantidades o los precios de equilibrio. Ejemplos de controles de precios son los precios mínimos, como el salario mínimo interprofesional, o los precios de sostenimiento de algunos productos agrícolas, o los precios máximos, como los alquileres de las viviendas de renta limitada. Ejemplos de controles de cantidades son las cuotas y los contingentes por los que se regulan las importaciones de algunos productos, o las cartillas de racionamiento. En este apartado vamos a analizar, únicamente, las regulaciones de precios que son las más utilizadas en tiempos de paz. Más concretamente vamos a estudiar los efectos de la imposición de un salario mínimo interprofesional sobre el mercado de mano de obra poco cualificada.

Ejercicio 4.32: Suponga que las funciones de oferta y de demanda de mano de obra poco cualificada son, $q^s = 300w + 800$ y $q^d = 2800 - 200w$, respectivamente, donde las cantidades representan el número de personas y los salarios se miden en €/hr. (a) Calcule el salario y el empleo de equilibrio, y (b) analice los efectos de la entrada en vigor de un decreto ley que fija el salario mínimo interprofesional en 5€/hr.

El Gráfico 4.10 representa las funciones de oferta y de demanda de trabajo no cualificado que se describen en el Ejercicio 4.32. Como puede apreciarse en ese gráfico, el salario de equilibrio es de 4€/hr y la cantidad de equilibrio es de 2 millones de trabajadores empleados. Supongamos ahora que el Congreso de Ministros aprueba un decreto que fija el salario mínimo interprofesional en 5€/hr. Como puede apreciarse en el Gráfico 4.10, esta medida provoca una disminución de la cantidad demandada de mano de obra no cualificada y un aumento de la cantidad ofrecida. Con el nuevo salario mínimo, a los empleadores sólo les merece la pena contratar a 1,8 millones de trabajadores, mientras que a ese salario hay 2,3 millones de personas que están dispuestas a trabajar. Como en una economía basada en la propiedad privada de los factores productivos el sector público no

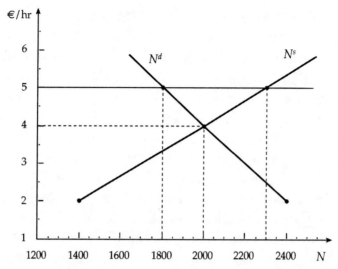

Gráfico 4.10: *El salario mínimo y el mercado de trabajo poco cualificado.*

puede obligar a los empleadores a contratar trabajadores en contra de su voluntad, la imposición de un salario mínimo tiene como consecuencia una disminución del empleo —en el ejemplo del Ejercicio 4.32 después de la imposición del salario mínimo desaparecen 200.000 empleos— y un aumento del paro —en ese ejemplo 500.000 personas estarían dispuestas a trabajar al nuevo salario y no encuentran trabajo.

Ejercicio 4.33: ¿A quién beneficia el salario mínimo y a quién perjudica? Justifique su respuesta.

Ejercicio 4.34: Usando los datos del Ejercicio 4.32 calcule las rentas salariales totales antes y después de imponerse el salario mínimo. ¿Cuánto costaría pagar un subsidio igual al salario de equilibrio en vigor antes de aprobarse el nuevo salario mínimo a las personas que han perdido su empleo? ¿Podría financiarse ese subsidio con cotizaciones de las personas que han conservado su puesto de trabajo de manera que estos últimos, después de pagar esas cotizaciones, todavía salieran ganando? ¿Cuánto costaría subsidiar en esa cuantía a todas las personas del ejemplo que estarían dispuestas a trabajar y no encuentran trabajo?

Además de la disminución de las cantidades de intercambio, otro problema que plantea la regulación del mercado es la aparición de intercambios ilegales —en este caso la contratación de mano de obra por menos del salario mínimo legal.

Volviendo al Gráfico 4.10, podemos observar que hay 200.000 empleadores y 300.000 trabajadores que estarían dispuestos a contratar trabajo a salarios comprendidos entre 4 y 5€/hr. Sin embargo, tras la imposición de un salario mínimo de 5€/hr, estos intercambios son ilegales. Y, para evitar que esos intercambios se produzcan, hace falta un mecanismo sancionador que sea efectivo, y cuyo mantenimiento supone un coste adicional para la sociedad.

Ejercicio 4.35: Suponga que para garantizar el cumplimiento del salario mínimo se crean 1.000 puestos de inspectores laborales, que cobran 30.000€ brutos cada uno. ¿Podrían financiarse los inspectores con las ganancias de los trabajadores que han conservado sus puestos de trabajo, una vez que se ha compensado a los que los han perdido? ¿Y una vez que se ha compensado a todos los que estarían dispuestos a trabajar al nuevo nivel de salarios pero no encuentran trabajo?

Los precios mínimos en los mercados de productos tienen efectos parecidos, ya que generan excesos de oferta que no se producen cuando los mercados no están intervenidos. Cuando se imponen este tipo de controles, al contrario de lo que ocurre en el caso del salario mínimo, en el que el Estado no contrata a los trabajadores que se quedan sin empleo, el Estado se compromete a comprar la producción no absorbida por el mercado pagando por ella los precios mínimos establecidos. El análisis económico de los efectos de los precios máximos es muy parecido al de los precios mínimos, y queda como ejercicio para el lector.

Ejercicio 4.36: Suponga que las funciones de oferta y de demanda de leche son, respectivamente, $q^s = 5,000p - 3,500$ y $q^d = 2,800 - 2,000p$, y que las cantidades se miden en miles de litros y los precios en €/litro y (a) calcule el precio y la cantidad de equilibrio. Suponga que, cediendo a las presiones de las centrales lecheras, el gobierno establece un precio mínimo de 1€/litro y (b) calcule los excedentes lácteos que se generan como consecuencia de esta medida; (c) ¿cuánto le cuesta al sector público financiar esta medida?; (d) ¿podría financiarse con el aumento de los ingresos de los productores de leche?, y (e) ¿qué cree que se puede hacer con los excedentes lácteos?

Ejercicio 4.37: Represente gráficamente las funciones de oferta y de demanda de viviendas en alquiler en una gran ciudad. Suponga que el gobierno decide limitar los alquileres, y promulga un decreto por el que se impone un precio máximo, que es un 20 % menor que el precio de equilibrio. Represente gráficamente la situación del mercado de alquileres tras la entrada en vigor de esta medida, y analice sus efectos económicos. ¿Qué hubiera ocurrido si el precio máximo hubiera sido superior al precio de equilibrio?

4.6 LOS FALLOS DEL MERCADO

En los apartados anteriores hemos estudiado cómo se determinan los precios y las cantidades de intercambio en los mercados competitivos. Los precios de equilibrio de los mercados competitivos, además, pueden interpretarse como los costes de oportunidad que agotan las ganancias del intercambio. A precios inferiores a los de equilibrio no hay vendedores a los que les merezca la pena vender, y a precios superiores a los de equilibrio no hay compradores a los que les merezca la pena comprar. Los precios de equilibrio, además de coordinar las decisiones de compradores y vendedores, y de hacerlas compatibles entre sí, sirven para informar a los vendedores de los gustos de los compradores y a éstos de las posibilidades de producción de aquéllos.

El resultado del funcionamiento simultáneo de todos los mercados de una economía, además de un vector de precios de equilibrio, es una asignación de factores productivos y una distribución de la producción: en las economías de mercado los factores productivos se asignan a las actividades favorecidas por los consumidores, y se produce para las personas que pueden y quieren pagar los precios correspondientes. En estas economías, salvo algunos matices, cuando una persona compra una mercancía, adquiere derechos de su uso y disfrute sobre ella que excluyen a todas las demás personas. Por lo tanto, dos de las características más importantes del funcionamiento de los mercados son que los precios coinciden con los costes de oportunidad individuales, y que los intercambios establecen derechos exclusivos sobre el uso de las mercancías.

Los mercados fallan cuando en la producción o en el consumo de determinadas mercancías, el coste de oportunidad social no coincide con el coste de oportunidad privado, o cuando el consumo de una mercancía por una persona no excluye el consumo de la misma mercancía por parte de los demás. Técnicamente estos dos fenómenos son las externalidades y las mercancías públicas que pasamos a analizar a continuación.

4.6.1 Las externalidades

Las externalidades se producen cuando el coste de oportunidad social no coincide con el coste de oportunidad individual de los productores o de los consumidores. Las externalidades pueden ser de dos tipos: positivas y negativas.

Un ejemplo de externalidad positiva es la sanidad o la higiene. Por ejemplo podemos analizar el uso de preservativos para prevenir el SIDA y otras enfermedades de transmisión sexual. Es evidente que la inmensa mayoría de nosotros preferiría vivir en una sociedad donde el uso de preservativos se hubiera generalizado porque las posibilidades de contagio serían mucho menores. Pero también es verdad que, si pudiéramos elegir, preferiríamos no usar los preservativos nosotros mismos, y que lo hicieran los demás. Y precisamente ése es el problema de las externalidades.

Para una persona, el coste de utilizar preservativos es el precio que tiene que pagar por ellos y las incomodidades, reales o imaginadas, derivadas de su uso. Para esa persona, los beneficios derivados de utilizar preservativos son la disminución del riesgo de contagio personal, y cualquier satisfacción adicional que dicho uso le pudiera proporcionar. El precio de mercado de los preservativos iguala el coste de oportunidad individual de productores y consumidores, y las personas que usan preservativos son aquellas a las que les merece la pena pagar ese precio. Pero, además de los beneficios individuales, cada persona que usa preservativos disminuye el riesgo de contagio para toda la sociedad y, como ese beneficio es colectivo y nadie se lo apropia directamente, el mercado por sí solo no lo tiene en cuenta. Técnicamente decimos que el mercado no interioriza los beneficios sociales y, por lo tanto, aunque la cantidad de preservativos de equilibrio agote todas las ventajas individuales derivadas del intercambio, es menor que la que sería socialmente óptima porque no agota todas las ventajas sociales.

Ejercicio 4.38: (a) Proponga tres ejemplos de mercancías con externalidades positivas, e identifique las diferencias entre los costes de oportunidad sociales e individuales de su producción o su consumo, y (b) proponga dos medidas de política económica cuyo objetivo sea favorecer la producción o el consumo de esas mercancías.

En el caso de las externalidades negativas ocurre exactamente lo contrario: el coste de oportunidad social es mayor que el coste de oportunidad individual, por lo que se produce una cantidad mayor de la que sería socialmente óptima. Un ejemplo de externalidad negativa es la contaminación del agua. Supongamos que una papelera decide instalarse junto a un río. Cuando los ejecutivos de la empresa deciden cuánto papel van a producir, tienen en cuenta los costes de personal, de las materias primas y de las mercancías intermedias y los costes generales de la empresa, pero no consideran el impacto ambiental de la fábrica. Como el río es de todos, vierten sus aguas residuales sin tener en cuenta que, río abajo, ya no se va a poder pescar, ni que el mal olor de la celulosa al descomponerse va a molestar a todos los vecinos, ni que el paisaje va a degradarse y donde antes había un río con aguas cristalinas y truchas, ahora va a haber una corriente de agua maloliente y muerta, tapizada de grumos lechosos y espuma industrial.

Como esos costes no afectan a la empresa que los genera, sino a los vecinos que antes disfrutaban del río, el mecanismo del mercado no los tiene en cuenta, y la empresa produce más papel y más contaminación que los que produciría si se la obligara a depurar sus aguas y a dejar el río exactamente como estaba.

Ejercicio 4.39: Proponga tres ejemplos de externalidades negativas causadas por problemas de contaminación.

En general las externalidades negativas debidas a la contaminación tienen su origen en la mala definición de los derechos de propiedad. En el caso de la papelera, no hay derechos de propiedad definidos sobre el río y la empresa lo trata como si fuera suyo, conculcando los derechos de disfrutar del río que también tienen los demás propietarios. Por lo tanto, en la medida en que las externalidades se deben a la mala definición de los derechos de propiedad, una forma de corregir sus efectos es definir adecuadamente esos derechos. Si se decidiera que un cierto tramo del río pertenece, por ejemplo, al ayuntamiento, éste podría obligar a la empresa a depurar sus aguas o, alternativamente, a compensar a los vecinos por los costes de la contaminación. Si, por el contrario, se decidiera que el tramo del río pertenece a la empresa, serían los vecinos los que tendrían que soportar la contaminación de las aguas o costear su depuración.

Ejercicio 4.40: Proponga dos medidas de política económica cuyo objetivo sea corregir las externalidades negativas. Analice el problema del ruido en las proximidades de los aeropuertos, y el de la contaminación del aire en las proximidades de un polígono industrial.

Ejercicio 4.41: Use el análisis económico de las externalidades para proponer una solución a la disputa entre fumadores y no fumadores. ¿De quién es el aire limpio?

Ejercicio 4.42: Repita el ejercicio anterior para el caso de la polémica entre los residentes y los propietarios de los bares de copas de un barrio con mucha vida nocturna.

Otro ejemplo de externalidades negativas son las derivadas de la congestión. La congestión se origina cuando un recurso es de propiedad común y los productores o los consumidores se entorpecen unos a otros. Un ejemplo de industria especialmente afectada por la congestión es la industria pesquera. Supongamos que 10 barcos están faenando en un determinado caladero donde pescan 15 toneladas de pescado cada uno a la semana, y que un armador está considerando la posibilidad de fletar un barco adicional para que faene en el mismo caladero. Si se decide a hacerlo espera pescar 14 toneladas de pescado en una semana y ése es el beneficio que tiene en cuenta a la hora de tomar su decisión empresarial. Sin embargo, el armador no considera que las capturas de los restantes barcos se van a reducir —supongamos que en 1 tonelada por barco— porque parte de la pesca del nuevo barco es pescado que antes capturaban los demás. El coste social, por lo tanto, vuelve a ser mayor que el coste individual y la cantidad de pesqueros de equilibrio es mayor que la que sería socialmente óptima.

Ejercicio 4.43: (a) Utilice la teoría de la congestión para explicar lo que ocurre con el transporte privado, la red de carreteras y los atascos, y (b) proponga otros dos ejemplos de congestión e identifique el recurso de propiedad común.

4.6.2 Los bienes públicos

Los bienes públicos son otro tipo de fallos del mercado que se produce cuando el consumo de un bien por parte de una persona no excluye el consumo del mismo bien por parte de los demás. La defensa es el ejemplo más característico de bien público. Si Irene instala un cañón intergaláctico en el tejado de su casa para defenderse de un posible ataque de extraterrestres, todos los vecinos del barrio, e incluso todos los habitantes del planeta, se benefician de la protección que proporciona el cañón. Irene lo paga, ella se beneficia de la protección que le proporciona el cañón y todos los demás también nos aprovechamos sin tener que pagar. Debido a esta característica, los bienes públicos plantean el problema económico de determinar quién los paga. Como el consumo de un bien público por parte de una persona no excluye el consumo por parte de los demás, todos tenemos incentivos para no pagar con la esperanza de que sean los demás quienes lo hagan. Así, aunque los demás también tengamos miedo a un ataque de extraterrestres, intentaremos aparentar lo contrario con la esperanza de que Irene —que a lo mejor es la más miedosa—, harta de pasarse las noches sin dormir, termine por comprarse el cañón.

Si Irene no tuviera tanto miedo y esperara, nadie se compraría el cañón, y la cantidad de defensa intergaláctica proporcionada por el mercado sería inferior a la óptima, tanto desde el punto de vista individual como desde el punto de vista social. Para corregir este fallo del mecanismo del mercado, la provisión de bienes públicos generalmente recae sobre el sector público y su financiación se realiza con cargo a los presupuestos del Estado.

Ejercicio 4.44: Proponga tres ejemplos de bienes públicos.

Ejercicio 4.45: ¿Cree que la proyección de una película en un cine es un bien público? Si el aforo de la sala no está completo, ¿cuánto le cuesta a la empresa que una persona más vea la película ?

Ejercicio 4.46: ¿Cuánto cree que le cuesta a RENFE que el 5 % de los viajeros de la red de cercanías no pague billete? ¿Quién cree que paga ese coste? Justifique sus respuestas.

4.7   APLICACIÓN: LOS MERCADOS DE DIVISAS

En este apartado vamos a utilizar la teoría elemental del mercado que hemos estudiado en este tema para analizar los efectos de las decisiones de los participantes en los mercados internacionales de divisas sobre los tipos de cambio. Con este fin, en primer lugar, vamos a identificar a los participantes en esos mercados, y las razones que les llevan a comprar y a vender divisas, a continuación vamos a estudiar cómo se determinan los tipos de cambio en un mercado libre y, por último, vamos a analizar la intervención de la autoridad monetaria en los mercados de cambios.

La característica principal de los mercados de divisas es que la mercancía que se intercambia es la moneda de un país y que su precio se paga en la moneda de otro país. Así, por ejemplo, en el mercado de divisas de Madrid se compran y se venden dólares estadounidenses, yenes japoneses y otras monedas, y se paga su precio en euros. El precio de una moneda medido en términos de otra es su tipo de cambio.

Ejercicio 4.47: (a) Represente gráficamente el mercado de euros de Nueva York. ¿En qué moneda se pagan los euros? (b) Suponga que no existen restricciones en los movimientos de capitales y que los operadores de los mercados de cambios cobran exactamente la misma comisión en Madrid y en Nueva York, ¿qué relación cree que habría entre el precio del dólar en euros y el precio del euro en dólares?

El Gráfico 4.11 representa el mercado de dólares en Madrid. Los compradores en este mercado —las personas que quieren dólares y tienen euros para comprarlos— son de tres tipos: (a) los importadores españoles de productos estadounidenses. Por ejemplo, una empresa española dedicada a la

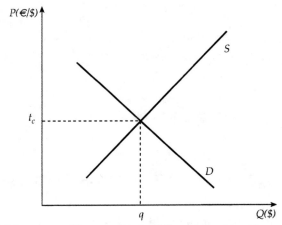

Gráfico 4.11: *El mercado de dólares estadounidenses.*

importación de ordenadores estadounidenses. Para pagar al fabricante estadounidense la empresa necesita dólares y tiene los euros que recibe de sus clientes para comprarlos; (b) las personas y las empresas españolas que quieren hacer cualquier tipo de inversión en Estados Unidos. Por ejemplo, un banco español que quiere comprar una participación en el capital de una empresa estadounidense, o Irene, que quiere hacer un depósito en una cuenta de alto rendimiento en un banco estadounidense. Para realizar esa inversión, la persona o la empresa necesita dólares y como los inversores son españoles, los pagarán con euros, y (c) los especuladores en divisas internacionales que creen que el precio del dólar medido en euros, va a subir o, dicho de otra forma, que creen que el tipo de cambio del dólar va a apreciarse con relación al euro.

Ejercicio 4.48: Analice gráficamente los efectos sobre la demanda de dólares en el mercado de divisas de Madrid de: (a) una rebaja en los aranceles que disminuye el precio en euros de los ordenadores de fabricación estadounidense; (b) un aumento de los tipos de interés en Estados Unidos. (Pista: el tipo de interés estadounidense mide el rendimiento de las inversiones en ese país), y (c) la creencia generalizada de que el tipo de cambio del dólar medido en euros va a aumentar.

Por su parte, los vendedores en el mercado de dólares son: (a) los importadores estadounidenses de productos españoles. Por ejemplo, una empresa estadounidense dedicada a la importación de zapatos españoles. La empresa estadounidense vende los dólares que recibe de sus clientes estadounidenses a cambio de las euros que necesita para pagar a los productores de zapatos españoles; (b) las personas y empresas estadounidenses que quieren invertir en España. Por ejemplo una familia estadounidense que se quiere comprar un apartamento en Fuengirola para vivir en él cuando se jubilen. Venden los dólares que han ahorrado y con ellos compran las euros que necesitan para pagar el apartamento, y (c) los especuladores en divisas internacionales que creen que el tipo de cambio del dólar va a depreciarse con relación al euro.

Ejercicio 4.49: Analice gráficamente los efectos sobre la oferta de dólares en el mercado de divisas de Madrid, y sobre el tipo de cambio correspondiente de: (a) un aumento de un 6 % en el coste de las plazas hoteleras españolas; (b) la especulación inmobiliaria que dispara los precios de la vivienda en toda España; y (c) la creencia generalizada de que el tipo de cambio del dólar va a apreciarse con relación al euro.

Si las autoridades económicas no intervienen en los mercados de cambios, éstos fluctúan libremente y tienden a sus precios de equilibrio, igual que en cualquier otro mercado. Cuando esto ocurre, se dice que los tipos de cambio son flexibles. Cuando los tipos de cambio son flexibles, cada vez que se produce un desplazamiento de las funciones de oferta o de demanda, los precios —los tipos de cambio en este caso— fluctúan hasta que se alcanza un tipo de cambio de equilibrio acorde con las nuevas condiciones del mercado.

Sin embargo, algunos economistas creen que las fluctuaciones excesivas en los tipos de cambio tienen repercusiones importantes sobre el resto de la actividad económica y eso lleva a las autoridades monetarias de algunos países a intervenir en los mercados de cambio.

Ejercicio 4.50: Suponga que el tipo de cambio del dólar pasa de 85 cts a 95 euros y calcule usando los dos tipos de cambio: (a) el precio en euros de un ordenador estadounidense que cuesta 2.000 dólares; y (b) el precio en dólares de un apartamento en la Costa del Sol que cuesta 50.000€.

Como pone de manifiesto el Ejercicio 4.50, las fluctuaciones en los tipos de cambios modifican los precios de la producción de los distintos países y, por lo tanto, pueden afectar a la producción y al empleo. Además, las fluctuaciones en los tipos de cambio repercuten negativamente en el comercio internacional al hacer los precios futuros, en una moneda determinada, más difíciles de predecir. Por ello las autoridades monetarias de algunos países intervienen en los mercados de cambios con la intención de estabilizar los precios de sus divisas cuando éstos sobrepasan ciertos límites. El Ejercicio 4.51 es una explicación literalmente de libro de texto de lo que ocurre en los mercados de divisas internacionales. Si la presión de la demanda es suficientemente intensa, por mucho que se empeñen las autoridades monetarias de un país en mantener la paridad de su moneda, agotan sus reservas de divisas internacionales y normalmente las expectativas de los especuladores se terminan por cumplir.

Ejercicio 4.51: Suponga que las funciones de oferta y de demanda de dólares en el mercado de divisas de México D.F. son, respectivamente, $p = 2q^s + 82$ y $p = 85 - q^d$ donde q^d y q^s se miden en miles de millones de dólares y p es el tipo de cambio del dólar en pesos, y (a) calcule el tipo de cambio y la cantidad de equilibrio.

Suponga ahora que los operadores internacionales pierden la confianza en el peso y que la demanda de dólares se desplaza hacia la derecha y pasa a ser $p = 94 - q^d$, y (b) calcule el nuevo precio de equilibrio y la nueva cantidad de intercambio. Suponga que el Banco de México se ha comprometido a mantener la cotización del peso en una banda de fluctuación cuyo límite superior es 87 pesos por dólar, y (c) calcule el signo y la cuantía de la intervención del Banco dadas las nuevas condiciones del mercado. Suponga que las reservas de dólares del Banco de México ascienden a 15.000 millones de dólares y que las condiciones de la demanda no cambian, (d) ¿durante cuántos días podría el Banco mantener ese tipo de cambio?

Suponga que se agotan las reservas y que el gobierno decide devaluar el peso en un 6 %, por lo que el límite superior de intervención se sitúa en 92.22 pesos/dólar, y (e) calcule el nuevo tipo de cambio de equilibrio del dólar. (f) ¿Qué ha ocurrido con las expectativas de los especuladores? Si usted hubiera previsto este curso de los acontecimientos, y hubiese tenido 1 millón de pesos para invertir en el mercado de divisas, (g) ¿qué habría hecho?, y (h) ¿cuánto habría ganado con esa operación?

LA IDEA MÁS IMPORTANTE DE ESTE TEMA

El concepto de equilibrio económico.

SEGUNDA PARTE

LOS AGREGADOS MACROECONÓMICOS

La macroeconomía estudia problemas que trascienden al ámbito de las decisiones individuales y que afectan a la mayoría de las personas que viven en un país o, incluso, en todo el mundo. Los datos microeconómicos —las cantidades y los precios de equilibrio de cada mercado, por ejemplo, o la renta y la riqueza de cada hogar— describen un mundo demasiado complejo y contienen mucha más información de la que se necesita para analizar los problemas económicos desde un punto de vista agregado. Por eso los macroeconomistas construyen resúmenes de todos esos datos. Esos resúmenes son los agregados macroeconómicos.

Estos agregados son el vocabulario de la macroeconomía y constituyen el objeto de estudio de la segunda parte del libro. En el Tema 5 se estudian los agregados de cantidades que, entre otras cosas, sirven para medir el tamaño de una economía y la riqueza de sus habitantes. Como este curso estudia el funcionamiento de las economías de mercado, en el Tema 6 se describen los agregados de precios. Por último, como en la mayoría de las economías modernas los productos se intercambian por dinero, en el Tema 7 se estudian los agregados monetarios.

Tema 5

EL PIB Y LOS AGREGADOS DE CANTIDADES

After that he began to dream of the long yellow beach and he saw the first lions come down into it in the early dark and then the other lions came and he rested his chin on the wood of the bows where the ship lay anchored with the evening off-shore breeze and he waited to see if there would be more lions and he was happy.

Ernest Hemingway – *The Old Man and the Sea*

Contenido

5.0 INTRODUCCIÓN

En el Tema 2 hemos aprendido que la esencia de la macroeconomía es la agregación. En el mundo real cada día se toman miles de decisiones económicas: se producen y se intercambian mercancías de todo tipo, se firman contratos, se modifican o se mantienen los precios, y todas esas decisiones económicas generan una gran cantidad de información. La macroeconomía estudia los problemas económicos desde una perspectiva global, y se plantea preguntas que afectan a toda la economía en su conjunto. Como una gran parte de toda esa información es innecesaria para contestar a esas preguntas, los macroeconomistas empiezan su análisis construyendo resúmenes de toda esa madeja apabullante de datos individuales. Esos resúmenes son los agregados económicos.

Por lo tanto, los agregados macroeconómicos son construcciones teóricas y, como tales, no pueden observarse. Mientras que la mayoría de los datos económicos individuales son observables —por ejemplo es relativamente sencillo saber cuántas toneladas de naranjas se han vendido en una ciudad, o cuál ha sido el volumen de contratación de las acciones de un gran banco— los agregados macroeconómicos no son observables. Otra característica de los agregados macroeconómicos es que no son únicos, porque a partir de los mismos datos individuales se pueden definir muchos agregados distintos con propiedades y usos diferentes.

Los principales agregados macroeconómicos son de tres tipos: agregados de cantidades, agregados de precios y agregados monetarios. En este tema nos ocupamos de los agregados de cantidades y dejamos los agregados de precios y los agregados monetarios para los dos temas siguientes. Entre los agregados de cantidades el que se utiliza con más frecuencia es el producto interior bruto o PIB. El producto interior bruto pretende medir con una sola cifra el valor de todas las mercancías que se producen en una economía. En este tema vamos a descubrir cuáles son las principales dificultades que plantea el cálculo del PIB, y vamos a aprender cómo se resuelven. También vamos a estudiar los principales agregados del gasto, que son el consumo, la inversión, el gasto público, las importaciones y las exportaciones, y vamos a empezar a familiarizarnos con algunas de las series macroeconómicas de la economía española.

5.1 LA PRODUCCIÓN AGREGADA

La producción agregada es un número que representa a todas las mercancías que se producen en una economía durante un periodo determinado —generalmente un trimestre o un año—. La expresión (5.0) describe formalmente esta idea.

$$q_1, q_2, \ldots, q_n \to Q \tag{5.0}$$

En esa expresión la variable q_i representa la producción de la mercancía i, la variable Q representa la producción agregada, y la flecha esconde el camino que nos lleva de los datos individuales al dato agregado.

La primera dificultad que nos encontramos en ese camino son las unidades. ¿Cómo vamos a agregar la producción de bicicletas, los servicios del parque de bomberos, las pólizas de seguros, las actuaciones de la orquesta sinfónica, las capturas de almadrabas y, en general, todas las mercancías que se producen en cualquier país durante un año? La pregunta anterior es relativamente compleja, y vamos a dedicar la mayor parte de este tema a contestarla.

Ejercicio 5.0: Proponga un método que le permita sumar 3 peras y 5 manzanas, o 1 tornillo y 1 portaaviones.

A Irene el Ejercicio 5.0 le ha recordado una discusión que tuvo con su primera profesora de matemáticas cuando le enseñaron a sumar. La profesora les dijo que sólo se podían sumar cantidades homogéneas, o sea peras con peras, o manzanas con manzanas. Si hacemos caso de esa idea, las preguntas que plantea el Ejercicio 5.0 no tienen respuesta. Sin embargo, Irene solía contar las peras y las manzanas que había en el frutero de la cocina de su casa, y sabía que si por ejemplo un día había tres peras y cinco manzanas en el frutero, había en total ocho piezas de fruta, y la explicación que le dio su profesora no le pareció muy convincente. Desde entonces, Irene sigue pensando que sumar es muy parecido a contar, y que si sumamos un tornillo con un portaaviones tendremos dos cosas.

Ejercicio 5.1: Utilice el concepto de coste de oportunidad para mejorar el procedimiento de agregación propuesto por Irene en el párrafo anterior.

Sin afán de terciar en la discusión entre Irene y su profesora de matemáticas, el procedimiento de agregación que propone Irene, aunque formalmente correcto, no es del todo convincente. Es verdad que si sumamos un tornillo y un portaaviones tendremos dos cosas, pero también es cierto que el valor económico de esas dos cosas —o sea su coste de oportunidad— es muy diferente. Si por ejemplo dedicáramos a la producción de tornillos los recursos necesarios para producir un portaaviones, obtendríamos muchos millones de tornillos, y no uno solo. Por lo tanto, una forma de mejorar el procedimiento de agregación propuesto por Irene es sustituir la contabilidad simple de las cosas por la contabilidad de su valor. La representación formal de esta suma es la siguiente:

$$V(q_1) + V(q_2) + \ldots + V(q_n) = V \tag{5.1}$$

En esa expresión la variables $V(q_i)$ representa el valor de la producción de la mercancía i y la variable V el valor de la producción de las n mercancías.

Ejercicio 5.2: Proponga un método para calcular el valor de la producción de una mercancía cualquiera.

Supongamos que el precio de una mercancía es p y que en un periodo determinado se producen q unidades de esa mercancía. Entonces, una forma de calcular el valor de la producción de esa mercancía es la siguiente:

$$V(q) = p \times q \tag{5.2}$$

Ejercicio 5.3: Utilice el método de valoración que se propone en la expresión (5.2) para calcular el valor de la producción agregada de una economía en la que se producen n mercancías.

Una forma de contestar al Ejercicio 5.3 es sustituir la expresión (5.2) en la expresión (5.1). Si hacemos esa operación, obtenemos la siguiente expresión:

$$V = p_1 q_1 + p_2 q_2 + \ldots + p_n q_n = \sum_{i=1}^{n} p_i q_i \tag{5.3}$$

Como vamos a ver en las páginas que siguen, este método para calcular la producción agregada de una economía es engañosamente sencillo. Tanto es así que en 1971 el economista S. Kuznets recibió el Premio Nobel de Economía principalmente por su trabajo en el desarrollo de esta idea y del sistema de cuentas nacionales que se obtiene a partir de ella.

5.2 ¿QUÉ MERCANCÍAS SE INCLUYEN?

Como queremos calcular el valor de la producción agregada de la economía, parece lógico suponer que deberíamos contabilizar todas las mercancías producidas. Pero el método de valoración propuesto por Kuznets dificulta esta tarea aparentemente sencilla. En primer lugar, como el valor que atribuimos a una mercancía es la cifra que resulta de multiplicar la cantidad producida por su precio sólo podemos contabilizar las mercancías que tienen precios. Por lo tanto, no podemos contabilizar toda la producción. Además, como los precios de las mercancías incluyen los precios de todas las mercancías que intervienen en su producción, no debemos contabilizar todas las mercancías. En los dos apartados siguientes se desarrollan estas dos ideas.

5.2.1 Las mercancías que no tienen precios

Para que una mercancía tenga un precio, o bien tiene que comercializarse en un mercado legalmente organizado o, de no ser así, debe existir un procedimiento convencional que nos permita atribuirle un precio.

Ejercicio 5.4: Proponga un procedimiento para calcular el valor de las siguientes actividades o mercancías: (a) el trabajo doméstico; (b) el estudio; (c) el ocio; (d) los servicios del Cuerpo de Bomberos; (e) las drogas de diseño.

El trabajo doméstico

En el Tema 2 hemos aprendido que los economistas solamente consideran que son trabajo las actividades remuneradas. Las actividades no remuneradas, además de no considerarse trabajo, como ni se observan ni tienen un precio claramente definido, tampoco se incluyen en el cálculo de la producción agregada. Pero eso no quiere decir que las actividades no remuneradas no tengan valor económico. Por ejemplo, el valor económico de lavar la ropa es el mismo cuando lo hacemos nosotros mismos —actividad no remunerada que no se contabiliza— que cuando llevamos la ropa a una lavandería —actividad remunerada que sí se contabiliza—. Y lo mismo ocurre cada vez que Lucas se hace la cena o que Irene ordena su habitación. Esas actividades producen mercancías económicamente valiosas, pero esas mercancías no entran en el cálculo de la producción agregada porque no ha existido ningún intercambio formal.

Ejercicio 5.5: Al ojear el Tema 8 de este libro Lucas ha descubierto que en 1985 la renta per cápita de Etiopía era de 418 dólares internacionales anuales, pero no termina de creerse que una persona pueda sobrevivir durante todo un año con sólo esa cantidad de dinero. Utilice el razonamiento del apartado anterior para aclarar la duda de Lucas.

Ejercicio 5.6: A medida que aumenta el grado de especialización de un país su producción agregada también aumenta aunque se sigan produciendo las mismas mercancías. ¿Verdadero o falso? Utilice el razonamiento del apartado anterior para justificar su respuesta.

El estudio y el ocio

El estudio y el ocio son otros dos ejemplos de actividades económicamente valiosas que no se tienen en cuenta en el cálculo de la producción agregada. En el caso del estudio se podría calcular el número de horas que una persona pasa en clase, pero es muy difícil calcular el valor que supone para el estudiante realizar esa actividad. Con el ocio ocurre algo parecido: nadie discute que sea una mercancía valiosa, y calcular el número de horas de ocio es relativamente sencillo. Sin embargo, las dificultades que supone determinar el precio del ocio hacen que no se incluya en el cálculo de la producción agregada.

Las mercancías públicas

La contabilidad de las mercancías públicas ya sean bienes de consumo —como el agua que se utiliza para regar los parques o el combustible de los camiones de los bomberos—, bienes de inversión —como las autovías del Estado o los hospitales públicos— o servicios públicos —como la protección de los bosques o la lucha contra los incendios— también es difícil. Si bien es verdad que determinar las cantidades que se producen de la mayoría de las mercancías públicas es relativamente sencillo, las cosas se complican al intentar determinar sus precios. Esto se debe a que las mercancías públicas no se intercambian en los mercados, y a que los precios de la mayoría de estas mercancías son precios políticos y, por lo tanto, no reflejan adecuadamente el valor económico de las mismas.

El problema de la contabilidad de las mercancías públicas se agrava porque en casi todos los países estas mercancías representan una parte muy importante de la actividad económica. En consecuencia, si omitiéramos la producción del sector público del cálculo de la producción agregada, obtendríamos una medida muy poco representativa del verdadero tamaño de la economía. Para resolver este problema, los economistas recurren a la convención de valorar las mercancías públicas por los salarios de las personas que participan en su producción. Usando este procedimiento, el valor de los servicios del cuerpo de bomberos es igual al importe de sus nóminas, y el valor de una carretera es igual al valor de los salarios de todas las personas que intervienen en su construcción.

Las mercancías ilegales

Las mercancías ilegales son de dos tipos: las mercancías cuya producción o comercialización están expresamente prohibidas por las leyes, y las mercancías legales cuya producción se esconde para evitar el pago de impuestos —lo que se suele conocer con el nombre de economía sumergida—. La contabilidad de estas mercancías es especialmente difícil por dos razones: porque no sabemos cuál es su cuantía —las personas o las empresas que las producen ocultan su producción— y porque no sabemos cuáles son sus precios —ya que los mercados en los que se intercambian esta mercancías también son ilegales—. Estas dificultades hacen que las mercancías ilegales se omitan del cálculo de la producción agregada. En algunos países —generalmente los países ricos que dedican muchos recursos a evitar estos tipos de fraude— la producción de las mercancías ilegales representan una parte relativamente pequeña de la producción total, pero en otros —a Lucas se le ocurren los nombres de tres o cuatro— la cuantía de la producción de mercancías ilegales es considerable, y su omisión desvirtúa el cálculo de sus producciones agregadas respectivas.

Otras mercancías difíciles de contabilizar

La mayoría de los productos del sector financiero son otro ejemplo de mercancías difíciles de contabilizar, a pesar de que se producen en mercados competitivos, y de que son mercancías perfectamente legales. ¿Cuál es el precio de los servicios de un cajero automático?, ¿cuánto cuesta abrir una cuenta corriente, o hacer un depósito a plazo? Las respuestas a estas preguntas son relativamente complejas, y nosotros las vamos a dejar sin contestar. Nos basta con saber que la contabilidad nacional establece distintas convenciones contables que se siguen para determinar el valor de este tipo de servicios.

5.2.2   Las mercancías finales

El procedimiento para calcular el valor de las mercancías propuesto por Kuznets tiene el problema adicional de que da lugar a la contabilidad múltiple de las mercancías intermedias. La definición formal de mercancías intermedias es la siguiente:

Definición 5.0: Mercancía intermedia. Una mercancía intermedia es una mercancía producida por una empresa y comprada por otra empresa para agotarla por completo en su actividad productiva.

El pan que se utiliza en la cafetería de la universidad para hacer bocadillos, la tiza que se usa en clase y los neumáticos de la moto de Lucas son ejemplos de mercancías intermedias. Si utilizamos el procedimiento propuesto por Kuznets para calcular el valor de la producción agregada de una economía, el valor de las mercancías intermedias se contabiliza muchas veces, porque el precio de una mercancía incluye el valor de todas las mercancías intermedias que intervienen en su producción. El Ejercicio 5.7 y el Gráfico 5.0 nos ayudan a entender mejor esta idea.

Ejercicio 5.7: Juan Tostado tiene una panadería y vende las barras de pan a 60 cts. Juan paga a la panificadora 40 cts por cada barra. La panificadora paga a la fábrica de harinas 25 cts por la harina que usa en cada barra de pan. La fábrica de harinas paga a la cooperativa de agricultores 15 cts por el trigo que usa para fabricar la harina. La cooperativa de agricultores no compra nada a otras empresas. (a) Calcule el valor total de la barra de pan y de todas las mercancías que han intervenido en su producción; y (b) calcule el número de veces que ha contabilizado el trigo, la harina, el pan del mayorista y el pan del minorista.

Gráfico 5.0: *El valor de las mercancías intermedias, el valor añadido y el precio.*

Irene ha resuelto el Ejercicio 5.7 y ha descubierto que si utilizamos el procedimiento propuesto por Kuznets, y contabilizamos todas las mercancías que intervienen en la producción de una barra de pan, obtenemos $15 + 25 + 40 + 60 = 140$ cts, en vez de los 60 cts que cuesta la barra de pan; y que ese resultado se debe a que el valor del trigo se ha contabilizado 4 veces, el valor de la harina 3 veces y el valor del pan al por mayor 2 veces.

Ejercicio 5.8: Proponga un método que evite la contabilidad múltiple de las mercancías intermedias, y que nos permita calcular el valor de la producción agregada como indica la expresión (5.3).

La respuesta al Ejercicio 5.8 no podía ser más sencilla: para evitar la contabilidad múltiple de las mercancías intermedias podemos simplemente no tenerlas en cuenta, y calcular únicamente el valor de las mercancías finales.

Definición 5.1: Mercancía final. Una mercancía final es una mercancía que no es objeto de ningún proceso de producción ulterior.

La Definición 5.1 dice simplemente que las mercancías finales son aquellas que no son mercancías intermedias, o sea que no las compra ninguna empresa para volverlas a transformar. Debería resultar evidente que si calculamos únicamente el valor de las mercancías finales —la barra de pan que vende Juan Tostado en el ejemplo del Ejercicio 5.7— resolvemos de un plumazo el problema que plantea la contabilidad múltiple de la producción intermedia. Sin embargo, como ilustra el Ejercicio 5.9, poner en práctica ese procedimiento es más difícil de lo que parece a primera vista.

Ejercicio 5.9: Suponga que le encargan organizar la contabilidad nacional de una economía. Proponga un procedimiento para distinguir en la práctica las mercancías intermedias de las mercancías finales. ¿Qué ocurre si Juan Tostado vende la barra de pan a la cafetería de la universidad, y ésta usa ese pan para hacer bocadillos? ¿Qué ocurre si Juan Tostado dedica parte de la harina que le ha comprado a la panificadora para freír pescado en su casa?

5.2.3 El valor añadido

En la práctica, distinguir las mercancías intermedias de las mercancías finales es poco menos que imposible. Las empresas no tienen ninguna forma de saber cuál va a ser el destino último que se va a dar a su producción. Ni Juan Tostado, ni la Fábrica de Harinas, ni ninguna otra empresa sabe si sus productos van a ser objeto o no de transformaciones ulteriores. Para resolver este problema en la práctica, la producción agregada se calcula contabilizando únicamente el valor añadido por cada empresa al valor de las mercancías intermedias que compra. Formalmente la definición de valor añadido es la siguiente:

Definición 5.2: Valor añadido. El valor añadido por una empresa es la diferencia entre los ingresos que obtiene de la venta de su producción y las cantidades que paga por las mercancías intermedias que compra a otras empresas.

Al definir de esta forma el valor añadido, la suma de los valores añadidos por todas las empresas que participan en la producción de una mercancía final coincide con el valor de ésta y, por lo tanto, resuelve el problema de la contabilidad múltiple de las mercancías intermedias. El Ejercicio 5.10 ilustra esta idea.

Ejercicio 5.10: Considere el proceso de producción de una barra de pan descrito en el Ejercicio 5.7. Calcule los valores añadidos por cada una de las empresas que participan en ese proceso y compruebe que la suma de estos valores coincide exactamente con el precio de la mercancía final.

5.3 ¿QUÉ PRECIOS SE CONSIDERAN?

La idea de Kuznets de multiplicar las cantidades de las distintas mercancías por sus precios para calcular el valor de la producción agregada nos obliga a contestar a la pregunta que encabeza este apartado. La respuesta a esa pregunta no es inmediata por dos razones: porque los precios cambian con el tiempo, y porque tenemos que decidir si los precios deben incluir o no los impuestos indirectos y las subvenciones.

Los precios tienden a cambiar con el tiempo. Una peseta no valía lo mismo en 1998 que en 1930. Según las historias seguramente un tanto exageradas de nuestros mayores, en 1930 con una peseta se podía alimentar a una familia de cinco personas durante una semana y todavía sobraban veinte céntimos. Dejando a un lado esas exageraciones, la mayoría de nosotros hemos experimentado personalmente las subidas de precios. Por ejemplo, cuando Irene iba al colegio un billete de autobús costaba 40 pesetas y en 1998 costaba 65.

Ejercicio 5.11: Suponga que en 1995 el valor de la producción agregada de Santa Lucía ascendió a 5 billones de euros y en 1997 a 5,5 billones. ¿Podemos estar seguros de que en 1997 se produjeron más mercancías finales en Santa Lucía que en 1995? Justifique su respuesta.

La respuesta al Ejercicio 5.11 es que no podemos estar seguros. Por ejemplo, pudo haber ocurrido que en 1997 se hubieran producido en Santa Lucía exactamente las mismas cantidades de todas las mercancías que en 1995, y que el 10 % de aumento del valor de la producción agregada se debiera a un aumento del 10 % en todos los precios. Para resolver este problema, los institutos de estadística eligen un año como año de referencia, o año base, y utilizan los precios de ese año para calcular los valores de la producción agregada de los demás periodos. De esta forma se obtienen dos medidas distintas de la producción agregada. Como ilustra la expresión (5.4), cuando se usan los precios del periodo en curso —que vamos a llamar p_{it}— obtenemos la producción agregada nominal, o sea el valor de la producción agregada medido en euros corrientes

$$V_t(nominal) = \sum_{i=1}^{n} p_{it}q_{it}(euros\ corrientes), \tag{5.4}$$

y como ilustra la expresión (5.5), cuando usamos los precios del periodo base —que vamos a llamar p_{0t}— obtenemos la producción agregada real, o sea el valor de la producción agregada medido en euros constantes.[1]

$$V_t(real) = \sum_{i=1}^{n} p_{0t}q_{it}(euros\ constantes) \tag{5.5}$$

Ejercicio 5.12: Suponga que los valores de la producción agregada de Santa Lucía del Ejercicio 5.11 hubieran estado medidos en euros constantes. ¿Podríamos estar seguros de que en 1997 se produjeron en Santa Lucía más mercancías finales que en 1995? Justifique su respuesta.

---

[1] El deflactor del PIB es el cociente que se obtiene al dividir el PIB nominal entre el PIB real y se describe con detalle en el Apartado 6.5.

Ejercicio 5.13: ¿Qué problemas adicionales plantea el valorar las mercancías producidas un año a precios de un año anterior? ¿Por qué cree que la mayoría de los países cambian periódicamente de año base?

Ejercicio 5.14: Suponga que el precio de venta al público de un medicamento es 10€ más el 16 % del impuesto del valor añadido. ¿Cuánto tiene que pagar el comprador? ¿Con cuánto se queda el vendedor? Suponga ahora que la Seguridad Social subvenciona el 50 % del precio antes de impuestos del medicamento. ¿Cuánto tiene que pagar ahora el vendedor? ¿Con cuánto se queda ahora el comprador?

Como pone de manifiesto el Ejercicio 5.14, otro problema que plantea la utilización de los precios como criterio de homogeneización de las cantidades es el tratamiento que le damos a los impuestos indirectos y a las subvenciones. Siempre que el Estado grava el precio de venta de una mercancía con un impuesto indirecto o que reduce su precio de compra con una subvención indirecta, el precio que paga el comprador es distinto del precio que en última instancia recibe el vendedor, y se plantea el problema de cuál de estos dos precios debemos considerar para calcular el valor de la producción agregada. Técnicamente, el precio que pagan los compradores se llama precio de mercado, y el precio que en última instancia reciben los vendedores se llama precio a coste de los factores. La expresión (5.6) describe la relación existente entre estos dos precios.

$$P_{CF} = P_M - \tau + s \tag{5.6}$$

En esa expresión la variables P_{CF} y P_M denotan respectivamente el precio a coste de los factores y el precio de mercado, y las variables τ y s denotan respectivamente los impuestos indirectos y las subvenciones. Como hay cuatro formas distintas de calcular los precios —precios de mercado corrientes, precios de mercado constantes, precios a coste de los factores corrientes y precios a coste de los factores constantes— hay cuatro maneras diferentes de calcular el valor de la producción agregada. El Ejercicio 5.15 ilustra esta idea.

Ejercicio 5.15: Suponga que durante 1998 en Santa Ana se produjeron legalmente 300.000 CDs de música funky y 10.000 toneladas de marihuana.

El precio a coste de los factores de los CDs fue de 10 dólares corrientes por CD, y el precio de mercado de la marihuana fue de 22 dólares corrientes por 100 gramos. El gobierno de Santa Ana gravó toda la producción de la isla con un impuesto sobre el valor añadido del 10 %, y subvencionó la producción de canciones con 4 dólares corrientes por CD. (a) Calcule el valor de la producción agregada de Santa Ana en dólares corrientes a coste de los factores y a precios de mercado. Suponga que la contabilidad nacional de Santa Ana utiliza 1995 como año base, y que, ese año, el precio de mercado de los CDs fue de 5,9 dólares por CD, el precio a coste de los factores de la marihuana fue 20,9 dólares por 100 gramos y la subvención a la producción de canciones fue de 3,5 dólares corrientes por CD, y (b) calcule el valor de la producción agregada de Santa Ana en dólares constantes a coste de los factores y a precios de mercado.

5.4 EL PRODUCTO INTERIOR BRUTO (PIB)

El producto interior bruto es la variable que se utiliza con más frecuencia para medir la producción agregada de un país. La definición formal del producto interior bruto es la siguiente:

Definición 5.3: Producto interior bruto. El producto interior bruto de una economía es el valor (a precios de mercado, o al coste de los factores, y medido en euros corrientes o constantes) de todas las mercancías finales producidas por las empresas y las personas que han trabajado en el territorio de esa economía durante un periodo de tiempo determinado. En la práctica, el producto interior bruto se calcula sumando los valores añadidos correspondientes.

En los párrafos siguientes vamos a comentar las principales ideas contenidas en la Definición 5.3. En primer lugar, el producto interior bruto es un agregado de producción porque mide el valor de la producción agregada, y no el de las ventas. Por lo tanto, el producto interior bruto tiene en cuenta el valor de todas las mercancías finales nuevas —se vendan o no— y sólo el de esas mercancías. Siguiendo este criterio, las ventas de mercancías de segunda mano no se incluyen en cálculo del producto interior bruto corriente, puesto que ya se incluyeron en el del periodo de su producción.

En segundo lugar, el producto interior bruto es interior porque utiliza un criterio geográfico para determinar qué mercancías se incluyen en su cálculo. Como establece la Definición 5.3 el producto interior bruto incluye el valor de las mercancías finales producidas dentro del territorio —en el interior— de la economía en cuestión. Por ejemplo, el producto interior bruto español tiene en cuenta el valor de las actuaciones en España de un grupo de rock extranjero, pero no considera el valor de la producción de las filiales de las empresas españolas establecidas en el exterior. El producto nacional bruto, en cambio, utiliza el criterio de la nacionalidad, y tiene en cuenta el valor de todas las mercancías finales producidas por empresas o por personas de la nacionalidad de la economía en cuestión en cualquier lugar del mundo. Por ejemplo, el producto nacional bruto español tiene en cuenta el valor de la producción de las filiales de las empresas españolas establecidas en el exterior, pero no considera el valor de las actuaciones en España de un grupo de rock extranjero.

En tercer lugar, el producto interior bruto es bruto porque no tiene en cuenta la depreciación del capital. El Gráfico 5.1 ilustra esta idea. Al empezar un periodo contable cualquiera, la economía interior tiene un fondo de capital productivo de un valor determinado, al que vamos a llamar K_0. Al finalizar ese periodo contable, el valor del fondo de capital disminuye como consecuencia del desgaste que sufren las máquinas en los procesos de producción. Esa disminución del valor del fondo de capital es la depreciación. En el Gráfico 5.1 el valor del capital depreciado es K_1. Por lo tanto, el producto interior bruto es bruto porque mide el valor de la producción interior final sin tener en cuenta que el fondo de capital se ha depreciado. En cambio, el producto interior neto mide el valor del fondo de la producción interior final que mantiene constante el valor del fondo de capital, y se define como el producto interior bruto menos la depreciación del capital.

Por último, como en la práctica es muy difícil distinguir entre las mercancías intermedias y las mercancías finales, el producto interior bruto se calcula sumando los valores añadidos por todas las personas y las empresas que han desarrollado su actividad en el interior de la economía durante el periodo contable correspondiente.

Ejercicio 5.16: ¿Cuáles de las siguientes transacciones se incluyen en el cálculo del producto interior bruto y cuánto contribuyen a aumentarlo?

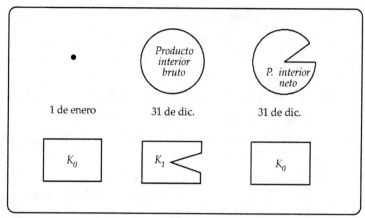

Gráfico 5.1: *El producto interior bruto y el producto interior neto y la depreciación del fondo de capital.*

(a) Lucas se compra un coche nuevo por el que paga 8.000€; (b) Irene se compra una moto usada por 2.000€; (c) un pintor español afincado en Nueva York vende uno de sus cuadros por 1.500€; (d) Sonia compra 10€ de pastillas azules al camello de su barrio; (e) una turista noruega se compra un apartamento de segunda mano en la Costa del Sol por el que paga 125.000€; y (f) un turista noruego alquila un apartamento en la Costa del Sol durante el mes de agosto y paga 800€.

Ejercicio 5.17: Para que aumente el valor del producto interior bruto medido en euros constantes, es suficiente que aumenten las cantidades de las mercancías finales producidas en el interior de la economía. ¿Verdadero o falso? Justifique su respuesta. ¿Y el del PIB medido en euros corrientes?

Ejercicio 5.18: Para que una mercancía se contabilice en el producto interior bruto es necesario que sea nueva y que esté producida en el interior de la economía. ¿Verdadero o falso? Justifique su respuesta.

5.5 LOS AGREGADOS DEL GASTO

Además del producto interior bruto, del producto nacional bruto y del producto interior neto, que son agregados de cantidades que miden el valor de la producción, hay otros agregados de cantidades que miden el valor del gasto. Entre los agregados que miden el gasto, los que se utilizan con más frecuencia son el consumo, la inversión, el gasto público, las importaciones y las exportaciones.

Del mismo modo que para calcular los agregados que miden el valor de la producción teníamos que identificar a los productores —las empresas interiores en el caso del producto interior bruto, o las empresas nacionales en el caso del producto nacional bruto— para calcular los agregados del gasto tenemos que identificar a los compradores. Como vamos a aprender en el Tema 12, los macroeconomistas agrupan a los agentes económicos en tres grandes sectores: el sector privado, el sector público y el sector exterior. El sector privado está formado por los hogares y las empresas de la economía interior, el sector público está formado por todas las administraciones públicas y el sector exterior está formado por todas las economías del mundo con la excepción de la economía interior. En los apartados siguientes vamos a definir los agregados que miden el valor del gasto de estos tres sectores.

5.5.1   El gasto del sector privado

La contabilidad nacional clasifica los gastos del sector privado en dos grandes categorías: el gasto en mercancías de consumo y el gasto en mercancías de inversión. El café con leche del desayuno, los vaqueros, la camiseta y las zapatillas, el periódico, el billete del autobús, el cuaderno y el bolígrafo de tomar apuntes, la comida, las entradas del cine, los electrodomésticos, los automóviles y todos los servicios que compran los hogares son ejemplos de mercancías de consumo. En realidad, todos los gastos corrientes que realizan los hogares se consideran gastos de consumo.

Como no todas las decisiones de consumo son iguales —la decisión de tomarse un café, por ejemplo, es muy distinta a la de comprarse un coche—, las mercancías de consumo se clasifican en mercancías duraderas y mercancías no duraderas. La moto que se ha comprado Irene en el Ejercicio 5.16 es un ejemplo de una mercancía duradera porque le proporciona servicios de transporte hasta que se la roben, la estrelle contra una farola, se la regale a su hermano pequeño o la venda. Lo mismo ocurre con los automóviles, los electrodomésticos y los muebles: son mercancías duraderas porque en condiciones normales proporcionan a sus propietarios flujos de servicios de consumo que duran más de un periodo contable. En cambio, la comida, la electricidad, una noche en la ópera y, en general, todos los servicios son ejemplos de mercancías de consumo no duraderas. Se llaman así porque se agotan en el mismo acto de consumirlas.

Las decisiones de gasto en mercancías no duraderas se distinguen de las decisiones de gasto en mercancías duraderas por la facilidad con la que pueden retrasarse o adelantarse en el tiempo. Cuanto más duradera es una mercancía, más fácil nos resulta adelantar o retrasar su consumo. Por ejemplo, esperar unos meses antes de cambiar de coche, o apurar un poco más el televisor viejo que todavía funciona es relativamente fácil, pero en cambio, es mucho más difícil pasarse una semana sin comer o no encender la calefacción cuando tenemos frío.

Ejercicio 5.19: Proponga un ejemplo de una mercancía que compren los hogares y que no se considere una mercancía de consumo.

La principal partida del gasto de los hogares que no se considera un gasto de consumo son las adquisiciones de viviendas nuevas. Las adquisiciones de viviendas nuevas se consideran un gasto de inversión, y lo mismo ocurre con los gastos de los hogares en capital productivo y en existencias. Formalmente, la definición de los gastos de consumo es la siguiente:

Definición 5.4: Consumo (C). El consumo es un agregado de cantidades que mide el valor de todas las mercancías que compran los hogares, excepto las viviendas, el capital productivo y las existencias.

La segunda partida del gasto del sector privado es el gasto en mercancías de inversión. Así como el consumo mide el valor de los gastos corrientes de los hogares, la inversión mide el valor de los gastos de capital de todo el sector privado. Formalmente, la definición de los gastos de inversión es la siguiente:

Definición 5.5: Inversión (I). La inversión es un agregado de cantidades que mide el gasto del sector privado en viviendas, capital productivo y existencias.

Como indica la Definición 5.5 los gastos en mercancías de inversión están repartidos entre los hogares y las empresas. Concretamente la mayoría de las viviendas de la economía suele ser propiedad de los hogares, y la mayor parte del capital productivo y de las existencias suele ser propiedad de las empresas. Ejemplos de gastos en capital productivo son la fábrica de bicicletas que Kueli Hermanos acaba de inaugurar en el Polígono Industrial de los Monegros, el edificio de la sede Central del BBV en Madrid, el ordenador que se ha comprado Amparo para su despacho y la maquinaria con la que Sistemas Intergalácticos fabrica sus microprocesadores.

Ejercicio 5.20: Suponga que Matías trabaja en un concesionario que distribuye vehículos industriales. El concesionario compra furgonetas al fabricante para venderlas. ¿Cree que esas compras se consideran un gasto de inversión? Suponga que Juan Tostado compra una furgoneta en el concesionario de Matías para repartir el pan a los restaurantes del barrio que son sus clientes. ¿Cree que ese gasto se considera un gasto de inversión? Justifique sus respuestas.

Según la Definición 5.5, las compras de mercancías intermedias no se consideran gastos de inversión. Las furgonetas que compra el concesionario en el que trabaja Matías son mercancías intermedias, porque el concesionario las compra para venderlas, y se agotan en el proceso productivo. Como no son un gasto en mercancías finales, este tipo de compras no se considera un gasto de inversión. En cambio, la furgoneta que ha comprado Juan para hacer el reparto no es una mercancía intermedia porque, en condiciones normales, la va a utilizar durante muchos periodos contables. En este caso, la compra es un gasto final en capital productivo y, por lo tanto, se considera como un gasto de inversión.

Ejercicio 5.21: ¿Qué tratamiento contable cree que recibe la producción no vendida?

La producción no vendida aumenta el valor de los fondos de existencias de las empresas y la contabilidad nacional trata las variaciones en el valor de esos fondos como si fueran compras de mercancías finales realizadas por las propias empresas productoras, y las contabiliza como parte de los gastos de inversión. Esta convención contable hace que el gasto del sector privado incluya un componente ficticio —en realidad la producción no vendida no la compra nadie— pero a cambio, como vamos a ver más adelante, permite que exista una relación exacta entre el gasto y la producción.

Ejercicio 5.22: Enumere los gastos de inversión que realiza su hogar.

Ejercicio 5.23: ¿Por qué cree que las compras de viviendas se consideran un gasto de inversión y las de automóviles un gasto de consumo duradero?

5.5.2 El gasto del sector público

Los gastos del sector público con contrapartida que realiza el sector público también se pueden agrupar en dos grandes categorías: el consumo público y la inversión pública.

El consumo público es un agregado de cantidades que mide el gasto del sector público en mercancías de consumo y en servicios. Ejemplos de gastos de consumo público son el combustible que se usa en los coches de los bomberos, la tiza que se usa en los centros de enseñanza públicos y los sueldos que perciben todas las personas que trabajan para las administraciones públicas.

Por su parte, la inversión pública es un agregado de cantidades que mide el gasto del sector público en mercancías de inversión. Ejemplos de gastos de inversión pública son los gastos en infraestructuras públicas —en carreteras o en puertos, por ejemplo—, los gastos en edificios públicos —en hospitales o en universidades públicas, por ejemplo— y los gastos en bienes de equipo públicos —en ordenadores para el ministerio de hacienda o en bicicletas para los carteros, por ejemplo.

La contabilidad nacional considera que todas las mercancías que compra el sector público —ya sean mercancías de consumo o mercancías de inversión— son mercancías finales. Nosotros vamos a agrupar esas dos partidas en una sola variable que, abusando un poco del lenguaje, vamos a llamar gasto público, y que vamos a representar por la letra G. Formalmente, la definición de gasto público es la siguiente:

Definición 5.6: Gasto público (G). El gasto público es el agregado de cantidades que mide el valor de todas las mercancías que compran las administraciones públicas y el de todas las rentas factoriales que pagan las administraciones públicas.

5.5.3 El gasto del sector exterior

Como vamos a aprender en el Tema 12, el sector exterior agrupa a todas las economías del mundo en un solo sector. Naturalmente, la economía interior no está incluida en ese sector. Las economías que forman el sector exterior están formadas por sectores privados y públicos que gastan en mercancías de todo tipo. La mayoría de las decisiones de gasto del sector exterior no afectan a la economía interior porque se dedican a comprar mercancías producidas en el resto del mundo. A nosotros esas compras no nos interesan. Sólo nos interesa el gasto del sector exterior que se materializa en la compra de mercancías producidas en la economía interior. El valor de esas compras son las exportaciones. Formalmente, la definición de exportaciones es la siguiente:

Definición 5.7: Exportaciones (X). Las exportaciones de una economía son todas las mercancías que esa economía vende a personas o empresas residentes en el resto del mundo.

Según la Definición 5.7, todas las exportaciones se consideran mercancías finales con independencia del uso que les vayan a dar sus compradores.

Ejercicio 5.24: ¿Cree que es necesario que una mercancía salga del territorio de su país para que se contabilice como parte de sus exportaciones? ¿Qué tratamiento contable cree que reciben los ingresos que proceden del turismo?

Según la Definición 5.7, la respuesta al Ejercicio 5.24 es que no hace falta que una mercancía salga de un país para que se considere una exportación: basta con que la compre una persona o una empresa residente en el extranjero. Usando este criterio, las mercancías que compran los turistas extranjeros en España se consideran exportaciones de la economía española.[2]

5.5.4 Los agregados del gasto y el PIB

El valor total del gasto de la economía interior es la suma del gasto del sector privado y del gasto del sector público. Esta variable también se llama demanda nacional o absorción y su valor expresado en función de las definiciones del apartado anterior es el siguiente:

$$GASTO = C + I + G \qquad (5.7)$$

Si comparamos gasto interior con el producto interior bruto nos damos cuenta de que los valores de estos agregados no coinciden por dos razones: porque parte del gasto del sector interior se dedica a comprar mercancías producidas en el exterior, y porque parte del producto interior se vende en el exterior.

Ejercicio 5.25: ¿Cuál es el país de origen de las mercancías que se consumen en su hogar?

Al contestar al Ejercicio 5.25, Irene se ha dado cuenta de que muchas veces no sabe cuál es el país de origen de las mercancías que compra. Hace unos días se compró un jersey en una franquicia de una marca italiana y se acaba de dar cuenta de que el jersey está fabricado en Pakistán. Con la inversión y con el gasto público ocurre algo parecido: unas mercancías están producidas en el interior de la economía y otras en el exterior. El valor de todas las mercancías que la economía interior compra al resto del mundo son las importaciones de la economía interior. Formalmente, la definición de importaciones es la siguiente:

Definición 5.8: Importaciones (IM). Las importaciones de una economía son todas las mercancías que esa economía compra a las personas y a las empresas residentes en el resto del mundo.

---

[2]Para que este tratamiento contable de las mercancías que compran los turistas sea consistente con la definición de consumo, esta última solamente debe incluir el consumo nacional y no el consumo interior.

Por lo tanto, si queremos saber cuál es el valor del gasto del sector interior en producción interior, tenemos que restar al valor del gasto total del sector interior, $C + I + G$, el valor de las importaciones. Formalmente, el valor de esa resta es el siguiente: $C + I + G - IM$.

Ejercicio 5.26: Obtenga una expresión que relacione el valor del producto interior bruto con el valor del gasto interior.

Contestar a la pregunta que nos plantea el Ejercicio 5.26, que es la misma que implícitamente se plantea en el encabezamiento de este apartado, es relativamente sencillo si nos damos cuenta de que, al considerar la producción no vendida como un gasto de inversión, el valor del gasto en producción interior coincide con el valor de ésta última. Concretamente, la igualdad que relaciona el producto interior bruto con los agregados del gasto es la siguiente:

$$Y = C + I + G + X - IM \tag{5.8}$$

En la expresión (5.8) la variable Y representa el valor de la producción interior —en realidad Y es el PIB y usaremos las dos abreviaturas indistintamente— que, como ya se ha comentado anteriormente, coincide con el valor de las ventas debido al tratamiento contable que reciben las variaciones de los fondos de existencias. La expresión $C + I + G + X - IM$ es el gasto de la economía interior y del resto del mundo en producción interior, que coincide con el valor de las compras. Como no puede ser de otro modo, la expresión (5.8) establece que el valor de las ventas totales de la producción interior coincide con el valor de las compras totales.

5.6   EL PIB DE LA ECONOMÍA ESPAÑOLA (1850–2000)

El Gráfico 5.2 ilustra la serie del producto interior bruto per cápita real al coste de los factores de la economía española durante el periodo 1950-2000. La fuente de los datos que se representan en ese gráfico es un artículo del economista Leandro Prados de la Escosura publicado en 1995 que contiene los resultados de un excelente trabajo de reconstrucción de las series históricas de la economía española.[3] A partir de 1953 la serie de Leandro Prados enlaza con la serie del producto interior bruto publicado por los economistas Adolfo Corrales y David Taguas en 1989, y actualizada posteriormente por David Taguas.[4] Las series de David Taguas son el resultado de un excelente esfuerzo de homogeneización que cubre una laguna importante en las publicaciones del Instituto Nacional de Estadística, que no homogeneiza sus datos cada vez que se produce un cambio de metodología o de base.

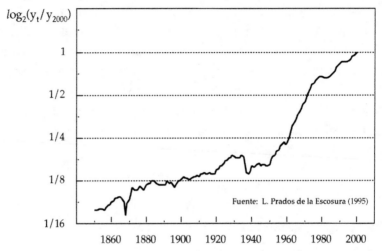

Gráfico 5.2: *El producto interior bruto per cápita español a coste de los factores en euros de 1980 (1850–2000).*

El Gráfico 5.2 ilustra la serie de Leandro Prados en términos relativos y en escala logarítmica en base 2. Las propiedades de esta escala se describen con detalle en el Apartado 8.3. La principal ventaja de esta escala es que la distancia entre las potencias de dos permanece constante, lo que facilita considerablemente las comparaciones a simple vista. Por ejemplo, con un rápido vistazo a ese gráfico nos damos cuenta de que el PIB per cápita real de la economía española se duplicó entre 1900 y 1960, se volvió a duplicar entre 1960 y 1970 y se duplicó otra vez entre 1970 y 1998.

También cabe destacar la disminución vertiginosa del PIB per cápita que se produjo en 1868 como consecuencia de la crisis económica interna-

---

[3]Vid. "Spain's Gross Domestic Product, 1850–1993: Quantitative Conjectures. Appendix". Working Paper nº 95–06 del Departamento de Economía de la Universidad Carlos III de Madrid. Madrid, 1996.

[4]Vid. "Series Macroeconómicas para el periodo 1954-88: Un Intento de Homogeneización". Monografía nº 75 del Instituto de Estudios Fiscales. Madrid, 1989.

cional y del sexenio de inestabilidad política que sacudió a las instituciones españolas entre ese año y 1874. En 1868, los generales Prim y Topete forzaron la deposición de Isabel II, abriéndose a continuación un periodo constituyente que culminó en 1870 con la coronación de Amadeo I. Dos años más tarde comenzó la segunda guerra carlista, y en 1873, apenas un año después, se proclamó la Primera República, que duró muy poco porque en 1874 el general Pavía disolvió las Cortes, y en los últimos días de ese mismo año el general Martínez Campos se pronunció en Sagunto y proclamó rey a Alfonso XII.

En 1936 se produjo otra caída en la renta per cápita de intensidad semejante, como consecuencia de la Guerra Civil española. Como se puede observar en ese gráfico, la Guerra Civil nos costó casi veinte años de desarrollo, ya puesto que el PIB per cápita no recuperó hasta 1954 el valor que tenía en 1936.

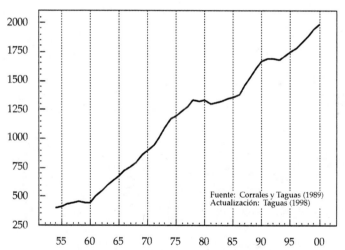

Fuente: Corrales y Taguas (1989)
Actualización: Taguas (1998)

Gráfico 5.3: *El producto interior bruto per cápita español a coste de los factores en miles pesetas de 1998 (1954–2000).*

El Gráfico 5.3 representa los últimos cuarenta y cinco años de esa misma serie. En este caso, el PIB está calculado en miles de pesetas de 1998, aunque el año base de los datos siga siendo 1980. De ese gráfico se pueden destacar las elevadas tasas de crecimiento que se registraron entre 1960 y 1975, y las recesiones que afectaron a la economía española en los primeros años de la década de los 80, y en los primeros años de la década de los 90.

Por último, los Cuadros 5.0 y 5.1 reproducen los principales agregados de cantidades de la economía española durante el periodo 1954–1980 en términos reales y en términos nominales.

Ejercicio 5.27: A partir de los datos del Cuadro 5.0, (a) calcule las tasas de crecimiento del PIB real de la economía española en el periodo considerado; (b) calcule la participación de la inversión y del gasto público en el PIB, y (c) represente las series que ha calculado en los apartados (a) y (b) en un mismo gráfico y comente la relación que existe entre la inversión, el gasto público y el crecimiento.

Cuadro 5.0: *Los principales agregados de cantidades de la economía española (miles de millones de pesetas corrientes). Fuente: Corrales y Taguas (1989). Actualización: Taguas (1998).*

Año	Y	C	I	G	X	IM
1955	422,7	301,1	84,6	42,8	20,2	26,0
1956	485,6	340,4	102,7	51,7	23,0	32,2
1957	569,4	387,9	127,2	61,6	27,4	34,7
1958	654,6	454,7	144,5	65,3	32,8	42,7
1959	678,9	495,3	118,2	70,4	43,2	48,2
1960	698,3	482,9	121,2	74,4	71,8	52,1
1961	795,3	543,6	159,5	87,5	78,8	74,1
1962	919,0	621,1	207,5	99,0	92,9	101,4
1963	1084,7	744,6	249,3	116,1	102,4	127,6
1964	1224,6	828,8	283,1	128,1	132,2	147,6
1965	1425,0	970,8	350,2	151,6	149,0	196,6
1966	1648,5	1113,1	405,0	183,7	181,3	234,5
1967	1851,7	1249,1	431,3	218,0	186,6	233,3
1968	2075,4	1391,8	490,9	230,7	241,2	279,1
1969	2360,2	1533,7	607,2	268,7	282,2	331,6
1970	2624,2	1705,0	638,5	305,6	348,4	373,3
1971	2961,8	1930,6	643,1	362,7	421,7	396,4
1972	3475,6	2250,3	807,9	409,8	507,5	499,9
1973	4190,4	2701,3	1036,7	485,7	610,8	644,1
1974	5131,3	3341,8	1424,2	612,2	740,2	987,0
1975	6023,1	3929,7	1560,1	764,0	816,0	1046,7
1976	7247,7	4830,8	1787,1	952,5	997,4	1320,1
1977	9195,0	6067,3	2058,7	1256,8	1334,5	1522,3
1978	11250,5	7290,7	2344,3	1525,9	1710,8	1621,2
1979	13157,7	8602,8	2714,8	1800,8	1975,2	1935,9
1980	15209,1	10080,4	3272,1	2205,3	2409,8	2758,5
1981	16989,0	11457,9	3273,0	2607,4	3079,1	3428,3
1982	19567,3	13143,3	3582,1	3194,0	3672,2	4024,3
1983	22234,7	14808,1	3862,5	3698,6	4725,6	4860,1
1984	25111,3	16370,0	3990,8	4170,3	5943,5	5363,3
1985	27888,8	18137,7	4246,0	4901,2	6518,7	5914,8
1986	31947,5	20435,7	5196,7	5605,3	6475,9	5766,1
1987	35691,7	22853,5	6434,0	6322,2	7058,9	6976,9
1988	39654,4	25177,1	7839,6	7067,3	7641,1	8070,8
1989	44451,9	28364,2	9118,8	8420,6	8222,9	9674,5
1990	49475,5	31300,3	10039,4	9815,7	8631,2	10311,1
1991	54190,3	34265,4	10595,0	11035,5	9495,4	11201,0
1992	58304,0	37273,5	10725,7	11940,2	10519,5	12154,8
1993	60104,7	38478,2	9394,8	12571,3	11950,8	12290,4
1994	63912,5	40719,7	10200,3	12863,1	14572,4	14443,0
1995	69244,4	43327,6	11908,6	13488,4	16881,0	16361,2
1996	72617,4	45665,0	12680,3	13591,5	18933,7	18253,0
1997	76788,9	48245,6	13374,6	14020,3	22078,2	20929,7
1998	81516,4	51033,8	14810,3	14820,7	24877,8	24026,3
1999	86513,3	53929,8	16468,1	15620,0	27718,4	27223,0

Cuadro 5.1: *Los principales agregados de cantidades de la economía española (miles de millones de pesetas de 1980). Fuente: Corrales y Taguas (1989). Actualización: Taguas (1998).*

Año	Y	C	I	G	X	IM
1955	4546,6	3071,6	772,4	723,5	142,9	163,7
1956	4872,5	3293,0	842,6	782,5	153,5	199,0
1957	5080,9	3399,1	904,0	816,7	168,4	207,2
1958	5310,0	3561,5	971,8	829,7	192,6	245,6
1959	5209,2	3607,5	778,8	842,6	244,0	263,6
1960	5331,7	3489,3	825,2	886,4	408,8	277,9
1961	5963,0	3867,6	1067,7	976,0	440,6	388,8
1962	6518,2	4194,8	1318,6	1030,3	495,4	520,8
1963	7089,0	4638,2	1486,3	1092,6	510,9	638,9
1964	7527,4	4865,7	1621,5	1121,6	644,9	726,3
1965	8004,2	5187,0	1919,5	1174,2	687,3	963,8
1966	8568,9	5545,9	2146,8	1231,8	791,7	1147,3
1967	8939,1	5883,5	2151,4	1259,3	755,6	1110,7
1968	9544,7	6248,9	2344,5	1258,0	896,7	1203,4
1969	10398,0	6674,6	2742,7	1337,3	1034,7	1391,3
1970	10822,3	6980,6	2705,9	1410,1	1219,8	1494,0
1971	11318,0	7333,4	2568,3	1528,2	1392,9	1504,8
1972	12227,1	7941,1	3000,3	1576,4	1579,5	1870,2
1973	13166,9	8557,7	3401,4	1652,6	1737,3	2182,1
1974	13866,5	8990,8	3740,5	1771,5	1720,0	2356,2
1975	13940,9	9152,3	3532,9	1879,4	1712,3	2336,0
1976	14397,2	9660,3	3550,6	1952,1	1798,4	2564,2
1977	14829,2	9805,9	3354,4	2075,7	2015,2	2422,0
1978	15044,0	9898,5	3214,4	2098,3	2230,3	2397,4
1979	15023,1	10023,1	3195,6	2118,0	2356,1	2669,8
1980	15209,1	10080,4	3272,1	2205,3	2409,8	2758,5
1981	15171,3	10020,1	2893,6	2287,4	2612,0	2641,7
1982	15355,9	10038,5	2814,0	2512,1	2736,7	2745,4
1983	15633,2	10072,8	2708,7	2565,7	3014,4	2728,5
1984	15914,5	10034,1	2548,5	2664,4	3367,9	2700,5
1985	16282,8	10273,3	2521,6	2895,8	3460,4	2868,4
1986	16816,4	10644,1	2932,2	3076,1	3505,0	3341,0
1987	17722,7	11260,8	3466,8	3282,3	3732,9	4020,2
1988	18633,5	11813,8	3988,2	3504,3	3928,1	4600,9
1989	19485,1	12481,6	4408,6	3927,2	4065,7	5398,0
1990	20221,9	12936,1	4603,6	4279,9	4215,4	5813,1
1991	20647,1	13309,9	4631,7	4490,0	4560,0	6344,5
1992	20758,8	13604,4	4546,3	4477,5	4901,4	6770,8
1993	20540,6	13302,8	3779,1	4539,6	5322,9	6403,9
1994	20966,7	13426,8	3966,5	4513,6	6222,6	7162,8
1995	21512,3	13645,4	4450,8	4530,9	6851,9	7966,8
1996	22009,4	13909,9	4630,0	4392,6	7533,7	8456,9
1997	22755,6	14334,4	4779,3	4436,5	8517,8	9312,4
1998	23544,7	14807,4	5196,3	4546,8	9425,1	10430,9
1999	24327,7	15310,9	5643,0	4660,6	10247,8	11534,6

Tema 6

EL IPC Y LOS AGREGADOS DE PRECIOS

—Aquí, en este sabio papel, se dice que todo va manga por hombro
y don Deodato tiene toda la razón del mundo, no hay duda, tiene más
razón que un santo, pero yo me pregunto: si 1 peseta del año 36 vale
hoy 207, ¿por qué no ha subido todo en proporción y no a ojo de buen
cubero y al mal tun-tún? Los periódicos que, al decir de don Deodato,
valían 15 céntimos, deberían costar 31 pesetas, pero cuestan 115, o
sea, 833 veces más de lo que costaban. Un traje a la medida que valía
225 pesetas, debería costar ahora algo menos de 10.000 duros, pero
cuesta de verdad cerca de 50.000, o sea, mas de 1.000 veces lo que
costaba. Con el besugo y el pavo pasa lo mismo y en Navidad es peor
todavía. ¿No cree usted que los vagaroros duendecillos que siguen el
curso y el ritmo de los precios están locos como cabras?
—Pues si, quizá tenga usted razón.

Camilo José Cela – ABC, 29 de diciembre de 1996

Contenido

6.0 INTRODUCCIÓN

El objetivo principal de este tema es enseñarnos a construir agregados macroeconómicos que resuman la evolución de los precios de un grupo de mercancías. De un modo parecido a lo que ocurría con los agregados de cantidades, la agregación de precios plantea dos problemas: tenemos que decidir cuáles son las mercancías cuyos precios queremos agregar y tenemos que resolver el problema que plantean las unidades.

En general a casi todos nos interesa saber cuál es la evolución de los precios de las mercancías que compramos y vendemos. Como la mayoría de nosotros solamente vendemos nuestro tiempo, por el lado de las ventas no tenemos nada que agregar y nos basta con saber cuál ha sido la evolución de nuestro salario. En cambio, para saber cuál ha sido la evolución de los precios de las mercancías que componen nuestra cesta de la compra necesitamos un agregado de precios.

Una vez que sabemos cuáles son las mercancías cuyos precios queremos agregar, tenemos que resolver el problema que plantean las unidades. Los precios son cocientes de unidades: euros por kilo, por litro, por unidad, o por docena y aunque los numeradores son siempre los mismos, los denominadores están medidos en unidades diferentes. Como el valor absoluto de los agregados nos interesa muy poco, y lo que realmente queremos saber es su evolución, en vez de agregar los precios, se agregan las variaciones en los precios, que no plantean problemas de unidades porque, al ser variaciones, simplemente no las tienen. Los agregados de las variaciones de los precios de un grupo de mercancías son los índices de precios.

Entre los índices de precios, posiblemente el que más se usa sea el índice de precios al consumo o IPC. El IPC de la economía española actualmente en vigor es una media ponderada de los precios de 471 mercancías de consumo que representan la cesta de la compra de los hogares españoles. En este tema vamos a aprender cómo se construye el IPC y cuáles son sus principales características y aplicaciones.

Si queremos saber cuál es la evolución de los precios de todas las mercancías finales que se producen en la economía, el IPC no es suficiente y necesitamos otro índice de precios más amplio. Entre esta clase de índices, probablemente el que más se usa sea el deflactor del producto interior bruto. El deflactor del PIB es un índice de ponderaciones variables que se construye a partir de los datos de la contabilidad nacional, y es el segundo índice cuyas características y aplicaciones se describen en este tema.

6.1 LOS AGREGADOS DE PRECIOS INDIVIDUALES

Un agregado de precios es un número que resume los precios de un grupo de mercancías. La expresión (6.0) describe formalmente esta idea.

$$p_1, p_2, \ldots, p_n \to P \tag{6.0}$$

En esa expresión la variable p_i representa el precio de la mercancía i, y la variable P representa el agregado de precios.

Para construir un agregado de precios, debemos resolver tres problemas: tenemos que decidir cuáles son las mercancías cuyos precios queremos agregar, tenemos que elegir un método de agregación y tenemos que resolver el problema que plantean las unidades. En este apartado y en el siguiente vamos solucionar los dos primeros, y dejamos la solución del tercero para el Apartado 6.3.

En el caso de los agregados de precios individuales determinar cuáles son las mercancías cuyos precios queremos agregar es relativamente sencillo, porque esos agregados resumen los precios de las mercancías que consume una sola persona o un solo hogar. Nuestros hábitos de consumo permanecen relativamente estables durante periodos de tiempo razonablemente largos. Es evidente que las mercancías que consume un recién nacido son muy distintas a las que consume un jubilado. Por lo tanto, en lo que a nuestros hábitos de consumo se refiere, un periodo de 65 años es un periodo de tiempo demasiado largo, y un mes es un periodo demasiado corto, porque las mercancías que consumimos durante el mes de diciembre se parecen muy poco a las que consumimos durante el mes de agosto. En cambio, año a año, si nuestras circunstancias laborales no cambian, las mercancías que consumimos son razonablemente parecidas. Esas mercancías constituyen lo que técnicamente se llama nuestra cesta de consumo. Una definición formal de cesta de consumo es la siguiente:

Definición 6.0: Cesta de consumo. Las mercancías que una persona o un hogar consume durante un periodo de tiempo determinado constituyen su cesta de consumo.

Entonces, los índices de precios individuales miden la variación de los precios de las mercancías que componen la cesta de consumo de una persona o de un hogar.

Ejercicio 6.0: Irene todos los meses se gasta 20€ en un abono de transporte, y además se compra 50 cafés que le cuestan 80 cts y sale dos veces al cine y se gasta 5€ cada vez. Construya un agregado de precios que refleje el coste de la cesta de consumo de Irene.

Según el Ejercicio 6.0, la cesta de consumo de Irene está formada por cafés, transporte y entradas de cine. A Lucas se le ha ocurrido que, si nos olvidamos por el momento del problema que plantean las unidades, una forma muy sencilla de agregar los precios de las mercancías que forman la cesta de consumo de Irene es calcular su media aritmética. Concretamente, Lucas ha descubierto que el precio medio es $(20 + 0, 8 + 5)/3 = 8, 6$. Si quisiéramos usar el método propuesto por Lucas para poder calcular el precio medio de una cesta de consumo formada por n mercancías, tendríamos que hacer lo siguiente

$$P_0 = \frac{1}{n}(p_1 + p_2 + \ldots + p_n) = \frac{1}{n}\sum_{i=1}^{n} p_i \tag{6.1}$$

El precio medio tiene la ventaja de que es muy sencillo de calcular, pero tiene el inconveniente de que trata a todas las mercancías por igual, y a Irene, como a la mayoría de nosotros, unas mercancías nos importan más que otras. Si queremos que el agregado de precios conceda a cada mercancía una importancia relativa distinta, en vez de calcular la media aritmética de los precios, tendremos que recurrir a calcular una media ponderada. La definición de media ponderada es la siguiente:

Definición 6.1: Precio medio ponderado. Si $p_1, p_2, \ldots, p_n$ son los precios de n mercancías, su precio medio ponderado, P_α, es:

$$P_\alpha = \alpha_1 p_1 + \alpha_2 p_2 + \ldots + \alpha_n p_n = \sum_{i=1}^{n} \alpha_i p_i \tag{6.2}$$

donde la variable α_i es la ponderación correspondiente a p_i. Esas ponderaciones deben cumplir las siguientes propiedades: $0 \leq \alpha_i \leq 1$ y $\sum_{i=1}^{n} \alpha_i = 1$.

En las medias ponderadas la elección de las ponderaciones es, por principio, arbitraria, pero nosotros vamos a elegirlas para que reflejen la importancia relativa de cada mercancía. Una forma de conseguir este objetivo es ponderar el precio de cada mercancía por la proporción que supone el gasto en esa mercancía en el coste total de la cesta. Según los datos del Ejercicio 6.0, en el caso de Irene el café supone 4/7 de su gasto total, el trasporte 2/7 y el cine 1/7, y una forma de reflejar la importancia relativa que Irene concede a cada mercancía es usar precisamente esas proporciones para ponderar los precios correspondientes.

La definición formal de este tipo de ponderaciones es la siguiente:

$$\alpha_{H,i} = \frac{p_i q_i}{\sum_{j=1}^{n} p_j q_{H,j}} \tag{6.3}$$

En la expresión (6.3) la variable $\alpha_{H,i}$ representa la ponderación de la mercancía i en el agregado de precios individual del hogar H, el numerador de la fracción es el gasto del hogar H en la mercancía i, y el denominador de la fracción es el gasto total de ese hogar.

Ejercicio 6.1: A partir de los datos del Ejercicio 6.0 obtenga un agregado de precios para la cesta de consumo de Irene en el que el precio de cada mercancía se pondere por la proporción que el gasto en esa mercancía representa en el gasto total de Irene, y compruebe que el valor de la suma de las ponderaciones es igual a la unidad.

Ejercicio 6.2: Demuestre que si las ponderaciones de los n bienes que componen una cesta de consumo son iguales, el precio medio ponderado es igual al precio medio.

Ejercicio 6.3: ¿Por qué cree que se exige que la suma de las ponderaciones que se usan al calcular una media ponderada sea igual a la unidad?

6.2 LOS AGREGADOS DE PRECIOS COLECTIVOS

El problema de los agregados de precios se complica considerablemente cuando queremos construir agregados que recojan la evolución del coste de cestas de consumo de más de una persona. Aunque los agregados de precios colectivos también son medias ponderadas, las dificultades surgen porque las cestas de consumo de personas distintas suelen ser diferentes. Por lo tanto, para construir un agregado de precios colectivo, además de definir las ponderaciones, tenemos que seleccionar las mercancías que componen la cesta de consumo colectiva.

Ejercicio 6.4: Lucas todos los meses se gasta 20€ en un abono de transporte, se compra 20 bocadillos que le cuestan 1€ cada uno y va 10 veces al cine y se gasta 5€ cada vez. (a) Construya un agregado de precios que refleje el coste de la cesta de consumo de Lucas, y (b) a partir de los datos de este ejercicio y del Ejercicio 6.0, proponga un método para construir un agregado de precios para el colectivo formado por Irene y Lucas.

Para contestar a la segunda pregunta que plantea el Ejercicio 6.4, primero tenemos que decidir qué criterio vamos a seguir para elegir las mercancías que vamos a incluir en la cesta de consumo colectiva. Uno de los criterios que podemos seguir es incluir en la cesta de consumo colectiva únicamente las mercancías que formen parte de las cestas de consumo de todas las personas que forman parte del colectivo —transporte y entradas de cine, en el colectivo formado por Irene y Lucas—. Si seguimos este criterio, formalmente lo que estamos haciendo es definir la cesta de consumo colectiva como la intersección de todas las cestas de consumo individuales. Una de las limitaciones de este criterio es que es muy restrictivo —para que una mercancía se incluya en la cesta de consumo colectiva tiene que formar parte de todas las cestas de consumo individuales— y podemos dejar fuera de la cesta colectiva mercancías potencialmente importantes para los distintos individuos. En el caso de Irene y Lucas, en la cesta colectiva resultante no hay ni cafés —que suponen 4/7 del gasto de Irene— ni bocadillos —que suponen 2/9 del gasto de Lucas.

Otro criterio que podemos seguir es incluir en la cesta de consumo colectiva todas las mercancías que formen parte de la cesta de consumo individual de algún miembro del colectivo —transporte, entradas de cine, bocadillos y cafés en el caso de Irene y Lucas, a pesar de que ni Irene compra bocadillos ni Lucas toma cafés—. Si seguimos este criterio, formalmente lo que estamos haciendo es definir la cesta de consumo colectiva como la unión de todas las cestas de consumo individuales. Una de las limitaciones de este criterio es que es demasiado amplio y da lugar a cestas de consumo colectivas exageradamente grandes, especialmente si queremos calcular un agregado de precios para un colectivo numeroso.

Las limitaciones de estos dos criterios llevan a los institutos de estadística a optar por una solución intermedia. Esta solución consiste en incluir en las cestas de consumo colectivas las mercancías que son estadísticamente representativas del consumo del colectivo correspondiente. Para decidir si una mercancía es representativa o no, se siguen criterios de representatividad establecidos previamente.

Una vez que hemos decidido qué mercancías forman parte de la cesta de consumo colectiva, el siguiente paso es definir un procedimiento para elegir las ponderaciones correspondientes. Idealmente, las ponderaciones de los agregados de precios colectivos deberían reflejar que cada persona que forma parte del colectivo concede una importancia relativa diferente a cada una de las mercancías que forman parte de la cesta, y que los gastos totales de las personas que componen el colectivo son diferentes. Las distintas formas de tener en cuenta estas dos propiedades dan lugar a agregados de precios colectivos diferentes.

En la mayoría de los agregados de precios colectivos al uso las ponderaciones de las distintas mercancías son medias ponderadas de las ponderaciones de esas mercancías en las cestas individuales. A Lucas esta última frase le ha parecido un trabalenguas, pero a pesar de su aspecto, la idea que sugiere no es muy difícil. Supongamos que queremos calcular la ponderación de las entradas de cine en un agregado colectivo representativo del consumo de Irene y de Lucas. Primero calculamos las ponderaciones de las entradas de cine en las cestas individuales respectivas: $\alpha_{I,e} = 1/7$ y $\alpha_{L,e} = 5/9$; a continuación definimos la ponderación de las entradas en el índice colectivo, ω_e, como una media ponderada de esas ponderaciones: $\omega_e = (1/7)\beta_I + (5/9)\beta_L$; por último, para calcular el valor de ω_e, tenemos que elegir la importancia relativa que le queremos dar a Irene y a Lucas en el índice colectivo —o sea β_I y β_L, que son las ponderaciones de sus ponderaciones respectivas.

Por una serie de consideraciones técnicas que no hacen al caso, la mayoría de los agregados de precios ponderan las ponderaciones de cada hogar por la proporción que el gasto total de ese hogar supone en el gasto total del colectivo. Como este tipo de agregados dan más importancia a las ponderaciones individuales de los hogares más ricos, se llaman agregados plutocráticos. En el ejemplo de los Ejercicios 6.0 y 6.4 el gasto total del colectivo formado por Irene y Lucas es $70 + 90 = 160$ y, de ese total, Irene se gasta $7/16$ y Lucas los $9/16$ restantes. Por lo tanto, la ponderación de las entradas de cine es $\omega_e = 1/7 \times 7/16 + 5/9 \times 9/16 = 6/16$.

Formalmente la definición de la ponderación de la mercancía i en un agregado plutocrático para un colectivo formado por m hogares es la siguiente:

$$\omega_i = \sum_{H=1}^{m} \alpha_{H,i} \times \frac{g_H}{G} \qquad (6.4)$$

En la expresión (6.4) la variable g_H denota el gasto total del hogar H, y la variable $G = \sum_{H=1}^{m} g_H$ denota el gasto total del colectivo.

Ejercicio 6.5: A partir de los datos de los Ejercicios 6.0 y 6.4, construya un agregado de precios plutocrático para el colectivo formado por Irene y Lucas, y compare las ponderaciones de cada mercancía en los agregados individuales de cada uno con la ponderación de esa mercancía en el agregado colectivo.

Ejercicio 6.6: A partir de los datos de los Ejercicios 6.0 y 6.4, construya un agregado de precios para el colectivo formado por Irene y Lucas que pondere las ponderaciones de cada mercancía en los agregados individuales de cada uno por igual.

Ejercicio 6.7: Demuestre que el valor de la ponderación de la mercancía i en un agregado de precios plutocrático es igual a la proporción entre el gasto total del colectivo en esa mercancía y el gasto total, o sea que $\omega_i = \sum_H g_{H,i}/G$.

6.3   LOS ÍNDICES DE PRECIOS

Al calcular los agregados de precios no hemos tenido en cuenta el problema que plantean las unidades. Los índices de precios se construyen con la doble finalidad de resolver el problema que plantean las unidades en la agregación de precios, y de facilitar el estudio de la evolución en el tiempo de esos agregados. Para construir un índice elegimos un periodo de referencia o periodo base, y calculamos la media ponderada, no de los precios, sino de las variaciones que los precios han experimentado con relación a los del periodo base. Formalmente, los índices de precios hacen lo siguiente:

$$\frac{p_{1,t}}{p_{1,0}}, \frac{p_{2,t}}{p_{2,0}}, \ldots, \frac{p_{n,t}}{p_{n,0}} \to IP \tag{6.5}$$

En la expresión (6.5) las unidades no plantean problemas porque las variables que queremos agregar, $p_{i,t}/p_{i,0}$, no tienen unidades porque son cocientes.

Ejercicio 6.8: Suponga que los precios de los Ejercicios 6.0 y 6.4 corresponden al 1 de enero de 1998 y que el 31 de diciembre de ese año las entradas de cine habían subido un 3 %, los cafés un 2 %, los bocadillos un 1 % y que el precio del abono de transportes seguía siendo el mismo, y calcule un índice de precios plutocrático para el colectivo formado por Irene y Lucas con base 1 de enero de 1998.

Para resolver el Ejercicio 6.8, primero tenemos que decidir qué mercancías forman parte de la cesta de consumo colectiva; a continuación tenemos que calcular sus ponderaciones usando la expresión (6.4); y, por último, tenemos que usar esas ponderaciones para calcular la media ponderada de las variaciones de precios. La expresión formal de estas operaciones es la siguiente:

$$IP_t = \sum_{i=1}^{n} \omega_i \frac{p_{it}}{p_{i0}} \times 100 \tag{6.6}$$

6.4 EL ÍNDICE DE PRECIOS AL CONSUMO

El índice de precios al consumo o IPC es el índice de precios que más atención recibe en casi todas las economías. En la economía española, el índice de precios al consumo se usa como referencia en las negociaciones de convenios colectivos, a la hora de fijar los aumentos de las pensiones, del salario mínimo y del subsidio de paro, en los contratos de alquileres y hasta para evaluar la política económica del gobierno.

El índice de precios al consumo que está en vigor en España desde 1993 es un índice plutocrático que recoge los precios de 471 mercancías de consumo. La composición de la cesta y las ponderaciones de las mercancías se determinan a partir de los datos que el Instituto Nacional de Estadística obtiene de la Encuesta de Presupuestos Familiares. El índice de precios al consumo actualmente en vigor se calcula con las ponderaciones obtenidas a partir de los datos de la Encuesta de Presupuesto que se elaboró entre el 1 de abril de 1990 y el 31 de marzo de 1991. La muestra de esa encuesta estaba formada por 21.000 hogares elegidos para representar los ingresos, la situación laboral del sustentador principal del hogar y la composición de todos los hogares españoles.

Durante el periodo de la encuesta esos hogares informaron detalladamente a los encuestadores acerca de la composición de sus cestas de consumo. A partir de las respuestas, los estadísticos del Instituto Nacional de Estadística decidieron incluir en la cesta de consumo colectiva las mercancías en las que los hogares de la muestra se habían gastado al menos un 0,03 % del gasto total, y calculó las ponderaciones que se recogen en el Cuadro 6.0.

Todos los meses el Instituto Nacional de Estadística usa esas ponderaciones para calcular la media ponderada de las variaciones de los precios de las 471 mercancías que componen la cesta. Los precios que se consideran son los precios de venta al público al contado en 29.000 establecimientos informantes repartidos por todo el territorio del Estado. En la segunda semana de cada mes, el Instituto Nacional de Estadística publica un índice general para todo el conjunto nacional, un índice local para cada una de las diecisiete comunidades autónomas y otro para cada una de las cincuenta provincias, Ceuta, Melilla y el conjunto formado por estas dos ciudades.

El Instituto Nacional de Estadística también publica un índice no alimentario que se calcula excluyendo de la cesta del índice general los productos alimentarios no elaborados. Estos productos se excluyen porque se considera que sus precios son especialmente sensibles a las condiciones meteorológicas y, por lo tanto, tienden a ser muy variables. Además, publica un índice no energético que se calcula excluyendo de la cesta del índice general los productos derivados del petróleo. Las razón por la que se excluyen estos productos es que sus precios se fijan en los mercados internacionales y, por lo tanto, se escapan del ámbito de aplicación de la política económica del gobierno. La variación del índice no alimentario y no energético es lo que se conoce como inflación subyacente, y su control es uno de los objetivos de la política económica del gobierno.

Grupos	N_{92}	$\omega_{92}(\%)$	$\omega_{83}(\%)$
Alimentación bebidas y tabaco	173	29,4	33,0
Vestido y calzado	63	11,5	8,7
Vivienda	22	10,3	18,6
Menaje y servicios para el hogar	63	6,6	7,4
Medicina y conservación de la salud	21	3,1	2,4
Transporte y comunicaciones	34	16,5	14,4
Esparcimiento, enseñanza y cultura	42	7,3	7,0
Otros bienes y servicios	53	15,3	8,5
Total	471	100,0	100,0

Cuadro 6.0: *Los índices de precios al consumo de la economía española de 1983 y 1992.*

La característica principal del índice de precios al consumo es que se trata de un índice de ponderaciones fijas, o sea que las mismas ponderaciones siguen en vigor durante un periodo de unos diez años. Como los patrones de consumo tienden a cambiar con el tiempo, el índice de precios al consumo pierde relevancia a medida que nos alejamos del año en el que se establece la composición de la cesta de consumo. Además los índices de ponderaciones fijas tienden a dar una visión exagerada del impacto real de los aumentos de precios porque no tienen en cuenta los efectos de sustitución inducidos por los cambios en los precios relativos de las distintas mercancías que componen la cesta.

En cuanto al uso que se hace del índice de precios al consumo, es importante recordar que el IPC es un índice plutocrático y que, por lo tanto, refleja más de cerca las variaciones de los precios de las cestas de consumo de los hogares más ricos. Además, cuando se usa como referencia en las negociaciones de los convenios colectivos, en las revisiones de las pensiones, o en la determinación de la cuantía del subsidio de desempleo, se adopta el supuesto implícito de que los hábitos de consumo de esos grupos socioeconómicos se corresponden con los del hogar promedio. Algunos economistas cuestionan esta práctica y discuten la conveniencia de actualizar por ejemplo las pensiones usando como referencia las variaciones de los precios de una cesta que incluye, entre otras mercancías, los alimentos para bebés, las entradas a discotecas y los métodos anticonceptivos. En principio, con un coste adicional relativamente pequeño, el Instituto Nacional de Estadística podría construir índices específicos para cada categoría socioeconómica de interés. Para ello bastaría con redefinir las cestas de consumo de tal forma que reflejaran mejor los patrones de consumo típicos de cada uno de estos grupos.

6.5 EL DEFLACTOR DEL PIB

Como la cesta del índice de precios al consumo solamente está formada por un número relativamente pequeño de mercancías de consumo, para algunos usos el IPC es un índice demasiado restringido. El deflactor del producto interior bruto (DFL) es un índice mucho más amplio porque tiene en cuenta los precios de toda la producción interior final de la economía.

En el Tema 5 hemos aprendido que el producto interior bruto se puede calcular por lo menos de dos formas distintas. Si usamos los precios corrientes para valorar la producción final, obtenemos el producto interior bruto nominal, y si usamos los precios de un periodo de referencia o periodo base obtenemos el producto interior bruto real. En esas dos medidas del PIB las cantidades son las mismas y lo único que cambian son los precios. Por lo tanto, el PIB puede interpretarse como una media ponderada de precios, en la que la ponderación de cada precio es la cantidad producida de la mercancía en cuestión. Usando esta interpretación, si calculamos el cociente que resulta de dividir esas dos medidas del PIB, habremos obtenido una variable que mide la variación de los precios, o sea un índice de precios. Ese índice de precios es el deflactor del producto interior bruto y se calcula de la siguiente forma:

$$DFL = \frac{\text{PIB en pts corrientes}}{\text{PIB en pts constantes}} \times 100 = \frac{\sum_{i=1}^{n} p_{it}q_{it}}{\sum_{i=1}^{n} p_{i0}q_{it}} \times 100 \qquad (6.7)$$

Ejercicio 6.9: Utilice los datos de los Cuadros 5.1 y 5.2 para calcular el deflactor del PIB de la economía española de 1960, 1970, 1980 y 1990, y compare sus resultados con los datos del Cuadro 6.1.

Ejercicio 6.10: ¿Cuáles son las principales diferencias entre el deflactor del PIB y el índice de precios al consumo?

Las principales diferencias entre el índice de precios al consumo y el deflactor del PIB son las siguientes: (a) el tipo de índice: el IPC es un índice plutocrático de ponderaciones fijas —sólo se cambian una vez cada diez años cuando se construye la nueva cesta— y el DFL es un índice de ponderaciones variables —cambian cada trimestre o cada año según cual sea la periodicidad de la contabilidad nacional que estemos usando[1]; (b) las mercancías que componen las respectivas cestas: la cesta del IPC español de 1992 está formada por 471 mercancías de consumo, mientras que el DFL tiene en cuenta las variaciones de los precios de toda la producción interior final; (c) el colectivo al que se aplican: los datos que se usaron para construir el IPC español de 1992 se obtuvieron de una muestra de 21.000 hogares. En cambio, el DFL tiene en cuenta el gasto de todos los hogares y las empresas que compran la producción interior final española; (d) la periodicidad: el IPC se calcula mensualmente mientras que, en España la contabilidad nacional, y por lo tanto el DFL, tiene una periodicidad trimestral o anual; y (e) el retraso: el IPC se conoce el día catorce del mes siguiente mientras que los datos definitivos del DFL se conocen con un retraso de muchos meses.

Ejercicio 6.11: El siguiente cuadro contiene las series del salario medio anual, $\bar{w}$, y del salario mínimo anual, w_m, de la economía española medidos en millones de pesetas corrientes. (a) Utilice la serie del índice de

---

[1]Además existe una diferencia técnica entre los dos índices: el IPC es un índice de precios de Laspeyres mientras que el deflactor del PIB es un índice de precios de Paasche.

precios al consumo del Cuadro 6.1 para calcular las series del salario medio
y del salario mínimo reales, y (b) repita el ejercicio anterior usando la serie
del deflactor del PIB del mismo cuadro y compare sus respuestas.

Años	$\bar{w}$	w_m
1965	0,0802	0,0216
1970	0,1453	0,0416
1975	0,3409	0,0958
1980	0,9415	0,2606
1985	1,6901	0,4460
1990	2,4517	0,6001
1995	3,5033	0,7501
2000	4,1153	0,8611

Uno de los usos más frecuentes de los índices de precios es la comparación de agregados de cantidades valorados en momentos distintos del tiempo. Por ejemplo, si queremos saber cómo ha cambiado el poder adquisitivo del salario tenemos que considerar dos cosas: la variación en el salario nominal y la variación en un agregado de precios. Cuando el salario nominal crece más deprisa que el agregado de precios, el poder adquisitivo del salario, o sea el salario real, crece y si ocurre lo contrario, el poder adquisitivo del salario real disminuye. Técnicamente, la operación de calcular el valor real de una variable medida en términos nominales se llama deflactar esa variable.

Por ejemplo, según los datos del Cuadro 6.1 en 1995 hacían falta 3,18 pesetas para comprar la misma cesta de consumo que en 1980 costaba una peseta; por lo tanto, para calcular el poder adquisitivo del salario medio de la economía española de ese año tenemos que dividir el salario medio nominal, 3,5 millones de pesetas, por 3,18. De esa forma averiguamos que en 1995 el salario medio real era 1,1 millones de pesetas de 1980, que podemos comparar con los 0,94 millones a los que según el Ejercicio 6.11 ascendía el salario medio de ese año. Por lo tanto, cuando queramos calcular el valor real de una variable, tenemos que hacer la operación siguiente:

$$\text{Variable real} = \frac{\text{Variable nominal}}{\text{Índice de precios}} \times 100 \qquad (6.8)$$

Como la expresión (6.8) y el Ejercicio 6.11 ponen de manifiesto, los resultados que se obtienen al deflactar la misma serie con índices de precios distintos son diferentes.

Ejercicio 6.12: La contabilidad nacional de Santa Ana cambia de base una vez cada cinco años, y las series del deflactor del PIB de Santa Ana con bases 1990 y 1995 son las siguientes:

Año	DFL (90)	Año	DFL (95)
1990	100	1995	100
1991	106	1996	104
1992	114	1997	109
1993	119	1998	114
1994	125	1999	119
1995	132	2000	123

Enlace las dos series en una sola con 1995 como año base.

Ejercicio 6.13: Irene se ha dado cuenta de que si interpretamos el PIB como una media ponderada de precios, la suma de las ponderaciones no es igual a la unidad. Proponga un argumento que resuelva la objeción de Irene.

Cuadro 6.1: *Los principales índices de precios de la economía española (1980 = 100). Fuente: Corrales y Taguas (1989). Actualización: Taguas (1999).*

Año	IPC	DFL
1955	–	9,30
1956	–	9,97
1957	–	11,21
1958	–	12,33
1959	–	13,03
1960	–	13,10
1961	13,53	13,34
1962	14,30	14,10
1963	15,57	15,30
1964	16,63	16,27
1965	18,84	17,80
1966	20,02	19,24
1967	21,33	20,71
1968	22,35	21,74
1969	22,83	22,70
1970	24,14	24,25
1971	26,13	26,17
1972	28,30	28,43
1973	31,52	31,83
1974	36,46	37,01
1975	42,65	43,20
1976	50,17	50,34
1977	62,46	62,01
1978	74,81	74,78
1979	86,53	87,58
1980	100,00	100,00
1981	114,54	111,98
1982	131,05	127,43
1983	147,01	142,23
1984	163,59	157,79
1985	178,02	171,28
1986	193,67	189,98
1987	203,83	201,39
1988	213,69	212,81
1989	228,21	228,13
1990	243,55	244,66
1991	258,00	262,46
1992	274,51	280,86
1993	288,95	292,61
1994	302,59	304,83
1995	317,60	321,88
1996	331,16	329,94
1997	342,75	337,45
1998	354,75	346,22
1999	365,39	355,62

Tema 7

EL DINERO Y LOS AGREGADOS MONETARIOS

Money is a very old convenience but the notion that it is a reliable artifact to be accepted without scrutiny or question is, in all respects, a very occasional thing —mostly a circumstance of the last century.

J. K. Galbraith – *Money: whence it came, where it went*

Contenido

7.0 INTRODUCCIÓN

En casi todas las economías hay papeles y metales que se consideran dinero, o sea que son un medio de pago que los vendedores aceptan a cambio de sus mercancías. Estamos tan acostumbrados a usar el dinero que la mayoría de nosotros nunca nos hemos parado a pensar en su naturaleza, en sus propiedades o en las razones que justifican su existencia. En este tema vamos a plantearnos y a contestar algunas preguntas relacionadas con el dinero y, para empezar, vamos a sacar de dudas a Irene, que está empeñada en entender exactamente qué es el dinero.

IRENE: ¿Qué es exactamente el dinero?

LUCAS: ¡Vaya pregunta! Hasta mi hermano de cuatro años sabría contestarte. Mira. *Saca un billete y dos monedas del bolsillo.* El dinero es esto. Un medio de pago generalmente aceptado. Lo que entregan los vendedores en casi todas las operaciones de compra-venta. El comprador se queda con las mercancías del vendedor y éste, a cambio, le da dinero.

IRENE: Sí, sí, todo eso ya lo sé, pero no termino de convencerme. Decirme que el dinero es un medio de pago generalmente aceptado no es decirme nada nuevo. Eso es simplemente cambiarle de nombre. Es casi como decirme que el dinero es dinero. Lo que yo quiero saber es por qué ese billete que acabas de enseñarme es dinero, y por qué a veces, como ocurrió en Alemania después de la primera guerra mundial, el dinero prácticamente deja de serlo, y se convierte en unos trozos de papel que nadie quiere.

LUCAS: No sé si te termino de entender. ¿Cómo que por qué el dinero es dinero?

IRENE: Sí, hombre, ¿por qué tú, y yo, y todo el mundo, estamos dispuestos a cambiar mercancías por dinero?

LUCAS: Pues ahora que lo dices, empiezo a tener mis dudas. Yo creo que antiguamente el dinero se podía convertir en oro y de ahí surgía su valor. El Banco de España se comprometía a pagar una cantidad determinada de oro a cambio de los billetes. Mira, a lo mejor todavía lo pone.

Leen cuidadosamente el billete por las dos caras y se encuentran con un retrato de Benito Pérez Galdós, tres firmas, un número de serie, el escudo de la casa real, un árbol que bien pudiera ser un tamarindo, un dibujo de las cañadas del Teide, el mapa de las Islas Canarias y una cita que dice que entre los muertos siempre habrá una voz viva para decir que Zaragoza no se rinde. Pero no encuentran ninguna promesa de pago.

IRENE: Yo creo que el Banco de España lo único que da a cambio de un billete de mil pesetas es otro billete de mil pesetas más nuevo, o como mucho te lo cambia por monedas.

Lucas que hasta hace un momento estaba seguro de saber lo que es el dinero, se queda pensativo.

LUCAS: ¡Ya sé! Estamos dispuestos a aceptar dinero a cambio de mercancías porque la ley establece que el dinero es de curso legal, y nos obliga a aceptarlo.

IRENE: Eso tampoco me convence. El Estado, como mucho puede establecer que los billetes de banco sirven para pagar los impuestos o cualquier otra deuda que las personas tengan con la administración. Pero no está tan claro que pueda hacer lo mismo con las deudas privadas. ¿Qué pasaría si tú y yo decidiéramos usar dólares, o yenes, o cualquier otra moneda en lugar de pesetas para saldar nuestras deudas? ¿Qué pasaría si, al ir a pagar en el supermercado, la cajera te pusiera mala cara, y te dijera que en esa tienda no se aceptan los trozos de papel que quieres darle?

¿Qué ocurriría en cualquiera de esos dos casos? ¿Qué le podemos contestar a Irene? La definición de dinero que encontramos en muchos libros de texto coincide con la que Lucas ha propuesto al principio de este diálogo. Esa definición nos dice que el dinero es un medio de pago generalmente aceptado y, como ha dicho Irene, no nos ayuda mucho a entender la naturaleza del dinero porque no explica cuáles son las razones que hacen que el dinero sea generalmente aceptado. Irene tiene razón. Esa definición de dinero es casi circular, y prácticamente equivale a decir que el dinero es dinero. Todos estamos convencidos de que los billetes que emite el Banco de España, y las monedas que acuña la Casa de la Moneda son dinero. El misterio del dinero consiste en que podamos comprar mercancías por valor de, pongamos por caso, 10.000 pesetas, con unos trozos de papel cuyo coste de producción es de apenas cinco céntimos. El objetivo principal de este tema es ayudarnos a entender ese misterio.

El papel moneda no es una promesa de pago. Ni el Banco de España ni el Estado español, ni ningún otro organismo público están obligados a cambiarnos los billetes que usamos como dinero por mercancías de ningún tipo. Y si los organismos públicos no están obligados ni a aceptarlos ni a garantizar su valor, difícilmente pueden estarlo las personas o las organizaciones privadas. Y sin embargo, esos billetes se aceptan habitualmente como medio de pago y circulan con un valor muy superior a su coste de producción. Para entender a qué se debe este milagro, vamos a empezar imaginándonos cómo sería la vida en una economía en la que no hubiera ningún objeto con propiedades parecidas a las que todos sabemos que tiene el dinero.

7.1 UNA ECONOMÍA SIN DINERO

Supongamos por un momento que viviéramos en una economía en la que no hubiera dinero. ¿Qué tendríamos que hacer cada vez que quisiéramos coger el autobús o comprar el periódico? Al no haber un medio de pago generalmente aceptado, todos los pagos tendrían que realizarse cambiando unas mercancías por otras. Este tipo de intercambios se llaman trueques. Para coger el autobús tendríamos que saber qué mercancías quiere la empresa de transportes, y para comprar el periódico tendríamos que saber cuáles son los gustos del kioskero. Cuando no hay un medio de pago generalmente aceptado, las dos partes que participan en los intercambios se convierten en compradores y vendedores al mismo tiempo, y para que los intercambios lleguen a producirse lo que el uno tiene debe coincidir con lo que el otro quiere, y viceversa. La necesidad de que se produzca esta doble coincidencia de intereses dificulta mucho los intercambios y multiplica sus costes.

Ejercicio 7.0: Irene, Silvia, Matías y Lucas viven en una aldea perdida en las montañas de una pequeña economía insular. En la isla no se conoce el dinero. Irene fabrica yogur pero le gusta desayunar naranjas. Silvia es panadera, y es alérgica a todo menos al queso. Matías tiene un huerto con naranjos, pero lo que más le gusta es el pan y es incapaz de fabricarlo, y Lucas vende quesos, pero sólo está dispuesto a cambiarlos por yogur. Suponga que Irene acaba de llegar al pueblo y que no sabe qué es lo que quieren los demás. (a) ¿A cuántas tiendas tiene que ir para poder comprarse las naranjas del desayuno? y (b) ¿cuántos intercambios tiene que hacer hasta conseguirlas?

Pongámonos en el lugar de Irene. Primero tendremos que ir a cada una de las tres tiendas para averiguar qué venden Silvia, Matías y Lucas, y qué están dispuestos a aceptar a cambio de sus productos. El tiempo y el esfuerzo que se dedica a averiguar, recordar y procesar lo que quieren los demás son los costes de información en que se incurre en las economías sin dinero. Estos costes prácticamente desaparecen en las economías en las que la mayoría de las personas aceptan el mismo medio de pago.

Pero a Irene no le basta con saber qué es lo que quiere cada uno de sus vecinos. Para que Matías le venda las naranjas, primero tiene que comprar una barra del pan que fabrica Silvia. Pero como Silvia sólo cambia el pan por queso, Irene no tiene más remedio que ir tratar antes con Lucas. En la tienda de Lucas, Irene descubre que está de suerte y Lucas acepta medio litro de yogur a cambio de un trozo de queso. Por lo tanto, Irene ha tenido que hacer en total tres intercambios para conseguir sus naranjas. El tiempo y el esfuerzo que se dedica a cambiar unas mercancías por otras son los costes de transacción en que se incurre en las economías sin dinero. En general, la doble coincidencia de intereses que hace falta para que se realicen los trueques hace que cada transacción exija más de un intercambio. En algunos casos el número de intercambios llega a ser tan elevado que algunas transacciones no se producen nunca.

Ejercicio 7.1: ¿Qué habría desayunado Irene si Lucas hubiera insistido en cambiar sus quesos únicamente por manzanas?

Como en las economías sin dinero los intercambios son costosos, sus habitantes intentan reducir el número de transacciones en las que participan, y tienden a volverse autosuficientes. Y, como no puede ser de otra manera, la autosuficiencia les lleva a renunciar a la especialización, y por lo tanto a desaprovechar sus ventajas comparativas individuales. Así, los hogares de las economías en las que no hay un medio de pago generalmente aceptado producen la mayoría de los productos que consumen, y se convierten en microempresas muy poco especializadas y, por lo tanto, muy poco eficientes.

Ejercicio 7.2: Supongamos que Matías y Silvia deciden vender sus productos a cambio de monedas de cobre, y que Irene tiene una pequeña suma de monedas. ¿Cuántas transacciones tendrá que realizar para comprar las naranjas?

Los costes del trueque por una parte, y las ganancias de la especialización y del intercambio por otra, hacen que el trueque sea una situación muy poco deseable. Y antes o después los habitantes de estas economías terminan por darse cuenta de que su vida sería mucho más fácil si tuvieran un medio de pago generalmente aceptado que redujera los costes de transacción, y facilitara la especialización y el intercambio. Por lo tanto, el dinero tiende a surgir casi espontáneamente en todas las sociedades, y de un modo u otro todas las economías tienden a monetizarse.

Ejercicio 7.3: Supongamos ahora que en la aldea que se describe en el Ejercicio 7.0 gradualmente una mercancía empieza a ser aceptada como un medio de pago. ¿Qué propiedades tiene que tener una mercancía para convertirse en dinero?

7.2 LAS PROPIEDADES DEL DINERO

Para que un objeto se convierta en dinero debe reunir, en mayor o menor medida, las propiedades que se describen a continuación.

7.2.1 Depósito de valor

Ésta es la propiedad esencial del dinero. Si una mercancía es un medio de pago generalmente aceptado hoy, pero las personas que lo usan no están seguras de que vaya a seguir siendo aceptado en el futuro, es muy difícil que esa mercancía llegue a convertirse en dinero, a menos que tenga un valor intrínseco que la haga valiosa por sí misma. A lo largo de la historia, la mayoría de las mercancías que se han usado como dinero tenían valor intrínseco. Dentro de esta categoría está el uso pecuniario de metales más o menos preciosos, de los caparazones de algunos moluscos, del whisky, de los cigarrillos, o incluso de las vacas. Como veremos más adelante la monetización de trozos de papel sin valor intrínseco es mucho más problemática. Las dos siguientes propiedades del dinero, la durabilidad y la identificabilidad, guardan una estrecha relación con su función de depósito de valor.

Ejercicio 7.4: Suponga que está de viaje en un pequeño país del desierto y que un comerciante local quiere comprarle su cámara fotográfica y se ofrece a pagarle en la moneda local que no es convertible. (a) ¿En qué condiciones aceptaría el trato?; (b) ¿cómo habría cambiado su respuesta si le hubiera ofrecido dólares? y (c) relacione sus respuestas con la función de depósito de valor del dinero.

7.2.2 Identificabilidad

Para que un objeto se use como medio de pago tiene que ser fácilmente reconocible. En las economías que utilizaban vacas como medio de pago la identificación del dinero no planteaba problemas. Los metales, en cambio, son más difíciles de identificar porque tanto su peso como la composición de las aleaciones pueden modificarse con relativa facilidad. El papel moneda es otro ejemplo de la importancia de la identificación del dinero. La razón de ser de las filigranas, del diseño de sus dibujos y de los papeles y las tintas especiales que se suelen usar en su fabricación no es otra que facilitar su identificación y dificultar las falsificaciones.

7.2.3 Durabilidad

Para que un objeto sea un buen depósito de valor no basta con que las personas que lo usan confíen en que va a seguir aceptándose como medio de pago. Además, esa mercancía tiene que ser duradera, para que pueda usarse en múltiples transacciones. En este sentido el metal es más duradero que el papel, y ambos lo son más que los cigarrillos —que se usaron como dinero en algunos campos de prisioneros aliados durante la Segunda Guerra Mundial—. Cuando un objeto no es duradero, es mucho más difícil que se llegue a convertir en dinero.

Ejercicio 7.5: ¿Por qué cree que ni siquiera los niños usan las monedas de chocolate como medio de pago?

Además de ser un depósito de valor identificable y duradero, hay otras propiedades del dinero que, sin ser tan imprescindibles, facilitan la generalización de su uso como medio de pago. Estas propiedades son la divisibilidad, la portabilidad y el anonimato.

7.2.4 Divisibilidad

Los precios de las mercancías que compra cualquier hogar son muy diferentes, y el orden de magnitud de esas diferencias puede llegar a ser muy elevado. Un piso en una ciudad cuesta varios años de trabajo, mientras que un billete de autobús cuesta tan sólo unos segundos. Y como el dinero tiene que poderse usar para transacciones de cuantías muy distintas es importante que sea divisible. Los metales no son muy sencillos de dividir. F. Braudel en su *Historia de la vida cotidiana* cuenta que los mercaderes chinos en la Baja Edad Media iban a las ferias con unas tijeras para cortar las láminas de plata y de oro, y con una balanza de precisión para pesarlas. De este modo hacían frente a pagos de distinta cuantía. En lo que a la divisibilidad se refiere, el papel moneda supuso un avance importante sobre el dinero metálico. Comparado con cortar láminas de oro, añadir ceros a un billete de diez euros es una operación relativamente sencilla y poco costosa.

7.2.5   Portabilidad

Si nos vamos a llevar el dinero a la compra, nos interesa que sea portátil. Conducir un rebaño de vacas requiere un talento especial que no todos tenemos. Es mucho más difícil, por ejemplo, que saber en qué bolsillo llevamos la cartera o el monedero. También es cierto que en grandes cantidades el papel moneda es relativamente difícil de transportar. Por eso los traficantes de drogas y, en general, todo la economía sumergida, dedican una gran cantidad de recursos a blanquear el dinero y a acumular su riqueza en otras formas que no sean el papel o las monedas.

7.2.6   Anonimato

El anonimato es otra de las características que facilitan el uso del dinero. Primero porque reduce los costes de anotación y registro de las transacciones, y segundo porque permite que sólo las personas que participan en una transacción sepan que ésta se ha producido. Supongamos que Irene le dice a Lucas que va a llegar tarde a casa porque tiene un plazo que vence al día siguiente, cuando en realidad tiene una cita secreta con Matías. Si usa un medio de pago anónimo, no se le plantea el problema de tener que justificar unos cargos comprometedores en la tarjeta de crédito dos semanas después cuando llegue el extracto del banco.

7.3   EL DINERO MERCANCÍA

La propiedad del dinero de ser un depósito de valor esconde los principales secretos del dinero. Una mercancía es un buen depósito de valor en la medida en que la mayoría de las personas estén de acuerdo en que realmente lo es. Aunque a Irene no le interesen especialmente las monedas de cobre, ni en sí mismas ni por el cobre que contienen, estará tanto más dispuesta a aceptarlas como pago por las mercancías que produce, cuanto más segura esté de que sus vecinos también las van a aceptar. Por lo tanto, para que una mercancía se convierta en un medio de pago generalmente aceptado hace falta una buena medida, expresa o tácita, de consenso.

Por eso si un grupo suficientemente grande de personas consideran que una mercancía es valiosa en sí misma, es mucho más probable que esa mercancía llegue a convertirse en dinero. Por ejemplo, si el papel moneda no se usa como dinero, sirve para muy poco. Los metales preciosos, en cambio, por su brillo, su colorido y sus usos ornamentales, no tienen este inconveniente. Si por cualquier causa dejan de aceptarse como medio de pago, siempre se pueden dedicar a sus otros usos. Como además los metales tienen muchas de las propiedades que hemos mencionado en el apartado anterior, no es de extrañar que en casi todas las economías el dinero casi siempre haya sido metálico. Los dineros exóticos —como los caparazones, las piedras, las vacas, los cigarrillos y el whisky— han sido poco más que excepciones efímeras a esta regla general.

Por lo tanto en las sociedades primitivas, gradualmente se va consolidando el consenso sobre el dinero metálico. Herodoto atribuye la acuñación de las primeras monedas metálicas a los reyes de Lidia, unos ochocientos años antes de Cristo. Aunque es muy posible que en la India se acuñaran monedas con unos cuantos siglos de antelación. Desde entonces, los metales que más se han usado como dinero han sido la plata, el cobre y el oro. Y entre estos tres, la plata ha sido el que ha ocupado el lugar prominente durante más tiempo. Una vez que se generaliza el consenso sobre qué mercancía se va a convertir en dinero, tenemos que entender cómo se determina su valor.

Ejercicio 7.6: ¿Cómo cree que se determinaba el número de monedas de cobre que había que pagar a cambio de un kilo de mandarinas?

Para contestar a la pregunta anterior debemos recordar que, en las economías de mercado, los gustos de las personas y los costes de producción determinan los precios de intercambio entre las distintas mercancías. En una economía sin dinero las demandas y los costes de producción relativos de los yogures y las naranjas son los que determinan su precio de intercambio. Como las monedas de cobre son una mercancía más con un cierto valor intrínseco, puesto que siempre podemos fundirlas y utilizar el cobre para fabricar palmatorias, bustos de próceres o pulseras, el coste en términos de monedas de cobre de las restantes mercancías se determinará exactamente igual que el precio relativo de los yogures y las naranjas en una economía sin dinero, o sea mediante sus demandas respectivas y sus costes de producción relativos.

Ejercicio 7.7: ¿Qué cree que ocurrirá con el precio de las naranjas medido en monedas de cobre en la aldea que se describe en el Ejercicio 7.0 si se descubre una mina de cobre en un valle cercano? ¿Qué cree que ocurrió con los precios en España durante el siglo XVI como consecuencia de la llegada de la plata de las colonias americanas?

Ejercicio 7.8: Suponga que en la aldea del Ejercicio 7.0 se generaliza el uso del cobre como medio de pago y que entre todos los habitantes de la aldea tienen 20.000 monedas. ¿Cuánto dinero cree que hay en la economía?

7.4 LAS CARTAS DE PAGO

Una vez que se ha consolidado el uso del dinero metálico, la especialización creciente de la producción exige un número de intercambios cada vez mayor y hace que surjan las primeras innovaciones financieras para superar algunas de las limitaciones del metal. El transporte de grandes cantidades de metales preciosos es una actividad costosa y arriesgada. Lo mismo ocurre con su almacenamiento y con la determinación de su ley. Para economizar en estos costes, un grupo de personas —probablemente aquellas que por su comportamiento y sus costumbres gozaban de la confianza de los restantes miembros de su comunidad— se especializaron en guardar el dinero de los demás. Seguramente, los primeros custodios del dinero fueron orfebres, ya que, por razón de su oficio, tenían los medios necesarios para manejar y almacenar los metales preciosos. Pero poco a poco, a medida que el uso monetario de esos metales fue ganando en importancia con relación a su utilización como mercancías, algunos de esos orfebres optaron por abandonar su oficio y se convirtieron en los primeros banqueros.

Volvamos a la aldea del Ejercicio 7.0 y supongamos que, tras el descubrimiento de la mina de cobre, se ha convertido en un importante centro de población. Don Luis Argenta es el primogénito de una familia de plateros y está al frente del negocio familiar. Lucas es ahora un constructor importante y maneja diariamente grandes sumas de dinero metálico —plata y cobre sobre todo— que tiene depositadas en la platería de don Luis. Como llevar dinero encima es peligroso, Lucas siempre que puede paga con una carta en la que ruega a don Luis que entregue la cantidad de plata que se indica a la persona que se identifica en la carta, y que cargue el importe a su cuenta. Unas veces los proveedores de Lucas cobran esas cartas de pago inmediatamente, pero otras veces, cuando un proveedor tiene que hacerle un pago a otro vecino, se ahorra los costes de la cobranza, endosándole la carta a este último y haciéndole beneficiario de la orden de pago de Lucas. Así, entre las personas que conocen a Lucas y que confían en don Luis, el dinero en metálico y las cartas de pago que lo representan circulan por igual, aunque su uso suponga costes diferentes.

Las cartas de pago son más eficientes que el dinero metálico porque son menos costosas de transportar que el metal que representan, pero suponen mayores costes de información y mayores riesgos de impago que el dinero metálico. Aceptar los pagarés de Lucas exige creer en su solvencia y confiar en la honradez de don Luis, por lo que su circulación suele verse limitada al pequeño círculo de personas que cumplen estos dos requisitos.

Ejercicio 7.9: Suponga ahora que en la aldea del Ejercicio 7.0 las cartas de pago circulan con relativa frecuencia. Si entre todos los habitantes de la aldea tienen 20.000 monedas de cobre, (a) ¿cuánto dinero cree que hay en la economía? y (b) ¿qué relación cree que hay entre el valor total de las cartas de pago y la cantidad de dinero?

Es importante que nos demos cuenta de que en las economías en las que coexisten el dinero metálico y las cartas de pago, la cantidad total de dinero coincide con la cantidad total de metal. Por lo tanto, la cantidad total de dinero es independiente del valor de las cartas de pago en circulación. Supongamos que Lucas tiene 200 monedas de cobre depositadas en el banco de don Luis y que le firma a Matías una carta de pago por valor de 20 monedas. Si le preguntamos a Lucas que cuánto dinero tiene nos contestará que tiene 180 monedas, y si le preguntamos a Matías nos contestará que tiene 20 monedas más de las que tenía antes de recibir el pago. Los bancos de esta economía sólo son instituciones de depósito y custodia. Cada vez que alguien firma una carta de pago lo único que hace es transferir a otra persona la propiedad de una parte del metal, por lo que la cantidad total de dinero y la cantidad total de metal coinciden siempre. En el apartado siguiente vamos a aprender que los bancos enseguida descubren que pueden prestar una parte del metal que tienen en depósito, y de este modo, quizás sin pretenderlo, adquieren un papel fundamental en la historia del dinero.

7.5   EL DINERO BANCARIO

Todas las tardes, al cerrar su negocio don Luis hace un inventario detallado de la plata y del cobre que tiene en depósito y anota las cantidades correspondientes en un libro. Repasando sus anotaciones descubre que, incluso a principios de cada mes, cuando sus clientes hacen la mayoría de sus pagos, siempre tiene en depósito una cantidad importante de metal que nadie reclama. Los viernes por la tarde Lucas y Matías suelen quedar con don Luis y don Pedro a jugar una partida de dominó en el casino del pueblo. Entre partida y partida Lucas lleva unas cuantas semanas hablando de ampliar su negocio y lamentándose de no tener un socio capitalista. A don Luis el negocio que quiere hace Lucas le parece un poco arriesgado para sus gustos conservadores, y prefiere no comprometer su fortuna personal en esa empresa. Lucas le recuerda que tiene a su cargo los depósitos sin reclamar de muchos vecinos, y le pide que le preste una parte. Tanto insiste Lucas que, tras mucho pensarlo, don Luis se decide a concederle el crédito, y pone a disposición de Lucas cien monedas de cobre, a cambio de unos intereses que, por qué no decirlo, han servido para terminar de convencerle.

Ejercicio 7.10: Suponga que antes de que don Luis le concediera el crédito a Lucas entre todas las personas del pueblo tenían 20.000 monedas de cobre. Si después de la concesión del crédito les preguntamos a todas las personas del pueblo que cuánto dinero tienen, (a) ¿qué nos dirían? y (b) ¿cuánto dinero hay en realidad?

El banco puede prestarle el dinero a Lucas mediante un apunte en sus libros contables que aumente el saldo de Lucas por el importe del préstamo, o puede entregarle el importe del crédito en metálico. Lucas, a cambio, entrega al banco un documento en el que reconoce su deuda. Una vez formalizado el crédito, Lucas puede disponer del metal como mejor le parezca.

Por lo tanto, el Banco Argenta, al conceder el crédito, ha creado literalmente unos medios de pago que antes no existían.

Mientras los bancos se limitaban a aceptar depósitos, la cantidad de dinero y la cantidad de medios de pago que había en la economía coincidían siempre porque cada moneda tenía un solo propietario. Las cartas de pago no eran más que instrumentos que servían para transmitir la propiedad de su importe. Pero, desde el momento en que los bancos empezaron a prestar parte de los fondos que tenían en depósito, descubrieron el secreto de la creación del dinero bancario. Probablemente los banqueros custodios primero se dieron cuenta de que, como a la gente no le gustaba custodiar su dinero personalmente, siempre tenían en depósito la mayor parte del dinero local. Después, alguien les convenció de que podían prestar una parte del dinero que nadie usaba, naturalmente a cambio de unos intereses. Y por último un economista se dio cuenta de que prestar el dinero de los demás es lo mismo que crear dinero. La justificación de este hecho es relativamente sencilla: cuando se presta el dinero ajeno, se concede al prestatario el derecho a usar unos medios de pago que no son suyos. Por lo tanto, si después de la concesión del crédito le preguntamos al depositante original y al prestatario cuánto dinero tienen, el importe del préstamo se contará dos veces, ya que ambos nos dirán que el importe del crédito les pertenece.

Como los préstamos generan intereses, cuanto más dinero presta un banco, sus beneficios son mayores, pero sus reservas de metal son menores. Y cuanto menores son las reservas bancarias, mayor es el riesgo de que el banco no pueda atender todas las peticiones de pago de sus clientes. Si los clientes de un banco sospechan que el banco tiene problemas de liquidez, ya sea porque ha concedido demasiados créditos, o porque tiene dificultades en recuperarlos, intentarán retirar sus depósitos antes de que sea demasiado tarde. Pero como desde que los bancos prestan una parte de sus depósitos nunca tienen todo el dinero que sus depositantes les han entregado, si todos los depositantes reclaman su dinero al mismo tiempo, la quiebra del banco es segura. Por lo tanto, desde que se concedieron los primeros créditos y se creó el negocio bancario propiamente dicho, las economías tienen más medios de pago, pero están expuestas a sufrir pánicos bancarios que a veces dan lugar a crisis financieras.

Por lo tanto, la respuesta al Ejercicio 7.10 es que al conceder el préstamo el Banco Argenta ha creado dinero. Ahora bien el dinero que crean los bancos —el importe de los créditos— no existe realmente. En consecuencia, desde que se creó el dinero bancario hay dos equilibrios posibles. Un equilibrio monetario en el que todas las personas confían en que su dinero está a buen recaudo y mantienen sus depósitos —¿para qué vamos a sacar nuestros ahorros de un banco, si poco después vamos a depositarlos en otro?— los bancos hacen frente a sus pagos, conceden créditos y, al hacerlo, además de beneficiar al banco sirven de estímulo a la actividad económica. Y un equilibrio no monetario en el que las personas pierden la confianza en el sistema bancario e intentan retirar sus depósitos, los bancos quiebran al no poder hacer frente a todos los pagos, los medios de pago que habían creado se destruyen, los depositantes más lentos en reaccionar pierden sus ahorros y la economía entra en una fase de estancamiento.

Así pues, desde la concesión de los primeros créditos se produce el milagro de la creación del dinero. Y, como en la mayoría de los milagros, su perpetuación exige una buena dosis de confianza, confianza en que la prudencia comercial de los bancos sea mayor que su afán de lucro y en que los bancos mantengan la cantidad de reservas adecuada para hacer frente a sus pagos, y confianza por parte de cada depositante en que los demás también van a tenerla, y no van a retirar todos sus depósitos al mismo tiempo. O sea que el dinero bancario es dinero siempre que las personas confíen en él, y deja de serlo cuando, por unas razones u otras, se pierde esa confianza.

7.6 EL DINERO FIDUCIARIO

Las innovaciones financieras posteriores no han alterado la naturaleza del dinero ni han conseguido evitar que periódicamente el dinero pierda su aceptación. Primero los bancos emitían sus propios billetes en los que se comprometían a hacer efectiva una cantidad determinada de metal a petición del portador. Desde un principio, las prácticas comerciales de algunos bancos fueron más arriesgadas que las de otros, y las quiebras bancarias resultantes formaron parte del mecanismo autorregulador del sistema bancario. Más tarde, en parte para reducir la frecuencia de estas quiebras y amortiguar la gravedad de las crisis financieras que provocaban, y en parte para regular el funcionamiento del sistema bancario, se crearon los bancos centrales. Con el tiempo los bancos centrales terminaron por reservarse el derecho de emisión de moneda, aunque mantuvieron el compromiso de convertir los billetes en metal.

Durante la Primera Guerra Mundial la mayoría de los países occidentales suspendieron la convertibilidad del papel moneda emitido por sus bancos centrales. Se anunció que esta medida era temporal, y que la convertibilidad sería restablecida cuando terminara la guerra. Sorprendentemente el papel moneda, a pesar de que dejó de ser convertible, y de que se convirtió en un medio de pago puramente fiduciario, puesto que ninguna mercancía intrínsecamente valiosa lo respaldaba, mantuvo su valor. En el periodo de entreguerras, Inglaterra y Estados Unidos restauraron la convertibilidad de sus monedas, pero cuando empezó la Segunda Guerra Mundial, la convertibilidad total del papel moneda se suspendió para siempre. Después de la guerra se instauró un sistema de convertibilidad parcial que se llamó el patrón oro. En el patrón oro el valor del dólar estadounidense se fijaba con relación al oro, y el de las restantes monedas se fijaba con relación al dólar. En 1971 los déficits comerciales y la recesión económica por la que atravesó la economía estadounidense llevaron al presidente Nixon a devaluar el dólar y a suspender su convertibilidad.

Desde entonces el dinero no es más que el papel que lo representa, la expresión de nuestra confianza colectiva en la repetición cotidiana del milagro de que esos trozos de papel van a conservar su valor, y en que la persona encargada de cobrarnos en el supermercado va a aceptarlos como pago por las mercancías que compramos. Por lo tanto, desde que se suspendió la convertibilidad del papel moneda, el mantenimiento del equilibrio monetario exige dosis de confianza aún mayores que las que eran necesarias para mantener el valor del dinero bancario. Demostrando una honradez sorprendente, o acaso para curarse en salud, el banco emisor de Estados Unidos hace profesión pública de esta fe en el reverso de sus billetes con el lema *"in God we trust"*.

La determinación del valor del dinero fiduciario es parecida a la del dinero mercancía. En todas las economías de las que se tienen datos, desde que se suspendió la convertibilidad, el valor del dinero —o sea, las mercancías que pueden comprarse con una cantidad determinada de dinero— ha disminuido continuamente. Los bancos centrales, presionados en mayor o menor medida por las necesidades de financiación de sus gobiernos, no han sabido resistirse a la tentación de aprovecharse del mejor negocio del mundo. Y como versiones modernas del rey Midas, por sólo unos céntimos, convierten en dinero todo el papel moneda que imprimen. Y al igual que ocurrió antaño con los descubrimientos de las minas de metales preciosos, al cambiar la escasez relativa entre el dinero y las cosas, sus precios relativos también cambian: el dinero vale menos, y las cosas cuestan más. El milagro del dinero consiste en que, por ahora, y a pesar de todo, la mayoría de las personas sigamos creyendo en él, ¿o era en Dios?

7.7 LOS AGREGADOS MONETARIOS

En la discusión de los apartados anteriores debería haber quedado claro que el dinero son los objetos —metales, monedas, billetes— que se aceptan como medio de pago. También deberíamos habernos convencido de que la única razón que justifica la aceptación del dinero es que confiamos en que esos mismos medios de pago van a seguir siendo aceptables en el futuro.

Ejercicio 7.11: Volvamos al presente. Si Irene le pregunta a Lucas cuánto dinero tiene —o si alguien nos lo pregunta a nosotros—, ¿qué objetos contamos?

Como el dinero son los medios de pago, si nos hacemos la pregunta que nos plantea el Ejercicio 7.11, seguro que vamos a contar las monedas y los billetes que tenemos en los bolsillos, en el monedero y en la cartera. Pero si reflexionamos un poco, probablemente nos daremos cuenta de que en la contabilidad del dinero también deberíamos incluir los saldos de algunos depósitos bancarios.

Ejercicio 7.12: ¿Qué clase de depósitos bancarios cree que son dinero?

Como todos los medios de pago son dinero, es bastante obvio que los saldos de las cuentas corrientes —que técnicamente se llaman depósitos a la vista— deben considerarse dinero porque se pueden utilizar como medio de pago con relativa facilidad, librando cheques contra esos saldos por los importes de los pagos. Siguiendo con ese mismo criterio, los saldos de las cuentas de ahorro contra las que pueden librarse cheques también deben considerarse dinero. Otra forma de usar los saldos de esos depósitos como medio de pago son las tarjetas de débito, que nos permiten cargar directamente en esas cuentas el importe de las compras que realizamos en los establecimientos dotados con los medios técnicos necesarios.

Ejercicio 7.13: ¿Cree que las tarjetas de crédito son dinero? Y si es así, ¿cuánto?

Las tarjetas de crédito también pueden usarse para hacer pagos y, por lo tanto, deberíamos incluirlas en la contabilidad del dinero. Pero si profundizamos en el análisis de sus funciones, nos damos cuenta de que en realidad las tarjetas de crédito solamente nos ayudan a anticipar nuestras compras en el tiempo, ya que antes o después tenemos que pagar con efectivo o con depósitos bancarios sus saldos deudores. Así entendidas, las tarjetas de crédito son dinero positivo hoy —ya que se aceptan como pago por muchas mercancías— y dinero negativo en el futuro —ya que nuestra capacidad de compra disminuye cuando tenemos que hacer frente a sus saldos—. Por lo tanto, en la contabilidad de los medios de pago vamos a suponer que las tarjetas de crédito no son dinero.

Ejercicio 7.14: ¿Cree que los depósitos a plazo son dinero?

Los depósitos a plazo no se deben considerar como dinero porque su plazo de vencimiento nos impide utilizarlos de forma inmediata como medio de pago. Por lo tanto, la respuesta a la pregunta que plantea el Ejercicio 7.11, es que nosotros vamos a llamar dinero a la suma del valor del efectivo —los billetes y las monedas— y los saldos de los depósitos a la vista que no sean propiedad de las empresas financieras de la economía. Como establece la Definición 7.3, el nombre técnico de ese agregado es oferta monetaria, o M1, y nosotros lo vamos a representar por la letra M.

Ejercicio 7.15: ¿Por qué cree que hemos excluido de la contabilidad del dinero el efectivo propiedad de las empresas financieras?

El efectivo propiedad de los bancos y de las cajas de ahorro —que técnicamente se conoce con el nombre de reservas bancarias— no se considera dinero porque no es un medio de pago. Mientras ese efectivo no esté en manos del público, no puede usarse para comprar mercancías. Las siguientes definiciones pretenden aclarar estos conceptos.

Definición 7.0: Efectivo en manos del público (E). El efectivo en manos del público es el valor de los billetes y las monedas en manos de los hogares y de las empresas no financieras de una economía.

Definición 7.1: Reservas bancarias (R). Las reservas bancarias son el valor de los billetes y las monedas que los bancos y las cajas de ahorro de una economía tienen en depósito.

Definición 7.2: Base monetaria (H). La base monetaria es el valor de todos los billetes y de todas las monedas que hay en una economía.

Definición 7.3: Oferta monetaria (M). La oferta monetaria de una economía es la suma del efectivo en manos del público y los saldos de los depósitos a la vista de los hogares y de las empresas no financieras de la economía.

Las cuatro definiciones anteriores están relacionadas, y pueden usarse para obtener dos igualdades que nos van a ser muy útiles en los apartados siguientes. La primera de estas dos igualdades establece que la base monetaria es la suma del efectivo en manos del público y las reservas bancarias. Formalmente:

$$H = E + R \tag{7.0}$$

La segunda igualdad establece que la oferta monetaria es la suma del efectivo en manos del público y los saldos de los depósitos a la vista. Formalmente:

$$M = E + D \tag{7.1}$$

De la definición de oferta monetaria, se pueden concluir dos cosas: primero, que la cantidad de dinero que hay en una economía cambia continuamente y, segundo, que la distinción entre los activos que se consideran monetarios y los que se consideran no monetarios es muy imprecisa. La cantidad de dinero que hay en una economía cambia continuamente porque los activos que hemos considerado monetarios —el efectivo en manos del público y los depósitos a la vista— se transforman continuamente en activos no monetarios, y viceversa.

Ejercicio 7.16: Proponga dos ejemplos de transacciones mediante las que un activo monetario pase a ser no monetario y otros dos de transacciones en las que ocurra lo contrario.

La distinción entre los activos que se consideran monetarios y los que se consideran no monetarios es muy imprecisa porque las innovaciones financieras modifican continuamente la liquidez de los activos financieros —o sea, el coste en el que se incurre al transformarlos en efectivo—. Por ejemplo, ya hemos comentado que las cuentas de ahorro —que tradicionalmente se han considerado como activos no monetarios— son prácticamente indistinguibles de las cuentas corrientes desde el momento en que las entidades financieras permiten a sus clientes librar cheques contra esas cuentas y disponer de sus saldos mediante una tarjeta de débito. Pero a pesar de ser tan parecidas, los saldos de las cuentas corrientes forman parte de la definición tradicional de la oferta monetaria, y los de las cuentas de ahorro no. En parte por estas razones, además de la oferta monetaria, se definen otros agregados que incluyen activos financieros cada vez menos líquidos. Algunas de estas definiciones son las siguientes:

Definición 7.4: M2. La M2 de una economía es el agregado que resulta al sumar a la oferta monetaria los saldos de los depósitos de ahorro propiedad de los hogares y de las empresas no financieras de esa economía.

Definición 7.5: M3. La M3 de una economía es el agregado que resulta al sumar a la M2 los saldos de los depósitos a plazo propiedad de los hogares y de las empresas no financieras de esa economía.

Definición 7.6: Activos líquidos en manos del público (ALP). Los activos líquidos en manos del público de una economía son el agregado que resulta al sumar a la M3 los saldos de otros pasivos del sistema crediticio como las letras, los empréstitos y otros activos del sector privado, y los pagarés y las letras del Tesoro.

En España los activos líquidos en manos del público han sido especialmente importantes porque el Banco de España para alcanzar sus objetivos de política monetaria seguía muy de cerca la evolución de este agregado.

7.8 LA OFERTA MONETARIA

Ejercicio 7.17: ¿Quién cree que controla la evolución de la oferta monetaria de una economía y cómo cree que lo hace?

Según la expresión (7.1) la oferta monetaria es la suma del efectivo en manos del público y los saldos de los depósitos a la vista que son propiedad de los hogares y de las empresas no financieras de la economía. Por lo tanto, para contestar a la pregunta que nos plantea el Ejercicio 7.17, tenemos que considerar los dos componentes de esa expresión por separado.

7.8.1 El efectivo en manos del público

En principio, el control de la cantidad de efectivo en manos del público le corresponde al Banco Emisor —al Banco Central Europeo en el caso de la economía española— que se reserva los derechos de imprimir los billetes y de retirarlos de la circulación. Por lo tanto, el Banco Emisor puede saber con un grado de aproximación muy razonable cuál es la cantidad total de efectivo que hay en la economía. Dicho de una forma un poco más técnica, el monopolio de emisión de efectivo, que en la mayoría de los países la ley concede al Banco Emisor, le permite controlar la base monetaria de la economía.

Ahora bien, saber cuánto efectivo hay en una economía —o sea, saber cuál es su base monetaria— no es suficiente para saber qué parte de ese efectivo está en manos del público, y qué parte constituye las reservas bancarias. Como el Banco Emisor puede hacer muy poco por controlar directamente la cantidad de dinero en manos del público, en casi todas las economías recurre a controlar las reservas bancarias. Con este fin, el Banco Emisor obliga a los bancos y a las cajas de ahorro de la economía a mantener una determinada proporción de los saldos de sus depósitos a la vista en forma de reservas. La proporción entre las reservas bancarias y los saldos de los depósitos a la vista es el coeficiente de caja o el encaje del banco, y la proporción impuesta por el Banco Emisor es el coeficiente de caja obligatorio.

Definición 7.7: Coeficiente de caja (c). El coeficiente de caja de un banco es el cociente entre sus reservas y los saldos de sus depósitos a la vista, $c = R/D$.

En el Apartado 7.5 hemos aprendido que desde que los bancos concedieron los primeros créditos están expuestos a quebrar, y que para que un banco quiebre basta con que su reservas no sean suficientes para atender a sus pagos. Por lo tanto, cuantas más reservas tenga un banco por unidad de depósitos —cuanto mayor sea su coeficiente de caja— más difícil será que el banco quiebre. Desgraciadamente, cuanto mayor es el coeficiente de caja de un banco, la proporción de créditos concedidos por unidad de depósitos es menor y, en consecuencia, los beneficios del banco también son menores. Así pues, llevados por su afán de aumentar sus beneficios, los bancos tienden a reducir al máximo sus coeficientes de caja y a veces incurren en riesgos que ponen en peligro los ahorros de sus impositores, la propia supervivencia del banco y, si se llegara a producir un pánico financiero generalizado, incluso la supervivencia de todo el sistema bancario.

El coeficiente de caja obligatorio que impone el Banco Emisor hace más difícil que esto ocurra. Como podemos observar en el Cuadro 7.1, desde 1994 el coeficiente de caja obligatorio en España ha sido el 2 %. Para asegurarse de que los bancos y las cajas de ahorros establecidos en la economía española cumplen efectivamente este requisito, están obligados a informar al Banco de España de su coeficiente de caja una vez cada diez días.

Ejercicio 7.18: Suponga que una pequeña sucursal de una caja de ahorros tiene depósitos por valor de 1 millón de euros y reservas por valor de 25.000€

Años	$e = E/D$	$c = R/D$	c legal
1989	0,50	18,39	18,34
1990	0,51	7,69	7,65
1991	0,50	5,04	5,00
1992	0,58	4,55	4,52
1993	0,68	2,75	2,72
1994	0,65	2,03	2,00

Cuadro 7.1: *El coeficiente de efectivo y los coeficientes de caja mantenido y legal en España (1989-1994).*

y calcule su coeficiente de caja.

Ejercicio 7.19: Proponga un método para calcular el encaje de un banco durante una decena cualquiera. Pista: piense si las reservas y los depósitos bancarios son flujos o fondos.

Por lo tanto, el Banco Emisor controla la cantidad total de reservas bancarias mediante el coeficiente de caja. Como el monopolio de emisión le permite controlar la cantidad total de efectivo, o sea la base monetaria, para saber cuál es la cantidad de efectivo en manos del público no tiene más que restar esos dos agregados, ya que, según la expresión (7.0), $E = H - R$.

Ejercicio 7.20: ¿Qué cree que hace el Banco de España para modificar la base monetaria de la economía?

Para modificar la base monetaria de la economía, los bancos emisores suelen comprar o vender deuda pública realizando lo que técnicamente se conoce con el nombre de operaciones de mercado abierto.

Las operaciones de mercado abierto

Los títulos de deuda pública no son más que pagarés firmados por el Tesoro. La cuantía y los plazos de vencimiento de estos pagarés varía, pero todos ellos son promesas de pagar una cierta cantidad de efectivo en una fecha determinada. Los títulos de deuda pública tienen la garantía del Estado, por lo que se consideran préstamos muy seguros. Además, la deuda pública se negocia activamente en el mercado secundario. La mayoría de los bancos emisores —y el Banco Central Europeo entre ellos— tienen carteras muy importantes de deuda pública, y las utilizan para modificar la cantidad de efectivo que hay en la economía.

Ejercicio 7.21: Suponga que el Banco Central Europeo decide aumentar en 1 millón de euros la cantidad de efectivo de la economía. ¿Cómo cree que debe intervenir en los mercados de deuda pública para conseguir ese objetivo?

Si el Banco Emisor quiere aumentar la cantidad total de efectivo de la economía, tiene que comprar deuda pública por valor del aumento deseado, y pagarla en efectivo. Una parte de ese efectivo pasará a manos del público y el resto terminará en las cajas fuertes de los bancos aumentando sus saldos de reservas. Pero, en cualquier caso, la cantidad de efectivo que hay en la economía aumenta como consecuencia de esa operación. Si el Banco Emisor quiere reducir la cantidad total de efectivo de la economía, tiene que realizar una intervención de signo contrario. Tiene que vender títulos de deuda pública por valor de la disminución deseada, y retirar de la circulación el efectivo que recibe a cambio de los títulos.

Ejercicio 7.22: (a) ¿Cuánto estaría dispuesto a pagar por un título de deuda pública en el que el Estado español se comprometiera a pagar 10.000€ en el plazo de un año?; (b) si hubiera pagado 9.523,8€, ¿cuál habría sido el tipo de interés nominal del préstamo?; y (c) obtenga una expresión que relacione el tipo de interés de la deuda pública con su precio.

Supongamos que el precio de colocación del pagaré del tesoro al que se hace referencia en el Ejercicio 7.22 es de P€ y que, lógicamente, $P < 10,000$. Un año más tarde, al llegar la fecha del vencimiento, el Tesoro nos pagará los 10.000€ del valor nominal del título. Por lo tanto, el importe de los intereses será $(10,000 - P)$€. Esa cantidad expresada como un tanto por ciento del principal supone un rendimiento de $[(10,000 - P)/P] \times 100$. Por lo tanto, el tipo de interés implícito de la deuda es:

$$i = \frac{N - P}{P} \times 100 \tag{7.2}$$

donde i denota el tipo de interés implícito y N denota el valor nominal del pagaré. Si dividimos el numerador de la expresión (7.2) por P obtenemos que $i = (N/P) \times 100 - 100$. De esta forma llegamos a la conclusión que el precio de la deuda es inversamente proporcional a su tipo de interés implícito.

Cada vez que el Banco Emisor quiere aumentar la base monetaria de la economía y compra deuda pública, la función de demanda de la deuda se desplaza hacia la derecha. En consecuencia, el precio de la deuda tiende a subir y su tipo de interés implícito tiende a bajar. Cuando leemos en los periódicos que el Banco Central Europeo ha bajado el tipo de interés de la deuda eso es precisamente lo que ha ocurrido. El Banco ha comprado deuda pública y, como consecuencia de esa intervención, el precio de la deuda y la base monetaria de la economía han aumentado, y el tipo de interés de la deuda ha disminuido.

Ejercicio 7.23: Suponga que el Banco Central Europeo decide vender deuda pública. Analice los efectos de esta operación de mercado abierto sobre la base monetaria de la economía, sobre el precio de la deuda pública y sobre su tipo de interés implícito.

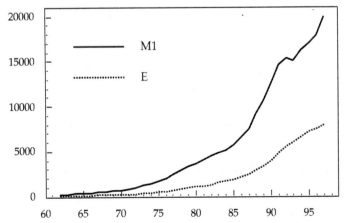

Gráfico 7.1: *La oferta monetaria y el efectivo en manos del público.*

7.8.2 Los depósitos a la vista

Una vez que sabemos cómo se determina la base monetaria de la economía, tenemos que averiguar cómo se determinan los depósitos a la vista que, como el Gráfico 7.1 pone de manifiesto, representan la mayor parte de la oferta monetaria. Por lo tanto para terminar de contestar a la pregunta que plantea el Ejercicio 7.17, y entender de verdad cómo se determina la oferta monetaria, tenemos que averiguar cómo se crean los depósitos a la vista y qué puede hacer la autoridad monetaria para controlarlos.

Ejercicio 7.24: Suponga que Lucas vende al Banco Emisor un pagaré del tesoro por valor de 10.000€ y que ingresa en su banco el efectivo que ha recibido de la transacción. (a) ¿Qué cree que hace el banco de Lucas con el ingreso?; (b) ¿cómo cree que cambia la oferta monetaria de la economía como consecuencia de esta decisión?

Las preguntas que nos plantea el Ejercicio 7.24 son relativamente complicadas. Como vamos a ver en las páginas que siguen, la decisión de Lucas afecta primero a su propio banco, y luego repercute sobre el resto del sistema bancario, que multiplica la cuantía del aumento inicial de la oferta monetaria de una forma sorprendente.

Ya sabemos que los bancos no se limitan a guardar el efectivo que depositan sus clientes en sus cajas fuertes. Cada vez que hacemos un depósito de efectivo, el banco se queda con una pequeña parte de ese efectivo y presta el resto. Para entender exactamente cómo se crea el dinero bancario, vamos a seguirle la pista a los créditos que conceden los bancos, y para ayudarnos en esta tarea vamos a empezar por examinar el balance de situación de los bancos.

El Gráfico 7.2 representa el balance de situación de un banco cualquiera en el que se reflejan explícitamente las partidas que nos interesan.[1] Los saldos de los depósitos de sus clientes son un pasivo para los bancos porque son la expresión contable de la deuda que los bancos contraen con sus

---

[1]Este tipo de cuentas fueron inventadas por los mercaderes venecianos en el siglo XI. Se llaman cuentas de doble entrada porque cada partida tiene su contrapartida. Las cuentas de doble entrada tienen la propiedad de que las sumas de los valores de las partidas en las dos columnas siempre coinciden.

Activo	Pasivo
Reservas	Depósitos
Créditos	Otros pasivos
Otros activos	Neto patrimonial

Gráfico 7.2: *Las principales partidas del balance de situación de los bancos.*

impositores cada vez que aceptan un depósito. El cliente puede reclamar esa deuda en cualquier momento, y el contrato de depósito obliga a los bancos a atender esa petición. En el activo hemos incluido las reservas bancarias, que son un activo del banco por ser de su propiedad, y los créditos que el banco concede a sus clientes, que también son un activo de los bancos porque, desde su punto de vista, los créditos suponen un derecho y no una obligación.

Como las demás partidas del balance de situación del banco no afectan al problema que nos ocupa, vamos a suponer que su valor es cero y que el valor del neto patrimonial del banco —que es la diferencia entre el valor del activo y el valor del pasivo— también es cero. Estos supuestos equivalen a suponer que los únicos usos que hacen los bancos del efectivo que depositan sus clientes son dedicar una parte a dotar sus fondos de reservas y prestar el resto. El Gráfico 7.3 representa una versión simplificada del balance de situación del Banco Argenta. Además, para simplificar todavía más el análisis, vamos a suponer que el Banco Argenta es el único banco de la economía.

Volvamos al problema del control de los medios de pago. Ya sabemos que los bancos prestan una parte del dinero que reciben en depósito y, al hacer esos préstamos, crean dinero. También sabemos que las personas y las empresas no financieras de la economía mantienen una parte de sus saldos monetarios en forma de efectivo, y el resto en forma de depósitos bancarios. La proporción entre el efectivo en manos del público y los saldos de los depósitos a la vista es el coeficiente de efectivo.

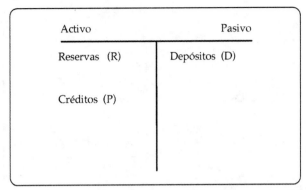

Gráfico 7.3: *El balance de situación de los bancos simplificado.*

Definición 7.8: Coeficiente de efectivo (e). El coeficiente de efectivo de una economía es el cociente entre el efectivo en manos del público y los saldos de los depósitos a la vista, $e = E/D$.

Para contestar a la pregunta que nos plantea el Ejercicio 7.24 tenemos que cuantificar este comportamiento de los bancos y el de las personas y las empresas no financieras de la economía. Para facilitarnos esta tarea, vamos a adoptar los siguientes supuestos:

Supuesto B1: *Las personas y las empresas no financieras de la economía siempre mantienen el mismo coeficiente de efectivo.*

Supuesto B2: *Los bancos siempre cumplen exactamente con el coeficiente obligatorio de caja.*

Un simple vistazo al Cuadro 7.1 pone de manifiesto que en la economía española, entre 1989 y 1994, el coeficiente de efectivo no ha permanecido constante. En ese periodo sus valores han oscilado entre 0,50 y 0,68, lo que supone una variación del 25 %. Como ya hemos hecho en otras ocasiones, la razón que nos lleva a suponer que el coeficiente de efectivo permanece constante no es otra que la de simplificar el análisis.

Con el Supuesto B2 ocurre algo parecido. Como el Cuadro 7.1 pone de manifiesto, entre 1989 y 1994 el coeficiente de caja mantenido por los bancos de la economía española ha pasado del 18,99 % al principio del periodo, al 2,03 % al final del mismo. Ahora bien, estas variaciones han seguido muy de cerca a las que ha experimentado el coeficiente de caja legal. De hecho,

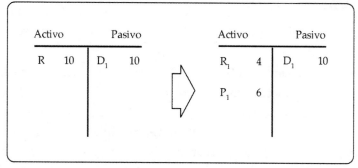

Gráfico 7.4: *El balance de situación del Banco Argenta después de producirse el primer depósito.*

durante el periodo considerado, las diferencias entre el coeficiente de caja legal y el mantenido han sido mínimas. Este resultado es muy razonable si tenemos en cuenta que los esfuerzos de los bancos por aumentar sus beneficios les inducen a reducir al máximo sus fondos de reservas, y, que la supervisión del Banco Emisor les obliga a cumplir con el encaje obligatorio. Una consecuencia de esta política empresarial de los bancos comerciales y de la supervisión del Banco Emisor es que el coeficiente de caja obligatorio y el mantenido prácticamente coinciden.

Para dar una respuesta numérica a la pregunta que nos plantea el Ejercicio 7.24 vamos a suponer que el coeficiente de efectivo es $e = 0$ y que el coeficiente de caja obligatorio es $c = 0,4$. Es evidente que estos coeficientes son muy distintos a los de la economía española. Aunque la vida en una economía en la que nadie llevara efectivo sería muy incómoda, el análisis del proceso de creación de depósitos es muy sencillo. Para compensar por esa elección y no dar una visión distorsionada de la cantidad de medios de pago que crean los bancos, el valor que hemos elegido para el coeficiente de caja es mucho mayor que el observado. En el Ejercicio 7.29 se relajan estos dos supuestos y se eligen valores numéricos para ambos coeficientes que son mucho mas parecidos a los observados.

Cuando Lucas deposita 10.000€ en el Banco Argenta, dos de las partidas del balance del banco se ven afectadas: los depósitos aumentan en 10.000€ y las reservas bancarias aumentan en la misma cantidad. El Banco Argenta, que antes cumplía exactamente con el coeficiente de caja obligatorio, ahora tiene un exceso de reservas.

Ejercicio 7.25: Calcule el exceso de reservas que tiene el Banco Argenta nada más producirse la transacción que se describe en el párrafo anterior.

Para cumplir con los objetivos del banco y maximizar sus beneficios, don Luis ha dado instrucciones a sus empleados para que concedan todos los créditos que sean necesarios para que su coeficiente de caja nunca supere el mínimo legal. Por lo tanto, para cumplir exactamente con el coeficiente de caja obligatorio el Banco Argenta sólo tendrá que quedarse con 4.000€ ($= 10,000 \times 0,4$) y tendrá que prestar los 6.000€ ($= 10,000 - 4,000$) restantes. Siguiendo las instrucciones de don Luis, el director del Departamento de Créditos llama a Matías y le comunica que el Banco le ha concedido el crédito de 6.000€ que había solicitado. Matías va a la sucursal de su barrio, firma el contrato de crédito y retira los 6.000€ en efectivo. El Gráfico 7.4 recoge el balance de situación del Banco Argenta una vez que se han producido estas dos transacciones. Ahora en el activo del Banco hay 4.000€ en reservas y un reconocimiento de deuda firmado por Matías por valor de los 6.000€ restantes.

Matías había solicitado el crédito para comprarse una moto, lo que hace esa misma tarde en el concesionario de don Manuel. Por la noche, don Manuel, nada más cerrar la tienda, deposita los 6.000€ en la caja nocturna de la sucursal del Banco Argenta en la que tiene su cuenta. La mitad izquierda del Gráfico 7.5 representa el balance de situación del Banco al empezar el día, y la mitad derecha representa el mismo balance una vez que el Banco ha concedido un nuevo crédito —esta vez a Silvia— por valor de 3.600€ para deshacerse del exceso de reservas consecuencia del depósito que ha hecho don Manuel. Al día siguiente esta misma situación se repite cuando el dueño de la agencia de viajes vuelve a depositar en el Banco los 3.600€ que Silvia se ha gastado en un viaje al carnaval de Tenerife.

Ejercicio 7.26: Obtenga el balance de situación del Banco Argenta después de que el dueño de la agencia de viajes haya depositado los 3.600€ y de que el banco haya concedido los créditos correspondientes.

¿Qué está ocurriendo? Al conceder créditos, el sistema bancario permite que muchas personas utilicen el mismo dinero. Lucas es el propietario original del dinero, pero cuando el Banco presta a Matías una parte del

Activo		Pasivo				Activo		Pasivo	
R	10	D_1	10			R_1	4,0	D_1	10
		D_2	6			R_2	2,4	D_2	6
P_1	6								
						P_1	6,0		
						P_2	3,6		

Gráfico 7.5: *El balance de situación del Banco Argenta después de producirse el segundo depósito.*

dinero depositado le da derecho a usarlo exactamente igual que lo haría si el dinero fuera suyo. Más tarde, el dinero que primero ha sido de Lucas y después de Matías pasa a manos de don Manuel, quien vuelve a ingresarlo en el banco. Por lo tanto, el mismo dinero ha sido depositado dos veces. Esta operación se repite cuando el Banco vuelve a prestar el mismo dinero, esta vez a Silvia, y así una y otra vez.

Ejercicio 7.27: Suponga que el volumen total de depósitos del sistema bancario es de 40B de euros, y que los bancos siempre cumplen exactamente con un coeficiente de caja obligatorio del 2%, y (a) calcule la cantidad máxima de pagos en efectivo que puede hacer el sistema bancario en un día si el efectivo tarda exactamente un día en volver a los bancos, (b) ¿y si tardara medio día? Suponga que todos los pagos de la economía se hacen mediante cheque, y (c) repita el ejercicio anterior.

Por lo tanto, al conceder créditos, el sistema bancario multiplica el valor del dinero. Si queremos saber cuál es la cantidad de depósitos que el Banco Argenta ha creado a partir del depósito inicial, tenemos que sumar la sucesión de depósitos $D = D_1 + D_2 + D_3 + \ldots$

Ejercicio 7.28: (a) Obtenga una fórmula para sumar en términos de una progresión geométrica infinita cuando su razón es menor que la unidad; y (b) escriba la secuencia de los depósitos como una progresión geométrica cuya razón es $(1 - c)$ y calcule el valor de la suma de esa progresión.

Un método que podemos emplear para calcular el valor total de los depósitos que ha creado el banco es hacer la suma que nos propone el Ejercicio 7.28. Otro método consiste en seguir el proceso de creación del dinero hasta sus últimas consecuencias. Para ello, primero tenemos que darnos cuenta de que la secuencia de depósitos es siempre decreciente, esto es, que $D_1 > D_2 > \ldots$ y por lo tanto que llegará un momento en que la cantidad depositada sea cero.[2]

Además, el Supuesto B2 relaciona la cantidad de depósitos con la cantidad de reservas. Concretamente, sabemos que $D = R/c$. Esa relación se cumplía antes de que se hubiera producido el primer ingreso, o sea, $D_0 = R_0/c$, y se tiene que cumplir una vez que el proceso de creación de dinero se haya completado, o sea $D_F = R_F/c$. Si restamos esas dos expresiones, obtenemos que el aumento en la cantidad de depósitos también guarda la misma relación con el aumento en la cantidad de reservas, o sea que $\Delta D = \Delta R/c$. Por lo tanto, si supiéramos cuánto han aumentado las reservas, podríamos calcular cuánto han aumentado los depósitos a partir de la expresión anterior. Como hemos supuesto que las personas y las empresas no financieras de la economía depositan todo su efectivo en sus cuentas corrientes, o sea que $e = 0$, sabemos que toda la base monetaria termina depositada en los bancos. En consecuencia, en este caso el proceso de creación de depósitos se termina cuando los bancos no pueden conceder más créditos, o lo que es lo mismo, cuando $\Delta R = 10{,}000€$. Por lo tanto, para calcular la cantidad total de depósitos que se han creado podemos utilizar la expresión anterior. Concretamente, en este ejemplo, a partir de la inyección inicial de 10.000€ el Banco Argenta ha creado 25.000€ ($= 10{,}000/0{,}4$) en depósitos, multiplicando por 2,5 ($= 1/0{,}4$) el depósito inicial. Precisamente por eso la expresión $1/c$ técnicamente se conoce con el nombre de multiplicador monetario.

Ejercicio 7.29: Suponga que las personas y las empresas no financieras de la economía por cada euro que depositan en los bancos mantienen $e > 0$ céntimos en efectivo y calcule cuántos depósitos crea el sistema bancario a partir de una inyección inicial de 10.000€ en efectivo, sabiendo que el coeficiente de caja legal es c.

---

[2]Esta propiedad es importante porque garantiza que el valor de la suma de los depósitos es un número finito.

El Ejercicio 7.29 nos permite contestar a la pregunta que nos planteaba el Ejercicio 7.24 usando datos más parecidos a los observados en la economía española. Por ejemplo, podemos suponer que $c = 0{,}02$ y que $e = 0{,}65$ y calcular el multiplicador monetario de la economía española en 1994, aunque suponer que el coeficiente de efectivo es mayor que cero complica los cálculos considerablemente. Para calcular la cantidad total de depósitos que crea el sistema bancario podemos usar los mismos métodos que hemos usado para contestar al Ejercicio 7.29. Podemos seguirle la pista a los depósitos, pero teniendo en cuenta que ahora el público mantiene una proporción constante de los mismos en forma de efectivo. Como este método es muy laborioso, lo dejamos para el lector interesado.

En cambio, el segundo método que hemos usado para contestar al Ejercicio 7.29 es más sencillo. En el caso anterior, como las personas depositaban todo su efectivo en los bancos, sabíamos que al completarse el proceso de creación de depósitos, toda la base monetaria de la economía formaba parte de las reservas bancarias o, formalmente, $\Delta H = \Delta R$. Ahora, como el coeficiente de efectivo es mayor que cero, ya no ocurre lo mismo. Cuando se completa el proceso de creación de dinero, una parte de la variación de la base, ΔE, termina en manos del público, y el resto, ΔR, pasa a formar parte de las reservas bancarias. Formalmente ahora $\Delta H = \Delta E + \Delta R$, y nuestro problema estriba en determinar las cuantías de las dos últimas variables.

Como además los Supuestos B1 y B2 garantizan que el cociente entre la variación del efectivo y la variación de los depósitos es igual al coeficiente de efectivo, $e = \Delta E/\Delta D$, y que el cociente entre la variación de las reservas y la variación de los depósitos es igual al coeficiente de caja, $c = \Delta R/\Delta D$, con estas dos expresiones y la expresión anterior podemos formar el siguiente sistema de tres ecuaciones con tres incógnitas

$$\left.\begin{array}{rcl} \Delta H &=& \Delta E + \Delta R \\ \Delta E/\Delta D &=& e \\ \Delta R/\Delta D &=& c \end{array}\right\} \qquad (7.3)$$

donde ΔH, e y c son los datos y ΔD, ΔE y ΔR son las incógnitas. Al resolver el sistema descubrimos que ahora los bancos crean depósitos por valor de $\Delta D = \Delta H/(e + c)$ y que, por lo tanto, el nuevo valor del multiplicador monetario es $m = 1/(e + c)$.

Ejercicio 7.30: Suponga que los coeficientes de caja y de efectivo son, respectivamente, c = 0,02 y e = 0,5 y que el Banco Emisor vende deuda pública por valor de 10.000€, y calcule cuánto cambia la oferta monetaria como consecuencia de esta operación.

Ejercicio 7.31: ¿Qué dos instrumentos puede usar el Banco Emisor para controlar la creación de depósitos?

7.9   LA POLÍTICA MONETARIA

La política monetaria determina la tasa de crecimiento de los agregados monetarios y el Banco Emisor es la autoridad económica encargada de su diseño. En la economía española, el diseño de la política monetaria corre a cargo del Banco Central Europeo.

Los instrumentos que utiliza el Banco Central Europeo para determinar la tasa de crecimiento de los agregados monetarios son el coeficiente de caja legal y las operaciones de mercado abierto. El coeficiente de caja legal, además de permitir al Banco Emisor regular la creación de depósitos bancarios, le permite supervisar las prácticas empresariales de las entidades bancarias.

En circunstancias normales, para determinar la tasa de crecimiento de los agregados monetarios, la mayoría de los bancos emisores recurren a las operaciones de mercado abierto. Como ya hemos estudiado en los apartados anteriores, las operaciones de mercado abierto son intervenciones del Banco Emisor en el mercado de deuda pública que tienen como objetivo modificar la base monetaria de la economía. Si el Banco Emisor quiere aumentar la base monetaria, compra deuda pública, y si quiere que la base monetaria disminuya, vende deuda pública. Una vez modificada la base monetaria, el sistema bancario modifica la cantidad de créditos que concede y crea o destruye depósitos multiplicando el efecto inicial de la variación de la base monetaria. En el Tema 14 vamos a aprender que la política monetaria puede tener efectos importantes sobre la producción y el empleo agregados de la economía.

LA IDEA MÁS IMPORTANTE DE ESTE TEMA

Ningún Estado garantiza el valor del papel moneda. El papel moneda es dinero porque confiamos en que va a seguir siéndolo. Cuando esa confianza desaparece, el dinero pierde su valor.

Cuadro 7.2: *Los principales agregados monetarios de la economía española (miles de millones de pesetas corrientes). Fuente: Banco de España.*

Año	E	D	M1	M2	M3	ALP
1962	88,3	142,6	230,8	394,0	514,9	514,9
1963	102,6	174,3	276,8	470,5	613,2	613,2
1964	118,4	210,3	328,8	563,2	728,7	728,7
1965	137,3	245,3	382,6	688,9	867,0	867,0
1966	156,9	275,2	432,1	806,9	1000,0	1000,0
1967	179,7	309,7	489,4	935,5	1145,2	1145,2
1968	196,8	348,1	544,8	1051,1	1339,0	1339,0
1969	220,3	402,1	622,3	1206,1	1592,0	1592,2
1970	240,8	436,4	677,1	1302,1	1840,1	1840,2
1971	263,4	521,9	785,4	1492,0	2225,8	2225,9
1972	295,9	680,6	976,5	1847,8	2749,5	2749,5
1973	342,1	894,7	1236,8	2305,9	3434,3	3434,3
1974	393,9	1075,9	1469,8	2667,6	4178,2	4178,2
1975	465,5	1247,0	1712,5	3104,9	4972,3	4972,3
1976	540,2	1502,2	2042,4	3750,3	5899,8	5899,8
1977	654,4	1802,1	2456,5	4520,0	7051,1	7051,2
1978	819,3	2092,6	2911,9	5325,2	8417,5	8418,5
1979	944,3	2373,0	3317,3	6097,1	10030,3	10048,9
1980	1067,6	2585,4	3653,0	6734,3	11792,7	11847,4
1981	1199,6	2851,1	4050,8	7428,5	13639,4	13778,5
1982	1334,0	3245,1	4579,1	8308,0	15933,5	16284,6
1983	1555,0	3291,1	4846,2	8996,3	18108,2	18807,1
1984	1689,2	3453,8	5143,0	9593,8	20964,0	21728,3
1985	1881,3	3814,4	5695,7	10595,7	23874,2	24813,3
1986	2151,0	4438,7	6589,7	12108,3	26552,0	28208,6
1987	2449,4	5057,2	7506,6	13526,3	29775,3	32098,3
1988	2850,1	6219,0	9069,1	15697,6	33250,9	36632,8
1989	3415,9	7211,7	10627,6	17973,6	38409,6	42241,0
1990	3933,4	8531,1	12464,5	20510,8	43615,7	47592,8
1991	4851,2	9707,3	14558,5	23745,2	49150,9	53507,4
1992	5636,7	9714,2	15350,9	25019,1	52214,0	56667,4
1993	6046,3	9059,3	15105,6	25054,3	56077,0	61470,4
1994	6631,6	9661,2	16292,7	27040,8	60368,4	66139,0
1995	7151,7	9810,6	16962,3	28092,7	65907,9	72547,9
1996	7509,1	10304,9	17814,0	29570,5	71199,0	78082,6
1997	7972,7	12034,8	20007,5	32836,6	73935,8	82674,4

TERCERA PARTE

LOS PROBLEMAS MACROECONÓMICOS

La tercera parte del libro contiene una descripción informal de los principales problemas macroeconómicos. Estos problemas afectan a muchas personas en prácticamente todos los países del mundo y su solución es la verdadera razón de ser del análisis macroeconómico.

Probablemente el principal problema macroeconómico sea descubrir cuáles son las causas que limitan el crecimiento económico y qué se puede hacer para favorecer el crecimiento de los países pobres. En el Tema 8 se describen algunas de las principales características de este problema.

Incluso en los países que han experimentado un crecimiento sostenido en los últimos 50 años, éste se ha producido de una forma intermitente. Los altibajos en la evolución de la tasa de crecimiento de una economía son los ciclos económicos. En el Tema 9 se describen las principales características de este problema.

El paro —las dificultades en la formación de relaciones laborales— y la inflación —los aumentos de los precios— son los otros dos grandes problemas macroeconómicos y se describen en los Temas 10 y 11 respectivamente.

Tema 8

EL CRECIMIENTO ECONÓMICO

Muchos años después, frente al pelotón de fusilamiento, el coronel Aureliano Buendía había de recordar aquella tarde remota en que su padre lo llevó a conocer el hielo. Macondo era entonces una aldea de veinte casas de barro y cañabrava construidas a la orilla de un río de aguas diáfanas que se precipitaban por un lecho de piedras pulidas, blancas y enormes como huevos prehistóricos. El mundo era tan reciente, que muchas cosas carecían de nombre, y para mencionarlas había que señalarlas con el dedo.

Gabriel García Márquez – *Cien Años de Soledad*

Contenido

8.0 INTRODUCCIÓN

En el año 1890 los habitantes de la India y los del Japón tenían aproximadamente la misma renta per cápita. Casi cien años mas tarde, en 1985, la renta per cápita de los 121 millones de japoneses era 14 veces mayor que la de los 765 millones de hindúes. Estos datos, además de sorprendernos, deberían hacernos pensar. Si supiéramos cuáles han sido las causas de estas diferencias, las consecuencias que ese descubrimiento tendría para el bienestar de la humanidad serían mucho más formidables que las de cualquier otro descubrimiento en la historia. En este tema vamos a iniciar el estudio del crecimiento económico describiendo de una forma sistemática la distribución de la riqueza de las naciones y su evolución a lo largo del tiempo. Más adelante, en el Tema 13, seguiremos a los grandes teóricos del crecimiento económico en los primeros pasos del largo camino que quizás un día nos lleve a ese descubrimiento.

La recopilación de datos y su organización y presentación posteriores son importantes por dos razones. Primero, porque el conocimiento de los datos es muy útil para ayudarnos en el diseño de las teorías. Solamente si sabemos cuáles son los datos del crecimiento, podremos determinar qué aspectos de la realidad tenemos que incluir en los modelos del crecimiento y cuáles podemos omitir. Además, la recopilación de datos es importante porque los datos sirven para contrastar las teorías. Una teoría del crecimiento que sea incapaz de justificar las observaciones difícilmente podrá servirnos para entender las diferencias en la riqueza de las naciones, o para diseñar políticas económicas que contribuyan a reducir esas diferencias.

El contenido de la mayor parte de este tema sigue muy de cerca a un artículo de los economistas Stephen Parente y Edward C. Prescott, titulado "Changes in the Wealth of Nationsε publicado en el Quarterly Review del Federal Reserve Bank of Minneapolis en julio de 1993.[1] En ese artículo Parente y Prescott analizan la evolución de la renta per cápita de 102 países y llegan a las siguientes conclusiones: durante el periodo comprendido entre los años 1960 y 1965 las diferencias entre las rentas per cápita de los países más pobres y los países más ricos se han mantenido aproximada-

---

[1]Este artículo está disponible en la siguiente dirección: `http://research.mpls.frb.fed.us/research/qr/qr1721.html`.

mente constantes; durante ese periodo tanto los países más ricos como los países más pobres se han enriquecido; y durante ese periodo los procesos de crecimiento de los países han sido muy distintos: en algunos casos se han producido milagros espectaculares y en otros fracasos estrepitosos. En las páginas que siguen vamos a aprender cómo Parente y Prescott han llegado a estas conclusiones.

8.1 DOS MEDIDAS DE LA RIQUEZA DE UN PAÍS

La riqueza de un país o de un hogar se puede medir por lo menos de dos formas distintas: calculando el valor de su patrimonio o calculando el valor de la productividad de sus habitantes. La primera forma de medir la riqueza —el valor del patrimonio— posiblemente sea la más intuitiva, pero en la práctica plantea muchos problemas. Para calcular el valor del patrimonio de una economía tenemos que contabilizar el valor de todos sus activos y el de todos sus pasivos. Tenemos que saber cuánto valen la tierra, la viviendas, los edificios, los fondos de capital productivo privado y público, y todos los activos y pasivos financieros. El coste de recopilar estos datos es muy alto y son muy pocos los países que tienen medidas razonablemente aproximadas del valor de su patrimonio. Además esta forma de medir la riqueza no tiene en cuenta el valor del capital humano que, como ya sabemos, juega un papel económico cada vez más importante.

La segunda forma de medir la riqueza —el valor de la productividad de sus habitantes— es la que propone el economista A. Smith en su obra *La Riqueza de las Naciones*, y es la que vamos a usar en este tema. El valor de la productividad de los habitantes de un país es una forma aproximada de medir el valor de su tiempo, o lo que es lo mismo, de medir el valor medio de la vida de esas personas. En un sentido profundo, lo que nos hace verdaderamente ricos es que nuestro tiempo sea valioso. Además, la productividad de los habitantes de un país es muy sencilla de medir, ya que para calcularla sólo tenemos que dividir su producto interior bruto por su población, y la mayoría de los países disponen de esas dos series. Como vamos a aprender en el Tema 12, el valor del producto interior bruto de una economía coincide con el valor total de los ingresos de sus habitantes. Por lo tanto, el valor de la productividad media de una economía y el de la renta per cápita de sus habitantes también coinciden. En este tema usaremos indistintamente esas dos expresiones. Por último, medir la riqueza de un país mediante la renta per cápita de sus habitantes tiene la ventaja de que en cierto sentido esta medida incluye al valor del patrimonio puesto que una parte de la renta —las renta del capital— tiene su origen en el patrimonio. Además, el patrimonio es el fondo que resulta de acumular el ahorro, o sea la parte de la renta que no se ha dedicado al consumo.

Es importante recordar que la renta per cápita también tiene sus limitaciones. Por ejemplo, en el Tema 5 hemos aprendido que el producto interior bruto sólo considera el valor de las mercancías finales que se intercambian en mercados legalmente organizados. Por lo tanto, la renta per cápita no incluye el valor de la economía informal, ni el del ocio, ni el de otros usos no remunerados del tiempo.

Ejercicio 8.0: Supongamos que nuestros antepasados lejanos fueran unos simios espabilados que un buen día decidieron bajarse de los árboles. ¿Cuál era el valor del patrimonio de la humanidad en ese momento? ¿Cómo se fueron enriqueciendo nuestros congéneres? Utilice sus respuestas a estas dos preguntas para justificar que el valor de la riqueza de un país se calcule mediante el valor de su renta per cápita.

8.2 LOS DATOS

La principal fuente de datos que Parente y Prescott utilizan en su artículo es la que recopilaron los economistas R. Summers y A. Heston.[2] La recopilación de Summers y Heston incluye datos de 138 países y abarca el periodo comprendido entre 1950 y 1988. Como las series de muchos de esos países no empiezan hasta 1960, Parente y Prescott limitan su estudio a los 102 países cuyos datos para el periodo 1960–1985 estaban completos, y que en 1960 contaban con más de un millón de habitantes. Los países cuya población no alcanzaba esa cifra fueron excluidos del estudio porque al ser países muy pequeños su riqueza es muy sensible a las variaciones de factores externos.

---

[2]Véase "The Penn World Table (Mark 5). An expanded set of international comparisons, 1950–88." *Quarterly Journal of Economics* 106, Mayo de 1991, pgs. 327–60. Estos datos están a disposición del lector interesado en `http://pwt.econ.upenn.edu`.

Para entender mejor los procesos de crecimiento, sería muy útil disponer de datos que abarcaran un periodo más largo. Pero desgraciadamente a medida que nos perdemos en el pasado, el número de países para los que existen datos fiables disminuye. En algunos casos Parente y Prescott amplían el periodo muestral con observaciones de otros 29 países cuyos datos se remontan por lo menos hasta los primeros años del siglo xx.[3]

8.3 LAS COMPARACIONES

Este tipo de estudios comparativos plantea dos grandes clases de problemas: los que se derivan de comparar los datos de países distintos con convenciones contables y unidades de cuenta diferentes, y los que se derivan de comparar agregados de cantidades valorados a precios corrientes y que, por lo tanto, cambian con el tiempo. En los apartados siguientes vamos a estudiar los métodos que usan Parente y Prescott para resolver estos dos problemas.

Ejercicio 8.1: Proponga dos métodos para comparar la renta per cápita española de 1998 medida en euros corrientes, y la renta per cápita estadounidense del mismo año medida en dólares corrientes.

8.3.1 Las comparaciones entre países

Quizás la forma más inmediata de resolver el problema que plantea el hecho de que en general las unidades de cuenta de países distintos son diferentes sea convertir las monedas de cada país en una moneda común usando los tipos de cambio nominales. Este método tiene la ventaja de que es muy sencillo, pero tiene el inconveniente de que a menudo los tipos de cambio nominales no reflejan el poder de compra de las distintas divisas —por ejemplo,

---

[3]Las Fuentes de estos datos son las siguientes: A. Maddison, "Dynamic Forces in capitalist development: A long-run comparative view", Oxford 1991, Oxford University Press; J. B. Delong, "Productivity Growth, convergence and welfare: Comment", *American Economic Review*, 78 (1988), pgs. 1138–1154; y P. Van der Eng, "The real domestic product of Indonesia, 1880–1989", *Explorations in Economic History* 29 (1992), pgs. 343–373. El libro de Maddison contiene observaciones de 16 países industrializados que se remontan hasta 1820. El artículo de De Long incluye, además, datos de otros seis países, y el artículo de Van Der Eng contiene datos de Japón y de otros siete países asiáticos que se remontan hasta 1900.

con un dólar estadounidense se pueden comprar muchas más mercancías en la India que en Japón—. Como además muchas veces las variaciones en los tipos de cambio responden a factores externos que tienen muy poco que ver con la riqueza de las naciones, es preferible utilizar otros métodos para realizar este tipo de comparaciones.

El método que utilizan Summers y Heston consiste en clasificar todas las mercancías finales en 150 grupos y calcular un precio relativo internacional para cada grupo. El precio relativo internacional de cada grupo es una media ponderada de los precios relativos locales de las mercancías de cada grupo. Para calcular esos precios relativos locales, se elige un grupo como numerario y se expresan los precios medios de los demás grupos en función de ese numerario. Para calcular el precio relativo internacional de las mercancías de cada grupo se ponderan los precios relativos de cada país por el cociente que resulta de dividir su producto interior bruto expresado en precios relativos locales entre el producto interior bruto de todos los países considerados expresado también en precios relativos locales. El nivel de precios —que es arbitrario— se elige de tal manera que los valores del producto interior bruto de Estados Unidos expresado en dólares de Estados Unidos y en dólares internacionales —que es el nombre de la divisa que se usa en las comparaciones— coincidan. Esta elección pretende respetar la práctica habitual de considerar a Estados Unidos como el país de referencia en las comparaciones internacionales. Para calcular la renta per cápita de cada país, Parente y Prescott dividen el producto interior bruto de cada país expresado en dólares internacionales por su población. Desde aquí en adelante, cada vez que nos refiramos a la renta per cápita de un país, debemos entender que nos estamos refiriendo a la renta per cápita medida en dólares internacionales.

El siguiente paso es elegir un procedimiento que nos facilite la comparación de las rentas per cápita de los distintos países de la muestra. El procedimiento que utilizan Parente y Prescott consiste en dividir la renta per cápita de cada país por la renta per cápita de Estados Unidos de ese mismo año. De esta forma obtenemos la riqueza relativa de cada país medida en términos de la riqueza de Estados Unidos. Como durante todo el periodo considerado, Estados Unidos fue el país más rico de la muestra, las riquezas relativas de todos los demás países siempre son menores que 1.

Por ejemplo, en 1985 Estados Unidos tuvo una renta per cápita de 18.605 dólares internacionales, mientras que Etiopía, que fue el país más pobre de la muestra, tuvo una renta per cápita de 412 dólares internacionales. Por lo tanto, ese año la riqueza relativa de Etiopía fue de 0,022. O dicho de otra forma, en 1985 los ciudadanos estadounidenses eran aproximadamente 45 ($\simeq 1/0{,}022$) veces más ricos que los etíopes. El Ejercicio 8.2 nos enseña a calcular las rentas per cápita .

Ejercicio 8.2: Santa Bárbara, Santa Rita y San Antonio son tres pequeñas economías insulares. Suponga que las únicas mercancías finales que se producen en las tres islas son libros (L), vaqueros (V), y cerveza (C), y que la moneda local de Santa Bárbara es el peso (SBP), la de Santa Rita el dólar (SR\$) y la de San Antonio la libra (SA£). El siguiente cuadro contiene las cantidades de las tres mercancías producidas per cápita en cada isla y sus precios correspondientes expresados en moneda local.

País	L	V	C	p_L	p_V	p_C
Santa Bárbara	1.000	20	200	5	25	0,5
Santa Rita	80	300	5.000	10	60	2
San Antonio	300	300	3.000	1	4	0,1

Conteste a las siguientes preguntas: (a) calcule el producto interior bruto per cápita de cada isla expresado en la moneda local; (b) suponga que los tipos de cambio de cada moneda con relación al dólar estadounidense (US\$) son los siguientes: e(SBP/US\$) = 0,8, e(SR\$/US\$) = 2,88 y e(SA£/US\$) = 0,15 y calcule el valor del producto interior bruto per cápita de cada isla expresado en US\$; (c) calcule los precios relativos de los libros y los vaqueros en términos de la cerveza en cada isla; (d) obtenga una medida del producto interior bruto per cápita de cada isla expresado en latas de cerveza; (e) calcule el precio relativo internacional de cada mercancía (el precio relativo internacional se define como una media ponderada de los precios relativos en cada país ponderados por los cocientes que resultan de dividir el valor del producto interior bruto per cápita de cada isla y el producto interior bruto per cápita de las tres islas, ambos expresados en latas de cerveza); (f) calcule el producto interior bruto per cápita de cada isla valorado a precios relativos internacionales; (g) suponga que ese mismo año el producto interior bruto per cápita de Estados Unidos valorado a precios internacionales ascendió a

30.000 latas de cerveza y valorado en US$ corrientes a 21.000 US$, y calcule el valor que debe tener una lata de cerveza expresado en US$ para que las dos medidas del producto interior bruto per cápita de Estados Unidos coincidan; (h) utilice ese valor para calcular el producto interior bruto per cápita de cada isla valorado en dólares internacionales, y (i) calcule las rentas per cápita relativas de las tres islas en términos de la de Estados Unidos valoradas todas ella en dólares internacionales.

8.3.2 Las comparaciones entre periodos

Una vez que sabemos cómo comparar la riqueza de distintos países en el mismo momento del tiempo, el siguiente paso es elegir un método que nos permita realizar esa misma comparación en distintos momentos del tiempo. Este problema es muy parecido al que se nos planteaba en el Tema 5 cuando queríamos comparar las producciones agregadas de un país valoradas a precios corrientes de dos años distintos. Como veíamos en ese tema, una forma de facilitar las comparaciones intertemporales es valorar las cantidades producidas en años distintos usando los precios de un año de referencia, o año base. Parente y Prescott, sin embargo, optan por una solución distinta que consiste en transformar la riqueza relativa de cada país valorada a precios internacionales corrientes multiplicándola por el siguiente factor: $f_t \equiv \sum p^*_{85} x_{US,t} / \sum p^*_{85} x_{US,85}$. En esa expresión las variables x_{US} denotan las producciones per cápita de cada grupo en Estados Unidos y las variables p^*_{85} denotan los precios internacionales de 1985. Por lo tanto, el factor f_t es el valor de la renta per cápita de Estados Unidos del periodo t valorada a precios internacionales de 1985 dividido por el valor de la renta per cápita de Estados Unidos en 1985 valorada a precios internacionales de 1985. De este modo, la renta per cápita de Estados Unidos actúa como el vínculo intertemporal que nos permite comparar la riqueza de cada país en momentos distintos del tiempo. Al valor de la riqueza relativa que se obtiene con este procedimiento le vamos a llamar la riqueza relativa real, o la renta per cápita relativa real.

Ejercicio 8.3: A Irene el párrafo anterior le ha parecido muy confuso. Para entenderlo mejor ha hecho las operaciones en un papel y ha descubierto que el método de Parente y Prescott equivale a deflactar la proporción entre la renta per cápita nominal de un país y la renta per cápita nominal de Estados Unidos en 1985 utilizando como deflactor el deflactor de la renta per cápita de Estados Unidos con base 1985. Averigüe si Irene tiene razón o si se ha equivocado.

8.3.3 La escala logarítmica

Los métodos que hemos descrito en los dos apartados anteriores para comparar las rentas per cápita de distintos países, ya sea en el mismo momento del tiempo o en distintos momentos del tiempo, utilizan las rentas per cápita relativas en un caso nominales y reales en el otro. Como el término de comparación es la renta per cápita de Estados Unidos, y como durante todo el periodo considerado Estados Unidos tuvo la mayor renta per cápita de todos los países de la muestra, las rentas per cápita relativas de todos los países pertenecen al intervalo (0,1) durante todo el periodo considerado.

En los gráficos con los que Parente y Prescott ilustran los resultados de su análisis, y que nosotros reproducimos en la sección siguiente, se utiliza una escala logarítmica en base dos para representar esas riquezas relativas. En esa escala al número uno le corresponde el número cero ya que $\log_2(1) = 0$, al número 1/2 le corresponde el número -1 ya que $log_2(1/2) = -1$, al número 1/4 le corresponde el número -2 ya que $log_2(1/4) = -2$, y así sucesivamente. Por lo tanto, esa escala logarítmica tiene la propiedad de que la distancia existente entre los valores que asigna a 1 y 1/2, coincide con la distancia existente entre los valores que asigna a 1/2 y 1/4, y con la existente entre los valores que asigna a todas las potencias consecutivas de dos. Como ilustran el Ejercicio 8.4 y los gráficos de las secciones siguientes, esta escala facilita considerablemente las comparaciones.

Ejercicio 8.4: Suponga que en 1960 la renta per cápita relativa de un país era 1/32 y que esa variable experimentó una tasa de crecimiento del 2 % anual. (a) Calcule el valor de la renta per cápita relativa de ese país en 1965, 1970, 1975, 1980 y 1985, y (b) represente gráficamente esa serie usando una escala natural y una escala logarítmica en base 2.

8.4 LA DISTRIBUCIÓN DE LA RIQUEZA EN 1985

En 1985 los 102 países que forman parte de la muestra de Parente y Prescott tenían una población total de 4.110 millones de habitantes y su producción total de mercancías finales valoradas a precios internacionales ascendió a 18.136 miles de millones de dólares internacionales. Por lo tanto, la renta per cápita media de todo el grupo fue de aproximadamente 4.400 dólares internacionales.

RPC	%POB	%PIB	$\sum$%POB	$\sum$%PIB
> 4	5,82	24,55	5,82	24,55
2–4	11,69	32,84	17,51	57,39
1–2	12,89	15,86	30,40	73,25
1/2–1	8,06	5,88	38,46	79,13
1/4–1/2	33,70	15,71	72,16	94,84
< 1/4	27,84	5,16	100,00	100,00

Cuadro 8.0: *La distribución mundial de la riqueza en 1985 expresada en términos de la riqueza media.*

Como ya se ha mencionado anteriormente, en 1985 el país más rico de la muestra era Estados Unidos que, con una renta per cápita de 18.605 dólares internacionales, era 4,22 veces más ricos que la media, y Etiopía era el país más pobre de la muestra y su renta per cápita de unos 413 dólares internacionales supuso algo menos de 1/10 de la riqueza media.

En ese mismo año el producto interior bruto de la economía española ascendió a 279 miles de millones de dólares internacionales, lo que supuso un 1,54 % de la producción mundial; la población de la economía española fue de 38,6 millones de personas, algo menos del 0,93 % de la población total de la muestra y la renta per cápita de la economía española ascendió a 7.232 dólares internacionales, por lo que los españoles éramos aproximadamente 1,64 veces más ricos que la media.

El Cuadro 8.0 resume la distribución de la renta de los 102 países de la muestra en 1985. La primera columna de ese cuadro representa los intervalos de la renta per cápita expresados como un múltiplo o un divisor de la renta per cápita media. Posiblemente la característica más evidente de esos datos es que en 1985 la distribución mundial de la riqueza era muy desigual.

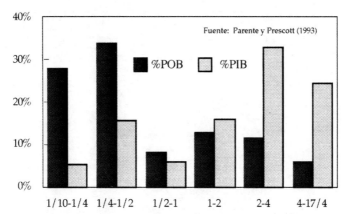

Gráfico 8.0: *La distribución mundial de la riqueza en 1985 expresada en términos de la riqueza media.*

Por ejemplo, Estados Unidos, con tan sólo un 5,82 % de la población de la muestra produjo casi una cuarta parte del producto interior bruto total y su riqueza fue 4,2 veces mayor que la media y 45 veces mayor que la riqueza de Etiopía, el país más pobre. Además, en 1985 los pobres eran muchos más que los ricos: casi el 70 % de la población mundial tenía una renta per cápita menor que la media, y solamente el 30 % restante tenía una renta per cápita mayor que la media.

Si estudiamos la distribución con más detalle, nos damos cuenta de que las desigualdades eran todavía mayores porque en 1985 muchas personas eran muy pobres —la renta per cápita de más del 30 % de la población era menor que 1/4 de la renta per cápita media— y muy pocas personas eran muy ricas —un 6 % tenía una renta per cápita más de 4 veces mayor que la renta per cápita media—. El Gráfico 8.0 ilustra estos resultados.

8.5 LAS CARACTERÍSTICAS DEL CRECIMIENTO

En el apartado anterior hemos descrito la distribución de la riqueza de los 102 países de la muestra de Parente y Prescott en 1985. En este apartado vamos a utilizar los datos de Parente y Prescott para analizar la evolución de la distribución de la riqueza de los países de la muestra entre los años 1960 y 1985. Estos dos autores destacan las siguientes características de esa evolución: durante el periodo considerado las diferencias entre la riqueza de

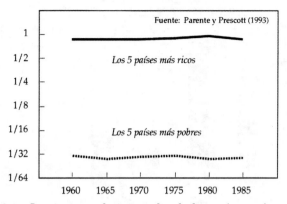

Gráfico 8.1: *La riqueza relativa media de los países más pobres y la de los más ricos.*

los países han sido grandes y persistentes; tanto los países más pobres como los más ricos se han enriquecido; mientras que la riqueza de algunos países se ha triplicado, la de otros se ha reducido a menos de la mitad; la riqueza de los países no ha convergido. En los apartados siguientes se comentan con más detalle estas características.

8.5.1   Diferencias grandes y persistentes

Durante todo el periodo considerado las diferencias entre la riqueza de los países más pobres y la de los más ricos fueron muy grandes y se mantuvieron en niveles parecidos. En 1960 la riqueza relativa media de los cinco países más ricos era 28,5 veces mayor que la de los cinco países más pobres, y en 1985 era 29,5 veces mayor. El Gráfico 8.1 representa las riquezas medias relativas de los cinco países más pobres y de los cinco países más ricos de la muestra como proporción de la riqueza de Estados Unidos de cada año, e ilustra esos resultados para todo el periodo considerado.

8.5.2   Crecimiento generalizado

Como el Gráfico 8.2 pone de manifiesto, durante el periodo considerado tanto los países pobres de la muestra como los países ricos se enriquecieron. En ese gráfico se representa la riqueza relativa media de los cinco países más pobres de la muestra, de los cinco países centrales y de los cinco países más ricos, todas ellas expresadas en relación con la riqueza de Estados Unidos en 1985.

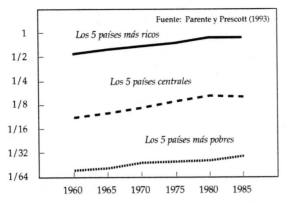

Gráfico 8.2: *La evolución de la riqueza relativa media.*

Entre esos tres grupos de países los que más crecieron fueron los países del centro de la muestra, cuya riqueza relativa media creció en un 78 %, mientras que las tasas de crecimiento acumuladas de los cinco países más pobres y de los cinco países más ricos fueron menores: un 60 % y un 51 % respectivamente.

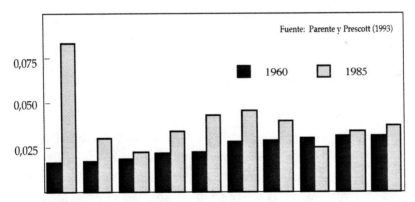

Gráfico 8.3: *La evolución de la riqueza relativa de los diez países más pobres de la muestra en 1960.*

Estos datos parecen confirmar que no existe una trampa de pobreza absoluta, ya que es evidente que durante el periodo considerado los países más pobres también han crecido. El Gráfico 8.3 establece este resultado. Con la única excepción del Zaire, en 1985 los diez países que eran los más pobres de la muestra en 1960 se había enriquecido. En algunos casos, como el de Lesotho, ese enriquecimiento fue considerable. Por lo tanto, los datos de Parente y Prescott parecen rechazar la hipótesis defendida por algunos teóricos del crecimiento que establece que los países cuya renta per cápita no alcanza una cuantía determinada están condenados a ser pobres para siempre.

Aumentos		Disminuciones	
País	Factor	País	Factor
Arabia Saudita	3,32	Zambia	1/2,63
Lesotho	3,19	Mozambique	1/2,63
Taiwán	2,60	Madagascar	1/2,50
Hong Kong	2,59	Angola	1/2,38
Corea del Sur	2,40	Chad	1/2,13
Egipto	2,38	Liberia	1/2,04
Congo	2,18	Ghana	1/2,00
Japón	2,10	Zaire	1/1,96
Singapur	2,09	Nicaragua	1/1,85
Siria	1,89	Afganistán	1/1,75

Cuadro 8.1: *Milagros y fracasos del crecimiento [Fuente: Parente y Prescott (1993)].*

8.5.3 Milagros y fracasos del crecimiento

Si bien es cierto que durante el periodo considerado tanto los países más pobres como los más ricos han crecido, también es verdad que un grupo relativamente numeroso de países experimentó aumentos en su riqueza relativa de una magnitud verdaderamente sorprendente, mientras que otro grupo de países, también relativamente numeroso, padeció disminuciones en su riqueza relativa de una magnitud igualmente considerable. Estos grandes aumentos y disminuciones son lo que Parente y Prescott llaman respectivamente los milagros y los fracasos del crecimiento. El Cuadro 8.1 recoge estos datos.

Entre los milagros del crecimiento, los casos más espectaculares son los de Arabia Saudita y de Lesotho, cuyas riquezas relativas se multiplicaron por más de tres. El caso de Lesotho es especialmente sorprendente si tenemos en cuenta que en 1960 era el país más pobre del mundo. Los tres milagros siguientes corresponden a Taiwan, Hong Kong y Corea del Sur,

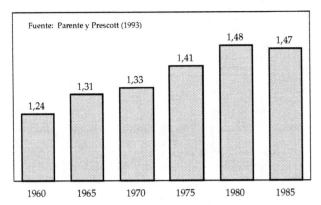

Fuente: Parente y Prescott (1993)

1960   1965   1970   1975   1980   1985

Gráfico 8.4: *La evolución de la desviación típica de la riqueza en los 102 países de la muestra.*

que en el periodo considerado fueron las tres economías más dinámicas del sudeste asiático.

Entre los fracasos más sonados, ocho corresponden a países africanos. Los casos más estrepitosos fueron Zambia y Mozambique, cuya riqueza relativa en 1985 era 2,63 veces menor que en 1960. Quizás una explicación de esta evolución tan desgraciada es que la mayoría de esos países padecieron guerras civiles durante el periodo considerado.

8.5.4 ¿Convergencia o divergencia?

Muchos estudios recientes en la teoría del crecimiento se plantean si se ha producido o no una convergencia de las rentas per cápita de los distintos países. Una forma de medir la convergencia de una distribución es mediante su rango —que es la diferencia entre la observación máxima y la mínima—. Como hemos visto en el Gráfico 8.1, durante el periodo considerado el rango de la distribución de la riqueza ha permanecido relativamente estable. Por lo tanto, desde este punto de vista parece que no se ha producido ni una convergencia ni una divergencia de las riquezas relativas de los distintos países que componen la muestra.

Otra forma de medir la divergencia de una distribución es mediante su desviación típica —que intuitivamente es la distancia media entre las observaciones y la media de la distribución—. El Gráfico 8.4 representa la evolución de la desviación típica del logaritmo de la renta per cápita

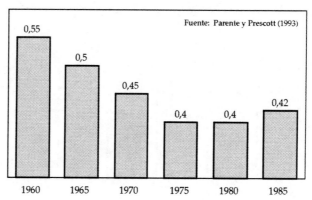

Gráfico 8.5: *La evolución de la desviación típica de la riqueza en Europa.*

de los países que componen la muestra. Esta medida parece indicar que durante el periodo considerado las diferencias entre los países pobres y los países ricos ha aumentado —en concreto la desviación típica aumentó en aproximadamente un 19 %.

¿Qué ocurre si consideramos las desviaciones típicas de grupos más reducidos de países? Como ilustra el Gráfico 8.5, la desviación típica de la riqueza relativa de los países de Europa Occidental se ha reducido, pasando de valer 0,55 en 1960 a valer 0,42 en 1985. Por el contrario, como ilustra el Gráfico 8.6, las rentas per cápita de los países del sudeste asiático han experimentado una evolución claramente divergente. Mientras que en 1980 la renta per cápita del país más rico del grupo era apenas dos veces mayor que la del más pobre, en 1985 esa diferencia había crecido hasta llegar a ser de 16 veces. Como veíamos al principio de este tema, posiblemente el caso más llamativo sea el de Japón y la India. ¿A qué pueden deberse unas diferencias en la renta per cápita tan grandes? ¿Cuáles son las causas del crecimiento de Japón y del estancamiento de la India?

8.6 LA RIQUEZA DEL LÍDER

Para terminar, el Gráfico 8.7 representa la riqueza relativa del país más rico de la Tierra en relación con la riqueza de Estados Unidos en 1985 durante el periodo comprendido entre 1580 y 1989. Es evidente que en esos poco más de 400 años la riqueza relativa del líder ha crecido mucho. Además,

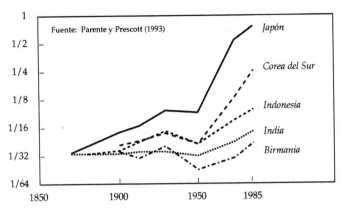

Gráfico 8.6: *La evolución de la desviación típica de la riqueza en el sudeste asiático.*

la tasa de crecimiento medio de la riqueza relativa del país más rico de la Tierra se ha acelerado. Concretamente durante el periodo 1580–1820, el país más rico del mundo fue Holanda y creció a una tasa aproximada del 0,2 % por año. Aproximadamente en 1820 el país más rico del mundo pasó a ser el Reino Unido, que creció a una tasa aproximada del 1,2 % por año hasta 1890. Aproximadamente entonces Estados Unidos pasó a ser el país más rico de la Tierra y durante el periodo 1890–1985 creció a una tasa aproximada del 2,2 %. Con esas tasas de crecimiento la renta per cápita de Holanda tardaba unos 350 años en duplicarse, la del Reino Unido tardaba unos 58 años y la de Estados Unidos unos 32 años.

Ejercicio 8.5: ¿A qué cree que puede deberse que durante los últimos 400 años la tasa de crecimiento del país más rico de la Tierra se haya acelerado?

Una de las causas que pueden justificar esta evolución es la acumulación de conocimientos técnicos. En los últimos cuatrocientos años los descubrimientos científicos y técnicos han aumentado el fondo de conocimiento técnico de la humanidad y como consecuencia la productividad media del líder, que posiblemente sea el país que mejor aprovecha esos conocimientos, ha aumentado.

Ejercicio 8.6: ¿Cuál cree que era el país más rico de la Tierra en los años inmediatamente anteriores a 1580?

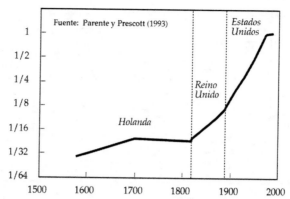

Gráfico 8.7: *La riqueza relativa del país más rico de la Tierra expresada en función de la riqueza de Estados Unidos en 1985.*

8.7 PREGUNTAS PARA LA TEORÍA DEL CRECIMIENTO

Las preguntas más importantes que se plantean las teorías del crecimiento pretenden descubrir por qué unos países son tan ricos y otros tan pobres y por qué las diferencias en las riquezas de unos países y otros son tan grandes.

En su intento de contestar a estas preguntas, los teóricos del crecimiento de los años sesenta destacaron la importancia de la acumulación del capital y del progreso técnico que permitían el crecimiento continuado de la productividad del trabajo.

Si el crecimiento económico es un problema de acumulación de capital, ¿por qué los países ricos no invierten en los países pobres donde al haber menos capital su rentabilidad debería ser mayor? Las dificultades que encontraron para contestar a esta pregunta llevaron a los investigadores del crecimiento económico a cambiar la orientación de sus teorías y a explorar la relación que existe entre las ideas, la educación, el capital humano y el crecimiento.

El desarrollo espectacular de las tecnologías de la información, la accesibilidad de las ideas y su carácter no excluyente —por ejemplo, todas las personas que sepan el álgebra necesaria pueden utilizar el teorema de Pitágoras al mismo tiempo sin incurrir en coste alguno— han convencido a algunos economistas de que la educación y la economía de las ideas sólo son explicaciones parciales al problema del crecimiento y les han llevado a preguntarse por qué no crecen los países pobres y a desarrollar teorías basadas en las barreras al crecimiento y a analizar el papel que juegan las instituciones y las consecuencias económicas del derecho. En el Tema 13 de este libro se introduce el análisis de versiones muy simplificadas de dos de los primeros modelos de crecimiento.

Ejercicio 8.7: ¿*Por qué cree que España es más pobre que Francia, que Perú es más pobre que Chile y que el Reino Unido es más pobre que Estados Unidos?*

Cuadro 8.2: *La riqueza en 1985 de los 102 países de la muestra de Parente y Prescott (1993) medida en dólares internacionales.*

1	Estados Unidos	18.605	52	Jamaica	2.880
2	Canada	16.612	53	Guatemala	2.820
3	Suiza	15.584	54	República Dominicana	2.605
4	Noruega	14.819	55	Marruecos	2.500
5	Australia	14.052	56	Nicaragua	2.435
6	Suecia	13.453	57	Egipto	2.380
7	Dinamarca	13.050	58	Sri Lanka	2.340
8	Francia	12.577	59	Camerún	2.259
9	Alemania	12.458	60	El Salvador	2.244
10	Finlandia	12.268	61	China	2.184
11	Arabia Saudita	12.123	62	Filipinas	2.164
12	Holanda	11.974	63	Guinea Papúa	2.080
13	Japón	11.946	64	Bolivia	1.980
14	Singapur	11.721	65	Zimbawe	1.859
15	Reino Unido	11.686	66	Costa de Marfíl	1.851
16	Italia	11.574	67	Pakistán	1.834
17	Bélgica	11.409	68	Honduras	1.600
18	Hong-Kong	11.407	69	Lesotho	1.548
19	Nueva Zelanda	11.386	70	Senegal	1.466
20	Austria	11.204	71	Dahomey	1.421
21	Israel	10.904	72	Nigeria	1.388
22	España	7.232	73	Sierra Leona	1.265
23	Venezuela	6.966	74	Liberia	1.215
24	Irlanda	6.964	75	Sudán	1.208
25	Méjico	6.674	76	Mauritania	1.191
26	Siria	6.532	77	Haití	1.166
27	Grecia	6.322	78	Kenia	1.131
28	Malasia	5.784	79	Ghana	1.098
29	Africa del Sur	5.476	80	Somalia	1.072
30	Taiwán	5.234	81	Angola	1.068
31	Uruguay	5.157	82	Mozambique	1.048
32	Portugal	5.107	83	Zambia	986
33	Yugoslavia	5.027	84	Ruanda	951
34	Brasil	4.822	85	Nepal	919
35	Argentina	4.653	86	Bangladesh	897
36	Irak	4.527	87	Afganistán	891
37	Corea del Sur	4.515	88	Africa Central	876
38	Iran	4.467	89	Madagascar	858
39	Panamá	4.445	90	Togo	846
40	Chile	4.378	91	India	843
41	Costa Rica	4.367	92	Nigeria	806
42	Argelia	4.100	93	Birmania	800
43	Colombia	4.002	94	Malawi	737
44	Turquía	3.868	95	Burundi	685
45	Túnez	3.812	96	Chad	649
46	Jordania	3.554	97	Guinea	631
47	Ecuador	3.464	98	Tanzania	627
48	Perú	3.379	99	Mali	623
49	Congo	3.343	100	Uganda	558
50	Tailandia	3.034	101	Zaire	458
51	Paraguay	2.925	102	Etiopía	413

Tema 9

LOS CICLOS ECONÓMICOS

HISTORIA: Un cronopio pequeñito buscaba la llave de la puerta de calle en la mesa de luz, la mesa de luz en el dormitorio, el dormitorio en la casa, la casa en la calle. Aquí se detenía el cronopio, pues para salir a la calle precisaba la llave de la puerta.

Julio Cortázar – *Historias de Cronopios y de Famas*

Contenido

9.0 INTRODUCCIÓN

Como hemos aprendido en el Tema 8, durante los últimos doscientos años la producción agregada ha crecido considerablemente en los países industrializados. Sin embargo, como vamos a aprender en este tema, ese crecimiento no se ha producido de una manera uniforme. En todos los países de los que disponemos datos, el crecimiento económico se ha producido a trompicones, unas veces las economías han crecido muy deprisa, con tasas de crecimiento que han llegado a alcanzar el 15 %, y otras veces el crecimiento ha sido muy lento, con tasas de crecimiento cercanas a cero, o incluso negativas. Esas fluctuaciones recurrentes en las tasas de crecimiento de la producción, del empleo y de la mayoría de las restantes series macroeconómicas se conocen con el nombre genérico de ciclos económicos.

La naturaleza universal y recurrente de los ciclos económicos y los costes de bienestar potencialmente elevados de las recesiones económicas —que es como vamos a llamar a los periodos de crecimiento lento o negativo— despertaron muy pronto el interés de los economistas y, casi desde principios de siglo, una parte de la teoría económica, la teoría de los ciclos, se ha ocupado de investigar estos fenómenos. Al contrario de lo que ocurre con algunos fenómenos en la naturaleza, ni la amplitud ni la duración de los ciclos económicos, son constantes. Unas veces, las expansiones económicas —que es como vamos a llamar a los periodos de crecimiento acelerado— son muy pronunciadas y duran varios años, y otras veces son suaves y duran sólo algunos meses. Con las recesiones económicas ocurre lo mismo: unas veces son pronunciadas y duraderas, y otras veces son suaves y breves.

Por lo tanto, el primer problema con el que se enfrentaron los teóricos de los ciclos económicos fue identificar sus regularidades: las características que todos los ciclos económicos tienen en común, y que se repiten de una forma más o menos invariable. En el primer apartado de este tema se argumenta que la característica que define a los ciclos económicos es su carácter recurrente, se hace una breve historia de las ideas de los primeros teóricos de los ciclos y se propone una definición de ciclos económicos. Un aspecto esencial de esa definición es el método de descomponer las series económicas en su tendencia —que describe el comportamiento a largo plazo de la serie— y sus fluctuaciones —que constituyen su comportamiento cíclico

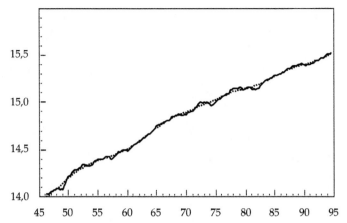

Gráfico 9.0: *El producto interior bruto de la economía estadounidense: tendencia y fluctuaciones (1945–1995).*

propiamente dicho—. Nosotros vamos a usar la descomposición propuesta por Hodrick y Prescott, que es una de las más usadas en los trabajos de investigación más recientes sobre los ciclos.

Otras de las regularidades de los ciclos económicos son las relaciones entre las fluctuaciones de las principales series económicas: sus amplitudes relativas, su carácter procíclico, anticíclico o acíclico, y su comportamiento adelantado, coincidente o retrasado con relación al ciclo de la serie del producto interior bruto. En el segundo apartado del tema se describen con detalle esas regularidades. A continuación, en el tercer apartado, se describe el comportamiento cíclico de la economía española desde 1970. El tema termina planteando las principales preguntas que deberían contestar las teorías de los ciclos económicos.

Como ocurría con el Tema 8, el contenido de este tema tiene muy poco de original. Muchas de las ideas que se discuten en las páginas que siguen están inspiradas en un artículo de los economistas Finn E. Kydland y Edward C. Prescott titulado, "Business Cycles: Real Facts and a Monetary Myth» publicado en el *Quarterly Review* del Federal Reserve Bank of Minneapolis en abril de 1990.[1]

[1]Este artículo está disponible en la siguiente dirección: http://research.mpls.frb. fed.us/research/qr/qr1421.html.

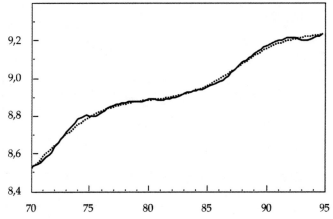

Gráfico 9.1: *El producto interior bruto de la economía española: tendencia y fluctuaciones (1970–1994).*

9.1 UNA DESCRIPCIÓN DE LOS CICLOS ECONÓMICOS

Los Gráficos 9.0 y 9.1 representan, respectivamente, las series del logaritmo de los productos interiores brutos trimestrales de Estados Unidos y de España y sus respectivas tendencias calculadas usando el filtro de Hodrick y Prescott que se describe en el Apartado 9.3.1. Como puede apreciarse en esos gráficos, las características principales de estas series son las siguientes: las series evidencian una tendencia al crecimiento sostenido —entre 1945 y 1995 el producto interior bruto estadounidense creció en un 447%, y entre 1970 y 1994 el producto interior bruto español en un 202%—; el crecimiento se ha producido de una forma intermitente y a las fases de crecimiento rápido le han seguido otras de crecimiento lento o incluso negativo —los Gráficos 9.2 y 9.3 representan las tasas de crecimiento trimestral de las economías estadounidense y española respectivamente, e ilustran esta propiedad—; y las amplitudes y los periodos de las fluctuaciones económicas son muy variables.

Los Gráficos 9.4 y 9.5 ilustran las desviaciones de los logaritmos de las series de los productos interiores brutos estadounidense y español, con respecto a sus respectivas tendencias. Es evidente que esas series se parecen muy poco a las curvas sinusoidales con amplitudes y periodos constantes que Irene se imagina cuando alguien le habla de fluctuaciones cíclicas, y que ilustra el Gráfico 9.6. Por lo tanto, esta primera aproximación a los ciclos

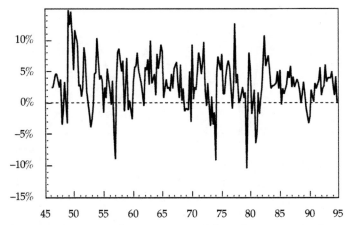

Gráfico 9.2: *Las tasas de crecimiento del producto interior bruto de la economía estadounidense (1945–1995).*

económicos nos permite concluir que efectivamente los ciclos económicos son fluctuaciones recurrentes de las series agregadas pero que tanto las amplitudes como los periodos de esas fluctuaciones son muy variables.

9.2 BREVE HISTORIA DE LAS TEORÍAS DE LOS CICLOS

Desde el principio los investigadores de los ciclos se dieron cuenta del carácter recurrente pero variable de las fluctuaciones económicas. En 1938 el economista Wesley C. Mitchell publicó un libro titulado *Ciclos Económicos* en el que resume los resultados de las investigaciones sobre los ciclos económicos anteriores a la suya, y describe el comportamiento de las series económicas descomponiéndolo en secuencias de ciclos recurrentes. Mitchell propone dividir cada ciclo en cuatro fases sucesivas y recurrentes, a saber: prosperidad, crisis, depresión y recuperación. La cresta del ciclo es la fase de la prosperidad. Cuando esta fase se termina, la economía entra en un periodo de crecimiento lento o de crisis. La crisis termina en una depresión, que es el valle del ciclo. La depresión llega a su fin cuando la tasa de crecimiento de la producción se acelera, la economía entra en una nueva fase de recuperación y se inicia un nuevo ciclo.

Posteriormente, Mitchell formó un equipo de investigación con el economista Arthur F. Burns y en 1946 en otro libro titulado *La Medición de los Ciclos Económicos* define los ciclos como un tipo determinado de fluctua-

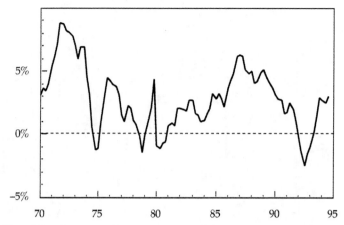

Gráfico 9.3: *Las tasas de crecimiento del producto interior bruto de la economía española (1970–1994).*

ciones en la actividad económica que afectan a las economías de mercado. Para estos autores, un ciclo económico consiste en una fase expansiva que afecta a muchas actividades económicas, seguida de una fase recesiva, también generalizada, que concluye con la fase expansiva del ciclo siguiente. Esta sucesión de cambios es recurrente, aunque no periódica y su duración oscila entre uno y diez o incluso doce años.

Ejercicio 9.0: Según la definición de los ciclos económicos propuesta por Burns y Mitchell, (a) ¿qué regularidades cree que deberían buscar los investigadores de los ciclos? y (b) ¿qué preguntas cree que podrían plantearse?

Como la duración y la amplitud de los ciclos económicos son variables, la definición propuesta por Burns y Mitchell tiene el inconveniente de que no nos dice cuál es la característica de los ciclos que las teorías deberían explicar. La regularidad en la que insisten Burns y Mitchell fue el carácter recurrente de las fluctuaciones, y el objetivo principal de su programa de investigación fue identificar las causas que provocan los cambios de fase, o sea las razones que hacen que se se termine la fase expansiva y que empiece la fase recesiva, que ésta llegue a su fin y que el ciclo se repita. Desgraciadamente el proyecto de investigación de Burns y Mitchell no resultó muy fructífero. Esta falta de frutos se debió sobre todo a que los modelos macroeconómicos al uso —parecidos a los que se describen en los Temas 12,

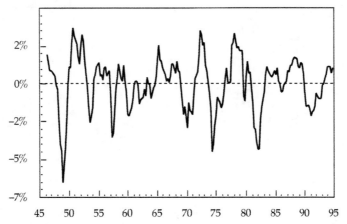

Gráfico 9.4: *Las fluctuaciones del producto interior bruto de la economía estadounidense (1945–1995).*

13 y 14— no generan ciclos deterministas como los que describieron Burns y Mitchell.

En un artículo publicado en 1937, Eugen Slutzky propuso una manera completamente distinta de generar ciclos económicos. En vez de recurrir a un mecanismo determinista como el que buscaban Burns y Mitchell, Slutzky demostró que fluctuaciones parecidas a las de los ciclos económicos podían deberse a causas puramente aleatorias. El Ejercicio 9.1 ilustra esta idea.

Ejercicio 9.1: Suponga que $y_0 = 0$ y con una moneda justa calcule los primeros doscientos valores de la siguiente serie: $y_{t+1} = 0{,}95y_t + \varepsilon_{t+1}$, donde ε_t es una variable aleatoria cuyo valor es 0,5 si sale cara, y –0,5 si sale cruz.

Irene ha hecho el Ejercicio 9.1 y ha obtenido la serie representada en el Gráfico 9.7. Si examinamos ese gráfico, resulta evidente que las fluctuaciones generadas por el mecanismo propuesto por Slutzky son sorprendentemente parecidas a los ciclos económicos de las economías estadounidense y española representados en los Gráficos 9.4 y 9.5, respectivamente. El mecanismo de Slutzky genera fluctuaciones con duraciones y amplitudes variables, y sin embargo es puramente aleatorio. No hay ninguna causa concreta que provoque el final de una expansión y el inicio de la recesión que la sigue, y sin embargo tanto unas como otras se producen de una forma recurrente.

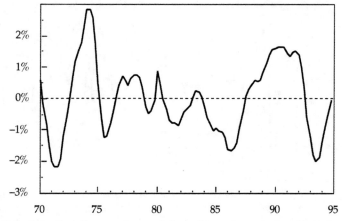

Gráfico 9.5: *Las fluctuaciones del producto interior bruto de la economía española (1970–1994).*

A pesar de lo que tiene de provocativa e interesante, la idea de Slutzky, no es excesivamente útil. Si los ciclos económicos fueran un fenómeno puramente aleatorio, el análisis económico tendría muy poco que decir sobre ellos. Además, aunque el origen de las fluctuaciones sea aleatorio —o muy difícil de explicar, lo que a efectos del análisis viene a ser lo mismo— su mecanismo de transmisión —las decisiones que toman las personas, las empresas y las autoridades económicas al enfrentarse con un mundo cambiante— bien pudiera ser determinista y, por lo tanto, susceptible de ser analizado científicamente.

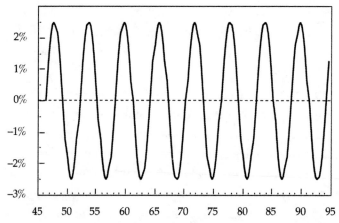

Gráfico 9.6: *Fluctuaciones con amplitudes y periodos constantes.*

La idea de que el origen de los ciclos económicos y su mecanismo de transmisión podían ser diferentes ya se les había ocurrido a los primeros teóricos de los ciclos. El economista Ragnar Frisch discute esta idea en un artículo titulado "Propagation and Impulse Problems in Dynamic Economies" publicado en 1933. En este artículo Frisch reconoce la influencia de otro economista, Knut Wicksell, al que atribuye la siguiente analogía: "Si golpeamos un balancín con un mazo, el movimiento del balancín es muy distinto al del mazazo que lo provoca". Esta analogía puede interpretarse como una forma de sugerir que el análisis de las fluctuaciones debería considerar tanto su origen —el mazazo— como su mecanismo de propagación —el balancín— y que las propiedades de uno y otro pueden ser muy distintas. Por ejemplo, el origen de los ciclos económicos podría ser aleatorio, como propuso Slutzky, y su mecanismo de propagación podría ser determinista, como pensaban Burns y Mitchell.

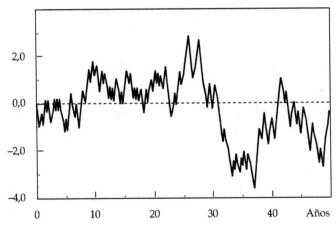

Gráfico 9.7: *Ciclos generados por el mecanismo de Slutzky.*

Las ideas de Frisch y Wicksell recibieron una atención considerable durante los años 30 pero no tuvieron continuadores. Seguramente una de las razones de esta falta de continuidad fue que en aquella época todavía no se habían desarrollado los métodos analíticos necesarios para continuar explorando estas ideas.

Durante los años 40, 50 y 60 el advenimiento de las ideas keynesianas y su desarrollo desvió la atención de la mayoría de los investigadores hacia otros derroteros, y no fue hasta los años 70 cuando un artículo del economista Robert E. Lucas, ganador del Premio Nobel de Economía de 1996, titulado "Understanding Business Cyclesz publicado en 1977, hizo que el interés por los ciclos económicos renaciera. En ese artículo Lucas define los ciclos económicos como las fluctuaciones del producto interior bruto en torno a su tendencia y las fluctuaciones asociadas de las principales series macroeconómicas en torno a sus tendencias respectivas. Para Robert E. Lucas las principales características de los ciclos económicos son las relaciones entre las fluctuaciones de las distintas variables. Al contrario que Burns y Mitchell, Lucas no considera que los ciclos económicos sean una sucesión inevitable de expansiones y contracciones de la actividad económica, ni piensa que sea necesario distinguir entre las distintas fases del ciclo. Según Lucas, no es inconsistente pensar que el origen de las fluctuaciones es aleatorio y que su mecanismo de transmisión es una teoría formal de las decisiones de trabajo y ahorro que toman los hogares y las empresas en un mundo con mercados competitivos. En un artículo publicado en 1982 los economistas Finn Kydland y Edward C. Prescott demostraron que Lucas tenía razón.[2]

9.3 UNA DEFINICIÓN DE LOS CICLOS ECONÓMICOS

La definición de los ciclos económicos que vamos a usar en este tema recoge las ideas de Lucas y es la siguiente:

Definición 9.0: Ciclos económicos. Los ciclos económicos son las fluctuaciones del producto interior bruto en torno a su tendencia, y las fluctuaciones asociadas de las distintas series económicas en torno a sus respectivas tendencias.

En los apartados que siguen vamos a desarrollar las distintas partes de esta definición.

9.3.1 Tendencia y fluctuaciones

El Ejercicio 9.1 ha despertado el interés de Irene por los ciclos económicos, y le gustaría utilizar la Definición 9.0 para caracterizar los ciclos de

---

[2]F. Kydland y E.C. Prescott. "Time to build and aggregate fluctuations". *Econometrica*, 50: 1345–1369.

la economía española. Al intentarlo se da cuenta de que la definición no especifica cómo debe hacerse la descomposición de las series agregadas en su tendencia —que refleja la evolución a largo plazo de las series— y las fluctuaciones en torno a esa tendencia —que reflejan su comportamiento cíclico propiamente dicho—. Si suponemos que esa descomposición es lineal, su expresión formal es la siguiente:

$$y_t = \tau_t + d_t \qquad (9.0)$$

En la expresión (9.0) la variable y representa a una serie cualquiera, por ejemplo la de la producción agregada, la variable τ es la tendencia de la serie, y la variable d las fluctuaciones de la serie en torno a esa tendencia.

Por lo tanto, el problema que se plantea Irene estriba en definir la tendencia. Si la tasa de crecimiento del producto interior bruto fuera constante, la tendencia sería una función lineal del tiempo. Pero como hemos visto en los Gráficos 9.2 y 9.3, la tasa de crecimiento del producto interior bruto es muy variable, y en consecuencia no es muy aconsejable utilizar una tendencia lineal. Intuitivamente la tendencia debe reflejar el comportamiento a largo plazo de las series. Por lo tanto, tenemos que elegir una definición de tendencia que permita que ésta cambie con el tiempo, aunque lentamente.

Una descomposición que cumple esta propiedad y que se ha venido imponiendo en las teorías de los ciclos económicos reales es la que propusieron los economistas Robert Hodrick y Edward C. Prescott. Formalmente esa definición de tendencia es la siguiente:

$$\min_{\{\tau_t\}} \sum_{t=1}^{T} (y_t - \tau_t)^2 + \lambda[(\tau_{t+1} - \tau_t) - (\tau_t - \tau_{t-1})]^2 \qquad (9.1)$$

El primer término de la expresión (9.1) establece que la tendencia, $\{\tau_t\}$, de la serie es la secuencia que resulta de minimizar el cuadrado de las desviaciones de la serie. Dicho de otra forma, el primer término de esta expresión establece que la distancia entre cada observación de la serie original, y_t, y el valor de la tendencia correspondiente a esa observación, τ_t, debe ser lo menor posible. En cambio, el segundo término de la expresión (9.1) establece que el cuadrado de la distancia entre tres valores consecutivos de la tendencia no puede ser muy grande. Dicho de otra forma, el segundo término establece que las variaciones de la tendencia tienen que ser graduales. Obviamente cuanto mayor sea el valor del factor de suavización, λ, la curvatura de la tendencia será más suave. Así, si $\lambda = 0$, la tendencia coincidirá con la serie original, y si $\lambda = \infty$, la tendencia será una línea recta. Las tendencias que están representadas en los Gráficos 9.0 y 9.1 se han obtenido con un factor de suavización $\lambda = 1,600$ que es el valor que se utiliza habitualmente para series trimestrales.

9.3.2 Las propiedades de las fluctuaciones

Una vez que hemos descompuesto las distintas series macroeconómicas en sus tendencias y sus fluctuaciones respectivas, tenemos que elegir un método que nos permita describir de una forma resumida y consistente las características del comportamiento cíclico de cada serie. Con este fin los estudiosos de los ciclos analizan tres características de las fluctuaciones. Estas tres características son las siguientes: la amplitud relativa de las fluctuaciones de la serie y las fluctuaciones del producto interior bruto; el comportamiento procíclico, anticíclico o acíclico de las fluctuaciones de la serie; y el comportamiento adelantado, coincidente o retrasado de las fluctuaciones de la serie y las fluctuaciones del producto interior bruto.

Para medir la amplitud relativa de las fluctuaciones de una serie se calcula la desviación típica porcentual de sus desviaciones y la cifra resultante se divide por la desviación típica de las fluctuaciones del producto interior bruto. De esta forma se determina si la serie fluctúa más o menos que el producto, o si las fluctuaciones de la serie y las fluctuaciones del producto son parecidas. Para determinar el comportamiento procíclico, anticíclico o acíclico de una serie se calcula el coeficiente de correlación entre las desviaciones de la serie y las desviaciones del producto interior bruto. Si el coeficiente de correlación es positivo y cercano a 1, se considera que la serie es procíclica. Si el coeficiente de correlación es negativo y cercano a -1, se considera que la serie es contracíclica. Y si el coeficiente de correlación es cercano a cero, se considera que la serie es acíclica. Por último, para medir el desfase de una serie y la serie del producto interior bruto y determinar su comportamiento adelantado, coincidente o retrasado, se calcula el coeficiente de correlación entre los distintos retardos y adelantos de las desviaciones de la serie y las desviaciones del producto interior bruto. El retardo o adelanto con el mayor coeficiente de correlación en valor absoluto determina el signo del desfase de la serie y el producto interior bruto: si ese coeficiente corresponde a un retardo, diremos que el comportamiento cíclico de la serie es adelantado, y si corresponde a un adelanto, diremos que el comportamiento cíclico de la serie es retrasado. En el apartado siguiente vamos a utilizar estos estadísticos para caracterizar el comportamiento cíclico de la economía española.

9.4   LOS CICLOS DE LA ECONOMÍA ESPAÑOLA

Para describir el comportamiento cíclico de una economía es importante disponer de una base de datos trimestral. Los datos anuales no son muy útiles para el análisis de los ciclos económicos porque no reflejan las fluctuaciones con una periodicidad menor al año, y parece razonable pensar que al menos una parte de las fluctuaciones trimestrales se deben a las mismas causas que originan el ciclo.

El periodo muestral que vamos a considerar en este apartado empieza el primer trimestre del año 1970, que es el primer periodo de la Contabilidad Nacional Trimestral Española, y termina el cuarto trimestre del año 1994. Vamos a considerar las siguientes series: agregados de cantidades reales —el producto interior bruto real *(pib)*, el consumo privado real *(con)*, la formación bruta del capital real *(fbk)*, el consumo público *(cpu)*, las exportaciones *(exp)*, las importaciones *(imp)*— series del mercado de trabajo —empleados *(emp)* y parados *(uep)*— y series nominales —M2 *(m02)* y el deflactor del producto interior bruto *(dfl)*.[3] Las series reales y el deflactor del producto interior bruto se calculan a partir de los datos de la Contabilidad Nacional Trimestral que publica el Instituto Nacional de Estadística. Las series de empleo forman parte de la Encuesta de la Población activa que también elabora el Instituto Nacional de Estadística. La serie M2 es la que publica el Banco de España. Los Cuadros 9.0, 9.1 y 9.2 contienen los principales estadísticos que resumen el comportamiento cíclico de estas series. Además, las segundas mitades de los Cuadros 9.0 y 9.1 contienen estadísticos que describen algunas de las características del comportamiento cíclico de la economía estadounidense. Estos estadísticos son los que apare-

---

[3]Las series del mercado de trabajo se describen con detalle en el Tema 10.

España (1970:1–94:4)									
	pib	*con*	*fbk*	*cpu*	*exp*	*imp*	*emp*	*uep*	*m02*	*dfl*
σ_x	1,16	1,23	4,88	1,09	3,20	4,83	1,31	4,97	2,78	1,60
σ_x/σ_y	1,00	1,06	4,21	0,94	2,76	4,16	1,13	4,28	2,40	1,38
EE. UU. (1954:1–84:2)									
σ_x	1,71	1,25	8,30	2,07	5,53	4,92	1,06	–	1,84	0,89
σ_x/σ_y	1,00	0,73	4,85	1,21	3,23	2,88	0,62	–	1,07	0,52

Cuadro 9.0: *La amplitud de las fluctuaciones de las economías española y estadounidense.*

cen en el artículo de Kydland y Prescott que se cita en la introducción. Se han calculado a partir de datos trimestrales para el periodo comprendido entre el primer trimestre de 1954 y el segundo trimestre de 1982. La fuente de esos datos es la base Citibase elaborada por Citicorp.

9.4.1 La amplitud de las fluctuaciones

El Cuadro 9.0 contiene los estadísticos que miden la amplitud de las fluctuaciones de las series que estamos considerando. Los estadísticos de la primera fila de ese cuadro son las desviaciones típicas de las fluctuaciones, y los estadísticos de la segunda fila son el cociente de esas desviaciones y la desviación típica del producto interior bruto.

Lo primero que cabe destacar del análisis de ese cuadro es que, con la única excepción del consumo público, las amplitudes de las fluctuaciones de todas las series son mayores que la amplitud de las fluctuaciones del producto interior bruto. En los casos de algunas series —como el consumo y el empleo— la gran amplitud relativa de sus fluctuaciones es una característica propia de la economía española y de otras economías parecidas a la nuestra, mientras que en los casos de otras series —como la inversión, las importaciones y las exportaciones— esa gran amplitud relativa es una característica que afecta a la mayoría de las economías de las que disponemos de datos.

Que el consumo fluctúe más que el producto interior bruto —que, como ya sabemos, coincide con la renta— es sorprendente porque, en general, las personas preferimos que nuestros flujos de consumo sean relativamente estables. Cuando las variaciones de la renta son excesivas, siempre pode-

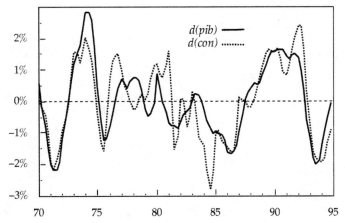

Gráfico 9.8: *Las fluctuaciones del consumo y del producto interior bruto de la economía española (1970-1994).*

mos amortiguar las variaciones de los flujos de consumo variando nuestro ahorro.[4] Por ejemplo en la economía de Estados Unidos las fluctuaciones del consumo son un 27 % menores que las del producto interior bruto mientras que en la economía española son un 6 % mayores.

Una de las razones que pueden justificar la gran variabilidad relativa del consumo agregado español es que, si la comparamos con la economía estadounidense, la economía española es una economía relativamente pequeña y abierta.[5] Durante el periodo considerado las importaciones españolas supusieron un 19 % del producto interior bruto por término medio, y las exportaciones un 17 %. Además, las variabilidades relativas de estos dos agregados son muy altas —más de cuatro veces mayores que las del producto interior bruto en el caso de las importaciones, y más de tres en el de las exportaciones.

Ejercicio 9.2: Irene no ha entendido muy bien la relación que existe entre la variabilidad relativa del consumo y el grado de apertura de una economía. Explique esta relación usando sus propias palabras.

Como hemos aprendido en el Tema 5, el producto interior bruto es una

[4]El papel que juega el ahorro como amortiguador de la variabilidad del consumo se discute con detalle en el Tema 12.

[5]Una economía abierta es una economía en la que el sector exterior juega un papel importante. El sector exterior se describe con detalle en el Tema 12.

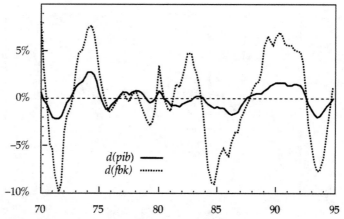

Gráfico 9.9: *Las fluctuaciones de la inversión y del producto interior bruto de la economía española (1970–1994).*

medida del valor de la producción interior mientras que el consumo mide el valor del consumo de mercancías producidas tanto en el interior como en el exterior de una economía. Si una parte cuantitativamente importante del consumo agregado de una economía se ha producido en el exterior —como ocurre con el consumo de los hogares españoles— una parte importante de las fluctuaciones que afectan al consumo no afectan a la producción interior.

Una forma de comprobar si esta idea es correcta es calcular las fluctuaciones de la absorción que es el agregado que se obtiene de sumar al producto interior bruto el valor de las importaciones y restarle el valor de las exportaciones. Llamemos a esta nueva variable CIG. Formalmente la definición de este agregado es la siguiente: $CIG = PIB - X + IM = C + I + G$. Durante el periodo considerado la amplitud de las desviaciones de la absorción de la economía española fue 1,87 y la amplitud relativa de las fluctuaciones del consumo y de la absorción fue 0,66, que es un valor mucho más parecido al 0,73 que se obtiene para la economía estadounidense.

La variabilidad relativa del empleo español también es muy alta. Según los datos que citan Kydland y Prescott la variabilidad relativa del empleo en la economía estadounidense fue 0,62, o sea únicamente un 55 % del valor registrado por esa variable en la economía española, que fue 1,13. Esta característica de los ciclos de la economía española es difícil de justificar por varias razones. En primer lugar, porque si usamos el concepto de función de producción agregada para organizar nuestro razonamiento, el producto interior bruto se obtiene a partir de trabajo y capital, y resulta difícil imaginar cómo las variaciones del producto —el producto interior bruto— pueden ser menores que las variaciones de uno de los factores —el empleo— . Si además tenemos en cuenta las características específicas del mercado de trabajo español, la gran variabilidad relativa del empleo es todavía más sorprendente.

No cabe duda de que la regulación de las modalidades de contratación, los costes del despido y la importancia de la negociación colectiva hacen que el mercado de trabajo español sea relativamente rígido —sobre todo si lo comparamos con el de Estados Unidos—. Cuanto más rígido es un mercado de trabajo, parece lógico suponer que las fluctuaciones del empleo deberían ser menores, ya que para ahorrarse los costes de contratación y de despido los empresarios serán más reacios a contratar trabajadores en las épocas de expansión y a despedirlos en las de recesión. Sin embargo, en el caso de la economía española, a pesar de esas rigideces, parece que ocurre exactamente lo contrario: que el número de contrataciones crece mucho en las expansiones y disminuye mucho en las recesiones. Una forma de justificar esta observación —y cualquier otra— es cuestionar la calidad de los datos. Pero si renunciamos a este recurso, tenemos que reconocer que nuestro análisis de los datos de la economía española ha sacado a la luz una discrepancia con la teoría que queda por explicar.[6]

En cambio, la gran variabilidad relativa de la formación bruta de capital —o si se prefiere, de la inversión— es una característica que las fluctuaciones de la economía española comparten con las de la mayoría de las economías que disponen de datos. Por ejemplo, en el caso de Estados Unidos la variabilidad relativa de la inversión es 4,85, apenas un 15 % mayor que el valor que se obtiene para la economía española, que es 4,21.

Esta gran variabilidad relativa de los gastos de inversión se explica por la facilidad relativa con la que las empresas pueden elegir el momento de realizar estos gastos. Siendo así, parece razonable que aprovechen los

---

[6]Otra explicación posible es atribuir la gran variabilidad relativa del empleo al supuesto comportamiento contracíclico de la economía sumergida. Si el producto interior bruto sumergido es intensivo en mano de obra, y si el ratio producto interior bruto sumergido/producto interior bruto legal disminuye en las expansiones y aumenta en las recesiones, la amplitud relativa de las fluctuaciones del empleo debería de ser alta.

				España (1970:1–94:4)						
	pib	con	fbk	cpu	exp	imp	emp	uep	m02	dfl
$\rho_{x,y}$	1,00	0,79	0,84	0,41	0,20	0,67	0,78	−0,75	0,61	−0,19
				Estados Unidos (1954:1–84:2)						
$\rho_{x,y}$	1,00	0,82	0,91	0,05	0,34	0,71	0,82	–	0,46	−0,55

Cuadro 9.1: *El comportamiento procíclico o anticíclico de las series de las economías española y estadounidense.*

momentos de expansión para aumentar su capacidad productiva y realizar la mayoría de sus inversiones, y que en las recesiones sólo inviertan en aquellos casos en que les resulte absolutamente necesario. Por lo tanto no tiene que extrañarnos que los gastos de inversión sean claramente procíclicos —como vamos a ver en el apartado siguiente— y muy variables.

9.4.2 Series procíclicas, anticíclicas o acíclicas

El Cuadro 9.1 contiene los estadísticos que miden el comportamiento procíclico, anticíclico o acíclico de las series que estamos considerando. Esos estadísticos son los coeficientes de correlación entre las distintas variables y el producto interior bruto.

Un coeficiente de correlación positivo y cercano a 1 indica que las fluctuaciones de la variable en cuestión son coherentes con las del producto interior bruto. O dicho con otras palabras, que las crestas de las fluctuaciones de la serie tienden a coincidir con las crestas de las fluctuaciones del producto interior bruto, y los valles de las fluctuaciones de la serie, con los valles de las fluctuaciones del producto interior bruto. Por esta razón, cuando esto ocurre decimos que la serie es procíclica.

Un coeficiente de correlación negativo y cercano a −1 indica que ocurre lo contrario: que las crestas de la serie tienden a coincidir con los valles del producto interior bruto, y viceversa. En ese caso decimos que la serie es anticíclica.

Por último un coeficiente de correlación cercano a cero indica que las fluctuaciones de la serie son esencialmente independientes de las del producto interior bruto, y entonces decimos que la serie es acíclica.

Los datos que contiene el Cuadro 9.1 establecen que todos los componentes del producto interior bruto de la economía española son procíclicos, aunque unos lo sean en mayor medida que otros. Como ya hemos comentado anteriormente, los gastos de inversión son los más procíclicos (véase el Gráfico 9.9).

El comportamiento relativamente procíclico del consumo público es más sorprendente. Tradicionalmente se considera que el consumo público es un instrumento de la política económica porque el gobierno y el parlamento determinan su composición y su cuantía. Si uno de los objetivos que persigue la política económica es reducir la duración y la intensidad de las recesiones, parece razonable pensar que el comportamiento del consumo público debería ser anticíclico: el sector público debería aumentar su consumo en las recesiones y disminuirlo en las expansiones para compensar en la medida de lo posible el comportamiento procíclico del gasto del sector privado.

Sin embargo, la correlación positiva que existe entre el consumo público y el producto interior bruto de la economía española, que es 0,41, nos hace pensar que el sector público español no se comporta de este modo. Quizás una explicación de este comportamiento haya que buscarla en el hecho de que en realidad la discrecionalidad del sector público a la hora de determinar su consumo es relativamente pequeña porque los salarios de los funcionarios son una de las principales partidas del consumo público y son relativamente difíciles de cambiar. Otra explicación es que la partida sobre la que el sector público tiene mayor discrecionalidad son los gastos de inversión pública, y la Contabilidad Nacional Española incluye esos gastos con la formación bruta de capital.

El comportamiento de las series del sector exterior coincide con el que podríamos esperar: las importaciones son claramente procíclicas, y las exportaciones también son procíclicas pero menos. En la mayoría de las economías, las importaciones siguen de cerca el ciclo interior —en las expansiones se importa mucho, y en las recesiones poco— y las exportaciones son relativamente independientes del ciclo interior, ya que dependen sobre todo del ciclo económico de los países que comercian con la economía que estemos considerando.

Las correlaciones de las series del mercado de trabajo español tampoco nos deparan grandes sorpresas. Como cabría esperar, el empleo es claramen-

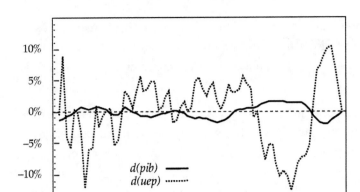

Gráfico 9.10: *Las fluctuaciones del paro y del producto interior bru-*
to de la economía española (1970–1994).

te procíclico —aumenta en las expansiones y disminuye en las recesiones—
mientras que, como ilustra el Gráfico 9.10, el comportamiento del paro es
claramente anticíclico —el número de parados aumenta en las recesiones y
disminuye en las expansiones.

Ejercicio 9.3: Piense en un mercado cualquiera, (a) ¿qué relación cree que
existe entre las variaciones de las cantidades y las de los precios de equi-
librio? y (b) utilice su razonamiento para conjeturar cuál debería ser el
comportamiento cíclico del deflactor del producto interior bruto.

Irene se ha puesto a hacer el Ejercicio 9.3, y después de pensarlo durante
un rato se le ha ocurrido dibujar un gráfico parecido al Gráfico 9.11. En el
panel de la izquierda de ese gráfico se ilustra la relación que existe entre las
variaciones de los precios y las de las cantidades de equilibrio cuando ambas
se deben a un desplazamiento de la función de demanda. Como se puede
apreciar, en este caso los precios y las cantidades de equilibrio aumentan o
disminuyen al mismo tiempo. Utilizando este argumento concluimos que si
la causa principal de los ciclos fueran los desplazamientos de las funciones
de demanda, el comportamiento del deflactor del producto interior bruto
debería ser procíclico.

El panel de la derecha del Gráfico 9.11 ilustra la relación que existe entre las variaciones de las cantidades y las de los precios de equilibrio cuando

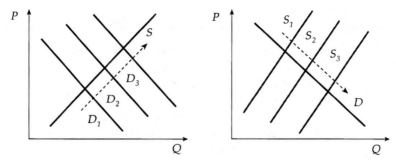

Gráfico 9.11: *La relación entre las fluctuaciones de las cantidades y las fluctuaciones de los precios.*

ambas se deben a un desplazamiento de la función de oferta. En este caso, cuando aumenta la cantidad de equilibrio el precio de equilibrio disminuye, y viceversa. Ahora, el mismo razonamiento que usábamos antes nos lleva a la conclusión contraria: si la causa principal de los ciclos fueran los desplazamientos de las funciones de oferta, el comportamiento del deflactor del producto interior bruto debería ser anticíclico.

En la economía española, la correlación entre sus desviaciones del deflactor del producto interior bruto y las de este último es –0,19 y por lo tanto el comportamiento del deflactor es moderadamente anticíclico. Este hecho puede interpretarse como evidencia a favor de las teorías de los ciclos que suponen que los desplazamientos de la función de producción agregada son la principal causa de las fluctuaciones.

9.4.3   Series adelantadas, coincidentes y retrasadas

El Cuadro 9.2 contiene los estadísticos que miden el comportamiento adelantado o retrasado de las series que estamos considerando. El mayor coeficiente de correlación mayor en valor absoluto de cada fila está en negrita. El retraso o adelanto al que corresponde dicho valor determina el comportamiento adelantado o retrasado de la serie.

Según el Cuadro 9.2, las fluctuaciones del consumo, de la inversión y del empleo son aproximadamente coincidentes con las del producto interior bruto porque en todos estos casos los valores mayores de sus correlaciones —0,79, 0,84 y 0,78, respectivamente— corresponden a los del retardo cero. En cambio, las exportaciones se adelantan entre dos y tres trimestres, las

Var x	Correlación del producto interior bruto con						
	x(t-3)	x(t-2)	x(t-1)	x(t)	x(t+1)	x(t+2)	x(t+3)
pib	0,60	0,80	0,94	**1,00**	0,94	0,80	0,60
con	0,53	0,69	0,78	**0,79**	0,70	0,57	0,42
fbk	0,50	0,67	0,79	**0,84**	0,80	0,69	0,54
cpu	0,06	0,21	0,34	0,41	**0,45**	**0,45**	0,44
exp	**0,28**	**0,28**	0,26	0,20	0,11	−0,03	−0,19
imp	0,55	0,67	**0,71**	0,67	0,55	0,39	0,21
emp	0,46	0,61	0,72	**0,78**	**0,78**	0,74	0,65
uep	−0,51	−0,62	−0,70	−0,75	**−0,78**	**−0,78**	−0,73
m02	0,43	0,56	**0,62**	0,61	0,56	0,48	0,38
dfl	**−0,43**	−0,37	−0,29	−0,19	−0,08	0,03	0,11

Cuadro 9.2: *El desfase de las desviaciones de las series españolas.*

importaciones se adelantan un trimestre, el agregado M2 se adelanta un trimestre y el deflactor del producto interior bruto también se adelanta pero en este caso unos tres trimestres. Por último, los comportamientos del consumo público y del paro son ligeramente retrasados porque, en ambos casos, los coeficientes correspondientes a los dos primeros retardos positivos son ligeramente mayores que el coeficiente de correlación contemporánea, que es el que corresponde al retardo cero.

La mayoría de estos resultados son razonables. Por ejemplo, el ligero retraso del consumo público puede deberse a los retardos de implementación de las políticas fiscales de estabilización y el comportamiento ligeramente retrasado del paro puede ser una consecuencia de los costes de despido que hacen que las empresas tarden en ajustar sus platillas.

9.5 PREGUNTAS PARA LA TEORÍA DE LOS CICLOS

Como hemos aprendido en el Tema 8, la recopilación, la organización y la presentación de los datos económicos es importante porque los datos nos ayudan a diseñar las teorías económicas. Además, la recopilación de datos también es útil para formular las preguntas que las teorías deberían contestar para ser convincentes.

Ejercicio 9.4: Proponga tres preguntas que una teoría de los ciclos económicos debería ser capaz de contestar.

Un primer grupo de preguntas que se plantean los teóricos de los ciclos económicos está encaminado a descubrir su origen. ¿A qué pueden deberse las fluctuaciones? La teoría de los ciclos económicos reales —una de las teorías recientes que estudia los ciclos económicos— contesta a esta pregunta destacando la importancia de las perturbaciones tecnológicas. Concretamente los teóricos de los ciclos económicos reales han demostrado que aproximadamente el 70 % de la amplitud de las fluctuaciones del producto interior bruto puede justificarse partiendo del supuesto de que las perturbaciones en la productividad global de los factores son la principal causa de los ciclos económicos. Por el contrario, otro grupo de teorías más tradicionales, de inspiración keynesiana, insiste en que la causa principal de los ciclos son las perturbaciones que afectan a los componentes del gasto, especialmente a la inversión o al gasto público.

Ejercicio 9.5: Teniendo en cuenta el comportamiento anticíclico de los precios en la economía española, ¿qué teoría le parece más aplicable a la economía española, la teoría de los ciclos reales o las teorías de inspiración keynesiana? Justifique su respuesta.

Además de investigar sobre el origen de las fluctuaciones, las teorías de los ciclos se plantean preguntas que hacen referencia a su mecanismo de transmisión. ¿Qué supuestos deben adoptarse en el diseño de los modelos económicos para que las características de las fluctuaciones de las series que generan esos modelos se parezcan a las características de las fluctuaciones de las mismas series en las economías reales? Las respuestas a las preguntas relacionadas con el mecanismo de transmisión de los ciclos económicos también son objeto de una controversia que dista mucho de estar resuelta. En el Tema 14 de este libro se introduce el análisis de versiones muy simplificadas de dos de estas teorías.

LA IDEA MÁS IMPORTANTE DE ESTE TEMA

La definición de ciclos económicos.

Tema 10

EL PARO

> The free man will ask neither what his country can do for him nor what he can do for his country. He will ask rather "What can I and my compatriots do through government to help us discharge our individual responsibility, to achieve our several goals and purposes, and above all, to protect our freedom?".
>
> Milton Friedman – *Capitalism and Freedom*

Contenido

10.0 INTRODUCCIÓN

Cuando una persona dice que estaría dispuesta a trabajar y que no encuentra un puesto de trabajo remunerado acorde con sus gustos, las encuestas de empleo consideran que está parada. Así definido, el paro es una situación que afecta a muchos millones de personas en los distintos países del mundo, y la lucha contra el paro es uno de los objetivos prioritarios de los gobiernos de esos países. Sin embargo, como vamos a ver en las páginas que siguen, el análisis económico del paro es bastante más complejo de lo que parece.

En primer lugar, el mismo concepto de paro es difícil de precisar. Las dificultades surgen porque el paro es una declaración de intenciones —estoy dispuesto a trabajar— y porque establece la ausencia de una actividad —no encuentro un trabajo remunerado acorde con mis gustos—. Además, estas dificultades se acrecientan porque el paro no es directamente observable. En el primer apartado de este tema se discuten estas ideas y se propone una definición de paro.

En la mayoría de los países, el paro se cuantifica de dos formas distintas: mediante un registro en el que se inscriben las personas que dicen estar paradas, y mediante una encuesta realizada a una muestra representativa de la población. En el segundo apartado de este tema se describen el Registro del paro y la Encuesta de la Población Activa de la economía española.

En el tercer apartado de este tema se describen las principales ideas en las que se basa el análisis tradicional del mercado de trabajo. Este tipo de análisis considera al trabajo como una mercancía más y utiliza la teoría de la oferta y de la demanda para analizar la determinación de los salarios y del número de horas de trabajo contratadas. Estos instrumentos analíticos hacen abstracción del carácter especial de las relaciones laborales, y tienen serias dificultades para justificar la existencia de los parados.

Por el contrario, las teorías modernas del mercado de trabajo interpretan las relaciones laborales como el resultado de las decisiones individuales de empleadores y empleados sobre las distintas formas de asignar su tiempo. Su objeto de estudio es la naturaleza, la formación y la disolución de las relaciones laborales. Estas teorías no interpretan el paro como la ausencia de una actividad, sino como una actividad más de las que pueden desempeñar las personas. Este tipo de análisis del mercado de trabajo se describe en el quinto apartado de este tema.

Para paliar los costes del paro la mayoría de los gobiernos recurren a la regulación de los mercados de trabajo y a las políticas de empleo. El seguro obligatorio del paro, el salario mínimo interprofesional y la regulación de las modalidades de contratación y de despido son algunos ejemplos de este tipo de medidas, que se describen brevemente en el último apartado de este tema.

10.1 EL CONCEPTO DE PARO

Intuitivamente decimos que una persona está parada cuando está dispuesta a trabajar y no encuentra un puesto de trabajo. Esta definición, con la que tradicionalmente se describe la situación en la que se encuentran los parados, plantea muchas dificultades técnicas. En primer lugar porque así definido el paro es una intención —estoy dispuesto a trabajar— y las intenciones no son observables —la mera observación de una persona no nos permite saber si está parada o no—. En segundo lugar, como el paro no es observable, es difícil determinar si responde o no a una situación real —si le preguntamos a una persona si está parada no podemos estar seguros de que nos vaya a contestar la verdad. En tercer lugar, el análisis del paro es complicado porque supone la ausencia de una actividad —no encuentro un puesto de trabajo— y el análisis económico estudia las decisiones de las persona, o sea las cosas que hacemos. En cambio las cosas que no hacemos son mucho más difíciles de analizar. Por último, otra dificultad que plantea la definición tradicional de paro es su ambigüedad. Cuando una persona dice que no encuentra un puesto de trabajo, presumiblemente está pensando en un puesto de trabajo de unas características determinadas y con una remuneración acorde con sus expectativas, y no en un puesto de trabajo en general.

Para superar algunas de las dificultades que plantea la definición intuitiva del paro y para convertir al paro en una variable al menos parcialmente observable, la definición intuitiva del paro con la que iniciábamos este apartado se sustituye por la siguiente:

Definición 10.0: Paro. Una persona está parada cuando dice que estaría dispuesta a trabajar y que no encuentra un puesto de trabajo acorde con sus gustos.

La discusión anterior pretende poner de manifiesto que el concepto de paro es más complejo de lo que pudiera parecer a simple vista, pero en modo alguno pretende negar que el paro sea uno de los principales problemas con el que se enfrentan los economistas. Es innegable que en el complejo marco jurídico e institucional de las economías modernas las relaciones laborales se forman con cierta dificultad, y que en todos los países hay muchas personas que genuinamente están dispuestas a trabajar y que son incapaces de encontrar un puesto de trabajo.

Una parte de las dificultades en la creación de puestos de trabajo se debe a la regulación del mercado laboral, y a las diferencias entre los derechos y las obligaciones legales de los empleadores y de los empleados. En las economías que reconocen la propiedad privada de los factores productivos y la libertad de empresa, todos tenemos derecho a elegir la forma de asignar nuestro tiempo: podemos buscar trabajo por cuenta ajena y convertirnos en empleados, o podemos establecernos por cuenta propia y convertirnos en empleadores. En estas circunstancias es muy difícil garantizar que vaya a haber puestos de trabajo para todos. Para que esto ocurra, todas las personas que

eligen trabajar por cuenta ajena tienen que encontrar un puesto de trabajo acorde con sus gustos, y todas las personas que se establecen por cuenta propia, tienen que crear el número de puestos de trabajo necesario para emplear a las personas que prefieren trabajar por cuenta ajena—. Además, para que esa hipotética situación de pleno empleo fuera duradera, tanto los empleadores como los empleados tendrían que estar satisfechos con sus situaciones laborales y con sus ingresos.

En las economías de mercado no se puede garantizar que vaya a haber trabajo para todos porque el mecanismo del mercado no permite fijar al mismo tiempo los precios —en este caso un sueldo al gusto de todos— y las cantidades de equilibrio —en este caso un puesto de trabajo acorde con los intereses de todas las personas que quieran trabajar por cuenta ajena—. Para complicar aún más las cosas, como el trabajo por cuenta propia está lleno de incertidumbres y a la mayoría de nosotros no nos gusta arriesgarnos, casi todos empezamos nuestras vidas laborales buscando trabajo sin tenerlo, o sea, parados. Si además la legislación laboral encarece los costes asociados a la creación de puestos de trabajo —cotizaciones sociales a cargo de la empresa, vacaciones y permisos de maternidad pagados, indemnizaciones por los despidos— el número de puestos de trabajo ofrecidos disminuye y las dificultades a la hora de encontrar un puesto de trabajo aumentan.

Ejercicio 10.0: A Lucas se le ha ocurrido la extravagante idea de comparar las relaciones laborales con las relaciones sentimentales. Y se está planteando las siguientes preguntas: (a) ¿se puede garantizar que todos nosotros vayamos a encontrar a la pareja que buscamos a un precio —medido en horas de búsqueda y en horas de dedicación a esa persona— que nos parezca asequible? y (b) ¿por qué exigimos que el Estado intervenga en las relaciones laborales y que no lo haga en las relaciones sentimentales? Ayude a Lucas a contestar esas preguntas.

10.2 LA MEDICIÓN DEL PARO

En la mayoría de los países, el paro se cuantifica de dos formas distintas: mediante un registro en el que se inscriben las personas que dicen estar paradas, y mediante una encuesta realizada a una muestra representativa de la población.

10.2.1 El Registro del paro

En la mayoría de los países, el sector público organiza un registro del paro en el que pueden apuntarse las personas que dicen estar paradas. Generalmente la oficina que se encarga del Registro funciona también como una oficina pública de empleo.

En España el Registro del paro corre a cargo del Instituto Nacional de Empleo. Estar registrado es una condición necesaria para cobrar el seguro de desempleo. Además, estar registrado da derecho a participar en cursos de formación profesional. A cambio, los parados registrados tienen que considerar las ofertas de trabajo compatibles con su cualificación. Si una persona rechaza más de un número determinado de ofertas, se la expulsa del Registro y pierde los derechos que le pudieran corresponder. Las empresas también tienen la obligación de comunicar al Registro sus puestos vacantes, aunque muchas de ellas sólo lo hacen cuando ya han encontrado una persona para ocupar esos puestos.

El Instituto Nacional de Empleo publica mensualmente el número de parados registrados. El Gráfico 10.0 representa la evolución del número de parados registrados de la economía española. En ese gráfico se puede observar el crecimiento espectacular del paro en España entre 1973 y 1987. Entre esos años los parados registrados pasaron de ser menos de 150.000 a ser más de 3.000.000. Como la inscripción en el Registro es un requisito necesario para percibir el subsidio de desempleo, y como los inscritos no tienen la obligación de demostrar que están buscando empleo, puede haber inscritos que no tengan interés en trabajar. Por lo tanto, las cifras del paro registrado serán menos fiables cuantas más personas estén en esa situación.

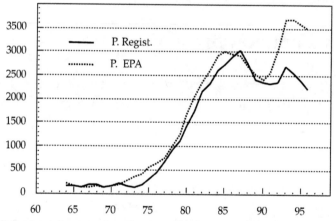

Gráfico 10.0: *Los parados en España según el Registro del Paro y según la Encuesta de la Población Activa (miles de personas).*

10.2.2 La Encuesta de la Población Activa

Otra forma de medir el paro consiste en evaluar las respuestas voluntarias a una encuesta de empleo que se realiza a una muestra representativa de la población. En España, esta encuesta es la Encuesta de la Población Activa; su periodicidad es trimestral y su realización corre a cargo del Instituto Nacional de Estadística. El objetivo general de la encuesta es "recoger información sobre la situación de los hogares en relación con la actividad económica".[1]

La población encuestada está formada por una muestra aleatoria representativa que cubre todo el territorio nacional y que recoge información relativa al estado de empleo de las personas que viven en aproximadamente 64.000 viviendas. La Encuesta de la Población Activa consta de 96 preguntas divididas en diez secciones. La mayoría de ellas hacen referencia a la semana anterior a la del día en el que se celebra la entrevista. Además de consignar sus datos generales, las personas entrevistadas tienen que contestar a preguntas relacionadas con sus estudios, con el tipo de actividad económica que han desarrollado durante la semana de referencia y, en su caso, sobre las características de su empleo, sobre las causas por las que no han trabajado y sobre el método que han seguido en la búsqueda de empleo. La Encuesta de la Población Activa sigue las recomendaciones de la Organización Internacional del Trabajo y de la Oficina Estadística de la Unión Europea en lo que respecta a las preguntas de la encuesta y a las categorías en las que se clasifica a la población encuestada.

A tenor de las respuestas a las preguntas de la encuesta, la Encuesta de la Población Activa considera a las personas encuestadas como empleadas, paradas o inactivas usando las siguientes definiciones:

Definición 10.1: Población ocupada. La Encuesta de la Población Activa considera población ocupada a las personas que han trabajado remuneradamente durante al menos una hora en la semana de referencia, y a aquéllas que sin haber trabajado han mantenido un fuerte vínculo con sus empresas y esperan reincorporarse a sus puestos de trabajo de forma inmediata.

Definición 10.2: Población parada. La Encuesta de la Población Activa considera población parada a las personas que en el momento de la entrevista cumplieran las tres condiciones siguientes: (a) que no hubieran tenido un puesto de trabajo remunerado, por cuenta ajena o propia, durante una hora en la semana de referencia; (b) que hubieran buscado trabajo,

---

[1]Vid.: *"Descripción de la Encuesta, Definiciones e Instrucciones para la Cumplimentación del Cuestionario"*. Instituto Nacional de Estadística, 1985.

es decir, que durante el mes precedente a la entrevista hubieran tomado medidas concretas para buscar un trabajo o para establecerse por su cuenta; y (c) que estuvieran disponibles para trabajar, es decir que estuvieran dispuestas a incorporarse a un puesto de trabajo en un plazo máximo de dos semanas contadas a partir de la fecha de la entrevista.

Definición 10.3: Población activa. La Encuesta de la Población Activa considera población activa a la población ocupada y a la población parada.

Definición 10.4: Población inactiva. La Encuesta de la Población Activa considera población inactiva a las personas mayores de 16 años que no forman parte ni de la población parada ni de la población ocupada.

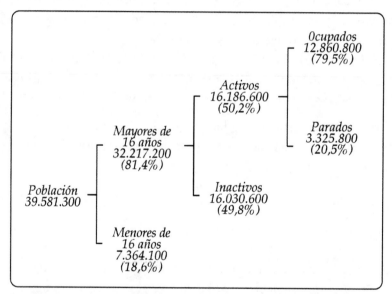

Gráfico 10.1: *La situación de la población española en relación con la actividad económica durante el tercer trimestre de 1997.*

El Gráfico 10.1 contiene un resumen de los resultados de la Encuesta de la Población Activa española correspondientes al tercer trimestre de 1997. El Instituto Nacional de Estadística utiliza estos datos para calcular las tasas de actividad, de paro y de empleo. Las definiciones de estas tres tasas son las siguientes:

Definición 10.5: Tasa de actividad (a). La tasa de actividad es el cociente entre la población activa y la población en edad legal de trabajar.

Definición 10.6: Tasa de paro (u). La tasa de paro es el cociente entre la población parada y la población activa.

Definición 10.7: Tasa de empleo (e). La tasa de empleo es el cociente entre la población ocupada y la población en edad legal de trabajar.

Ejercicio 10.1: A partir de los datos del Gráfico 10.1 calcule las tasas de actividad, de paro y de empleo de la economía española durante el tercer trimestre de 1997.

Ejercicio 10.2: En el atolón de Poga-poga viven 100 personas mayores de 16 años, que es la edad mínima para trabajar legalmente en la isla. Noventa y ocho de ellas dedican las 24 horas del día al ocio creativo. A saber, dormitan no muy lejos de la línea de cocoteros y, cuando tienen hambre, se levantan y se comen un coco. Los dos adultos restantes son el presidente y el vicepresidente del gobierno que trabajan todo el día, y viven exclusivamente de su trabajo. Suponga que en Poga-poga se realiza una Encuesta de la Población Activa similar a la española y calcule las tasas de actividad, de paro y de empleo de la isla.

Como determinar el número de parados que hay en una economía es una tarea complicada, no es de extrañar que tanto los datos de los registros de empleo como los de las encuestas de empleo hayan sido criticados en los dos sentidos. Unos economistas mantienen que las estadísticas del paro subestiman el desempleo real, y otros piensan que dan una visión exagerada del problema.

Parte de las críticas de los economistas que piensan que las encuestas de empleo subestiman el paro se basan en el tratamiento que se da a la población subempleada. Se consideran subempleadas a aquellas personas que desempeñan un trabajo que, por razones ajenas a su voluntad, no aprovecha de forma eficiente su cualificación profesional, entendida en términos tanto de su formación como de su experiencia. Por ejemplo, un biólogo que trabajara a tiempo parcial de sobrecargo en una línea aérea o una arquitecto que trabajara en una gasolinera son personas subempleadas.

Igual que ocurre con la población parada, la población subempleada es difícil de medir. La Encuesta de la Población Activa reconoce esas dificultades y se limita a cuantificar lo que denomina subempleo visible. Concretamente, la definición de población subempleada es la siguiente:

Definición 10.8: Población subempleada. La Encuesta de la Población Activa considera subempleadas a las personas que o bien trabajan a tiempo parcial porque no han encontrado un empleo a jornada completa y lo han estado buscando, o bien están afectadas por expedientes de regulación de empleo, han trabajado menos de cuarenta horas durante la semana de referencia, y están buscando otro empleo.

Según la Definición 10.8, durante el tercer trimestre de 1997 había 81.000 personas subempleadas en España. Es muy probable que esta cifra no refleje adecuadamente la magnitud del problema. Algunos de los economistas, que piensan que las cifras de la Encuesta de la Población Activa subestiman el paro han propuesto que la población subempleada debería constituir una categoría aparte, o debería considerarse como población parada. Obviamente, en este último caso, la tasa de paro aumentaría.

Ejercicio 10.3: Suponga que, además de las 81.000 personas que la Encuesta de la Población Activa define como subempleadas en el tercer trimestre de 1997 había 219.000 personas más que estaban trabajando en una ocupación que requería una cualificación profesional inferior a la suya. (a) Use los datos del Gráfico 10.1 para calcular las tasas de actividad, de paro y de empleo que se obtendrían si estas personas en vez de formar parte de la población ocupada se sumaran al número de parados y (b) compare sus resultados con las tasas de actividad, de paro y de empleo que ha obtenido en el Ejercicio 10.1.

Otro argumento que esgrimen los economistas que consideran que las encuestas de empleo subestiman el paro es el tratamiento que se da a la población desanimada. La definición de población desanimada es la siguiente:

Definición 10.9: Población desanimada. La Encuesta de la Población Activa considera desanimadas a las personas que están sin trabajo y disponibles para trabajar, pero que no buscan empleo, bien porque se han dado por vencidas tras haberlo buscado infructuosamente, o bien porque creen que no lo van a encontrar a pesar de no haberlo buscado nunca.

Al no estar buscando trabajo activamente, las encuestas de empleo consideran que la población desanimada forma parte de la población inactiva, como si realmente no estuvieran interesadas en trabajar. En la opinión de los economistas que creen que los datos de las encuestas de empleo subestiman el paro la población desanimada debería considerarse población parada. De hacerse así, tanto la tasa de paro como la tasa de actividad aumentarían.

Ejercicio 10.4: Suponga que en el tercer trimestre de 1997 había 250.000 trabajadores desanimados en España. A partir de los datos del Gráfico 10.1, calcule las tasas de actividad, de paro y de empleo que se obtendrían si estas personas se sumaran al número de parados en vez de formar parte de la población inactiva. Compare los resultados de este ejercicio con las tasas de actividad, de paro y de empleo que ha calculado en el Ejercicio 10.1.

Además de los economistas que consideran que las encuestas de empleo subestiman el paro, hay otros que creen que dan una visión exagerada de este problema. Los críticos más radicales en este sentido cuestionan incluso el concepto del paro. Algunos de ellos mantienen que no se puede decir que haya ningún parado genuino en una economía en la que existan vacantes de empleos de poca cualificación, y por lo tanto accesibles a cualquiera. Otras críticas se basan en las ventajas legales que se derivan de declararse parado en países donde existe un seguro de desempleo o programas de asistencia social a los parados. Estos beneficios pueden hacer que las estadísticas del paro den una visión exagerada de la magnitud del problema si hay un número suficientemente grande de personas que declaran estar paradas, buscando empleo y disponibles para trabajar, cuando en realidad lo que pretenden es cobrar el subsidio de paro y no trabajar. Algo parecido ocurre en los casos de empleo encubierto, esto es, en los casos de aquellas personas que realmente están trabajando, pero que declaran estar paradas ya sea para cobrar el subsidio del paro o para no pagar impuestos. Por último también se critica la vaguedad del criterio que establece si una persona está buscando empleo activamente. Las encuestas no establecen con detalle ni el tiempo de búsqueda ni su intensidad.

Ejercicio 10.5: ¿Quién cree que debería considerarse parado: una persona que dice que estaría dispuesta a trabajar en cualquier trabajo y a cualquier precio o una persona que dice que estaría dispuesta a trabajar en un trabajo en concreto y a cambio de un salario determinado? Justifique su respuesta.

Ejercicio 10.6: ¿Por qué cree que los parados no aceptan ofertas de empleo de baja cualificación? Si una persona no acepta una oferta de empleo, independientemente de sus características, ¿se debería considerar que esa persona está genuinamente parada? ¿Que le diría a un economista que respondiera que no a esta última pregunta?

Otra limitación de los datos de las encuestas de empleo es que dan una visión instantánea de las situaciones laborales de las personas que viven en una economía, pero no reflejan los aspectos dinámicos de esas situaciones. Por ejemplo, cada vez que se produce un despido, la población ocupada disminuye y la población parada o la población inactiva aumentan, y cada vez que se produce una contratación de una persona en edad de trabajar la población ocupada aumenta y la población parada o la población inactiva disminuyen. Como ilustran los Ejercicios 10.7, 10.8 y 10.9, los efectos de estos cambios sobre las tasas de actividad, empleo y paro a veces son sorprendentes.

Ejercicio 10.7: Suponga que en una economía hay un parado más. Analice cómo cambian las tasas de paro, de actividad y de empleo si esta persona anteriormente formaba parte (a) de la población ocupada; (b) de la población inactiva y (c) de la población menor de 16 años.

Ejercicio 10.8: En Santa Rita durante los años 1997 y 1998 se crearon 100.000 nuevos puestos de trabajo y, sin embargo, en esos dos años la tasa de paro aumentó. Explique esta contradicción aparente.

Ejercicio 10.9: Siempre que fallece un ocupado la tasa de paro aumenta. ¿Verdadero o falso? Justifique su respuesta.

Ejercicio 10.10: Lucas insiste en comparar las relaciones laborales y las relaciones sentimentales. ¿Qué respuestas tendría que dar una persona a los encuestadores de una imaginaria Encuesta de la Población Sentimentalmente Activa para ser considerado un parado sentimental?

Tasas de actividad (%)			
Edad	Total	Hombres	Mujeres
Todas (16+)	50	63	38
16–19	25	27	22
20–24	60	62	57
25–54	75	92	58
55+	16	25	8
Tasas de empleo (%)			
Todas (16+)	40	53	27
16–19	12	15	9
20–24	39	45	33
25–54	62	80	43
55+	14	23	7
Tasas de paro (%)			
Todas (16+)	21	16	28
16–19	51	47	60
20–24	35	29	42
25–54	18	13	26
55+	11	10	13

Cuadro 10.0: *La distribución de las tasas de actividad, de empleo y de paro en España por sexos y grupos de edad durante el tercer trimestre de 1997.*

10.3 EL EMPLEO Y EL PARO EN ESPAÑA

Según los datos de la Encuesta de la Población Activa reflejados en el Gráfico 10.1, en el tercer trimestre de 1997 las tasas de actividad, de empleo y de paro de la economía española eran, respectivamente, el 50 %, el 40 % y el 21 % en números redondos. El Cuadro 10.0 recoge la distribución de esas tasas por sexos y grupos de edad y los Cuadros 10.1, 10.2 y 10.3 recogen respectivamente algunas de las principales características de las personas clasificadas por la encuesta como ocupadas, paradas e inactivas.

En lo que respecta a la población activa, según los datos de la encuesta, el 61 % de los 16.187.000 activos eran hombres, y el 39 % restante eran mujeres. En cuanto a las tasas de actividad, si consideramos su distribución

por sexos y edades —véase la primera parte del Cuadro 10.0—, descubrimos que las tasas de actividad de los hombres son mayores que las de las mujeres para todos los grupos de edad, y que las diferencias cambian considerablemente en los distintos grupos. Mientras que las tasas de actividad de los hombres y de las mujeres menores de 24 años sólo se diferencian en 5 puntos porcentuales, las de los grupos de edad comprendidos entre los 25 y los 54 años se diferencian en 34 puntos porcentuales.

Categoría	Miles (%)	H (%)	M (%)
Activos	16.187 (100%)	61	39
No activos	16.031 (100%)	35	65
Jubilados	6.345 (40%)	54	46
Tareas del hogar	5.595 (35%)	1	99
Estudiantes	2.490 (16%)	47	53
Otros	1.602 (10%)	61	39

Cuadro 10.1: *Algunas características de la población activa española durante el tercer trimestre de 1997.*

Ejercicio 10.11: Irene se ha dado cuenta de que el hecho de que la tasa de actividad de la economía española durante el tercer trimestre de 1997 fuera del 50% pone de manifiesto que durante ese periodo únicamente la mitad de los mayores de 16 años participaban en el mercado de trabajo, y le gustaría saber qué hacía la otra mitad.

El Cuadro 10.1 nos ayuda a contestar la pregunta que plantea el Ejercicio 10.11. De los aproximadamente 16 millones de no activos el 40% no participaba en el mercado de trabajo porque estaban jubilados o retirados, el 35% porque se dedicaba a trabajar en el hogar y el 16% porque eran estudiantes. Si atendemos a la distribución por sexos de las personas agrupadas en estas categorías, resulta sorprendente que un 99% de las personas que se dedican a las tareas del hogar eran mujeres, y que la población estudiantil también era mayoritariamente femenina, aunque en este caso las diferencias sean únicamente de 6 puntos porcentuales.

En lo que respecta a la ocupación, el Cuadro 10.2 pone de manifiesto que durante el tercer trimestre de 1997 el 65% de los casi 13 millones de ocupados españoles eran hombres, que el 92% de los ocupados trabajaban a tiempo completo y que el 76% de los ocupados eran asalariados, o sea que trabajaban por cuenta ajena. Entre los casi 10 millones de asalariados el 66% tenían contratos indefinidos, y el 77% trabajaban en empresas privadas. Si atendemos a la distribución por sexos de la ocupación, descubrimos que el 65 % de los ocupados eran hombres y que, sin embargo, de los ocupados a tiempo parcial y de los empleados públicos, el 75 % y el 46 % respectivamente eran mujeres.

Categoría	Miles (%)	H (%)	M (%)
Ocupados	12.861 (100 %)	65	35
Tiempo completo	11.845 (92 %)	68	32
Tiempo parcial	1.001 (8 %)	25	75
No Asalariados	3.084 (24 %)	69	32
Asalariados	9.813 (76 %)	63	37
Contrato indefinido	6.488 (66 %)	64	36
Contrato temporal	3.311 (34 %)	62	38
Sector privado	7.527 (77 %)	66	34
Sector público	2.286 (23 %)	54	46

Cuadro 10.2: *Algunas características de la población ocupada española durante el tercer trimestre de 1997.*

En cuanto a las tasas de empleo, la segunda parte del Cuadro 10.0 recoge su distribución por sexos y edades. Esta distribución presenta muchas similitudes con la de las tasas de actividad que acabamos de comentar. Las tasas de empleo de los hombres son mayores que las de las mujeres para todos los grupos de edad y las diferencias por sexos en las tasas de empleo también cambiaban considerablemente con la edad. Mientras que las tasas de empleo de los hombres y las mujeres menores de 24 años eran relativamente parecidas, las de los restantes grupos de edad eran muy diferentes.

En lo que respecta al paro, el Cuadro 10.3 y la última parte del Cuadro 10.0 ponen de manifiesto que es un problema que afecta mayoritariamente a las mujeres y a los jóvenes. En el segundo trimestre de 1997, el 54 % de los 3,3 millones de parados eran mujeres, y las tasas de paro de los hombres y de las mujeres eran del 16 % y el 28 % respectivamente.

Aunque en términos absolutos los números de parados y de paradas eran parecidos, en términos relativos, las diferencias en las tasas de paro eran mayores porque la población activa femenina es menor que la masculina. Si comparamos los dos casos extremos, descubrimos que la tasa de paro de las mujeres con edades comprendidas entre los 16 y los 19 años, que era del 60 %, era 4,6 veces mayor que la tasa de paro de los hombres con edades comprendidas entre los 25 y los 54 años, que era del 13 %.

Categoría	Miles (%)	H (%)	M (%)
Parados	3.326 (100 %)	46	54
–6 meses	913 (29 %)	52	48
6–12 meses	539 (16 %)	50	50
12–24 meses	595 (18 %)	47	53
+24 meses	1.224 (37 %)	39	61

Cuadro 10.3: *Algunas características de la población parada española durante el tercer trimestre de 1997.*

Las últimas cuatro filas del Cuadro 10.3 contienen la distribución de los parados atendiendo a la duración del periodo de búsqueda. Según los datos de la Encuesta de la Población Activa, durante el tercer trimestre de 1997, el 29 % de los parados habían estado buscando empleo durante menos de seis meses —muchos de ellos cobrando el seguro de desempleo— pero el 37 % de los parados, o sea más de 1,2 millones de personas, habían estado buscando empleo durante más de dos años. Este grupo de personas son los parados de larga duración.

El paro de larga duración es especialmente preocupante porque estas personas no perciben las prestaciones del seguro de desempleo y porque su capital humano se deprecia muy deprisa por llevar mucho tiempo desempleados. Como demuestra el Cuadro 10.3, el paro de larga duración también afecta mayoritariamente a las mujeres, que representan el 61 % de este tipo de parados.

10.3.1 La evolución del empleo en España

El Gráfico 10.2 representa la evolución de las tasas de actividad, de empleo y de paro de la economía española durante el periodo comprendido entre 1976 y 1996. Como puede comprobarse en esos gráficos, la evolución de estas tres tasas presenta cuatro periodos claramente diferenciados.

Los años comprendidos entre 1976 y 1985 se caracterizan porque tuvo lugar una intensa destrucción de empleo: las tasas de actividad y de empleo disminuyeron 3,5 y 11 puntos porcentuales respectivamente, y la tasa de paro aumentó en más de 15 puntos porcentuales hasta alcanzar el 21,5 % en 1985. Entre 1986 y 1990 el mercado de trabajo español se recuperó: las

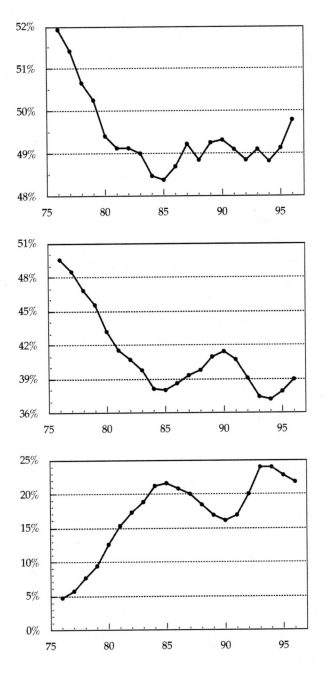

Gráfico 10.2: *Las tasas de actividad, de empleo y de paro de la economía española durante el periodo 1976–1996.*

tasas de actividad y de empleo aumentaron y la tasa de paro disminuyó en más de cinco puntos porcentuales, hasta el 16,1 % en 1990.

Desgraciadamente estas mejoras se interrumpieron en 1991 y durante el periodo comprendido entre 1991 y 1994 el mercado de trabajo español volvió a evolucionar negativamente: las tasas de actividad y de empleo volvieron a disminuir, y la tasa de paro volvió a crecer hasta alcanzar el máximo histórico de casi el 24 % en 1994. Por último, en 1995 la tendencia a la destrucción de empleo volvió a cambiar, las tasas de actividad y de empleo aumentaron, y en el tercer trimestre de 1997 la tasa de paro se situaba en el 21,8 % de la población activa.

Otro aspecto interesante de la evolución del paro en la economía española está reflejado en el Gráfico 10.0. Entre 1964 y 1990 las diferencias entre el número de parados registrados y el número de parados contabilizados por la Encuesta de la Población Activa eran relativamente pequeñas y en ningún caso superaron las 350.000 personas. Sin embargo, a partir de 1990 esta tendencia cambió radicalmente, y las diferencias entre las dos medidas del paro se han hecho cada vez mayores. En 1997 se alcanzó la divergencia máxima y el número de parados según la Encuesta de la Población Activa superó en más de 1,2 millones de personas al número de parados registrados.

Los estudiosos del mercado de trabajo español todavía no han propuesto una explicación convincente que justifique estas diferencias.

10.4 LAS TEORÍAS TRADICIONALES DEL PARO

Una parte del análisis tradicional del mercado de trabajo empieza por clasificar el paro en distintas categorías según las causas a las que se atribuye su origen. A partir de esta clasificación se llega al concepto de "pleno empleo"que se convierte en el objetivo que debe alcanzar la política económica. Por último, las teorías tradicionales del mercado de trabajo usan el análisis de la oferta y la demanda para estudiar el comportamiento de los salarios y de las horas de trabajo contratadas. En los apartados siguientes vamos a comentar brevemente estos conceptos.

10.4.1   Los tipos de paro

Las teorías tradicionales del mercado de trabajo atribuyen el paro a distintas causas. Las principales son las siguientes:

El paro friccional

Las economías que reconocen la propiedad privada de los factores productivos también suelen considerar como derechos fundamentales de las personas tanto su movilidad geográfica —el derecho de las personas a fijar su residencia en cualquier sitio— como su movilidad ocupacional —el derecho de las personas a trabajar y a no hacerlo, a buscar el puesto de trabajo que prefieran, y a cambiar de empleo siempre que les parezca oportuno—. Una consecuencia inevitable de estos dos tipos de movilidad es que las personas que han decidido cambiar de residencia o de empleo suelen estar paradas durante algún tiempo. Este tipo de paro es el paro friccional.

Ejercicio 10.12: Suponga que un grupo de países deciden integrarse en una unión económica que reconoce el derecho a la movilidad de la mano de obra; ¿cómo cree que afectará esta decisión a la tasa de paro friccional de la unión?

Ejercicio 10.13: ¿Qué medidas de política económica cree que se pueden adoptar para reducir la incidencia del paro friccional?

El paro tecnológico

Otra causa de la pérdida de puestos de trabajo en algunos sectores de la economía es el cambio tecnológico. La disponibilidad de nuevas técnicas de producción y los cambios en los costes relativos de la mano de obra y el capital hacen que determinados sectores productivos se vuelvan poco rentables y obligan a la reconversión industrial o incluso al cierre de esos sectores. Las personas que pierden sus puestos de trabajo por estas causas constituyen el paro tecnológico. En España, en las décadas de los ochenta y de los noventa, este tipo de paro ha afectado especialmente a la minería, a la siderurgia y al sector de la construcción naval.

En algunos casos, el paro tecnológico es un problema de desplazamiento de la mano de obra y no un problema de pérdida absoluta de puestos de trabajo. Esto se debe a que los cambios tecnológicos, al mismo tiempo que causan la pérdida de puestos de trabajo en determinadas actividades, hacen que aumente el número de nuevos empleos en otras actividades: en los sectores que producen las mercancías de capital que se utilizan para sustituir al trabajo, y en los que producen las mercancías que incorporan las nuevas tecnologías.

Ejercicio 10.14: ¿Qué medidas de política económica cree que se pueden adoptar para reducir la incidencia del paro tecnológico?

El paro estacional

Otro componente del paro se debe al transcurso de las estaciones del año. La demanda de mano de obra en algunos sectores de la economía, como la agricultura o el sector turístico tiene un carácter marcadamente estacional. En estos sectores se demandan grandes cantidades de trabajo en determinadas épocas del año, como las épocas de cosecha en la agricultura, y las temporadas altas en el sector turístico, y su actividad se reduce considerablemente durante los restantes meses del año. Las personas que trabajan en estos sectores y pasan por periodos intermitentes de desempleo constituyen el paro estacional.

Ejercicio 10.15: ¿Qué medidas de política económica cree que se pueden adoptar para reducir el componente estacional del desempleo?

El paro cíclico

Como hemos estudiado en el Tema 9, las tasas de crecimiento del producto interior bruto y de las restantes series económicas no son constantes. En las expansiones la producción y el empleo crecen por encima de sus respectivas tendencias, y en las recesiones crecen más despacio y pueden llegar a registrar tasas de crecimiento negativas.

Como se puede observar en el Gráfico 9.10, la serie del paro fluctúa más que la del producto interior bruto, y tiene un comportamiento claramente anticíclico. Lógicamente, en las expansiones la tasa de crecimiento del paro tiende a disminuir, y en las recesiones tiende a aumentar. Este componente del paro, atribuible a las fluctuaciones cíclicas en la contratación, constituye el paro cíclico.

Ejercicio 10.16: ¿Qué medidas de política económica cree que se pueden adoptar para reducir el componente cíclico del paro?

10.4.2 La tasa de paro de pleno empleo

Una de las conclusiones del análisis macroeconómico keynesiano es que la política económica puede determinar la producción y el empleo en el corto plazo. Esta conclusión permite a esos economistas establecer un objetivo cuantitativo para las políticas de empleo o, dicho con otras palabras, les permite determinar cuánto empleo va a considerarse como pleno empleo. Como no todas las personas en edad de trabajar participan en el mercado de trabajo, elegir un objetivo para el empleo equivale a elegir la tasa de paro que va a considerarse la tasa de paro de pleno empleo.

Ejercicio 10.17: ¿Qué tasa de paro cree que debería considerarse como la tasa de paro de pleno empleo? ¿Cree que se podría conseguir que no hubiera ningún parado, o sea que la tasa de paro fuera cero? Justifique sus respuestas.

Un breve repaso a los tipos de paro que se describen en el apartado anterior debería bastar para comprender que una tasa de paro del 0 % no tiene mucho sentido. Por ejemplo, si mantenemos la movilidad geográfica y ocupacional de la economía, el componente friccional del paro es muy difícil de eliminar. Además, según cuales sean el grado de desarrollo de una economía y la importancia relativa de los sectores afectados por la estacionalidad, los componentes tecnológicos y estacionales del paro también pueden ser importantes, y la política económica puede hacer muy poco por reducirlos.

Entonces, ¿cuánto paro es aceptable? Algunos autores proponen que se debe considerar aceptable la tasa de paro que sea compatible con una tasa de inflación moderada y constante. El Gráfico 10.3 representa la tasa

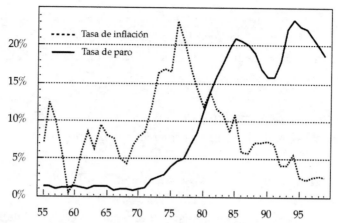

Gráfico 10.3: *Las tasas de inflación y de paro de la economía española durante el periodo 1964–1995.*

de inflación y la tasa de paro de la economía española durante el periodo 1964–1995,[2] y pone de manifiesto que llevar esta idea a la práctica no es sencillo. Según ese gráfico, ¿a qué tasas de inflación y de paro podríamos aspirar?, ¿a una tasa de inflación del 5 % y a una tasa de paro del 2 % como en 1965, o a una tasa de inflación del 5 % y a una tasa de paro del 18 % como en 1987?

En 1961 el presidente de Estados Unidos J. F. Kennedy anunció que uno de los objetivos de su política económica era conseguir una tasa de paro en torno al 4 %. Desde entonces los políticos se han vuelto menos cándidos y no suelen anunciar públicamente objetivos numéricos con respecto a los que se pueda evaluar el éxito o el fracaso de sus políticas de empleo. Por lo tanto, dado que elegir una tasa de paro que va a considerarse como de pleno empleo es una decisión en parte política, ¿con qué tasa nos quedamos?

10.4.3 La oferta y la demanda de trabajo

El análisis tradicional del paro estudia el mercado de trabajo usando unos métodos muy parecidos a los que se usarían para estudiar el mercado de cualquier otra mercancía.

Ejercicio 10.18: Suponga que le encargan que analice la evolución del precio

[2]La inflación se define y se describe con detalle en el Tema 11.

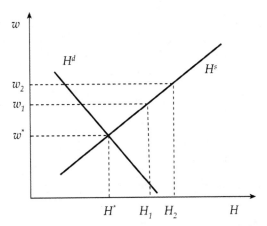

Gráfico 10.4: *El mercado de mano de obra poco cualificada.*

y de las ventas de naranjas en una determinada ciudad. ¿Cómo lo haría?
Utilice el mismo tipo de análisis para estudiar el mercado de trabajo.

Supongamos que conseguimos averiguar cuáles son las funciones de oferta y de demanda de un segmento determinado del mercado de trabajo. Cabe suponer que la oferta de trabajo cumplirá el principio de la oferta y será una función creciente del salario —cuanto mayor sea el salario por hora habrá más personas a las que les merezca la pena trabajar— y que la función de demanda de trabajo cumplirá el principio de la demanda y será decreciente del salario —cuanto mayor sea el salario por hora habrá menos empleadores a los que les merezca la pena contratar trabajo—. Como ilustra el Gráfico 10.4, si las autoridades económicas no intervinieran en ese mercado, las fuerzas del mercado determinarían el salario de equilibrio, w^*, y el número de horas contratadas en equilibrio, H^*.

Ejercicio 10.19: Identifique a los parados en el Gráfico 10.4.

Uno de los problemas que plantea el análisis tradicional del paro es que en el Gráfico 10.4 nos cuesta mucho trabajo encontrar a los parados. Fundamentalmente por dos razones. En primer lugar, porque en el eje de abscisas hemos representado las horas de trabajo contratadas y no a las personas o a los puestos de trabajo. Y en segundo lugar, porque en la teoría de la oferta y la demanda las mercancías son anónimas e idénticas, y en el mercado de trabajo los servicios que se contratan dependen de las características de la

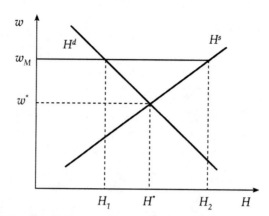

Gráfico 10.5: *El salario mínimo en el mercado de mano de obra poco cualificada.*

persona que presta esos servicios. Cuando compramos un kilo de naranjas nos da igual cuáles nos den, porque cuando compramos naranjas sólo nos interesa su calidad y su precio. En cambio, en las relaciones laborales las identidades y las características individuales de las partes contratantes son esenciales por dos razones: porque la calidad de los servicios depende crucialmente de esas características, y porque los contratos laborales crean una relación que se prolonga en el tiempo.

Como la teoría tradicional de la oferta y la demanda no tiene en cuenta estos aspectos de las relaciones laborales, usar esa teoría para estudiar el mercado de trabajo equivale a suponer, aunque sea implícitamente, que ni los empleadores ni los empleados se preocupan por sus identidades respectivas, y que los empleadores están dispuestos a contratar horas de trabajo anónimas, como si se tratara de comprar un kilo de naranjas.

Ejercicio 10.20: Proponga un ejemplo de contratación laboral en el que las partes sean indiferentes a sus identidades respectivas.

Otra razón que hace que no encontremos a los parados en el Gráfico 10.4 es que, si las autoridades económicas no intervienen en el mercado de trabajo, todas las personas —en realidad las horas— que estén dispuestas a trabajar a cambio del salario de equilibrio, w^*, encuentran trabajo. En este caso, los parados solo podrían ser las personas que estarían dispuestas a trabajar a un salario mayor y no encuentran un puesto de trabajo. Pero entonces ¿qué salario elegimos?, ¿w_1 en cuyo caso habría $H_1 - H^*$ parados?, ¿w_2 en cuyo caso habría $H_2 - H^*$ parados?, ¿o quizás otro salario?

Para resolver esta indeterminación y encontrar a los parados, algunos analistas del mercado de trabajo incluyen el salario mínimo en su análisis. Igual que ocurre en otros mercados cuando se establece un precio mínimo mayor que el precio de equilibrio, si se establece un salario mínimo superior al salario de equilibrio en un mercado de trabajo, se produce una situación de exceso de oferta como la que ilustra el Gráfico 10.5. En este caso, cuando el salario es w_M, los empleadores demandan H_1 horas de trabajo y los empleados ofrecen H_2 horas. En consecuencia $H_2 - H_1$ horas no encuentran un puesto de trabajo. En este caso podríamos considerar que H_2 es la población activa, que H_1 es la población ocupada, y que $H_2 - H_1$ es la población parada —en realidad esas cifras representan las horas activas, ocupadas y paradas, respectivamente.

Ejercicio 10.21: Suponga que, como se refleja en el Gráfico 10.5, $H_2 - H_1$ son efectivamente los parados. ¿Cómo cree que la Encuesta de la Población Activa clasificaría a esas personas? O sea, ¿qué cree que contestarían a las preguntas de la encuesta?

El Ejercicio 10.21 debe ayudarnos a concluir que la teoría tradicional de la oferta y la demanda tiene serias dificultades para estudiar los problemas relacionados con los mercados de trabajo. En el apartado siguiente vamos a describir brevemente las propuestas que hacen las teorías modernas del mercado de trabajo para resolver estos problemas.

10.5 LAS TEORÍAS MODERNAS DEL PARO

Las teorías modernas del mercado de trabajo consideran que las relaciones laborales son el resultado de las decisiones de los empleadores y los empleados cuando se plantean formar una relación laboral duradera, mantenerla o interrumpirla. Estas teorías estudian las decisiones de las personas que buscan empleo, aceptan o rechazan ofertas de trabajo, cumplen sus contratos o deciden rescindirlos. También estudian las decisiones de las empresas que buscan trabajadores para cubrir los puestos de trabajo que tienen vacantes, seleccionan a un candidato, le hacen una oferta, si acepta la oferta le contratan, y cumplen las cláusulas del contrato hasta que el trabajador se marche, se jubile o decidan despedirle.

Por lo tanto, el objeto del análisis de las teorías modernas del mercado de trabajo es la naturaleza, la formación, el mantenimiento y la disolución de las relaciones laborales, y no la determinación del número de horas contratadas a un salario determinado, sea o no el de equilibrio. Entendido como un aspecto más de las relaciones laborales, el desempleo deja de ser un fenómeno "involuntario" —en contra de mi voluntad no encuentro trabajo— para convertirse en una decisión "voluntaria" —estoy buscando empleo y todavía no me he decidido a aceptar ninguna oferta, ni he solicitado ninguna de las vacantes que hay en el mercado de mano de obra poco cualificada—. Dicho con otras palabras, las teorías modernas del mercado de trabajo consideran que el desempleo es una actividad que se elige entre las distintas actividades que se pueden realizar —estoy buscando un puesto de trabajo acorde con mi cualificación profesional y mis gustos— y no como la ausencia de una actividad —no tengo trabajo.

Desgraciadamente, el análisis formal de los modelos de búsqueda de empleo es relativamente complejo y escapa a los objetivos del libro, por lo que nos vamos a tener que conformar con una descripción intuitiva de estas teorías. Supongamos que Lucas acaba de terminar la carrera, y que después de unas vacaciones se decide a buscar empleo —si los encuestadores de la Encuesta de la Población Activa entrevistaran a Lucas le clasificarían como parado—. Lucas redacta un currículum y una carta de presentación, se compra unos cuantos periódicos que anuncian ofertas de empleo y envía la carta y el currículum a las empresas que le interesan. Lucas sabe que la probabilidad de que le hagan una oferta depende de su esfuerzo de búsqueda y este planteamiento le lleva a tomar su primera decisión económica: ¿cuánto tiempo dedico a buscar empleo y cómo lo hago? Según el análisis económico, Lucas contestará a esas preguntas igualando sus costes de búsqueda a los beneficios esperados de esa actividad.

Cuando por fin una empresa le hace una oferta, Lucas se plantea su segunda decisión económica: ¿acepto la oferta y dejo de buscar, o rechazo la oferta y sigo buscando? Una vez más, la teoría económica nos dice que Lucas comparará los beneficios y los costes de aceptar la oferta con los beneficios y los costes de rechazarla. Algunos de esos beneficios y costes son los siguientes: el salario, la experiencia laboral que va a adquirir, las posibilidades de promoción, las horas que va a tener que dedicar y el esfuerzo que va a tener que hacer si decide aceptar el trabajo, el coste de oportunidad de su tiempo, el salario que podría cobrar si decidiera esperar a recibir una oferta mejor y los costes de seguir buscando. Si Lucas decide rechazar la oferta, habrá elegido voluntariamente no trabajar y seguir buscando empleo.

Si Lucas acepta la oferta y un día la empresa le despide, volverá a plantearse las mismas opciones en términos parecidos a los que hemos descrito en los párrafos anteriores. Si la empresa no promociona a Lucas al ritmo esperado, o si el trabajo que se le asigna no cumple con sus expectativas, Lucas empezará a plantearse si debería cambiar de trabajo. Si se decide a cambiar de trabajo, tendrá que optar entre despedirse, pasar a formar parte de la población voluntariamente parada y dedicar todas sus energías a buscar otro empleo, o seguir trabajando y buscar otro empleo en sus ratos libres.

La discusión precedente pone de manifiesto que las teorías modernas del mercado de trabajo consideran al paro como una actividad y que tienen menos problemas que las teorías tradicionales para encontrar a los parados. Las preguntas que les podemos hacer a las personas que están paradas en ese tipo de modelos de búsqueda de empleo son muy parecidas a las que le haríamos a cualquier conocido que estuviera pasando por un periodo de desempleo.

Ejercicio 10.22: Analice el proceso de formación de una relación laboral desde el punto de vista de una empresa que está buscando un trabajador.

Ejercicio 10.23: Más difícil. Suponga que Lucas está buscando empleo y que ha decidido mandar su currículum únicamente a las empresas que ofrezcan un salario mayor que $\bar{w}$. Suponga que la probabilidad de que se produzca una vacante con esas características durante una semana cualquiera es $p(w > \bar{w}) = p$. Suponga que la probabilidad de que una empresa a la que Lucas le ha mandado su currículum le contrate es q. (a) Calcule la duración esperada del periodo de búsqueda de empleo de Lucas como función de p y de q y (b) suponga que $p = 0,5$ y que $q = 0,04$ y calcule la duración esperada del periodo de búsqueda de empleo.

10.6 LAS POLÍTICAS DE EMPLEO

Las políticas de empleo más frecuentes son el seguro de desempleo, la regulación del mercado laboral y las políticas cuyo objetivo es aumentar las movilidades geográfica y ocupacional de las personas.

En la mayoría de los países hay un seguro de desempleo obligatorio cuyo objetivo es reducir los costes económicos del paro. La duración de las prestaciones y su cuantía varían en los distintos países. Los defensores del seguro de paro lo hacen por razones de solidaridad. Sus detractores sostienen que prolonga el periodo de búsqueda de empleo y permite a las personas que cobran la prestación financiarse con cargo al esfuerzo de los demás.

En algunos países además de obligar a los trabajadores o a las empresas a financiar el seguro obligatorio de desempleo, también se regulan ciertos aspectos del mercado laboral. Los tipos más frecuentes de regulación son los salarios mínimos, las limitaciones en las modalidades de contratación y las indemnizaciones por despido. Los defensores de estas políticas insisten en la necesidad de proteger los derechos de los trabajadores ante los abusos de los empresarios. Sus detractores sostienen que este tipo de medidas, además de atentar contra las libertades fundamentales, desincentivan la creación de puestos de trabajo.

Por último, otras políticas de empleo intentan favorecer la movilidad geográfica y ocupacional de las personas subvencionando los traslados y los cursos de formación.

Ejercicio 10.24: Lucas insiste en comparar las relaciones laborales con las relaciones sentimentales. Describa el proceso de formación de las relaciones sentimentales y diseñe y defienda un conjunto de políticas de empleo sentimental.

Cuadro 10.4: *Las principales series del mercado de trabajo de la economía española (miles de personas). Fuente: Corrales y Taguas (1989). Actualización: Taguas (1999).*

Año	Activos	Ocupados	Parados
1955	11884,2	11726,7	157,5
1956	11986,1	11832,3	153,8
1957	12084,4	11956,3	128,1
1958	12236,7	12098,4	138,2
1959	12324,3	12170,5	153,8
1960	12170,9	12009,8	161,1
1961	12245,2	12100,6	144,6
1962	12324,7	12194,6	130,0
1963	12414,9	12258,4	156,5
1964	12504,4	12335,9	168,5
1965	12580,1	12403,4	176,7
1966	12570,7	12467,7	103,1
1967	12689,7	12572,6	117,2
1968	12803,4	12684,5	118,9
1969	12910,1	12798,5	111,7
1970	13015,6	12893,8	121,8
1971	13127,3	12966,6	160,7
1972	13307,1	13017,7	289,5
1973	13635,3	13284,7	350,5
1974	13782,8	13384,0	398,7
1975	13713,9	13170,5	543,4
1976	13671,1	13035,1	635,9
1977	13663,3	12978,9	684,4
1978	13679,6	12754,0	925,6
1979	13693,2	12542,1	1151,1
1980	13690,0	12163,1	1526,9
1981	13713,0	11801,1	1911,9
1982	13871,4	11653,7	2217,7
1983	14009,9	11524,3	2485,6
1984	14081,5	11314,2	2767,3
1985	14187,0	11217,5	2969,5
1986	14440,3	11480,9	2959,4
1987	14797,5	11842,4	2955,1
1988	15043,4	12191,2	2852,2
1989	15259,3	12698,5	2560,8
1990	15482,0	13040,8	2441,2
1991	15550,6	13086,9	2463,7
1992	15625,1	12836,6	2788,5
1993	15773,3	12292,0	3481,3
1994	15921,5	12183,3	3738,2
1995	15954,0	12370,4	3583,5
1996	15959,0	12419,0	3540,0
1997	16128,0	12764,7	3363,3
1998	16257,0	13044,4	3212,6
1999	16387,0	13322,4	3064,6

Tema 11

LA INFLACIÓN

La inflación es, en todas partes y siempre, un fenómeno monetario.

Milton B. Friedman

Contenido

11.0 INTRODUCCIÓN

La tasa de inflación es la tasa a la que aumentan los precios. Desde finales de la Segunda Guerra Mundial los precios han subido de una forma generalizada en prácticamente todos los países del mundo. En unos países como Suiza, Alemania o Japón, los precios han subido de una forma muy gradual; en otros, como en España o en Italia, lo han hecho a tasas moderadas, y en otros países, como Argentina o Brasil, durante determinados periodos de tiempo los precios han subido muy deprisa. Pero sea como fuere, todos estamos acostumbrados a la inflación que, como dice el economista y premio Nobel M. Friedman en la cita que encabeza este tema, está inseparablemente unida al proceso de creación del dinero y, en cierta medida, es una consecuencia de la facilidad con la que los gobiernos caen en la tentación de financiar sus gastos imprimiendo más dinero de la cuenta.

Aunque los costes de la inflación son menos evidentes que los del paro, cuando pensamos en la inflación hay algo que está muy claro: a la mayoría de nosotros no nos gusta, aunque sólo sea porque mina la confianza que tenemos depositada en el dinero. Quizás por eso, la lucha contra la inflación es uno de los objetivos prioritarios de la política económica de la mayoría de los países.

Es este tema vamos a definir el concepto de inflación y vamos a intentar evaluar sus costes. Vamos a descubrir que la inflación no erosiona sistemáticamente el poder adquisitivo de los salarios, pero que los cambios en los precios relativos que acompañan a la mayoría de los procesos inflacionarios hacen que unas personas se beneficien de la inflación y que otras salgan perjudicadas.

También vamos a definir los tipos de interés reales y nominales, y vamos a estudiar la ecuación de Fisher que es la formalización de la relación que existe entre la tasa de inflación y esas dos variables. Seguidamente vamos a estudiar los efectos redistributivos de la inflación y los costes fiscales y otros costes asociados con la inflación. Para terminar, el último apartado del tema describe brevemente las hiperinflaciones de Alemania y Hungría e intenta convencernos de que estos fenómenos son esencialmente independientes de los procesos inflacionarios moderados, y que en condiciones normales estos procesos no suelen degenerar en aquéllos.

11.1 DEFINICIÓN Y MEDIDA

Definición 11.0: Tasa de inflación (π). La tasa de inflación es el aumento porcentual en un índice de precios.

La definición anterior pone de manifiesto que hay tantas medidas de la inflación como índices de precios. Las dos medidas mas usuales de la inflación son las que se obtienen a partir del índice de precios al consumo y a partir del deflactor del producto interior bruto, que, como hemos aprendido en el Tema 6, son los dos índices de precios más usuales. El Gráfico 11.0 representa las tasas de crecimiento del índice de precios al consumo y del deflactor del producto interior bruto de la economía española durante el periodo 1960–1999.

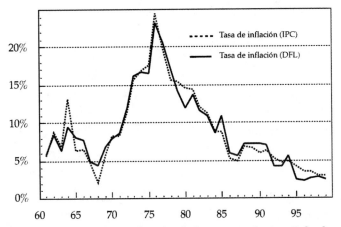

Gráfico 11.0: *La tasa de inflación de la economía española durante el periodo 1960–1999 según el índice de precios al consumo y según el deflactor del producto interior bruto.*

11.2 LA INFLACIÓN Y LOS SALARIOS

El poder adquisitivo de los salarios es la cantidad de mercancías que se pueden comprar con ellos, o usando un lenguaje un poco más técnico, el poder adquisitivo de los salarios es el valor real de los salarios. Si en una economía los precios de las distintas mercancías suben de forma generalizada, parece lógico suponer que el salario real tiene que bajar. En el Tema 6 hemos aprendido que para calcular el valor real de una variable se divide su valor nominal por un índice de precios. Por lo tanto para que el poder adquisitivo de los salarios disminuya, no es suficiente con que suban los precios; además, tiene que ocurrir que los salarios —que no debemos olvidar que son un precio más— suban en una proporción menor que los restantes precios.

Ejercicio 11.0: En 1998 el índice de precios al consumo de Santa Ana aumentó en un 3%, el salario medio en la industria en un 5%, y los ingresos medios de los agricultores en un 2%. Calcule la variación del poder adquisitivo de los ingresos de los trabajadores industriales y de los agricultores durante ese año.

Por lo tanto, para saber si en un país la inflación está erosionando el poder adquisitivo de los salarios, tenemos que comparar las tasas de crecimiento de un agregado de salarios y las de un índice de precios. Uno de los posibles agregados de salarios es la ganancia media por persona ocupada. En España este agregado se obtiene de los datos de la Encuesta de Salarios que realiza el Instituto Nacional de Estadística. El Gráfico 11.1 representa las tasas de crecimiento de esta serie y las del Índice de precios al consumo durante el periodo comprendido entre 1982 y 1997. Durante esos dieciséis años los salarios crecieron por encima de los precios con las únicas excepciones de 1988, 1989, 1994 y 1997. Durante ese periodo la ganancia media por persona ocupada creció 30 puntos porcentuales más que el índice de precios al consumo. Por lo tanto, durante ese periodo en España el poder adquisitivo de la ganancia media por persona aumentó a pesar de que los precios también lo hicieron. Algo parecido ha ocurrido en la mayoría de los países industrializados durante los últimos cincuenta años. A pesar de que la inflación ha sido generalizada, el poder adquisitivo del salario medio no sólo no ha disminuido, sino que ha aumentado de un modo continuado.

Ejercicio 11.1: Si la inflación no hace que nuestro poder adquisitivo disminuya, ¿por qué cree que la mayoría de las personas se resisten a aceptar la inflación?

Quizás el caso de Matías pueda ayudarnos a contestar la pregunta que plantea el Ejercicio 11.1. Matías trabaja de administrativo en La Fuerza del Destino, una empresa alicantina que fabrica zapatos. En enero de 1997 se negoció un aumento del 4,5 % para los trabajadores acogidos al convenio del sector, y durante ese año el índice de precios al consumo de la economía española subió un 3,5 % en números redondos. Matías se pasó todo ese año trabajando en la filial de la empresa en el extranjero y al volver en diciembre se va a comprar los regalos de Navidad convencido de que es un 4,5 % más rico. Tienda tras tienda, descubre que casi todas las cosas son un 3,5 % más caras que un año antes, y cuando vuelve a casa comprueba que con su 4,5 % de aumento de sueldo sólo ha podido comprar aproximadamente un 1 % más mercancías que el año anterior. Naturalmente Matías piensa que la inflación le ha robado la mayor parte de un aumento de sueldo que él tenía más que merecido, atribuye los aumentos de los precios a la mala gestión del equipo económico del gobierno, y decide cambiar de partido en las elecciones siguientes.

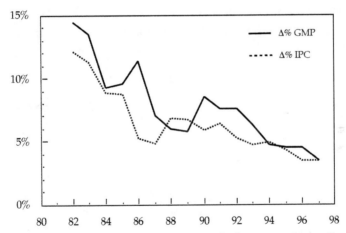

Gráfico 11.1: *Las tasas de crecimiento de la ganancia media por persona ocupada y del índice de precios al consumo de la economía española (1982–1997).*

Ejercicio 11.2: ¿Por qué cree que La Fuerza del Destino aceptó aumentarle el sueldo a Matías y al resto de la plantilla en un 4,5 %?

Probablemente, los representantes de los empresarios del sector del calzado firmaron el aumento del 4,5 % porque esperaban que el precio de venta de los zapatos iba a aumentar aproximadamente en un 3,5 %, como así fue. También preveían que durante ese año la productividad del trabajo iba a aumentar en un 1 %. Por lo tanto, según la empresa solamente un 1 % del aumento de sueldo era "merecido". El 3,5 % restante se debía únicamente a la inflación. En las economías inflacionarias, casos parecidos al de Matías y La Fuerza del Destino son muy frecuentes. Si la mayor parte de nosotros reaccionamos como Matías, no es de extrañar que uno de los objetivos económicos de los gobiernos sea controlar la inflación.

Al evaluar los costes de la inflación también debemos tener en cuenta que los agregados de salarios no reflejan lo que ocurre con los ingresos de los distintos colectivos que forman la sociedad. El hecho de que la ganancia media por persona haya crecido 30 puntos porcentuales más que el índice de precios al consumo no quiere decir que haya ocurrido lo mismo con los ingresos de todas las personas ocupadas. Por ejemplo, el Gráfico 11.2 representa las tasas de crecimiento del salario mínimo y del índice de precios al consumo de la economía española durante el periodo comprendido entre 1982 y 1997. Durante ese periodo el salario mínimo creció 32 puntos porcentuales menos que el índice de precios al consumo y, en consecuencia, el poder adquisitivo del salario mínimo disminuyó considerablemente.

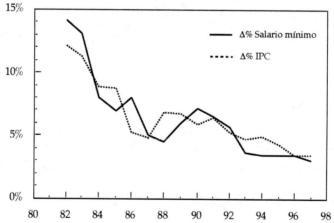

Gráfico 11.2: *Las tasas de crecimiento del salario mínimo y del índice de precios al consumo de la economía española (1982–1997).*

11.3 LA INFLACIÓN Y LOS PRECIOS RELATIVOS

Como la inflación es la tasa de crecimiento de un índice de precios, la tasa de inflación no nos dice nada sobre las tasas de crecimiento de los precios de las distintas mercancías que componen la cesta correspondiente. Esta pérdida de información no sería muy importante si todos los precios cambiaran al mismo ritmo, pero en el mundo real este caso es muy poco frecuente. Normalmente los precios de unas mercancías crecen más deprisa que los de otras, y puede ocurrir que los precios de unas mercancías aumenten mientras que los de otras disminuyan. Cuando los precios de dos mercancías crecen a tasas distintas decimos que su precio relativo ha cambiado.

Definición 11.1: Precio relativo. El precio relativo de dos mercancías es el precio de una de ellas expresado en unidades de la otra y no en unidades monetarias.

Ejercicio 11.3: En Santa Ana una entrada de cine cuesta 5€ y una cerveza 1€. Calcule el precio relativo de una entrada de cine en términos de cervezas y el precio relativo de una cerveza en términos de entradas de cine.

Cuando la inflación provoca cambios en los precios relativos, el poder adquisitivo de las personas que venden mercancías cuyos precios crecen más despacio que los precios de las mercancías que compran disminuye, mientras que el poder adquisitivo de las personas que hacen lo contrario, aumenta. Los Ejercicios 11.4 y 11.5 pretenden ayudarnos a entender este párrafo que a Irene le ha parecido un trabalenguas.

Ejercicio 11.4: En Santa Ana en 1995 un coche costaba 10.000€ y un kilo de coles de Bruselas 3€. En 1999 un coche costaba 13.000€ y un kilo de coles de Bruselas 3,5€. Calcule el precio relativo de los coches y de las coles en esos dos años. ¿Cuáles cree que han sido los efectos de la inflación sobre el poder adquisitivo de los agricultores y de los fabricantes de coches?

Ejercicio 11.5: El Gráfico 11.3 representa la evolución de los precios de los grupos de la alimentación y de la vivienda del índice de precios al consumo durante el periodo comprendido entre 1977 y 1997 en la economía española. (a) ¿Qué efectos cree que ha tenido la inflación en el precio relativo de la alimentación y de la vivienda durante esos años? y (b) si hubiera tenido que comprar en uno de los dos mercados y que vender en el otro, ¿cómo los hubiera elegido?

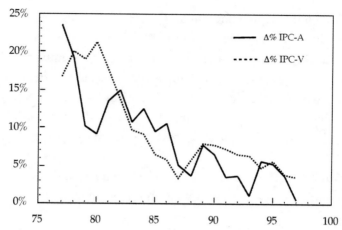

Gráfico 11.3: *Las tasas de crecimiento de los precios de los grupos de la alimentación y de la vivienda del índice de precios al consumo de la economía española (1977–1997).*

11.4   LA INFLACIÓN Y LOS TIPOS DE INTERÉS

Irene quiere comprarse una moto pero no tiene dinero, y como a sus padres no les gusta la idea, le han dicho que no se lo van a prestar. En el concesionario le financian la compra, pero tiene que pagar un 10 % más que lo que pagaría si comprara la moto al contado, y no termina de entender por qué.

Ejercicio 11.6: Generalmente cuando pedimos un préstamo se nos exige que paguemos una cantidad adicional en concepto de intereses; ¿por qué?

Casi todos somos impacientes. En condiciones normales preferimos consumir hoy a esperar hasta mañana, y no digamos hasta el año que viene. Una de las razones que justifican nuestra impaciencia es que el futuro es incierto.[1] Cuando le pedimos a alguien que nos preste dinero y le aseguramos que se lo vamos a devolver al cabo de un año, el prestamista es consciente de que en 365 días pueden pasar muchas cosas, y que incluso es posible que el disfrute del principal y de los intereses le corresponda a sus herederos.

Además de esa preferencia por el presente, que es el nombre técnico que se le da a esa clase de impaciencia, otro factor importante que los prestamistas siempre tienen en cuenta es el riesgo de impago. Si un prestamista

---

[1]Lucas insiste en que, como el reinado de Wytiza, el futuro también es oscuro.

quiere prestar una cantidad determinada de dinero, y tiene varios prestatarios potenciales, el que le ofrezca menos garantías de devolverle el principal tendrá que ofrecer un tipo de interés más alto para que le concedan el préstamo. Por último, otro factor a tener en cuenta a la hora de determinar el tipo de interés son las previsiones sobre la evolución de los precios.

Ejercicio 11.7: Suponga que tiene 1.000€ ahorrados para irse de vacaciones y que Irene le dice que está en un apuro, le pide que se las preste e insiste en pagarle los intereses que le pida. (a) ¿Qué tipo de interés le pediría? y (b) ¿cómo cambiaría su respuesta si supiera que durante ese año la inflación iba a ser del 20%?

Antiguamente, cuando apenas circulaba el dinero y la mayor parte de los préstamos se hacían en especie, para determinar el tipo de interés, bastaba con evaluar la preferencia por el presente y el riesgo de impago. Por ejemplo, si un agricultor le prestaba a otro 10 medidas de trigo, y el prestamista evaluaba en un 10% la compensación que quería recibir por la espera y por el riesgo de impago, el tipo de interés que le tendría que pedir era exactamente el 10%.

Pero en la actualidad, como prácticamente todos los préstamos se hacen en dinero, el problema se complica y el tipo de interés real, que es el que se pagaba por los préstamos en especie, y el tipo de interés nominal, que es el que se paga por los préstamos en dinero, casi nunca coinciden.

Definición 11.2: Tipo de interés real (r). El tipo de interés real es la cantidad adicional de mercancías expresada como un porcentaje del principal que el prestamista exige al prestatario por concederle un préstamo en especie.

Definición 11.3: Tipo de interés nominal (i). El tipo de interés nominal es la cantidad adicional de dinero expresada como un porcentaje del principal que el prestamista exige al prestatario por concederle un préstamo monetario.

Ejercicio 11.8: Irene quiere invitar a sus amigos a una fiesta de cumpleaños y está dispuesta a gastarse 100€ en cerveza. Como una lata de cerveza cuesta 1€, va a comprar 100 latas. Una semana antes de la fiesta Lucas le dice a Irene que está en un apuro y le pide que le preste los 100€ durante un año. Irene está dispuesta a esperar durante un año para dar la fiesta siempre y cuando pueda comprar un 10 % más de cerveza. (a) ¿Qué tipo de interés real quiere Irene?; (b) si Irene está convencida de que el precio de la cerveza no va a subir durante ese año, ¿qué tipo de interés nominal deberá pedirle a Lucas?; (c) un año después Lucas le devuelve a Irene los 110€ que habían acordado y, cuando Irene va a comprar la cerveza, se da cuenta de que cada lata cuesta 1,04€, ¿cuál ha sido el tipo de interés real que efectivamente ha recibido Irene? y (d) si Irene hubiera previsto que los precios iban a subir un 4 %, ¿qué tipo de interés nominal debería haberle pedido a Lucas para que su tipo de interés real hubiera sido el 10 % que ella quería?

Irene quiere comprar un 10 % más de cerveza a cambio de esperar un año y de incurrir en el riesgo de perder su principal. Si le pide a Lucas un 10 % de interés nominal y al cabo de un año los precios han subido un 4 %, con los 110€ que recibe solamente puede comprar 106 latas de cerveza. Por lo tanto, el tipo de interés real que ha recibido Irene ha sido del 6 %. Para consumir un 10 % más de cerveza, o sea 110 latas, Irene habría necesitado $110 \times 1,04 \simeq 114$€ y, por lo tanto, habría tenido que pedirle a Lucas un interés nominal del 14 %.

Ejercicio 11.9: Suponga ahora que Irene quiere un 8 % de interés real, que le pide a Lucas un 11 % de interés nominal y que el precio de la cerveza sube un 6 %. (a) ¿Qué tipo de interés real ha recibido Irene?; (b) si Irene hubiera anticipado correctamente la subida de precios, ¿qué tipo de interés nominal debería haber pedido para poderse comprar un 8 % más de cerveza? y (c) obtenga una expresión general que relacione el tipo de interés nominal con el tipo de interés real y con la tasa de inflación.

Supongamos que π es la tasa de inflación expresada en tanto por uno. Entonces los prestamistas por cada euro que prestan tienen que recibir $1 + \pi$ euros simplemente para mantener el poder adquisitivo de su dinero. Si el prestamista quiere que su poder adquisitivo aumente en un r por uno, por cada euro que preste tendrá que recibir $(1 + r)(1 + \pi)$ euros. Por lo tanto, la expresión que relaciona el tipo de interés nominal, el tipo de interés real y la tasa de inflación es la siguiente:

$$1 + i = (1 + r)(1 + \pi) \tag{11.0}$$

La ecuación anterior se llama ecuación de Fisher en honor de Irving Fisher (1867-1947) que fue el primer economista que la formuló. Una versión aproximada de la ecuación de Fisher es la siguiente:[2]

$$i \simeq r + \pi \tag{11.1}$$

Ejercicio 11.10: Si Irene sabe que los precios van a subir un 5% y quiere recibir una tasa de interés real del 10%, ¿qué tipo de interés nominal le tiene que pedir a Lucas exactamente? ¿Y aproximadamente?

Ejercicio 11.11: En general, cuando pedimos un préstamo no sabemos con exactitud cuál va a ser la tasa de inflación durante el periodo de duración del préstamo. ¿Qué problemas plantea la incertidumbre en la tasa de inflación para determinar el tipo de interés nominal?

11.5 LOS EFECTOS DISTRIBUTIVOS DE LA INFLACIÓN

En los apartados anteriores hemos aprendido que en los últimos cincuenta años el poder adquisitivo del salario no ha disminuido con la inflación, y también hemos aprendido que la inflación puede afectar al poder adquisitivo de los distintos colectivos que componen la sociedad de formas muy diferentes. Por ejemplo, el Gráfico 11.2 ilustra que en el periodo comprendido entre 1982 y 1997 el poder adquisitivo del salario mínimo disminuyó en un 32%. Los pensionistas, los jubilados y en general todas las personas que perciben rentas monetarias fijas son otros grupos sociales cuyo poder adquisitivo suele disminuir con la inflación. Concretamente, siempre que los ingresos monetarios de una persona no aumentan al mismo ritmo al que suben los precios, el poder adquisitivo de esa persona disminuye.

---

[2]Si despejamos el tipo de interés nominal en la expresión (11.0), obtenemos que $i = r + \pi + r\pi$. Como i, r y π se miden en tantos por uno, el orden de magnitud de $r\pi$ es relativamente pequeño por lo que el error de aproximación en el que se incurre al suponer que $r\pi = 0$ es aceptable.

Ejercicio 11.12: Demuestre que el poder adquisitivo de las personas con ingresos monetarios fijos disminuye a una tasa igual a la tasa de inflación.

También hemos aprendido que los cambios en los precios relativos tienen efectos redistributivos importantes. Las personas que venden mercancías cuyos precios aumentan más deprisa que los de las mercancías que compran se enriquecen, y a las que les ocurre lo contrario se empobrecen.

Por último, los efectos redistributivos de la inflación se agravan considerablemente si la inflación es inesperada, o si las personas no la han anticipado correctamente. Si la tasa de inflación resulta ser mayor que la esperada, los tipos de interés reales —el tipo de interés nominal menos la tasa de inflación efectiva— son menores que los previstos, con lo que los prestatarios salen ganando a costa de los prestamistas. Cuando la tasa de inflación realizada es menor que la esperada, ocurre exactamente lo contrario.

En general no se puede decir que la inflación redistribuya las rentas en contra de los pobres y a favor de los ricos y que, por lo tanto, contribuya a aumentar la desigualdad, pero tampoco podemos decir que ocurra lo contrario. En el mejor de los casos, los cambios en la distribución de la renta ocasionados por la inflación son arbitrarios, ya que ni responden al juego de las fuerzas del mercado, ni son el resultado de los esfuerzos del gobierno por conseguir una distribución de la renta que tenga el apoyo político de los votantes. En este sentido, la inflación supone unos costes adicionales que se ven tanto más acentuados cuanto mayor es su componente no anticipado.

11.6 LA INFLACIÓN Y EL SISTEMA FISCAL

En la mayoría de los países, los impuestos directos gravan las rentas y las plusvalías monetarias. Si los tipos impositivos no se ajustan para corregir los aumentos en las rentas y en las plusvalías nominales debidos a la inflación, ésta puede dar lugar a un aumento de la presión fiscal. Para ilustrar esta idea vamos a estudiar los saltos de escalón impositivo y el tratamiento fiscal de las ganancias de capital. Supongamos que Lucas trabaja por las tardes de contable en un salón de peluquería. En su declaración del impuesto sobre la renta correspondiente a 1998 obtiene una base imponible —la cantidad sobre la que tiene que pagar impuestos una vez consideradas todas sus rentas y las deducciones correspondientes— de 10.000€. En la escala de gravamen que está en la última página del cuadernillo de instrucciones del impuesto, se establece que el tipo medio resultante para el escalón de renta comprendido entre 8.000 y 10.000€ es del 18 %. Por lo que Lucas tiene que pagar 1.800€ de impuestos directos y sus ingresos netos son $10,000-1,800 = 8,200$€.

Ejercicio 11.13: Supongamos que durante 1999 la tasa de inflación fue del 5 % y que a Lucas le subieron el sueldo en exactamente esa proporción. (a) ¿Cuánto ha aumentado el poder adquisitivo de Lucas?; (b) ¿cuánto cree que deberían aumentar los impuestos que tiene que pagar?, y (c) ¿qué ocurre si el gobierno decide mantener la escala de gravamen del año anterior?

El poder adquisitivo de Lucas no ha cambiado porque sus ingresos han crecido a la misma tasa que los precios, por lo que parece razonable que los impuestos que tiene que pagar tampoco deberían cambiar. Sin embargo, en 1999 la base imponible de Lucas es 10.500€. Si el gobierno decide mantener la escala de gravamen, Lucas pasa al siguiente escalón de renta. Supongamos que el tipo medio correspondiente al escalón comprendido entre 10.000 y 12.000€ es el 20 %. Entonces la cuota que Lucas tiene que pagar es de 2.100€ y sus ingresos netos son 8.300€ un 1,2 % mayores que los del año anterior. Como los precios han aumentado en un 5 %, el poder adquisitivo de Lucas ha disminuido en un 3,8 %. La causa de esa reducción es que la escala de gravamen no ha sido modificada para tener en cuenta la inflación. El valor real de los impuestos que ha pagado Lucas ha aumentado sin que el gobierno haya tenido que modificar la legislación y anunciar una subida en los impuestos. Por lo tanto se ha producido un aumento encubierto de la presión fiscal.[3]

Con las ganancias de capital ocurre algo parecido. Supongamos que en 1990 los padres de Irene se compraron un apartamento en la playa por valor de 15 millones de pesetas y que en 1997 lo vendieron por 25 millones. Por

---

[3]En 1997 la tasa de crecimiento del índice de precios al consumo de la economía española fue del 3,5 %. La tasa de crecimiento de la cuota íntegra de una familia con una renta de 4 millones de pesetas fue del 4,3 %. Por lo tanto, ese año se produjo un aumento encubierto de 0,8 puntos porcentuales en la presión fiscal sobre las rentas de esas familias.

lo tanto en 1997 los padres de Irene tuvieron una ganancia de capital de 10 millones de pesetas en términos nominales.

Ejercicio 11.14: En España entre 1990 y 1997 el índice de precios al consumo se aumentó en un 41 %. Use los datos del párrafo anterior y calcule la ganancia de capital de los padres de Irene en términos reales.

Como el poder adquisitivo de una peseta de 1990 es el mismo que el de 1,41 pesetas de 1997, con los 15 millones de pesetas que los padres de Irene pagaron por el apartamento en 1990, se habrían podido comprar mercancías por valor de 21,15 millones de pesetas en 1997. Como ese año vendieron el apartamento por 25 millones, su ganancia de capital fue de 3,85 millones de pesetas en términos reales. Supongamos que las plusvalías por ventas de inmuebles se tienen que imputar a un solo ejercicio, y que el tipo medio al que tributan los padres de Irene es el 30 %. Entonces, si la obligación de tributar fuera por los rendimientos nominales, los padres de Irene tendrían que pagar una cuota adicional de 3 millones de pesetas. En cambio, si la obligación de tributar fuera por los rendimientos nominales la deuda fiscal de los padres de Irene sólo habría aumentado en 1,16 millones. Los sistemas fiscales de la mayoría de los países permiten reducir parcialmente el valor de las plusvalías nominales.[4]

11.7 OTROS COSTES DE LA INFLACIÓN

Aunque sean moderadas, las tasas de inflación persistentes suponen dos tipos de costes sociales adicionales: aumentan los costes financieros de los proyectos de inversión de largo plazo de ejecución, y aumentan el tiempo que dedicamos a comprar.

Supongamos que los precios suben a una tasa del 4 % anual durante veinte años. Entonces, con un euro de hoy se podrían comprar mercancías por valor de 2,20€ ($= 1,04^{20}$) dentro de veinte años. Esto quiere decir que si una empresa solicita un crédito de 100 millones de euros a devolver dentro de veinte años, el valor actual del préstamo es, aproximadamente, 45

---

[4]Por ejemplo, según el reglamento del impuesto sobre la renta de las personas físicas español correspondiente a 1997, la plusvalía obtenida por los padres de Irene se habría reducido a 4,45 millones de pesetas.

(=100/2,20) millones de euros de hoy. Pero si la inflación media durante esos veinte años es del 8%, el valor actual de los 100 millones se queda reducido a 21,5 millones de euros de hoy. Es evidente que la inflación hace que prestar dinero a largo plazo se convierta en una actividad arriesgada. Cuanto mayor sea la tasa de inflación, menor será el plazo que tiene que transcurrir para que los efectos de la inflación sean de una magnitud parecida a la del ejemplo. En los casos de inflaciones descontroladas, el largo plazo puede verse reducido a unos meses o incluso a unos días.

Las obras de infraestructura y los grandes proyectos de inversión —la construcción de una central eléctrica o de una autopista, por ejemplo— o incluso algunas manufacturas más sencillas, como la elaboración de un vino de reserva o el cultivo de espárragos, requieren periodos de tiempo de varios años durante los que las empresas tienen que financiar su actividad, y las tasas de inflación persistentes hacen que los costes financieros de esas empresas aumenten considerablemente. Al desincentivar los proyectos de inversión, la inflación tiene efectos negativos sobre el crecimiento de la economía.

Por último, la inflación nos obliga a dedicar más tiempo a comprar. Casi todos nosotros somos clientes habituales de un número reducido de tiendas que venden mercancías con una relación entre sus calidades y sus precios que nos parece aceptable. En una economía en la que las tasas de inflación son altas, y en consecuencia los precios cambian muy deprisa, nos replanteamos continuamente estas relaciones de clientela. Irene siempre se compra unos vaqueros en la misma tienda al principio de la temporada, nada más volver de las vacaciones. Si descubre que cuestan bastante más de lo que ella esperaba, no va a saber si comprarse los vaqueros en esa tienda, o si ir a buscarlos a otro sitio por si acaso fueran más baratos. A las empresas les ocurre algo parecido con sus proveedores. Una de las consecuencias de la inflación es que las personas y las empresas dedican más tiempo a comprar que el que dedicarían si no hubiera inflación. En consecuencia, la eficiencia de la economía disminuye.

La magnitud de estos costes nos puede parecer despreciable, pero probablemente son mayores de lo que pensamos. Para evaluar estos costes el economista A. Okun ha sugerido que nos preguntemos cuánto tendrían que pagarnos por renunciar a comprar en las tiendas en las que lo hacemos habitualmente. Seguramente nos tendrían que pagar bastante. Una parte de esos costes son los costes de búsqueda atribuibles a la inflación.

11.8 LAS HIPERINFLACIONES

En los apartados anteriores ha quedado de manifiesto que tasas de inflación predecibles suponen costes menores que los de tasas de inflación erráticas o difíciles de predecir. Obviamente, la tasa de inflación será tanto más fácil de predecir cuanto menos varíe de un año a otro. Por ejemplo, los costes que supone una tasa de inflación del 5 % durante tres años consecutivos son considerablemente menores que los costes de tasas de inflación anuales del 2 %, del 5 % y del 8 %, aunque la inflación media sea aproximadamente la misma. Por lo tanto, la variación en la tasa de inflación es un factor importante a tener en cuenta cuando se evalúan los costes sociales de la inflación.

Aunque una parte de los costes atribuibles a la inflación se deban a su variabilidad, la tasa de inflación media también es importante. Si los precios crecen a un ritmo moderado y sin grandes cambios, como ha ocurrido, por ejemplo, en Suiza durante los últimos veinte años, decimos que la economía tiene una inflación moderada. Si los aumentos en los precios son excepcionalmente altos, decimos que la economía padece una inflación galopante o una hiperinflación. Alemania después de la Primera Guerra Mundial padeció una de las peores hiperinflaciones de la historia. Durante 1921 los precios subieron un 140 %; en 1922 la inflación se disparó llegando hasta un 4.100 %, y a partir de entonces las autoridades económicas perdieron el control de los precios por completo y en los once meses comprendidos entre diciembre de 1922 y noviembre de 1923 los precios al por mayor subieron más de un 108 % cada día. La hiperinflación húngara de 1945 y 1946 fue todavía más grave. Durante ese periodo la inflación media fue del 20.000 % al mes, y en el último mes los precios subieron un 42×10^{15} %.

Huelga decir que los costes sociales de tasas de inflación moderadas no son nada comparados con los costes de las hiperinflaciones. Por ejemplo, cuando las subidas de precios son moderadas, los tipos de interés nominales tienen tiempo de ajustarse e incorporar las subidas en los precios, pero cuando las tasas de inflación se disparan, estos ajustes son muy difíciles de hacer a tiempo, y el crédito se vuelve tan arriesgado que termina por desaparecer. Cuando en una economía los precios entran en una espiral hiperinflacionista, la vida se vuelve muy difícil. En los casos más graves, puede llegar a ocurrir que los salarios suban a diario; que una barra de pan de la hornada de la tarde cueste más que la misma barra de pan fabricada por la mañana; o que el precio del tren aumente antes de finalizar el trayecto. Si se llega hasta el punto en que nadie está dispuesto a firmar un contrato cuya duración sea mayor que unas horas, la actividad económica puede llegar a paralizarse por completo.

La mayoría de las hiperinflaciones han ocurrido cuando los gobiernos han emitido grandes cantidades de papel moneda para financiar el gasto público, generalmente como consecuencia de guerras o de crisis políticas o económicas excepcionalmente graves y prolongadas. Ninguno de los costes de las hiperinflaciones se producen en economías con tasas de inflación moderadas que incluso pueden servir de estímulo saludable para la actividad económica. Además, la historia económica de este siglo nos enseña que tasas de inflación moderadas son sostenibles durante periodos largos de tiempo y que, en ausencia de causas externas que produzcan dislocaciones graves en la actividad económica, las inflaciones moderadas no suelen degenerar en hiperinflaciones.

Cuadro 11.0: *Las tasas de inflación de la economía española según el índice de precios al consumo y según el deflactor del producto interior bruto. Fuente: Corrales y Taguas (1989). Actualización: Taguas (1999).*

Año	π(IPC) %	π(DFL) %
1955	–	6,09
1956	–	7,19
1957	–	12,43
1958	–	10,01
1959	–	5,71
1960	–	0,50
1961	–	1,83
1962	5,69	5,71
1963	8,88	8,53
1964	6,81	6,32
1965	13,29	9,43
1966	6,26	8,06
1967	6,54	7,67
1968	4,78	4,97
1969	2,15	4,39
1970	5,74	6,82
1971	8,24	7,92
1972	8,30	8,62
1973	11,38	11,96
1974	15,67	16,28
1975	16,98	16,75
1976	17,63	16,52
1977	24,50	23,17
1978	19,77	20,61
1979	15,67	17,11
1980	15,57	14,18
1981	14,54	11,98
1982	14,41	13,79
1983	12,18	11,62
1984	11,28	10,94
1985	8,82	8,55
1986	8,79	10,92
1987	5,25	6,01
1988	4,84	5,67
1989	6,79	7,20
1990	6,72	7,25
1991	5,93	7,27
1992	6,40	7,01
1993	5,26	4,18
1994	4,72	4,17
1995	4,96	5,59
1996	4,27	2,50
1997	3,50	2,28
1998	3,50	2,60
1999	3,00	2,71

CUARTA PARTE

INTRODUCCIÓN AL ANÁLISIS MACROECONÓMICO

La última parte del libro contiene una introducción al análisis macroeconómico. Para facilitar la comprensión de los problemas macroeconómicos y experimentar con distintas formas de resolver esos problemas, los macroeconomistas construyen modelos de las economías del mundo real. Estos modelos son maquetas sencillas de las relaciones económicas que se producen en un país y entre los distintos países y su principal función es servir de laboratorios para simular los efectos de la política económica.

En el Tema 12 se analiza un modelo macroeconómico básico que contiene los principales elementos que intervienen en la mayoría de estos modelos. En los Temas 13 y 14 se utilizan distintas versiones de este modelo adaptadas para empezar a estudiar, respectivamente, el crecimiento económico y los ciclos económicos.

Tema 12

UN MODELO MACROECONÓMICO BÁSICO

En aquel Imperio, el Arte de la Cartografía logró tal Perfección que el mapa de una sola Provincia ocupaba toda una Ciudad, y el mapa del imperio, toda una Provincia. Con el tiempo, esos Mapas Desmesurados no satisficieron y los Colegios de Cartógrafos levantaron un Mapa del Imperio, que tenía el tamaño del Imperio y coincidía puntualmente con él. Menos Adictas al Estudio de la Cartografía, las Generaciones Siguientes entendieron que ese dilatado Mapa era Inútil y no sin Impiedad lo entregaron a las Inclemencias del Sol y de los Inviernos. En los desiertos del Oeste perduran despedazadas Ruinas del Mapa, habitadas por Animales y por Mendigos; en todo el País no hay otra reliquia de las Disciplinas Geográficas. Suárez Miranda, Viajes de varones prudentes, IV, cap. XLV, Lérida, 1658.

J. L. Borges – *Del rigor en la ciencia*

Contenido

12.0 INTRODUCCIÓN

En este tema se describe informalmente el modelo macroeconómico básico que vamos a utilizar para dar los primeros pasos en el estudio del crecimiento económico y de los ciclos económicos. Además, la mayoría de los economistas utilizan versiones más o menos ampliadas de este modelo para ayudarse a pensar en los problemas macroeconómicos, y los investigadores lo utilizan como punto de partida en buena parte de su trabajo.

En última instancia, el objetivo del análisis macroeconómico aplicado es evaluar las consecuencias de la política económica para el bienestar de las personas que viven en una economía. Esta tarea, ambiciosa y repleta de dificultades técnicas, puede ponerse en práctica por lo menos de dos formas distintas. Una de estas formas es probar con distintas políticas en una economía real y estudiar sus consecuencias. La otra forma es diseñar una economía imaginaria y utilizarla para simular los efectos de las políticas económicas que nos interesan. Como los costes sociales de la primera forma son potencialmente muy altos —los experimentos mejor con gaseosa y, a ser posible, en la casa del vecino— los teóricos de la macroeconomía han optado por la segunda estrategia: diseñar modelos de economías y utilizarlos como laboratorios para estudiar las consecuencias de la política económica. El modelo económico que se describe en este tema es una versión muy simplificada de esos modelos.

Por lo tanto, nuestro objetivo en las páginas que siguen es construir una teoría sencilla de las relaciones económicas que tienen lugar en un país imaginario, usando como referencia las relaciones económicas que tienen lugar en los países del mundo real. Como los países del mundo real mantienen relaciones económicas con otros países, para alcanzar ese objetivo, primero vamos construir un modelo muy simplificado del mundo, y a continuación vamos a estudiar un modelo más detallado de un país.

Como ocurre en los países del mundo real, los principales personajes de nuestra economía imaginaria son los hogares, las empresas y el sector público. Entre estos personajes hay un entramado complejo de relaciones económicas que son versiones simplificadas de las relaciones económicas que tienen lugar entre los hogares, las empresas y el sector público del mundo real. Además, el modelo del mundo que vamos a construir en este tema tiene que cumplir el requisito adicional de ser técnicamente muy sencillo para ajustarse a los métodos descritos en el Tema 0.

12.1   UN MUNDO SIMPLIFICADO

El modelo que se describe en las páginas que siguen es un mundo simplificado. El mundo en el que vivimos es un mundo complicado. Somos más de 6.000 millones de personas, vivimos en más de 200 países distintos y cada día entre todos tomamos literalmente millones de decisiones económicas, muchas de ellas interrelacionadas. Identificar las causas y sus efectos en un mundo tan complejo es una tarea poco menos que imposible, y si no somos capaces de relacionar las causas con sus efectos, difícilmente vamos a poder predecir las consecuencias de la política económica. Para resolver estas dificultades, los economistas recurren al método que utilizan casi todos los teóricos: se inventan un mundo simplificado en el que es mucho más fácil entender las relaciones de causa y efecto que les interesan. Este método de la simplificación obliga a los economistas a contestar la pregunta que plantea el Ejercicio 12.0: tienen que decidir qué aspectos de la realidad se deben incluir en los modelos y cuáles se pueden omitir.

Ejercicio 12.0: ¿Qué aspectos del mundo real cree que se deberían incluir en un modelo económico del mundo?

Los macroeconomistas teóricos contestan al Ejercicio 12.0 basándose en dos principios: el principio de la capacidad de respuesta que exige que los modelos sean capaces de contestar a las preguntas que les planteemos y el principio de la sencillez que exige que los modelos sean comprensibles.

El principio de la capacidad de respuesta es indispensable. Un modelo que no sea capaz de darnos respuestas fiables a las preguntas que le planteemos es completamente inútil. En los Temas 13 y 14 nuestro objetivo es usar el modelo macroeconómico básico para estudiar los efectos de la política económica sobre el bienestar de las personas. Por lo tanto, en el modelo de la economía que vamos a construir por lo menos tiene que haber un grupo de personas y una autoridad económica que elija la política económica.

El principio de la sencillez también es muy importante. Un modelo económico que fuera tan complicado como el mundo real sería tan inútil como el mapa que describe Borges en la cita con la que empieza este tema. Ahora bien, no debemos olvidar que cuanto más sencillo es un modelo menos preguntas es capaz de contestar, y que la sencillez de los modelos económicos suele estar reñida con su realismo. Al simplificar la realidad, los economistas omiten muchos detalles que harían que los modelos económicos fueran más realistas. Por eso, el realismo de los modelos económicos no es demasiado importante, y para resolver los problemas económicos los economistas eligen los modelos más sencillos que son capaces de responder de una forma comprensible a las preguntas que les plantean.

12.1.1 El sector exterior y el sector interior

El punto de partida en el proceso de simplificación que hemos descrito en el apartado anterior es el mundo real. Y como el mundo real está formado por países, la versión simplificada del mundo —el modelo del mundo— que se describe en estas páginas también está formado por países, aunque lógicamente simplificados.

Ejercicio 12.1: ¿Qué características hacen que unos países del mundo real se distingan de otros? ¿Cuáles de esas características cree que se deben incluir en un modelo económico del mundo?

El territorio, las leyes, la lengua y las costumbres son algunas de las características que distinguen a los países del mundo real. Pero solamente el territorio, las personas que viven en él y algunos aspectos institucionales y legales son exclusivos de cada país. De un modo un tanto esquemático, se puede decir que un país es un grupo de personas que viven en un territorio determinado, y que regulan su convivencia mediante un cuerpo de leyes determinadas. Para distinguirlos de los países del mundo real, a los países del modelo les vamos a llamar economías. Una definición informal de una economía es la siguiente:

Definición 12.0: Una economía. Una economía es un modelo de un país. Está formada por una sociedad de personas imaginarias que regulan sus relaciones económicas mediante un conjunto de leyes determinadas, y por unas instituciones encargadas de diseñar la política económica.

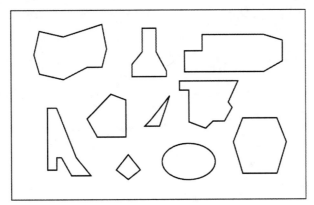

Gráfico 12.0: *Un modelo formado por muchas economías.*

Como ilustra el Gráfico 12.0, el punto de partida de nuestro análisis es un mundo simplificado formado por una colección de economías. ¿Cómo seguimos? Aunque ya sepamos lo que es una economía y que el modelo del mundo está formado por economías, todavía no hemos avanzado mucho en el proceso de simplificación de la realidad. De momento hemos pasado del mundo real formado por unos 200 países a un mundo simplificado formado por unas 200 economías. El siguiente paso en este proceso podría ser modelizar una por una todas esas economías y estudiar las relaciones económicas entre las personas que viven en esas economías.

Ejercicio 12.2: Suponga que en el Gráfico 12.0 conectamos cada dos economías con una flecha que representa las relaciones económicas entre las personas que viven en esas dos economías. Si el modelo del mundo tuviera 200 economías, y si de cada una de ellas saliera una flecha que fuera a todas las demás, ¿cuántas flechas habría en total?

Como ilustra el Ejercicio 12.2, un modelo del mundo formado por 200 países es cualquier cosa menos sencillo. Además, muchos de los detalles de ese modelo no son necesarios para contestar a la mayoría de las preguntas que nos interesan. Para llegar a un modelo más manejable, los economistas agrupan todas las economías del mundo en dos sectores: el sector interior y el sector exterior. El sector interior es la economía que constituye nuestro objeto de estudio, y el sector exterior es un agregado inventado que agrupa a todas las demás economías. De esta forma, pasamos del Gráfico 12.0, que representa un modelo formado por muchos países, al Gráfico 12.1, que representa un modelo formado únicamente por dos sectores.

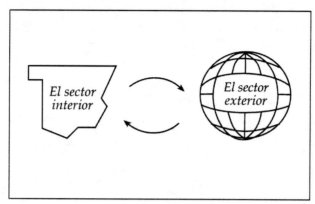

Gráfico 12.1: *El sector interior y el sector exterior del modelo ma-croeconómico básico.*

Para agrupar a todos los países del mundo en un solo sector, los macro-economistas se basan en el principio de la consolidación. La consolidación consiste en cancelar todas las relaciones económicas que se producen entre los países del sector exterior, y considerar únicamente las relaciones entre el sector interior y el sector exterior considerado en su conjunto. Como ilustra el Gráfico 12.1, usando este método, las flechas que podríamos haber dibujado entre los países representados en el Gráfico 12.0 desaparecen, y solamente quedan las flechas que relacionan al sector exterior con el sector interior. Al consolidar todos los países del mundo en un solo sector, renunciamos a estudiar las relaciones económicas que se producen entre ellos. Por ejemplo, supongamos que el país A vende una parte importante de su producción al país B. Como las ventas del país A son compras del país B, al consolidar esos dos países en el sector exterior todas esas transacciones desaparecen. Por lo tanto, el modelo consolidado es un modelo sencillo que nos permite estudiar las relaciones económicas entre el sector interior y el sector exterior considerado en su conjunto, pero que nos obliga a perdernos los detalles de lo que ocurre entre los países que forman parte del sector exterior.

12.1.2   El sector público y el sector privado

El siguiente paso en nuestro análisis es construir un modelo más detallado que nos ayude a entender el funcionamiento del sector interior. Para que nos resulte más fácil pensar en cómo vamos a hacerlo, podemos imaginarnos que nuestro objetivo es construir un modelo de la economía española.

Ejercicio 12.3: Describa las principales características de la economía española, usando las cifras que recuerde.

En 1998 en España vivían aproximadamente 40 millones de personas, agrupadas en unos 11 millones de hogares. Según la definición de la Encuesta de la Población Activa, la población ocupada contaba con unos 13 millones de personas. En el censo de establecimientos empresariales había registradas algo más de 1 millón de empresas. El valor de las mercancías finales producidas durante ese año ascendió a unos 400.000 millones de euros corrientes. El gasto público recogido en los Presupuestos Generales del Estado supuso unos 180.000 millones de euros. La economía española importó mercancías producidas en el exterior por valor de 53.000 millones de euros y el valor de las exportaciones españolas ascendió a unos 50.000 millones de euros.

Para entender las relaciones entre las causas y sus efectos en un mundo tan complejo vamos a usar el mismo método que empleábamos en el caso de los países: vamos a consolidar a todos los hogares, las empresas y los organismos públicos en grandes grupos o sectores, y sólo vamos a estudiar las relaciones económicas entre esos sectores considerados en su conjunto.

Ejercicio 12.4: Suponga que queremos construir un modelo sencillo de una economía de mercado, y que hemos decidido reunir a los agentes económicos que la componen en grandes grupos. Proponga un criterio que nos permita clasificar a los agentes económicos en un número reducido de grupos.

Si pensamos en el mercado, y si recordamos lo que hemos aprendido en el Tema 4, una posible respuesta a la pregunta que nos plantea el Ejercicio 12.4 es considerar la economía en su conjunto como un gran mercado y

clasificar los agentes económicos que la componen en compradores y vendedores. Este criterio de clasificación tiene la ventaja de que es muy sencillo
pero, como pone de manifiesto el Ejercicio 12.5, tiene el inconveniente de
que no es muy útil.

*Ejercicio 12.5: Piense en su hogar como unidad de toma de decisiones y
suponga que queremos clasificar a los hogares españoles en compradores
y vendedores. ¿En cuál de estos dos grupos incluiría a su hogar?*

La clasificación de los hogares de una economía en compradores y vendedores no es muy útil porque la mayoría de los hogares pertenecen a los
dos grupos al mismo tiempo. Al grupo de los vendedores, porque casi todos
los hogares venden una parte de su tiempo en el mercado de trabajo, y
al grupo de los compradores, porque casi todos los hogares compran mercancías en los mercados de productos. Por lo tanto clasificar a los hogares
en compradores y vendedores nos sirve de poco, y tenemos que buscar una
clasificación mejor.

El criterio de clasificación que vamos a usar es el del mercado, pero
con una interpretación distinta a la que le dábamos en el párrafo anterior.
Vamos a utilizar el criterio del mercado, no para separar a los compradores
de los vendedores, sino para distinguir entre las actividades que son propias
del mercado y las que no lo son. En prácticamente todos los países del
mundo una parte de las actividades económicas está sujeta a la disciplina
del mercado. Llevadas por el afán de cumplir sus objetivos, las personas
y las empresas compiten entre sí en el marco que establecen las reglas del
juego económico. Estas actividades suelen estar orientadas a la producción
de mercancías privadas. El modelo macroeconómico básico agrupa a las
personas y a las empresas que desarrollan esas actividades en un solo sector
que es el sector privado de la economía.

Además de las actividades de mercado, en casi todos los países se
realizan otras actividades económicas que no están sujetas a las reglas de la
competencia. Estas actividades se suelen dedicar a la producción de mercancías públicas. El modelo macroeconómico básico agrupa a las personas
y a las instituciones que desarrollan estas actividades en un sector que es
el sector público de la economía.

Por lo tanto, como ilustra el Gráfico 12.2, la economía interior del modelo macroeconómico básico esta formada por dos grandes sectores: el sector público y el sector privado. El sector público del modelo se ocupa de la provisión de mercancías públicas y del diseño de la política económica, y las empresas y las personas del sector privado toman las restantes decisiones económicas. Esta clasificación es muy útil porque, con la única excepción de las empresas participadas por el sector público, los dos sectores son mutuamente excluyentes.

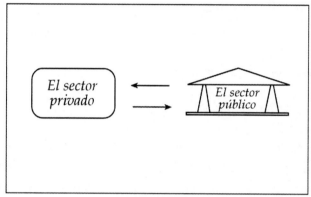

Gráfico 12.2: *La economía interior del modelo macroeconómico básico.*

12.1.3 Los hogares y las empresas

La mayoría de los modelos macroeconómicos limitan el papel del sector público a elegir la política económica, y se concentran en el estudio del sector privado de la economía. En casi todos esos modelos el sector privado se subdivide a su vez en el sector de los hogares y el sector de las empresas. Como veremos en los apartados siguientes, esta clasificación se justifica en parte porque la mayoría de las decisiones de oferta de factores productivos y de demanda de mercancías corren a cargo de los hogares, y la mayoría de las decisiones de demanda de factores y de oferta de mercancías corren a cargo de las empresas.

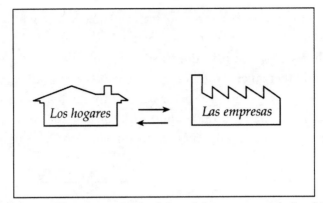

Gráfico 12.3: *El sector privado del modelo macroeconómico básico.*

El hogar y la empresa representativos

Un modelo de una economía con muchos hogares y muchas empresas sigue siendo demasiado complicado. Como ilustran los Gráficos 12.3, 12.4 y 12.5, para simplificarlo, el modelo macroeconómico básico reemplaza a todos los hogares de la economía por un solo hogar y a todas las empresas de la economía por una sola empresa que son, respectivamente, el hogar y la empresa representativos.

Ejercicio 12.6: Ofrezca tres razones que justifiquen la agregación de todos los hogares y todas las empresas de la economía en un solo hogar y en una sola empresa representativos.

Si viviéramos en una isla minúscula con un solo hogar y una sola empresa contestar a la pregunta que plantea el Ejercicio 12.6 sería muy sencillo: la agregación de los hogares y de las empresas no nos plantearía ningún problema porque, sencillamente, no tendríamos nada que agregar. Pero en cuanto tenemos dos o más hogares o empresas, representarlos por uno solo nos obliga a renunciar a la información que contiene la diversidad. Representar todos los hogares por un solo hogar y todas las empresas por una sola empresa equivale a suponer que las decisiones de todos los hogares y de todas las empresas de la economía, que sabemos que son muy distintos, se pueden estudiar como si fueran las decisiones de un solo hogar o de una sola empresa promedio.

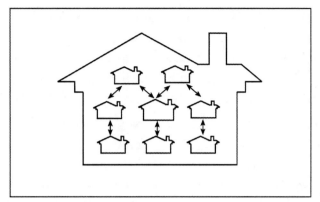

Gráfico 12.4: *El hogar representativo del modelo macroeconómico básico.*

Por ejemplo, todos sabemos que los hogares se distinguen por el número de personas que los componen, sus gustos, su renta, su localización geográfica, su historia, su patrimonio, su suerte, y muchas otras características. Cuando agregamos todos los hogares en un solo hogar representativo, hacemos abstracción de todas esas diferencias y reemplazamos a todos esos hogares distintos por un solo hogar al que le suponemos una composición, unos gustos, una renta y demás atributos representativos. Además, suponemos que las características que distinguen a unos hogares de otros en el mundo real no son lo suficientemente importantes como para desvirtuar las respuestas a las preguntas que le vamos a plantear al modelo. Como no podía ser de otra forma, a cambio de pernernos los detalles, al agregar ganamos en simplicidad.

Ejercicio 12.7: Plantee tres preguntas de interés económico que no puedan contentarse con una teoría que supone que en la economía hay un solo hogar representativo.

Como ilustra el Gráfico 12.4, las teorías que agregan a todos los hogares de la economía en un solo hogar representativo nos permiten estudiar las relaciones económicas entre el hogar representativo y los restantes sectores del modelo, pero no nos dicen nada sobre las relaciones económicas de los distintos hogares entre sí —las flechas que hay entre los distintos hogares de ese gráfico desaparecen y solo quedan las flechas que relacionan al hogar representativo con los restantes sectores del modelo—. Por lo tanto, el modelo macroeconómico básico no puede usarse para responder a preguntas relacionadas, por ejemplo, con la distribución de la renta o de la riqueza —que exigen que haya hogares ricos y hogares pobres— ni sobre cuestiones en las que los intercambios entre los hogares jueguen un papel importante —ya que los intercambios requieren al menos dos hogares distintos.

Igual que ocurría en el caso de los países del sector exterior, la agregación de todos los hogares de la economía en un solo hogar representativo nos obliga a consolidar sus decisiones. Por ejemplo, en todas las economías hay unos hogares que ahorran y otros que piden prestado, pero al consolidar todas esas decisiones solamente podemos estudiar el ahorro neto que se obtiene al restar del ahorro positivo de los hogares prestamistas, el ahorro negativo de los hogares prestatarios, pero no podemos analizar estas dos cantidades por separado.

Ejercicio 12.8: Suponga que en una pequeña economía insular viven 100 hogares. El 40 % de esos hogares son parejas jóvenes que ganan 20.000€ al año y piden prestados 2.500€ al año para financiar sus gastos, y el 60 % restante son hogares formados por parejas mayores que ganan 70.000€ al año y ahorran el 20 % de sus ingresos. Calcule la renta, el ahorro y el gasto agregados de esta economía.

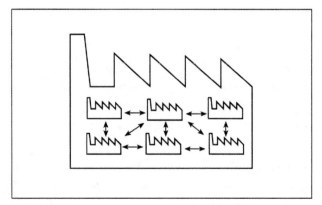

Gráfico 12.5: *La empresa representativa del modelo macroeconómico básico.*

Como ilustra el Gráfico 12.5, con las empresas ocurre algo parecido: el modelo macroeconómico básico estudia las decisiones que toma una sola empresa representativa y hace abstracción de todos los aspectos que distinguen a unas empresas de otras.

Ejercicio 12.9: Proponga tres características que sirvan para distinguir a las empresas.

El tamaño, la tecnología, la localización, los mercados en los que operan y las estrategias que emplean son algunas de las características que distinguen a unas empresas de otras. Sin embargo, el modelo macroeconómico básico supone que esas diferencias no son demasiado importantes y agrega todas las empresas de la economía interior en una sola empresa representativa. Igual que ocurría con los hogares, la agregación de todas las empresas de la economía en una sola nos permite estudiar las relaciones económicas del sector empresarial consolidado con los restantes sectores del modelo, pero nos obliga a ignorar las relaciones económicas entre las empresas.

Ejercicio 12.10: Suponga que el valor de la producción intermedia de una economía representa el 70 % de su producto interior bruto. ¿Qué cree que ocurre con la producción intermedia en un modelo en el que hay una sola empresa representativa?

Los modelos con una sola empresa representativa hacen abstracción de la producción intermedia y sólo tienen en cuenta la producción final. Esto se debe a que, al consolidar a todas las empresas del modelo en una sola empresa representativa, la producción intermedia desaparece porque las compras de mercancías intermedias que realiza una empresa se consolidan con las ventas de la empresa que produce esas mercancías.

En principio, esta característica, que puede parecernos una limitación del modelo, en realidad es una de sus virtudes. En el Tema 5 hemos aprendido que, cuando se usan los precios para valorar las mercancías, para evitar la contabilidad múltiple de las mercancías intermedias sólo se debe contabilizar el valor de las mercancías finales. En consecuencia, para calcular el valor del producto interior bruto de una economía, sólo se tienen en cuenta las mercancías finales, y el modelo macroeconómico básico con un hogar y una empresa representativos es consistente con este principio contable.

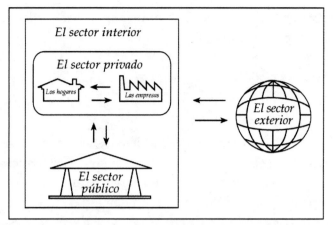

Gráfico 12.6: *Los sectores del modelo macroeconómico básico.*

En resumen, como ilustra el Gráfico 12.6, el modelo macroeconómico básico está formado por el sector exterior, el sector público y el sector privado, que se compone, a su vez por un hogar y una empresa representativos. El hogar y la empresa representan, respectivamente, a todos los hogares y a todas las empresas de la economía, y el sector exterior agrupa a todos los países del mundo con la excepción de la economía interior. Una vez que los agentes de la economía se han agrupado en esos sectores, el modelo macroeconómico básico estudia las relaciones económicas entre los sectores consolidados e ignora las relaciones económicas entre los agentes individuales de cada sector. En los apartados siguientes se describen con más detalle las decisiones de esos cuatro sectores y sus interrelaciones.

12.2 LAS MERCANCÍAS

En el modelo macroeconómico básico y en la mayoría de los modelos macroeconómicos, se supone que hay una sola mercancía de producción, y uno o más factores productivos.

Ejercicio 12.11: ¿Qué sentido tiene estudiar una economía con una sola mercancía de producción cuando sabemos que en el mundo real hay literalmente cientos de miles de mercancías distintas?

Este supuesto tiene dos interpretaciones. La más habitual es pensar que el único producto del modelo es en realidad un agregado de mercancías parecido al producto interior bruto.[1] Como ocurría con el producto interior bruto, el modelo macroeconómico básico supone que ese producto puede dedicarse al consumo privado, al gasto público, a la inversión y a la exportación sin incurrir en coste alguno.

La segunda interpretación se toma el supuesto literalmente y es un poco más forzada. Nos obliga a pensar en una economía primitiva casi exclusivamente agrícola en la que se produce una sola mercancía, por ejemplo, cebada. La cebada se produce usando tierra y trabajo. Las rentas factoriales de los trabajadores y de los terratenientes se pagan en cebada. Se consume pan y cerveza que se fabrican con trabajo y cebada. El ahorro es la cebada que se va a usar como semilla para la cosecha siguiente y los impuestos, las transferencias y el gasto público también se realizan en cebada. El sector público recauda una parte de la cosecha de cebada, distribuye una parte de la recaudación entre los más necesitados y dedica el resto a financiar la construcción de caminos y al consumo personal del rey y de sus cortesanos.

12.3   EL SECTOR PÚBLICO

El modelo macroeconómico básico trata al sector público como si fuera una gran empresa dedicada a la provisión de mercancías públicas. Para llenar de contenido esta definición vamos a interpretar el concepto de mercancía pública en sentido amplio. Además de las mercancías públicas tradicionales, como la red de carreteras del Estado, la sanidad pública, la seguridad social o las fuerzas armadas, vamos a considerar como mercancías públicas otras mercancías intangibles, como la garantía de los derechos de propiedad, la legislación, la administración de la justicia y, en general, todas las actividades relacionadas con el diseño de las reglas del juego económico y con la garantía de su cumplimiento.

Ejercicio 12.12: Según la definición de mercancía pública del párrafo anterior, ¿qué organismos del sector público español cree que deberían formar parte del sector público del modelo?

Entendido de esta forma, el sector público comprende a prácticamente todos los organismos de la administración y muy especialmente a aquellos a

---

[1]El producto interior bruto se estudia con detalle en el Tema 5.

los que les corresponde la toma de decisiones con contenido económico. En concreto el sector público así definido incluye al gobierno, a los ministerios económicos, al banco emisor y a sus órganos de gobierno, y a todas las autoridades y organismos públicos con competencias en la determinación de los impuestos, en la imposición de multas y sanciones, en la concesión de ayudas y subvenciones públicas, y en cualquier otra actividad con contenido económico. Además de incluir a la mayoría de los organismos del poder ejecutivo, esta definición de sector público también incluye a los poderes legislativo y judicial.

12.3.1 Los objetivos del sector público

En el apartado anterior hemos aprendido que el objetivo genérico del sector público es la provisión de mercancías públicas entendidas en sentido amplio. Los objetivos concretos del sector público consisten en determinar la naturaleza y la cuantía de esas mercancías. En las sociedades democráticas esos objetivos concretos son la expresión política de los objetivos de las personas con derecho a voto. En esas sociedades, los partidos políticos proponen sus planes de gobierno en sus programas políticos, y compiten entre sí para obtener un mandato electoral que les permita poner en práctica esos programas.

Ejercicio 12.13: Suponga que un partido político contrata sus servicios de asesoría y que le propone que se ocupe del diseño de un programa para ganar las elecciones. ¿Qué criterios utilizaría para diseñar ese programa?

12.3.2 Las decisiones del sector público

Para cumplir sus objetivos, el sector público compra mercancías y contrata factores productivos, y para financiar esos gastos, el sector público, como cualquier otra empresa, necesita una fuente de ingresos. Las decisiones de gasto y de recaudación son las principales formas de intervención del sector público en la economía, y reciben el nombre genérico de medidas de política fiscal.

En la mayoría de los países las medidas de política fiscal se recogen en los presupuestos del sector público. Esos presupuestos establecen la composición y la cuantía de los gastos del sector público, y la estructura y la cuantía de los impuestos que se van a usar para financiar esos gastos. El modelo macroeconómico básico considera únicamente versiones muy simplificadas de esas decisiones.[2]

12.3.3 Los ingresos del sector público

En el modelo macroeconómico básico los ingresos del sector público se representan por la letra T y su definición es la siguiente:

Definición 12.1: Ingresos del sector público (T). Los ingresos del sector público son todos los impuestos, tasas y multas que el sector público recauda de los restantes sectores del modelo.

La mayor parte de los ingresos del sector público proceden de los impuestos. En España, las principales figuras impositivas son el impuesto sobre la renta de las personas físicas, el impuesto sobre los beneficios de las sociedades, el impuesto sobre el patrimonio, los impuestos sobre sucesiones, donaciones y transmisiones, el impuesto sobre el valor añadido y los impuestos sobre consumos especiales. A pesar de que los impuestos adoptan muchas formas distintas, en última instancia prácticamente todos los impuestos son impuestos sobre el trabajo. Esto se debe a que todos los impuestos gravan directa o indirectamente las rentas de las personas, y a que el trabajo es la fuente última de todas las rentas.

Ejercicio 12.14: Irene no termina de entender por qué el impuesto sobre los beneficios de las sociedades o el impuesto sobre el valor añadido son en última instancia impuestos sobre el trabajo. Proponga un razonamiento para convencerla.

Los impuestos directos —que son los impuestos que gravan las rentas— son en realidad impuestos sobre el trabajo porque los ingresos necesarios para comprar los restantes factores productivos —la tierra o el capital—

---

[2]Además de las medidas de política fiscal, el sector público de la mayoría de los países también diseña la política monetaria. Ese tipo de políticas se describen con detalle en el Tema 7.

proceden del trabajo de sus propietarios o de otros miembros de su dinastía. Los impuestos indirectos —como el impuesto sobre el valor añadido o el impuesto sobre consumos especiales— en última instancia también son impuestos sobre el trabajo porque el trabajo es la fuente última de las rentas que se necesitan para costear el consumo. El impuesto sobre los beneficios de las sociedades también grava en última instancia al trabajo porque los beneficios son las rentas que genera la asunción de riesgos que conlleva la creación y la organización de las empresas y esas actividades son unas formas concretas de trabajo. Por último, el impuesto sobre el patrimonio y los impuestos sobre sucesiones, donaciones y transacciones también gravan en última instancia al trabajo porque, para acumular un patrimonio y poder legarlo, donarlo o transmitirlo, las personas previamente han tenido que trabajar.

Ejercicio 12.15: Enumere tres fuentes de financiación del sector público que no sean los impuestos.

Ejercicio 12.16: Lucas no quiere pagar impuestos. Proponga un método que le permita conseguirlo legalmente.

A Irene se le ha ocurrido que como todos los impuestos gravan en última instancia al trabajo, una forma de ayudar a Lucas a no pagar impuestos legalmente es aconsejarle que no trabaje. Para no tener que trabajar, Lucas podría irse a vivir a la granja de sus abuelos, cultivarla personalmente y ser autosuficiente o cambiar las mercancías que no consuma por otras que necesite, porque si comprara o vendiera algo formalmente tendría que pagar impuestos.

El consejo de Irene es un tanto exagerado. No es verdad que para pagar menos impuestos, tengamos que hacernos granjeros. Basta con que participemos menos en el mercado. Por ejemplo, si cenamos en casa, pagamos menos impuestos que si nos vamos a cenar a un restaurante. Si lavamos la ropa nosotros mismos, pagamos menos impuestos que si la llevamos a la lavandería. Si nos dedicamos a estudiar, pagamos menos impuestos que si dejamos los estudios y aceptamos un empleo remunerado.

En cualquier caso, la discusión anterior pone de manifiesto que, como los impuestos en última instancia gravan las rentas del trabajo, penalizan el trabajo y favorecen la asignación de tiempo a otros usos. Al distorsionar el precio relativo del trabajo y los usos no remunerados del tiempo de esta forma —encareciendo las mercancías que se producen en el mercado y abaratando las que se producen en el hogar— los impuestos tienen efectos negativos sobre el crecimiento del producto interior bruto y del empleo.

12.3.4 Los gastos del sector público

Los gastos del sector público se pueden agrupar en cuatro grandes categorías: el consumo público, la inversión pública, las transferencias y los pagos de los intereses de la deuda pública.

El consumo público y la inversión pública son los gastos del sector público en mercancías. El consumo público son los gastos del sector público en mercancías de consumo y en servicios, y la inversión pública son los gastos del sector público en mercancías de inversión.[3] La contabilidad nacional considera que todos los gastos de consumo público y de inversión pública son gastos finales. Nosotros vamos a agrupar esas dos partidas en una sola variable que vamos a llamar gasto público y vamos a representar por la letra G. El gasto público se define y se comenta con detalle en el Apartado 5.5.2.

Además de comprar mercancías, el sector público realiza transferencias de renta a los hogares, a las empresas y al sector exterior. La definición de las transferencias es la siguiente:

Definición 12.2: Transferencias del sector público (Z). Las transferencias del sector público son los pagos que el sector público realiza sin contrapartida.

La característica principal de las transferencias es que sus beneficiarios no tienen que hacer nada para recibirlas. Algunos ejemplos de transferencias son las pensiones de invalidez o de jubilación, el subsidio de paro, las subvenciones a las empresas y la ayuda internacional.

La última partida importante de gastos del sector público son los intereses de la deuda pública, que vamos a representar con la abreviatura INT.

---

[3]El consumo y la inversión se definen en el Tema 5.

La perdurabilidad del sector público y su capacidad para recaudar impuestos hacen que prestar al sector público sea una actividad de muy bajo riesgo y convierten al sector público en un prestatario privilegiado. Por eso, la mayoría de los sectores públicos pueden gastar más de lo que ingresan incluso durante periodos de tiempo prolongados. En muchas economías del mundo real los sectores públicos se aprovechan de esta circunstancia, gastan más de lo que ingresan y emiten deuda pública para financiar la diferencia. Los intereses de la deuda pública son el precio que el sector público tiene que pagar a sus prestamistas a cambio de los préstamos que recibe. La definición de los intereses de la deuda pública es la siguiente:

Definición 12.3: Intereses de la deuda pública (INT). Los intereses de la deuda pública son los pagos que el sector público realiza por los préstamos que recibe de los restantes sectores del modelo.

12.3.5 El ahorro del sector público

La relación entre los ingresos, los gastos y el ahorro del sector público está recogida en la igualdad 12.0, que representa el flujo de fondos del sector público.

$$A_{Et} = T_t - (G_t + Z_t + INT_t) \qquad (12.0)$$

La igualdad (12.0) define el ahorro del sector público, A_{Et}, como la diferencia entre los recursos del sector público y todos los empleos que el sector público hace de esos recursos, o sea la suma del consumo público, la inversión pública, las transferencias y los pagos de los intereses que devenga la deuda pública. El Gráfico 12.7 representa los ingresos, los gastos y el ahorro del sector público español, expresados como una proporción del producto interior bruto. Como puede apreciarse en ese gráfico, el ahorro del sector público español ha sido casi siempre negativo. Cuando el ahorro del sector público es negativo, la diferencia entre los gastos del sector público y sus ingresos, que coincide con el desahorro del sector público, se denomina déficit público. La definición del déficit público es la siguiente:

Definición 12.4: Déficit público (DEF). El déficit público es la diferencia entre los recursos del sector público y los empleos que el sector público hace de esos recursos, cuando la cuantía de éstos supera a la de aquéllos. La expresión formal del déficit público es la siguiente:

$$DEF_t = (G_t + Z_t + INT_t) - T_t \qquad (12.1)$$

En los pocos casos en los que el déficit público es negativo decimos que el sector público ha registrado superávit.

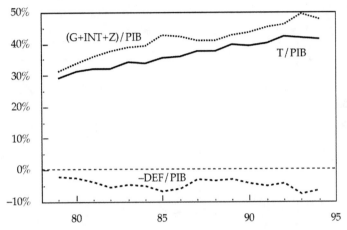

Gráfico 12.7: *Los ingresos, los gastos y ahorro del sector público español expresados en función del producto interior bruto.*

Ejercicio 12.17: ¿En cuántas ocasiones el sector público español ha registrado superávit en los últimos años?

12.3.6 La deuda del sector público

Siempre que los ingresos del sector público son insuficientes para hacer frente a sus gastos, el sector público emite deuda pública para financiarse. La definición de la deuda pública es la siguiente:

Definición 12.5: Deuda pública (DP). La deuda pública es el valor del saldo vivo de todas las deudas dinerarias que el sector público ha contraído con los restantes sectores del modelo.

El saldo vivo de la deuda pública aumenta en los periodos en los que se produce un déficit público —o sea, cuando el ahorro del sector público es negativo— y disminuye en los periodos en los que se produce un superávit público —o sea, cuando el ahorro del sector público es positivo—. La expresión formal que describe la evolución en el tiempo del saldo vivo de la deuda pública es la siguiente:

$$DP_{t+1} = DP_t + DEF_t \qquad (12.2)$$

El Gráfico 12.8 representa la evolución en el tiempo del saldo vivo de la deuda pública española y refleja el fuerte aumento del endeudamiento del sector público español que se ha producido a partir de 1980.

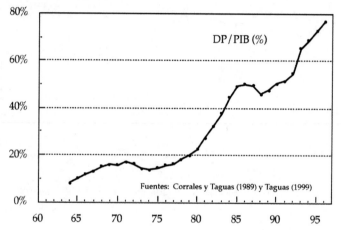

Gráfico 12.8: *La deuda del sector público español expresada en función del producto interior bruto de la economía española.*

Ejercicio 12.18: (a) ¿Cuánto estaría dispuesto a pagar por una Letra del Tesoro con un valor nominal de 10.000€ y vencimiento a un año?; (b) ¿cómo cree que cambia el precio de la deuda pública a medida que aumenta el endeudamiento del sector público?; (c) ¿qué cree que hace el sector público cuando tiene que devolver sus préstamos? y (d) ¿cree que existe algún límite a la capacidad de endeudamiento del sector público?

Ejercicio 12.19: En el Tema 5 hemos aprendido que la contabilidad nacional valora las mercancías públicas por los sueldos de los funcionarios que intervienen en su producción. En este apartado hemos aprendido que el sector público es una gran empresa y que la contabilidad nacional considera todas las compras del sector público como gastos finales. Teniendo en cuenta lo que antecede, calcule el valor añadido por el sector público.

12.3.7   Recapitulación: el sector público y el resto del modelo

Las relaciones entre el sector público y el resto del modelo son las siguientes:

- El sector público recauda impuestos de los restantes sectores del modelo. Estos impuestos constituyen la principal fuente de ingresos del sector público.

- El sector público produce las mercancías públicas. Con este fin compra a las empresas mercancías de consumo y de inversión y contrata los servicios de los factores productivos propiedad de los hogares del modelo.

- El sector público paga a los propietarios de los factores productivos que contrata las rentas factoriales correspondientes.

- El sector público transfiere parte de sus ingresos a los hogares y al sector exterior y concede subvenciones a las empresas.

- El sector público paga a los sectores prestamistas los intereses que devenga la deuda que emite para financiarse en los periodos en los que gasta más de lo que ingresa.

12.4   LOS HOGARES

Igual que ocurre en las economías del mundo real, en el modelo macroeconómico básico suponemos que las personas forman pequeños grupos, a veces unipersonales, que vamos a llamar hogares, y que los hogares, y no las personas, son las unidades básicas de decisión del modelo.

Ejercicio 12.20: Piense en cómo se asigna el tiempo o la renta en su hogar. ¿Qué decisiones se toman entre todos, y qué decisiones toma cada miembro del hogar sin consultar con los demás?

En la mayoría de las sociedades, los hogares tienen una organización jerárquica y algunos de sus miembros —generalmente los padres— tienen más poder de decisión que otros —generalmente los hijos—. Pero, con independencia del sistema de organización del hogar, la mayoría de las decisiones de los hogares son decisiones colectivas, y se llega a ellas de una forma más o menos negociada. A modo de ejemplo pensemos en la asignación del tiempo de un hogar con dos hijos mayores de dieciséis años. Entre todos tienen que decidir si los dos progenitores van a trabajar o si sólo uno de ellos va a hacerlo. También tienen que decidir si los hijos van a estudiar o si van a buscar trabajo y cómo van a repartirse las tareas del hogar. Esas decisiones les afectan a todos y se toman entre todos. Con la mayoría de las restantes decisiones económicas ocurre algo parecido: se toman colectivamente en el seno del hogar.

12.4.1 La propiedad de los factores productivos

En el mundo real las relaciones de propiedad son muy complicadas. La titularidad de los derechos de propiedad corresponde tanto a las personas físicas como a un complejo entramado de personas jurídicas. Para complicar aún más las cosas, en la mayoría de los países el sector público también es propietario de factores productivos, y lo mismo ocurre con las personas físicas y jurídicas residentes en el sector exterior.

Ejercicio 12.21: Proponga una forma de simplificar las relaciones de propiedad de los factores productivos que se observan en el mundo real.

El modelo macroeconómico básico supone que los hogares son propietarios de todos los factores productivos de la economía. Este supuesto no es tan exagerado como podría parecer a primera vista porque en el mundo real casi ocurre lo mismo. Desde que se abolió la esclavitud, los hogares son propietarios de su tiempo y de los rendimientos de su trabajo, y también son propietarios, aunque sea indirectamente, de la mayoría de los restantes factores productivos. En el mundo real una parte del capital productivo y de la tierra es propiedad de las empresas, pero los propietarios —individuales o colectivos— de las empresas son los hogares. Por lo tanto, los hogares son propietarios indirectos de todos los factores productivos que las empresas tienen a su nombre y, en consecuencia, podemos decir que en el mundo real los hogares son propietarios de todos los factores productivos del sector privado.

En casi todos los países el sector público y el sector exterior —o sea, los hogares, las empresas y los sectores públicos extranjeros— son propietarios de una parte de los factores productivos. Sin embargo, el modelo macroeconómico básico hace abstracción de este hecho, y supone que la propiedad de los factores productivos corresponde exclusivamente al hogar representativo.

Ejercicio 12.22: Piense en un gran banco o en una gran empresa manufacturera. ¿Es realmente cierto que los hogares son propietarios de las grandes empresas? Justifique su respuesta.

12.4.2 Las decisiones de los hogares

El análisis formal de las decisiones que toman los hogares supera con creces las limitaciones técnicas que nos hemos impuesto en este libro. Por lo tanto, en este apartado nos vamos a conformar con hacer una descripción intuitiva de esas decisiones.

El análisis de las decisiones de los hogares empieza suponiendo que el hogar representativo tiene unos objetivos determinados y que el fin último de sus decisiones es cumplir esos objetivos. Describir los objetivos de los hogares sin meternos en la hondura de una discusión filosófica que escape a las posibilidades de este libro es bastante difícil. Si nos preguntáramos añosotros mismos cuál es nuestro objetivo en la vida, seguramente contestaríamos algo parecido a "vivir bien.º "ser felices". Si a continuación nos preguntáramos qué es lo que necesitamos para ser felices, seguramente contestaríamos con una lista de cosas: unas espirituales y otras materiales. Entre estas cosas materiales seguramente estaría la comida, la vivienda, la ropa y el dinero que necesitamos para divertirnos o para viajar. Y para comprar esas cosas, la mayoría de nosotros tenemos que trabajar y, como el trabajo no suele ser una actividad agradable, el problema de "ser felices" se nos complica.

El modelo macroeconómico básico supone que el hogar representativo se enfrenta con un problema parecido al que hemos descrito en el párrafo anterior, o sea que su objetivo es ser feliz y que para conseguirlo compra mercancías y necesita tiempo para disfrutar de ellas.[4] Por lo tanto,

---

[4] A Lucas este último párrafo le ha recordado la vieja canción que dice que para ser felices necesitamos salud, dinero, amor y tiempo para disfrutarlos.

el problema del hogar representativo puede describirse técnicamente como un problema de maximización con restricciones: el hogar intenta ser lo más feliz posible, pero tiene que aceptar las restricciones que le impone la escasez. Concretamente, el análisis macroeconómico estudia sobre todo dos aspectos de ese problema: las decisiones de asignación del tiempo y las decisiones de asignación de la renta. Aunque esas dos decisiones están relacionadas, para no complicar excesivamente la exposición, nosotros vamos a estudiarlas por separado.

12.4.3 La asignación del tiempo

Dolores es dentista y tiene una clínica moderna y agradable y más pacientes de los que puede atender. Al principio de cada mes decide cuántos pacientes va a atender durante el mes siguiente. Para llegar a esa decisión Dolores tiene en cuenta que su renta laboral depende del número de horas que trabaje. Concretamente sabe que:

$$y_t = w_t h_t \tag{12.3}$$

donde y_t es la renta laboral, w_t el salario medio por hora y h_t el número de horas que trabaja.

Además, Dolores sabe que cada hora que dedica a la clínica es una hora que no puede dedicar a otras actividades, como salir con sus amigos o hacer deporte. Concretamente, Dolores sabe que la asignación del tiempo tiene que cumplir la siguiente restricción:

$$h_t + \ell_t = 14. \tag{12.4}$$

La igualdad (12.4) establece que, como ocurre en el mundo real, las personas del modelo disponen de catorce horas hábiles por término medio cada día. También nos recuerda que las horas que se dedican a trabajar no pueden dedicarse a otras actividades, que vamos a llamar ℓ_t.

El modelo macroeconómico básico supone que el hogar representativo se enfrenta con unas restricciones parecidas a las que se describen en las igualdades (12.3) y (12.4). También supone que para decidir cuántas horas va a trabajar, el hogar representativo compara los beneficios del trabajo

—o sea, el valor que atribuye a las mercancías que se pueden comprar con la renta laboral— con su coste de oportunidad —o sea, con el valor que atribuye a dedicar su tiempo a realizar otras actividades—. Siempre que el hogar pueda elegir el número de horas que va a dedicar a cada una de esas dos tareas, trabajará hasta que el valor marginal de la última hora de trabajo se iguale con su coste.

Otro aspecto importante de la decisión de trabajar es la forma de hacerlo. Los hogares tienen que decidir si van a trabajar por cuenta propia o por cuenta ajena. Si eligen trabajar por cuenta ajena, tienen que ponerse a buscar trabajo como se describe en el Tema 10. Si eligen trabajar por cuenta propia, los hogares crean empresas. Las empresas se describen en el Apartado 12.5.

Ejercicio 12.23: Describa cómo se asigna la dotación de tiempo en su hogar: (a) ¿de cuántas horas hábiles dispone su hogar cada día?; (b) ¿cuántas de esas horas se dedican al trabajo?; (c) ¿cuántas al ocio? y (d) ¿cuántas a otras actividades?

Ejercicio 12.24: Suponga que un hogar decide comprarse una vivienda. ¿Cómo cree que cambiará su decisión de trabajar? Justifique su respuesta.

12.4.4 La asignación de la renta

Como el Ejercicio 12.24 pone de manifiesto, las decisiones de asignación del tiempo y de la renta están relacionadas. Si un hogar quiere comprarse una vivienda tendrá que ahorrar para pagar la entrada, y eso le obligará a consumir menos o a trabajar más.

Formalmente la asignación de la renta del hogar representativo del modelo macroeconómico básico tiene que cumplir la siguiente restricción:

$$C_t + A_{Ht} + T_t = Y_t + Z_t + INT_t \tag{12.5}$$

El miembro derecho de la igualdad (12.5) representa los recursos del hogar, y el miembro izquierdo los empleos que el hogar hace de esos recursos. Concretamente se supone que los recursos del hogar representativo son la suma de sus rentas factoriales, que vamos a llamar Y_t, y de las transferencias y los pagos de intereses que el hogar representativo recibe del sector público y del sector exterior.[5] Con esos recursos el hogar representativo compra mercancías de consumo, ahorra, A_{Ht}, y paga impuestos. La igualdad (12.5) nos recuerda que la suma de estas tres últimas partidas tiene que ser igual a los ingresos totales del hogar. Por lo tanto, en el modelo macroeconómico básico la asignación de los factores productivos y la asignación de la renta están relacionadas porque las rentas factoriales son una de las principales fuentes de ingresos del hogar.

Ejercicio 12.25: Resuma el problema de decisión del hogar representativo del modelo macroeconómico básico usando sus propias palabras, y compárelo con el problema de decisión que se plantean los hogares del mundo real.

Una forma de resumir el problema de decisión que resuelve el hogar representativo del modelo es la siguiente: el hogar representativo pretende cumplir sus objetivos, que son una formalización de la idea general de "vivir bien". Para cumplir esos objetivos, necesita unos ingresos que le permitan comprar mercancías. Para obtener esos ingresos, el hogar dedica una parte de su tiempo a trabajar y renuncia a dedicar ese tiempo a otros usos generalmente más gratificantes. Además de las rentas laborales, el hogar tiene otras fuentes de ingresos: las rentas de los restantes factores productivos, las transferencias y los intereses. Las rentas del capital y de la tierra y los intereses proceden de las decisiones de ahorro y acumulación de factores productivos que el hogar ha tomado en el pasado, y las transferencias se obtienen sin incurrir en ningún coste.

Las soluciones al problema de decisión del hogar representativo son las funciones que describen el consumo, el ahorro y las ofertas de trabajo y de otros factores productivos y dependen, entre otras cosas, de los gustos del hogar, de sus dotaciones de factores y de sus expectativas sobre el futuro. Para llegar a esas decisiones el hogar compara los beneficios y los costes de las distintas opciones. Por ejemplo, para consumir más tiene que trabajar más o que ahorrar menos. Si opta por trabajar más, tendrá menos tiempo para dedicarlo a otras actividades. Si opta por ahorrar menos, tendrá que reducir su consumo en el futuro. En los apartados siguientes vamos

---

[5]Como vamos a ver más adelante, cuando los hogares recurren a los restantes sectores del modelo para financiar su gasto, los pagos de intereses son negativos.

a describir informalmente algunas de esas decisiones, y en los Temas 13 y 14 vamos a utilizar versiones muy simplificadas de esas decisiones para analizar, respectivamente, el crecimiento económico y los ciclos económicos.

Ejercicio 12.26: (a) ¿Cree que el hogar representativo puede gastar en mercancías de consumo una cantidad mayor que sus ingresos después de impuestos? (b) En este caso, ¿qué signo debería tener el ahorro para que se cumpliera la restricción presupuestaria representada por la igualdad (12.5)?

Ejercicio 12.27: Suponga que un hogar vive durante cinco periodos, que el valor de su patrimonio al principio del primer periodo es 1, y que las rentas del trabajo en sus cinco periodos de vida son $(1, 2, 5, 3, 0)$. Suponga que el hogar consume 2 unidades por periodo, que invierte sus ahorros en un fondo de inversión que tiene un rendimiento del 10 % por periodo, y que paga por sus créditos un 15 % de interés por periodo. Suponga que los intereses se pagan al principio de cada periodo y calcule el valor del patrimonio del hogar al final del último periodo de su vida.

Ejercicio 12.28: (a) Identifique las variables flujo y las variables fondo en la igualdad (12.5); (b) ¿cree que puede haber variables flujo y variables fondo en una misma igualdad? y (c) en caso afirmativo, proponga un ejemplo de una igualdad en la que esto ocurra.

Ejercicio 12.29: Obtenga una igualdad que represente la evolución en el tiempo del valor del patrimonio de un hogar como función de su ahorro y de su patrimonio inicial.

El consumo

El consumo se define en el Apartado 5.5.1 del Tema 5. Según la Definición 5.4, el consumo es un agregado de cantidades que mide el valor de todas las mercancías que compra el hogar representativo excepto las viviendas, el capital productivo y las existencias. Según la expresión (12.5), el hogar representativo dedica toda su renta después de impuestos al ahorro o al consumo, y en consecuencia sólo tenemos que estudiar explícitamente una de esas dos decisiones. Como ya hemos hablado del consumo en el Tema 5, en este tema vamos a ocuparnos únicamente del ahorro.

El ahorro

Según la expresión (12.5), el ahorro del hogar representativo es la parte de sus ingresos que no se dedica al consumo. Al contrario que las decisiones de asignación de los factores productivos, que no tienen una dimensión temporal inmediata —hoy puedo estudiar o hacer otras cosas, pero no tengo ninguna forma de guardar las horas de hoy para mañana—, la elección entre consumo y ahorro es una decisión intertemporal porque obliga al hogar a comparar el presente con el futuro —si consumo hoy, renuncio a consumir en el futuro, y si ahorro, me ocurre lo contrario—. La definición formal del ahorro de los hogares es la siguiente:

Definición 12.6: Ahorro de los hogares (A_H). El ahorro de los hogares es la parte de sus ingresos después de impuestos que no se dedica al consumo.

Ejercicio 12.30: Obtenga una igualdad que ponga de manifiesto que, si suponemos que el ahorro y los impuestos no cambian, para aumentar el consumo no nos queda más remedio que renunciar al ocio. Pista: suponga que el hogar solamente es propietario de su tiempo y haga las sustituciones necesarias en las expresiones (12.3), (12.4) y (12.5).

Ejercicio 12.31: Proponga cuatro razones que justifiquen la decisión de ahorrar.

Las principales razones por las que los hogares ahorran son las siguientes: para financiar su consumo durante la jubilación; para comprar viviendas, automóviles y otras mercancías duraderas; para hacer frente a los gastos imprevistos; y para financiar la educación de sus hijos y dejarles un patrimonio en herencia. En los párrafos que siguen vamos a analizar brevemente cada uno de estos cuatro motivos para ahorrar.

Los ingresos de las personas cambian a lo largo de su vida de una forma más o menos previsible. Al principio de la vida laboral las rentas del trabajo suelen ser relativamente bajas, como ocurre por ejemplo en los contratos de aprendizaje o en un primer trabajo; a medida que acumulamos experiencia nuestros ingresos laborales aumentan y hacia el final de nuestra vida laboral, se estabilizan o tienden a disminuir hasta que nos jubilamos. Por ejemplo, el Gráfico 12.9 representa el perfil temporal de los ingresos de un hogar que empieza a trabajar a los 25 años y que se jubila a los 65. El nombre técnico del perfil temporal de la renta de los hogares es el ciclo vital de su renta.

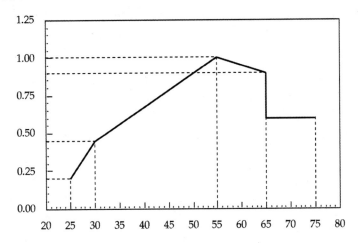

Gráfico 12.9: *El ciclo vital de la renta del hogar del Ejercicio 12.32.*

Ejercicio 12.32: Suponga que el ciclo vital de la renta de un hogar uni-personal que espera vivir 75 años se puede describir mediante la siguiente función:

$$y = \begin{cases} 0 & 0 \le t < 25 \\ 0,\!05t - 1,\!05 & 25 \le t < 30 \\ 0,\!0202t - 0,\!021 & 30 \le t < 55 \\ 1,\!55 - 0,\!01t & 55 \le t < 65 \\ 0,\!60 & 65 \le t < 75 \end{cases}$$

donde y es la renta del hogar y t es su edad medida en años, y (a) calcule el valor de la renta obtenida durante toda la vida del hogar. Suponga que el hogar decide consumir 0,70 durante todos los años de su vida, y (b) calcule el ciclo vital del ahorro de dicho hogar y represente gráficamente la función resultante; (c) ¿a qué edad el ahorro del hogar empieza a ser positivo? Suponga que efectivamente el hogar fallece a los 75 años, y (d) calcule el valor de su herencia. (e) Más difícil: calcule el ciclo vital del patrimonio de dicho hogar y represente gráficamente la función resultante.

Supongamos que el hogar representativo es consciente de que el ciclo vital de su renta es parecido al que ilustra el Gráfico 12.9. Si el hogar decide no ahorrar en ningún momento de su vida, el perfil temporal de su consumo será exactamente igual que el de su renta, y el hogar se verá obligado a consumir mucho en unos periodos y muy poco en otros. Pero si, como suele ocurrir, el hogar prefiere que el perfil temporal de su consumo sea más uniforme, no tendrá más remedio que ahorrar en unos periodos y endeudarse en otros —lo que formalmente es lo mismo que ahorrar, ya que podemos considerar al endeudamiento como un ahorro negativo—. De esta forma, o sea endeudándose cuando gana poco y ahorrando cuando gana mucho, el hogar consigue que el ciclo vital de su consumo sea más acorde con sus gustos y ésta es la primera razón que justifica el ahorro.

Ejercicio 12.33: (a) Averigüe si su hogar ha suscrito un plan de pensiones privado, y (b) ¿cómo cree que las pensiones públicas afectan al ahorro para la jubilación?

Otra razón que induce a los hogares a ahorrar es la compra de viviendas, de automóviles, y de otras mercancías de consumo duradero. Como el precio de estas mercancías suele ser relativamente elevado —por ejemplo, el precio de una vivienda puede suponer varios años de ingresos del hogar— los hogares tienen dos opciones para poder comprarlas: o ahorran antes de hacerlo, o se endeudan y ahorran después para pagar esas deudas. En ambos casos el consumo del hogar tiene que ser menor que su renta en algún momento y por lo tanto su ahorro es positivo —en el caso de las adquisiciones de viviendas, los hogares normalmente ahorran para pagar la entrada y financian el resto con un crédito hipotecario—. Por lo tanto, la adquisición de viviendas y de otras mercancías duraderas cuyo coste es elevado en comparación con los ingresos de los hogares es otra de las razones que justifican el ahorro.

Ejercicio 12.34: Averigüe qué proporción del ahorro de su hogar se dedica a financiar la compra de (a) una vivienda y (b) un automóvil.

Otro de los motivos que justifican el ahorro son los gastos imprevistos. Las enfermedades, los accidentes, los periodos transitorios de desempleo, y los robos son ejemplos de gastos imprevistos a los que tienen que hacer frente los hogares. Para protegerse contra este tipo de riesgos, los hogares pueden o suscribir pólizas de seguro y pagar las primas correspondientes, o ahorrar y utilizar sus ahorros para hacer frente a esas eventualidades cuando se produzcan. Generalmente los hogares se protegen contra los riesgos que plantean los gastos imprevistos de las dos formas: se aseguran contra algunos de esos riesgos y ahorran para hacer frente a otros. Esta clase de ahorro se conoce técnicamente como ahorro por precaución.

Ejercicio 12.35: Describa brevemente las actitudes de su hogar frente al riesgo y cuantifique su ahorro por precaución.

Por último, otra de las razones que justifican el ahorro de los hogares es el altruismo. A la mayoría de las personas les preocupa en cierta medida el bienestar de los demás. Esa preocupación por los demás es lo que los economistas llaman altruismo. Las manifestaciones más frecuentes de altruismo son la educación de los hijos y las herencias. Lógicamente, el ahorro necesario para financiar la educación será tanto menor cuanto mayores sean las subvenciones del sector público. Pero si un hogar quiere educar a sus hijos en una universidad privada, en una ciudad distinta a la de su residencia, o en el extranjero, los costes de la educación superior pueden suponer una proporción elevada de los ingresos del hogar. Como ocurría con las adquisiciones de viviendas, los hogares ahorran durante los primeros años de la vida de sus hijos para financiar esos costes.

Además de la educación de los hijos, que es una forma de dotarles de capital humano, otro de los motivos altruistas por el que ahorran los hogares son las herencias. A la mayoría de los padres les preocupa el bienestar económico de sus hijos después de su propia muerte. Una forma de financiar ese bienestar es dejarles un patrimonio en herencia. Para acumular ese patrimonio, los hogares ahorran una parte de su renta.

Ejercicio 12.36: (a) Haga un cálculo aproximado del coste en el que incurre su hogar para financiar sus estudios; (b) averigüe cuál es la cuantía de la herencia que le piensan dejar sus padres y (c) ¿cuánto le gustaría dejar en herencia a sus hijos?

344 / Macroeconomía: Primeros Conceptos

12.4.5 La asignación del ahorro

El ahorro de los hogares —que, como hemos aprendido en el apartado anterior, es la parte de sus ingresos después de impuestos que no se dedican al consumo— se tiene que materializar de alguna forma, porque no se puede ahorrar dejando los ingresos que no se consumen simplemente suspendidos en el aire. En general, los ingresos que no se consumen se dedican a comprar mercancías que se llaman activos.

Definición 12.7: Activos. Los activos son mercancías o contratos que los hogares compran para financiar su consumo en el futuro.

Ejemplos de activos son el efectivo, los depósitos bancarios, los títulos de deuda pública, las acciones y las obligaciones de las empresas, las viviendas, el capital productivo, las joyas y, en general, todas las partidas que figuran en el haber del balance de situación de los hogares.

Los activos se clasifican en dos grandes categorías: activos reales y activos financieros. Los activos reales son mercancías, los producen las empresas y, como son mercancías duraderas, muchos de ellos pueden comprarse en el mercado de segunda mano. Además, una parte de los activos reales —como las viviendas o el capital productivo— son mercancías de inversión. En cambio, los activos financieros son documentos o contratos. Para que un hogar pueda comprar un activo financiero, otro agente del modelo —otro hogar, una empresa, el sector público o el sector exterior— tiene que emitir el activo y venderlo. Dicho con otras palabras, los activos financieros son préstamos en los que el hogar ahorrador es el prestamista y el agente que emite el activo es el prestatario. Por ejemplo, si un hogar compra un título de deuda pública, presta una parte de sus ingresos al sector público que es el agente que emite el activo. Como muchos préstamos son arriesgados y costosos, surgen los intermediarios financieros para canalizar el ahorro y reducir esos costes.

Ejercicio 12.37: Proponga tres ejemplos de activos financieros e identifique al prestatario y al prestamista en cada caso.

El valor total de los activos de un hogar es su riqueza bruta. La riqueza neta de un hogar es el valor que resulta de restar a su riqueza bruta el valor de sus deudas. En términos contables, la riqueza neta de un hogar es su neto patrimonial. Siempre que el ahorro de un hogar es positivo, el valor de su riqueza aumenta, y siempre que es negativo, el valor de su riqueza disminuye. Concretamente, si W_t es el valor de la riqueza neta del hogar al principio del periodo t y A_{Ht} es el valor de su flujo de ahorro durante ese periodo, el valor de la riqueza neta del hogar al principio del periodo $t+1$ es el siguiente:

$$W_{t+1} = W_t + A_{Ht} \tag{12.6}$$

Ejercicio 12.38: ¿Cree que la riqueza es una variable flujo o una variable fondo? Justifique brevemente su respuesta.

La expresión (12.6) describe la relación que existe entre la riqueza y el ahorro, pero no nos dice nada acerca de qué tipo de activos compran los hogares. Técnicamente, esas decisiones se llaman decisiones de cartera. En general, las decisiones de cartera son muy complejas. Tanto es así que la asesoría financiera —los servicios de profesionales que se especializan en el análisis de las decisiones de cartera— es una industria que genera una parte importante del valor añadido y del empleo del sector financiero, y el estudio de las decisiones de cartera tiene un área de especialización propia dentro del análisis económico, que es la economía financiera.

Las principales características de los activos que los ahorradores tienen en cuenta cuando toman sus decisiones de cartera son las siguientes: la rentabilidad, el riesgo y la liquidez.

Definición 12.8: Rentabilidad de un activo. La rentabilidad de un activo es la variación de su valor por unidad de tiempo.

Ejercicio 12.39: Proponga un método para calcular la rentabilidad de una acción, de una letra del tesoro, de un préstamo, de una vivienda, de un ordenador y de un diamante.

Para calcular la rentabilidad de los activos, además de tener en cuenta la diferencia entre su valor de compra y su valor de venta —que puede ser negativa— hay que contabilizar el valor del flujo de servicios o de renta que proporcionan. Por ejemplo, para calcular la rentabilidad de una vivienda, a la diferencia entre su precio de compra y su precio de venta, se le suma el valor del alquiler, si la habita un inquilino, o el valor del alquiler implícito y de la utilidad de vivir en casa propia, si la habita el propietario.[6]

La segunda característica de los activos que preocupa a los ahorradores es el riesgo. En la mayoría de los casos la rentabilidad de los activos no se conoce de antemano con exactitud. En esos casos, cuando se habla de la rentabilidad de un activo en realidad se está hablando de su rentabilidad esperada. Y toda esperanza acarrea un riesgo de incumplimiento.

Ejercicio 12.40: (a) Proponga un ejemplo de un activo cuya rentabilidad se conozca de antemano con exactitud; (b) ¿cree que la deuda pública es un activo de este tipo?; (c) ¿y un depósito a plazo?; (d) ¿y una vivienda?; (e) ¿y un cuadro?

Incluso en el caso de los activos financieros de renta fija —que se llaman así porque su rendimiento nominal se conoce de antemano— su rendimiento real es incierto porque nunca se sabe con seguridad cuál va a ser la tasa de inflación. Si el rendimiento de los activos financieros de renta fija es incierto, el rendimiento de los activos financieros de renta variable y el de los activos reales es más incierto todavía, por lo que encontrar ejemplos de activos cuyo rendimiento se conozca de antemano con absoluta certeza es muy difícil.

Ejercicio 12.41: Suponga que un ahorrador está dudando entre dos activos que tienen el mismo rendimiento esperado pero uno de ellos es mucho más arriesgado que el otro. ¿Por cuál de los dos cree que se decidiría? Justifique su respuesta.

En general, como a la mayoría de las personas no nos gusta el riesgo, cuanto mayor sea el riesgo de un activo, mayor tendrá que ser su rendimiento esperado. Por ejemplo, los títulos de deuda pública de Estados Unidos

---

[6]Una valoración rigurosa de una vivienda debe considerar también sus costes y beneficios fiscales y sus costes de mantenimiento.

o de Suiza —que son dos activos muy seguros— tienen un rendimiento esperado muy bajo. En cambio, las acciones de las empresas de tecnología punta —que son activos de alto riesgo porque su rentabilidad puede ser muy alta o muy baja— tienen una rentabilidad esperada mucho mayor.

Ejercicio 12.42: Compare la rentabilidad esperada de los activos de renta fija con la de los activos de renta variable, y justifique la decisión de un inversor que elige los de rentabilidad esperada menor.

La tercera característica de los activos que preocupa a los ahorradores es la liquidez. Cuanto más líquido es un activo, menor es el coste de convertirlo en mercancías o en otros activos. Por ejemplo, una vivienda es un activo muy poco líquido por el elevado coste, tanto en tiempo como en dinero, que normalmente supone su venta. En cambio, los activos monetarios son activos muy líquidos porque son medios de pago y, por lo tanto, pueden usarse para comprar mercancías u otros activos sin incurrir en coste alguno.

Ejercicio 12.43: Describa las características más probables de la cartera de activos de (a) un hogar cuyo principal motivo para ahorrar sea la jubilación; (b) un hogar cuyo principal motivo para ahorrar sea pagar la entrada de una vivienda; y (c) un hogar formado por una pareja de pensionistas que recibe toda su pensión de jubilación en un solo pago.

Ejercicio 12.44: ¿Cuáles son las similitudes y las diferencias entre el efectivo y la deuda pública? Comente brevemente su respuesta.

La inversión

En el apartado anterior hemos aprendido que una parte del ahorro de los hogares se materializa en la compra de activos reales y que una parte de estos activos reales son mercancías de inversión. La inversión se define en el Apartado 5.5.1 del Tema 5 y según la Definición 5.5, se consideran mercancías de inversión las viviendas, el capital productivo y las existencias. La propiedad de las mercancías de inversión suele estar repartida entre los hogares y las empresas. La mayoría de las viviendas de la economía suele ser propiedad de los hogares, y la mayor parte del capital productivo y de las existencias suele ser propiedad de las empresas. Por lo tanto, en sentido estricto, los gastos de inversión los realizan tanto los hogares —que invierten sobre todo en viviendas— como las empresas —que invierten sobre todo en capital productivo y existencias. Pero, como en el modelo macroeconómico básico los hogares son los propietarios de las empresas, el modelo atribuye todos los gastos de inversión al hogar representativo.

Ejercicio 12.45: (a)¿Qué relación cree que existe entre el ahorro de los hogares y la inversión?; (b) ¿podría ocurrir que la inversión fuera mayor que el ahorro? Justifique sus respuestas.

Una parte de los activos reales que compran los hogares —el oro, las joyas y las obras de arte, por ejemplo— son mercancías de consumo y el resto —las viviendas, el capital productivo y las existencias— son mercancías de inversión. En lo que respecta a los activos financieros, cuando el prestamista y el prestatario son dos hogares, su relación contractual se consolida y no se tiene en cuenta en el modelo.[7] Lo mismo ocurre con los préstamos que se producen entre los hogares y las empresas: al ser decisiones internas del sector privado se consolidan y desaparecen del modelo. Por lo tanto, los únicos activos financieros que aparecen en el modelo macroeconómico básico son los préstamos que se producen entre el sector privado, el sector público y el sector exterior. En la igualdad (12.7) la suma de esos préstamos se representa por la letra L. Esa igualdad describe formalmente la relación que existe entre el ahorro de los hogares y la inversión y la podemos utilizar para contestar a las preguntas que plantea el Ejercicio 12.45.

$$A_H = I + L \tag{12.7}$$

La variable L puede ser positiva o negativa.[8] Cuando el ahorro de los hogares es mayor que la inversión, la diferencia entre esas dos variables

---

[7] Esta propiedad se debe a que el modelo macroeconómico básico sólo tiene en cuenta el ahorro neto del hogar representativo.

[8] Nótese que en la igualdad (12.7) la variable A_H denota al mismo tiempo el ahorro de los hogares y el ahorro del sector privado. Esta propiedad se debe a que, como veremos más adelante, en el modelo macroeconómico básico se supone que el ahorro de las empresas es siempre cero.

se materializa en préstamos del sector privado a los restantes sectores del modelo. En ese caso, L es mayor que cero y técnicamente se denomina capacidad de financiación del sector privado. Cuando el ahorro de los hogares es menor que la inversión, la diferencia entre esas dos variables tiene que ser financiada por los restantes sectores del modelo. En ese caso, L es menor que cero y técnicamente se denomina necesidad de financiación del sector privado.

El Gráfico 12.10 representa el ahorro y la inversión del sector privado de la economía española. Como puede verse en ese gráfico, unos años el ahorro ha sido mayor que la inversión y el sector privado ha financiado al resto del modelo, y otros años ha ocurrido lo contrario.

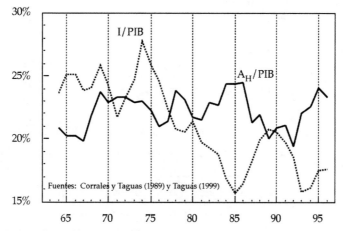

Gráfico 12.10: *El ahorro y la inversión del sector privado en la economía española.*

12.4.6 Recapitulación: los hogares y el resto del modelo

- Los hogares son las unidades básicas de decisión del modelo.

- Los hogares son los propietarios de todos los factores productivos de la economía.

- Los hogares pagan impuestos al sector público y reciben del sector público mercancías públicas y transferencias.

- Los hogares venden los servicios de una parte de sus factores productivos a las empresas y a los restantes sectores del modelo. A cambio, los agentes que contratan esos servicios pagan a los hogares las rentas factoriales correspondientes.

- Los hogares gastan una parte de sus ingresos después de impuestos en mercancías de consumo y ahorran el resto.

- Una parte del ahorro de los hogares se dedica a comprar mercancías de inversión y el resto a financiar el gasto de los sectores público y exterior. A cambio de estos préstamos, los sectores prestatarios pagan a los hogares los intereses correspondientes. Si la inversión es mayor que el ahorro de los hogares, son éstos los que recurren a los restantes sectores del modelo para financiarse y los que tienen que pagar los intereses correspondientes.

12.5 LAS EMPRESAS

Ejercicio 12.46: ¿Qué es una empresa?

Lucas acaba de leer la pregunta que plantea el Ejercicio 12.46 y lo primero que ha pensado es que vaya tontería: todo el mundo sabe lo que es una empresa. Luego, al intentar definir el concepto de empresa, se ha dado cuenta de que no es tan sencillo. Lo ha pensado un poco más y ha llegado a la conclusión de que la variedad de las organizaciones que llamamos empresas es verdaderamente desconcertante. Mientras que unas empresas son individuales, en otras trabajan miles de personas. Incluso dentro de un mismo sector industrial, unas empresas son grandes y otras son pequeñas, unas empresas usan muchos trabajadores y pocas máquinas y otras hacen todo lo contrario, unas empresas ponen sus oficinas en los centros de las ciudades y otras se instalan en los parques empresariales de las afueras, unas se organizan de una forma determinada, y otras lo hacen de una manera totalmente distinta. Una teoría de la empresa convincente debería ser capaz de responder a preguntas relacionadas con el tamaño, la localización, los métodos de producción o la tecnología que usan las empresas y a cualquier otra pregunta relacionada con la actividad de las empresas. Y a Lucas no se le ocurre ni cómo empezar a pensar en esa teoría. Por si le sirviera de algo, se imagina la empresa en la que su padre trabaja de contable. La empresa se llama Kueli Hermanos y se dedica a la fabricación de bicicletas. Más o menos, lo que sabe Lucas de esa empresa es lo siguiente:

"El padre de Lucas y los demás empleados de Kueli Hermanos llegan a sus puestos de trabajo un poco antes de las ocho y media de la mañana. Unos tienen sus despachos en la sede central de la empresa, y otros trabajan en alguna de las fábricas. Nada más llegar a los despachos se encienden los ordenadores y poco después empiezan a sonar los teléfonos. Las directivas dan instrucciones a sus secretarios y toman las primeras decisiones del día. A media mañana, la directora comercial tiene una reunión con las creativas de la agencia publicitaria que le van a presentar las maquetas para un anuncio en televisión. En las fábricas las cadenas de producción están en pleno funcionamiento. La jefa de una de las plantas está comprobando una partida de frenos que acaban de recibir, firma la factura y envía una copia por correo interno al departamento de contabilidad. Un grupo de montaje está terminando una bicicleta de montaña. Un camión con el anagrama de la empresa sale del polígono industrial con destino a un punto de venta."

A continuación, Lucas se ha puesto a pensar en el despacho de abogados en el que trabaja su madre. Ha hecho una descripción de las actividades del despacho parecida a la anterior y ha terminado por convencerse de que contestar a la pregunta que plantea el Ejercicio 12.46 es muy difícil. La descripción detallada de los procesos técnicos y de las relaciones humanas que tienen lugar durante un día laborable cualquiera en las dos empresas que mejor conoce no le ha ayudado gran cosa. Además, ha llegado a la conclusión de que añadir más detalles a esas descripciones, no le va a ayudar a descubrir por qué las personas involucradas en esas dos empresas han tomado las decisiones descritas y no cualesquiera otras de las muchas decisiones posibles. O sea, que Lucas se ha convencido de que va a seguir sin saber exactamente qué es una empresa.

Ejercicio 12.47: ¿Qué cree que es lo que más nos interesa de las empresas desde el punto de vista del análisis macroeconómico?

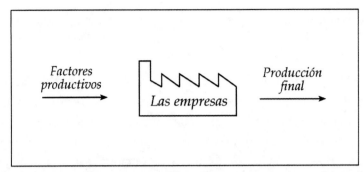

Gráfico 12.11: *Las empresas del modelo macroeconómico básico.*

Afortunadamente el análisis macroeconómico, no necesita una teoría detallada de la empresa y, como vamos a ver a continuación, los macroeconomistas se las ingenian para no tener que contestar a la pregunta que plantea el Ejercicio 12.46. Desde el punto de vista del análisis macroeconómico, lo que realmente nos interesa estudiar son las relaciones económicas de las empresas con los restantes sectores del modelo, o sea los flujos de factores, de productos y de dinero que se producen entre las empresas, los hogares, el sector público y el sector exterior. Por lo tanto, desde ese punto de vista no nos hace falta saber con detalle qué es, ni cómo se organiza cada empresa y podemos permitirnos el lujo de admitir nuestra ignorancia sobre los procesos que siguen las empresas para tomar sus decisiones. Para facilitarnos aún más las cosas, ni siquiera nos tenemos que ocupar de las relaciones económicas que se producen entre las empresas porque, como hemos aprendido en el Apartado 12.1.3, el modelo macroeconómico básico las consolida y estudia únicamente las relaciones entre la empresa representativa y los restantes sectores del modelo. Por lo tanto, una definición macroeconómica de la empresa podría ser la siguiente:

Definición 12.9: Empresa. Desde un punto de vista macroeconómico las empresas son las unidades de producción del modelo. A efectos del modelo, la principal función de la empresa representativa es transformar factores en producción final.

12.5.1   Los objetivos de las empresas

En el Apartado 12.4.1 hemos supuesto que los hogares del modelo son propietarios de las empresas y la Definición 12.9 establece que las empresas son unidades de producción sin entidad propia. Por lo tanto, los objetivos de las empresas no pueden ser otros que los que determinen sus propietarios, y la razón de ser de las empresas no puede ser otra que el cumplimiento de esos objetivos.

Ejercicio 12.48: ¿Por qué cree que existen las empresas? O, preguntado de otra forma, ¿qué razones cree que llevan a los hogares a crear empresas?

Para contestar a las preguntas que nos plantea el Ejercicio 12.48 tenemos que volver a pensar en los objetivos de los hogares que ya sabemos que son algo parecido a "vivir bien". Si para alcanzar ese objetivo algunos hogares deciden crear empresas será porque las empresas ayudan a esos hogares a mejorar su calidad de vida. Concretamente podemos pensar que las empresas son el medio que utilizan algunos hogares para transformar su tiempo en mercancías. Si esto es así, los objetivos de las empresas deben ser consistentes con los de sus propietarios. Una forma de garantizar esa consistencia es suponer que el objetivo de las empresas es maximizar sus beneficios porque de esta forma maximizan la renta de sus propietarios. Además, al suponer que el objetivo de las empresas es maximizar sus beneficios, los macroeconomistas son consistentes con el resto del análisis económico que estudia las decisiones de agentes que pretenden maximizar una función objetivo. La definición de los beneficios de una empresa es la siguiente:

Definición 12.10: Beneficio de una empresa. El beneficio que genera una empresa es la diferencia entre el valor de sus ingresos y el valor de sus gastos.

La Definición 12.10 es intencionalmente ambigua. Por ejemplo, si quisiéramos utilizarla para calcular los beneficios de una empresa, ¿qué ingresos consideraríamos?, ¿el valor de todas las ventas, o solamente el de la producción final? ¿Y qué gastos consideraríamos?, ¿ los pagos a los factores productivos y las compras de mercancías intermedias, o solamente la primera de estas dos partidas? El Ejercicio 12.49 pretende aclarar estos conceptos.

Ejercicio 12.49: En un pequeño pueblo costero hay dos empresas: la Cofradía de Pescadores (P) y la Agrupación de Artesanos (A). Los ingresos y los gastos de cada una de ellas son los siguientes:

Cofradía de Pescadores		Agrupación de Artesanos	
Ventas de pescado	100M	Ventas de ropa	50M
Compra de redes	10M	Ventas de redes	10M
Sueldos	80M	Sueldos	55M

Calcule (a) los beneficios de cada una de las dos empresas, y (b) los beneficios agregados del pueblo.

Para contestar a las preguntas que nos plantea el Ejercicio 12.49, tenemos que calcular los ingresos y los gastos de las dos empresas. Los ingresos de las empresas son los pagos que reciben por todas las mercancías que venden con independencia de cuál vaya a ser el destino último de esas ventas.[9] Usando este criterio los ingresos de la Cofradía de Pescadores son $Y(P) = 100$ y los ingresos de la Agrupación de Artesanos son $Y(A) = 50 + 10 = 60$.

En lo que respecta a los gastos, cualquier empresario al que le preguntamos si las compras de mercancías intermedias se consideran un gasto, nos va a contestar que por supuesto, y que los beneficios son el residuo que le queda a la empresa después de hacer frente a todos sus pagos, entre los que naturalmente se incluyen las compras a terceros. Usando este criterio, los gastos de la Cofradía de Pescadores son $C(P) = 80 + 10 = 90$ y los de la Agrupación de Artesanos son $C(A) = 55$. Dadas estas definiciones de ingresos y de gastos, los beneficios de cada empresa son $B(P) = 100 - 90 = 10$ y $B(A) = 60 - 55 = 5$, y los beneficios agregados del pueblo son $B = B(P) + B(A) = 10 + 5 = 15$. Por lo tanto hemos llegado a la conclusión de que los ingresos de las empresas son el valor de todas sus ventas y que sus gastos son los pagos a los factores y las compras de mercancías intermedias.

---

[9]Además, como hemos aprendido en el Tema 5, las empresas desconocen cuál va a ser el destino último que se va a dar a sus productos y, por lo tanto, no pueden distinguir entre sus ventas de mercancías intermedias y finales.

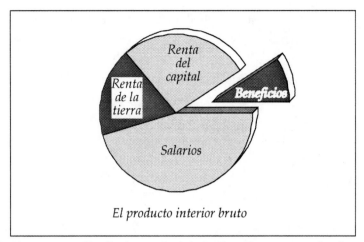

Gráfico 12.12: *El cálculo residual de los beneficios agregados de una economía.*

Como ilustra el Gráfico 12.12, los beneficios agregados de una economía también pueden calcularse residualmente a partir del producto interior bruto y de las rentas factoriales. Concretamente la definición residual de los beneficios agregados es la siguiente:

Definición 12.11: Beneficios agregados (B). Los beneficios agregados son el valor que se obtiene al restar las rentas del trabajo, de la tierra y del capital del valor de la producción final.

Ejercicio 12.50: Considere la economía descrita en el Ejercicio 12.49 y, (a) calcule los beneficios agregados del pueblo restando el valor de las rentas del trabajo, de la tierra y del capital del valor de la producción final; (b) ¿por qué cree que la respuesta a este ejercicio coincide con la respuesta a la pregunta (b) del Ejercicio 12.49?; (c) ¿qué cree que ha ocurrido con la producción intermedia?

Lucas cada vez está más confundido. ¿Cómo vamos a contestar las preguntas que plantea el Ejercicio 12.50 si sabemos que las empresas son incapaces de distinguir su producción final de su producción intermedia? Esta objeción es muy razonable y para aclararle las ideas a Lucas vamos a recurrir a un experimento mental. Es cierto que las empresas del mundo real no saben cuál va a ser el destino que se va a dar a su producción y, por lo tanto, también es cierto que no pueden distinguir entre su producción final y su producción intermedia. Pero nosotros sí que podemos hacer esa distinción porque disponemos de la contabilidad de todas las empresas de la economía que se describe en el Ejercicio 12.49 y, por lo tanto, podemos comparar las cuentas de las dos empresas y descubrir que la Cofradía de Pescadores compra todas las redes que produce la Agrupación de Artesanos y que esta última no compra pescado. De esta forma hemos averiguado que la ropa y el pescado son mercancías finales. Por lo tanto el valor de la producción final de la Agrupación de Artesanos es $V_F(A) = V_T(A) - V_I(A) = 60 - 10 = 50$, y el de la Cofradía de Pescadores es $V_F(P) = 100 - 0 = 100$.

En lo que respecta al cálculo de los pagos a los factores productivos, para calcular los beneficios agregados, tenemos que sumar los salarios, las rentas del capital y las rentas de la tierra que pagan todas las empresas de la economía. En nuestro ejemplo, esta suma es muy sencilla puesto que las únicas rentas factoriales que pagan las dos empresas son los salarios. Concretamente, $W = W(A) + W(P) = 55 + 80 = 135$. Por lo tanto, el valor de la producción final de la economía es $Y = V_F(A) + V_F(P) = 50 + 100 = 150$, el valor de las rentas del trabajo, del capital y de la tierra es $W + R + A = 135 + 0 + 0 = 135$, y el de los beneficios agregados es $B = Y - (W + R + A) = 150 - 135 = 15$.[10] Como era de esperar, el valor de los beneficios agregados coincide con el que hemos obtenido anteriormente sumando los beneficios individuales de las dos empresas.

Para entender por qué se ha producido esta coincidencia, tenemos que descubrir qué ha ocurrido con la producción intermedia que, como acabamos de ver, se tiene en cuenta para calcular los beneficios individuales pero se omite del cálculo de los beneficios agregados. La solución de este acertijo es que el valor de las mercancías intermedias es un ingreso para la empresa que vende esas mercancías y un gasto para la empresa que las compra y, por lo tanto, al calcular los beneficios agregados esas dos partidas se cancelan. La expresión formal de este razonamiento es la siguiente: Supongamos que V_{Tj} es el valor de las ventas totales de la empresa j, que C_{Ij} es el valor de sus compras de mercancías intermedias y que F_j es el valor total de sus pagos de rentas factoriales. Entonces, como acabamos de apren-

---

[10]En las dos expresiones anteriores, la letra A denota el valor de las rentas de la tierra, y la letra R denota el valor de las rentas del capital.

der, los beneficios individuales de la empresa j son $B_j = V_{Tj} - F_j - C_{Ij}$. Ahora bien, las ventas totales de la empresa j, V_{Tj}, son la suma de sus ventas de mercancías finales, V_{Fj}, y de mercancías intermedias, V_{Ij}, o sea $V_{Tj} = V_{Fj} + V_{Ij}$. Si sustituimos esta expresión en la anterior obtenemos que $B_j = V_{Fj} + V_{Ij} - F_j - C_{Ij}$. Si ahora sumamos los beneficios individuales de todas las empresas de la economía obtenemos que $B = V_F + V_I - F - C_I$ Pero como el valor de las ventas de todas las mercancías intermedias, V_I, necesariamente coincide con el valor de las compras de esas mercancías, C_I, podemos simplificar la expresión anterior y obtenemos que $B = V_F - F$, que es precisamente la conclusión a la que queríamos llegar.

Después de esta larga digresión contable, vamos a resumir el contenido de este apartado. Hemos empezado suponiendo que el objetivo de las empresas del modelo es maximizar sus beneficios individuales definidos como el valor de sus ventas totales menos el valor de las compras de mercancías intermedias y el de sus pagos a los factores productivos, y hemos demostrado que el valor de los beneficios agregados de todas las empresas de la economía coincide con el que se obtiene al restar las rentas del trabajo, del capital y de la tierra del valor de la producción final. Por lo tanto, para maximizar sus beneficios las empresas tienen que decidir qué van a producir —o sea, cuál va a ser su línea de actividad— y cómo van a hacerlo —o sea qué tecnología van a emplear y qué factores productivos van a contratar—.

12.5.2 El gasto final de las empresas

El gasto final de las empresas son sus compras de capital productivo, o sea, de edificios, maquinaria y bienes de equipo. Las compras de estas mercancías son gastos de inversión y se describen con detalle en el Apartado 5.5.1. Además, las decisiones de inversión las toman los hogares propietarios de las empresas y se analizan en el Apartado 12.4.5.

12.5.3 El ahorro de las empresas

Las empresas del mundo real ahorran dejando sin distribuir una parte de sus beneficios, y utilizan esos beneficios no distribuidos para dotar sus fondos de reservas. Las reservas de las empresas no son demasiado importantes cuantitativamente y, para simplificar el análisis, el modelo macroeconómico básico supone que las empresas distribuyen la totalidad de sus beneficios y, en consecuencia, que el ahorro de la empresa representativa es cero.

12.5.4   Recapitulación: las empresas y el resto del modelo

- Las empresas son las unidades básicas de producción del modelo.

- Las empresas son propiedad de los hogares y su objetivo es maximizar sus beneficios.

- Las empresas contratan los servicios de los factores productivos y pagan a sus propietarios las rentas factoriales correspondientes.

- Las empresas venden su producción final a los hogares, a las empresas, al sector público y al sector exterior.

- Las empresas pagan impuestos al sector público y reciben subvenciones del sector público.

Ejercicio 12.51: Ilustre con dos ejemplos de la economía española cada una de las relaciones entre las empresas y el resto del modelo.

12.6   EL SECTOR EXTERIOR

El sector exterior reúne a las economías del resto del mundo. Formalmente esas economías son idénticas a la economía interior y, por lo tanto, también están formadas por hogares, empresas y sectores públicos. Los hogares y las empresas de cada economía tienen características propias y sus sectores públicos adoptan las medidas de política económica que les parecen más acordes con las circunstancias de cada economía. A pesar de todas estas diferencias entre unas economías y otras, el modelo macroeconómico básico agrupa a todas las economías exteriores en un sólo sector, y estudia sus decisiones conjuntamente.

Ejercicio 12.52: (a) ¿Qué ventajas y qué inconvenientes tiene omitir del modelo las decisiones de las economías del sector exterior que no afectan a la economía interior? y (b) enjuicie la consistencia de este supuesto con los

*restantes supuestos de consolidación y representatividad que hemos adop-
tado en el diseño del resto del modelo.*

Los hogares del sector exterior son conceptualmente muy parecidos a
los de la economía interior, y toman las mismas decisiones de asignación
de factores, de ahorro y de gasto, pero el modelo macroeconómico básico
sólo se ocupa de las decisiones del sector exterior que afectan directamente
a la economía interior. En lo que respecta a las decisiones de asignación
de factores propiedad de los hogares del sector exterior, el modelo macroeconómico básico sólo considera aquéllas en las que la parte contratante
son las empresas o el sector público de la economía interior. Por ejemplo,
cuando un hogar residente en el exterior vende sus servicios laborales a una
empresa interior decimos que el sector exterior ha exportado esos servicios
o, de un modo equivalente, que la economía interior los ha importado. De
un modo parecido, el modelo macroeconómico básico sólo se ocupa de los
gastos de los hogares del sector exterior cuando se materializan en compras
de mercancías producidas en la economía interior. Cuando esto ocurre decimos que el sector exterior ha importado esas mercancías de la economía
interior, o que la economía interior las ha exportado.

El análisis que el modelo macroeconómico básico hace de las decisiones que toman las empresas del sector exterior es muy parecido: el modelo
sólo tiene en cuenta aquéllas en las que la parte contratante es la economía
interior. Por ejemplo, cuando una empresa exterior contrata factores productivos propiedad de un hogar interior decimos que el sector exterior ha
exportado esos servicios a la economía interior, o que la economía interior
los ha importado; y cuando una empresa exterior vende mercancías a la economía interior decimos que el sector exterior ha exportado esas mercancías
o que la economía interior las ha importado.

Por último, el tratamiento que reciben las decisiones de los sectores
públicos del sector exterior también es muy parecido. El modelo sólo se ocupa de esas decisiones cuando suponen un gasto en mercancías producidas y
exportadas por la economía interior, o cuando resultan en transferencias de
renta o en pagos de intereses a la economía interior. El criterio contable que
se sigue en este caso es semejante al que utilizábamos en casos anteriores:
cuando la economía interior hace un pago o contrae una deuda, la operación
se considera una importación de la economía interior, y cuando la economía

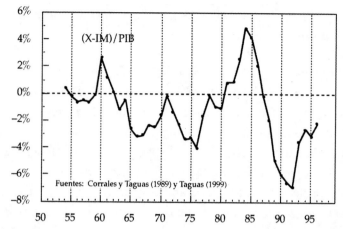

Gráfico 12.13: *El saldo de la balanza por cuenta corriente de la economía española.*

interior recibe un pago o realiza un préstamo, la operación se considera una exportación de la economía interior.

12.6.1 Los ingresos del sector exterior

El modelo macroeconómico básico sólo se ocupa de los ingresos del sector exterior que proceden de las ventas de mercancías a la economía interior y de las rentas de los factores propiedad del sector exterior que prestan sus servicios a la economía interior. Como hemos aprendido en el apartado anterior, unas y otras constituyen las importaciones de la economía interior. Las importaciones se definen en el Apartado 5.5.4.

12.6.2 Los gastos del sector exterior

En lo que respecta a los gastos del sector exterior, ya sabemos que el modelo macroeconómico básico sólo se ocupa de los que se materializan en compras de mercancías producidas en la economía interior o en pagos a factores productivos propiedad de los hogares de la economía interior. Esas compras y esos pagos constituyen las exportaciones de la economía interior. Las exportaciones se definen en el Apartado 5.5.3.

Además de las compras de mercancías, el sector exterior hace transferencias unilaterales de renta a los hogares de la economía interior y les paga los intereses de las deudas que ha contraído con ellos. Como la economía interior también transfiere renta al sector exterior y puede endeudarse con sus hogares, estas dos partidas del gasto del sector exterior pueden ser negativas.

12.6.3   El ahorro del sector exterior

Igual que ocurre con los demás sectores del modelo, el ahorro del sector exterior es la diferencia entre sus ingresos y sus gastos, o sea la diferencia entre el valor de las exportaciones del sector exterior y el de sus importaciones. Técnicamente esa diferencia son las exportaciones netas del sector exterior.[11] Cuando el valor de las exportaciones netas de una economía es positivo, decimos que esa economía ha registrado un superávit exterior y, cuando ese el valor de las exportaciones netas es negativo, decimos que la economía ha registrado un déficit exterior. El Gráfico 12.13 representa la evolución en el tiempo del saldo de la balanza por cuenta corriente de la economía española. En ese gráfico se observa que la economía española ha registrado un superávit exterior en algunos periodos y un déficit exterior en otros.

Ejercicio 12.53: ¿Cree que una economía puede registrar un déficit exterior continuado?

Para contestar a la pregunta que plantea el Ejercicio 12.53 tenemos que analizar lo que ocurre cada vez que se produce un intercambio entre personas físicas o jurídicas residentes en economías distintas. Para simplificar el análisis, vamos a suponer que todos los intercambios se realizan a crédito. O sea, que el vendedor entrega la mercancía al comprador y que éste le firma un pagaré por el importe de la misma.

Ejercicio 12.54: Suponga que todos los intercambios que se producen entre la economía interior y el sector exterior se realizan a crédito, ¿qué ocurre

---

[11]El valor de las exportaciones netas de una economía es aproximadamente igual al saldo de su balanza por cuenta corriente. Para obtener ese saldo exactamente, tenemos que restar del valor de las exportaciones netas el valor de las transferencias netas entre esa economía y el resto del mundo.

con el endeudamiento entre estos dos sectores cada vez que se produce (a) una exportación y (b) una importación?

Las exportaciones de una economía hacen que su endeudamiento con el resto del mundo disminuya, y sus importaciones hacen que su endeudamiento con el resto del mundo aumente. Únicamente cuando el valor de las exportaciones de una economía coincide con el valor de sus importaciones, el valor de las deudas que la economía interior ha contraído con el resto del mundo coincide con el valor de las deudas que el resto del mundo ha contraído con la economía interior y sólo entonces el endeudamiento de esa economía con el sector exterior no cambia. Pero esta situación no es muy frecuente. Normalmente las economías tienen déficits o superávits exteriores y su endeudamiento con el sector exterior cambia continuamente.

Siempre que una economía tiene un déficit exterior el sector exterior —que inevitablemente tiene un superávit— presta a la economía deficitaria parte de sus ahorros para financiar ese déficit. Por el contrario, siempre que una economía tiene un superávit exterior, los papeles de prestatario y prestamista se intercambian, y es la economía interior la que dedica parte de su ahorro a financiar el déficit del sector exterior. Por lo tanto, la respuesta a la pregunta que nos planteaba el Ejercicio 12.53 es parecida a la que daríamos si nos hubieran preguntado si un hogar, una empresa o un sector público pueden endeudarse indefinidamente. No pueden hacerlo porque los acreedores terminan por perder la confianza en la capacidad de la economía deficitaria para devolver los créditos y dejan de vender mercancías a esa economía para evitar que su endeudamiento aumente.

Ejercicio 12.55: Suponga ahora que una parte de las importaciones y de las exportaciones se pagan en la moneda del país correspondiente y (a) repita la argumentación de los párrafos anteriores; (b) ¿cómo cambian las conclusiones de su análisis?

12.6.4 Recapitulación: el sector exterior y el resto del modelo

- El sector exterior vende mercancías a la economía interior y recibe rentas factoriales de sus empresas.

- El sector exterior compra mercancías a la economía interior y paga rentas factoriales a sus hogares.

- El sector exterior realiza transferencias sin contrapartida a los hogares de la economía interior y recibe transferencias de renta procedentes de la economía interior.

- El sector exterior presta parte de su ahorro a la economía interior y a cambio recibe los pagos de los intereses que este ahorro devenga. Cuando los papeles de prestamista y prestatario se intercambian, el sector exterior es el que tiene que pagar a la economía interior los intereses correspondientes.

Ejercicio 12.56: Ilustre con dos ejemplos de la economía española cada una de las relaciones entre la economía interior y el sector exterior.

12.7 LOS MERCADOS AGREGADOS

En el modelo macroeconómico básico que hemos descrito en este tema hay cuatro agentes económicos —los hogares, las empresas, el sector público y el sector exterior— y tres clases de mercancías —los factores productivos, los productos y los activos financieros—. En los apartados siguientes se resumen las relaciones económicas entre esos agentes y se identifican a los compradores y a los vendedores en cada uno de esos tres mercados agregados.

12.7.1 Los mercados de los factores productivos

En los mercados de los factores productivos se determinan las cantidades y los precios de equilibrio de los servicios de esos factores. Como el modelo macroeconómico básico supone que los hogares son los propietarios de todos los factores productivos, los vendedores de los servicios de esos factores son los hogares y los principales compradores de esos servicios son las empresas y el sector público, que demandan los factores productivos que necesitan para producir las mercancías privadas y públicas respectivamente. El sector exterior también participa en los mercados de factores productivos de la economía interior. Concretamente, los hogares del sector exterior ofrecen los servicios de sus factores productivos en competencia con los de los hogares interiores, y las empresas y los sectores públicos del sector exterior compiten con los de la economía interior en la contratación de los servicios de los factores productivos propiedad de los hogares interiores. El Gráfico 12.14 identifica a los compradores y a los vendedores de estos mercados.

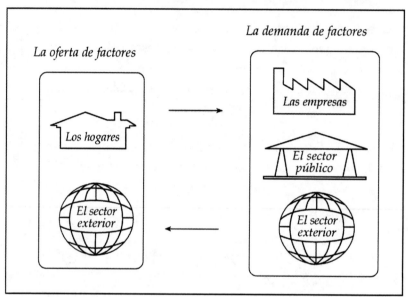

Gráfico 12.14: *Los mercados de los factores productivos.*

Ejercicio 12.57: (a) Proponga tres ejemplos de factores productivos exteriores que participen en la producción interior de la economía española y (b) proponga tres ejemplos de factores productivos españoles que participen en la producción del sector exterior.

12.7.2   Los mercados de los productos

En los mercados de productos se vende la producción de las empresas interiores y las mercancías importadas, y se determinan los precios de equilibrio correspondientes. Los vendedores en esos mercados son las empresas de la economía interior, que ofrecen la producción interior, y las empresas exportadoras del sector exterior, que ofrecen las mercancías importadas.

Ejercicio 12.58: ¿En qué mercado se venden las mercancías públicas?

Debido a su naturaleza pública, las mercancías que produce el sector público no se venden en ningún mercado. El sector público pone esas mercancías a disposición de los hogares y de las empresas interiores y financia su producción con impuestos o con tasas. Como las mercancías públicas no se venden, no tienen precio.[12]

En los mercados de productos los compradores son todos los sectores del modelo, o sea, los hogares, las empresas, el sector público y el sector exterior. Los hogares compran mercancías de consumo y viviendas, las empresas compran capital productivo y existencias, el sector público compra las mercancías que se utilizan en la producción de bienes públicos, y el sector exterior compra las mercancías que importa de la economía interior. El Gráfico 12.14 identifica a los compradores y a los vendedores de estos mercados.

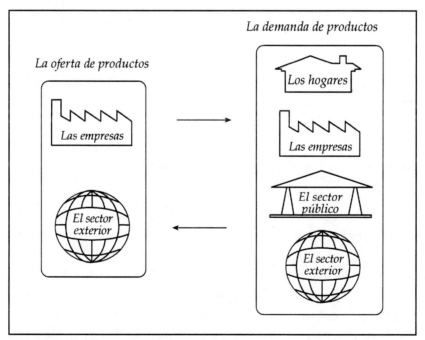

Gráfico 12.15: *Los mercados de los productos en el modelo macroeconómico básico.*

---

[12]En el Tema 5 hemos aprendido que en el cálculo del producto interior bruto las mercancías públicas se valoran por los salarios de las personas que las producen.

12.7.3 Los mercados de los activos financieros

Los mercados de los activos financieros canalizan la parte del ahorro que no se materializa en la compra de mercancías. Los bancos, las cajas de ahorro y los restantes intermediarios financieros aceptan el ahorro de los agentes cuyo gasto total es menor que sus ingresos —y que, por lo tanto, quieren comprar activos financieros— y se lo prestan a los agentes del modelo que quieren gastar más de lo que ingresan —y que, por lo tanto, quieren vender activos financieros.

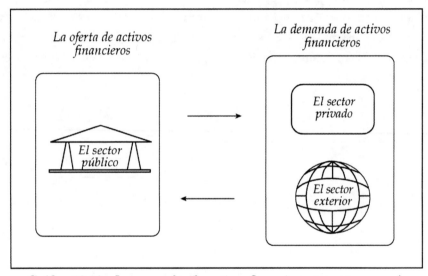

Gráfico 12.16: *Los mercados de activos financieros en una economía cuyo déficit público es mayor que la capacidad de financiación del sector privado.*

El Gráfico 12.16 representa el mercado de activos financieros en una economía con las siguientes características: los ingresos del sector público son menores que sus gastos, por lo tanto el sector público es deficitario y tiene que vender activos financieros para financiar su déficit. Los ingresos del sector privado son mayores que sus gastos, por lo tanto la capacidad de financiación del sector privado es positiva y el sector privado utiliza su exceso de ahorro para comprar una parte de los activos financieros que vende el sector público. El sector exterior también compra activos financieros. Este último dato nos permite concluir que la capacidad de financiación del sector privado es menor que el déficit público y, por lo tanto, que el ahorro de la economía interior es negativo. Para financiar la diferencia entre sus ingresos y sus gastos, la economía interior recurre al ahorro del sector exterior, importa más de lo que exporta y vende al sector exterior los activos financieros que el sector público ha emitido y que el sector privado no ha comprado.

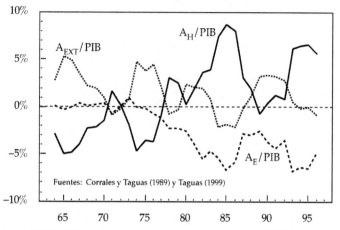

Gráfico 12.17: *El ahorro de los sectores privado, público y exterior de la economía española.*

El Gráfico 12.17 representa el ahorro de los distintos sectores de la economía española. Por ejemplo, en 1985 el sector privado de la economía española financió al sector público y al sector exterior. Ese año los ingresos de estos dos últimos sectores fueron menores que sus gastos y para financiar sus déficits respectivos esos sectores emitieron activos financieros y se los vendieron al sector privado. Durante ese año la capacidad de financiación del sector privado fue del 9 % del producto interior bruto en números redondos, y el déficit del sector público y el déficit del sector exterior fueron del 7 y del 2 % del producto interior bruto respectivamente.

En los mercados de los activos financieros se determinan las cantidades y los precios de equilibrio de estos activos. En consecuencia, también se determinan los rendimientos implícitos con los que se remunera el ahorro. Los sectores del modelo responden a las variaciones en esos rendimientos modificando sus decisiones de ahorro y gasto y sus decisiones de cartera.

Ejercicio 12.59: ¿Se puede ahorrar sin participar en los mercados de activos financieros? Justifique su respuesta e ilústrela con un ejemplo.

Ejercicio 12.60: ¿Cómo cree que un aumento de los tipos de interés afectará a los siguientes agentes del modelo: (a) a un hogar que quiere adquirir una vivienda; (b) a un ahorrador extranjero; (c) a una empresa que se está planteando ampliar su capacidad productiva; y (d) a las propuestas de la Dirección General de Planificación que está preparando un borrador de los presupuestos del sector público?

12.8 LA CONTABILIDAD NACIONAL

Los objetivos de la contabilidad nacional son cuantificar las distintas variables del modelo macroeconómico básico y calcular el valor de la producción final o, lo que es lo mismo, del producto interior bruto.[13] Para alcanzar este objetivo, la contabilidad nacional se basa en las identidades que se describen en la expresión (12.8). Estas identidades nos permiten calcular el valor de la producción final de cuatro maneras distintas.

$$PROD.\ FINAL \equiv RENTA \equiv VALOR\ AÑADIDO \equiv GASTO \qquad (12.8)$$

La primera identidad de la expresión (12.8) establece que el valor de la producción final de una economía es igual a la suma de todas las rentas que generan sus factores productivos, y se obtiene de la definición residual de los beneficios agregados, B. Según la Definición 12.11, el valor de esta variable es es el siguiente:

$$B \equiv Y - (W + R + A) \qquad (12.9)$$

donde Y representa el valor de la producción final, W la renta del trabajo, R la renta del capital y A la renta de la tierra.

Como la renta agregada es la suma de las rentas de todos los factores, la expresión formal de la renta es la siguiente:

$$RENTA = W + R + A + B, \qquad (12.10)$$

y si sustituimos la expresión (12.9) en la expresión (12.10), obtenemos que

$$RENTA = W + R + A + [Y - (W + R + A)] = Y \qquad (12.11)$$

---

[13]En el Tema 5 se define el producto interior bruto y se describen con detalle algunos de los problemas que plantea su cálculo.

o sea, que el valor de la renta es igual al valor de la producción final.

La segunda identidad de la expresión (12.8) establece que el valor de la producción final es igual a la suma de los valores añadidos por todos los sectores de la economía. Esta identidad ya se ha descrito con detalle en el Apartado 5.2.3 del Tema 5. Por último, la tercera identidad de la expresión (12.8) establece que el valor de la producción final es igual al valor del gasto y ya se ha descrito con detalle en el Apartado 5.5.4 del Tema 5. En ese tema también hemos aprendido que esta identidad puede expresarse en función del consumo agregado, C, de la inversión agregada, I, del gasto público, G, de las exportaciones, X, y de las importaciones, IM. Esta expresión es la siguiente:

$$Y \equiv C + I + G + X - IM \tag{12.12}$$

Ejercicio 12.61: Más difícil. Considere una economía formada por dos industrias. En 1999 el valor de la producción de la Industria A ascendió a 80 millones de euros y el de la Industria B a 150 millones. La industria A vendió mercancías por valor de 60 millones, de los cuales 10 millones se destinaron a la Industria B y el resto a los sectores finales del gasto. Por su parte, la Industria B vendió mercancías por valor de 190 millones, de los cuales 20 millones se destinaron a la Industria A y el resto a los sectores finales del gasto. Calcule (a) el valor de la producción final; (b) el valor añadido total y (c) el gasto final de esta economía.

12.8.1   Los usos del ahorro

Las identidades de la contabilidad nacional pueden usarse para descubrir cuáles son los usos del ahorro de los distintos sectores del modelo. La identidad (12.5) define el ahorro del sector privado, A_H, como la parte no consumida de los ingresos de los hogares después de impuestos, o sea $A_H = RENTA + Z + INT - (C + T)$.[14] Según la expresión (12.8) la renta coincide con el gasto, o sea $RENTA \equiv C + I + G + X - IM$. Sustituyendo esta

---

[14]Recuérdese que el modelo macroeconómico básico supone que la empresa representativa no ahorra y, por lo tanto, el ahorro del sector privado siempre coincide con el ahorro del hogar representativo.

identidad en la expresión anterior, simplificando la expresión resultante, y agrupando los distintos términos obtenemos que:

$$A_H = I + [(G + Z + INT) - T] + (X - IM) \qquad (12.13)$$

La igualdad (12.13) establece que el ahorro de los hogares se dedica a financiar la inversión, I, el déficit público, $(G + Z + INT) - T$, y el déficit del sector exterior, $(X - IM)$.

Si al ahorro de los hogares le sumamos el ahorro del sector público, A_E, obtenemos el ahorro de la economía interior, A_I, o sea $A_I = A_H + A_E$. Usando esta definición y la definición del ahorro del sector público, $A_E = T - (G + Z + INT)$, para transformar y simplificar la igualdad (12.13) obtenemos que:

$$A_I = I + (X - IM) \qquad (12.14)$$

La igualdad (12.14) establece que el ahorro interior se dedica a financiar la inversión y el déficit del sector exterior. El Ejercicio 12.62 es un ejemplo numérico cuyo objetivo es ayudarnos a entender mejor estos conceptos y pone punto final a este capítulo.

Ejercicio 12.62: En Santa Ana hay miles de agricultores y dos grandes empresas: la Sociedad de Automoción de Santa Ana (SAS) y la cadena de supermercados Don Simón. Supongamos, por el momento, que en Santa Ana no hay sector público.

Durante 1999 la SAS fabricó 1.000 coches y 100 camionetas. Los coches se vendieron por 15.000€ y las camionetas por 20.000€. Los hogares de Santa Ana compraron 800 coches y los 200 restantes se dedicaron a la exportación y los supermercados Don Simón compraron todas las camionetas para dedicarlas al reparto.

Los supermercados Don Simón vendieron toda su producción a los hogares y el valor de sus ventas ascendió a 140 millones de euros. Durante ese año todos los agricultores de Santa Ana trabajaron por cuenta propia y vendieron toda su producción a Don Simón. El valor de las ventas de productos agrícolas ascendió a 70 millones de euros. El siguiente cuadro contiene las rentas factoriales que pagaron las empresas a los hogares medidos en millones de euros:

	SAS	D. Simón	Agricultores
Salarios	10	40	0
Rentas del capital	4	5	10
Alquileres	1	15	20

(a) Calcule el valor de la producción final; (b) calcule el valor añadido total; (c) calcule el valor de la renta agregada de los hogares; (d) calcule el gasto interior final; (e) compare sus respuestas a los apartados (a) (b) (c) y (d); y (f) calcule el ahorro del sector privado, el ahorro del sector público y el ahorro interior de Santa Ana e identifique sus usos.

Santa Lucía es otra economía que tiene sector público y que en todo lo demás es casi idéntica a Santa Ana. En 1999 los gastos del sector público de Santa Lucía fueron los siguientes: el sector público compró 50 coches de los que estaban inicialmente destinados a la exportación. Además pagó 8 millones de euros en sueldos al cuerpo de bomberos y realizó transferencias corrientes a los hogares por valor de 33,5 millones de euros. Para financiar estos gastos, el sector público recaudó un impuesto sobre el valor añadido del 10 % y un impuesto del 15 % sobre todas las rentas de los hogares. Además, los hogares de Santa Lucía importaron 1.000 ordenadores y pagaron 2.000€ por cada uno. (g) Conteste a las preguntas que plantean los apartados (a)–(f) en el caso de Santa Lucía.

Tema 13

INTRODUCCIÓN A LA TEORÍA DEL CRECIMIENTO

No me acuerdo quién me explicó que eran trabajos de los campesinos de la zona, ésta la pintó el Vicente, ésta es de la Ramona, algunas firmadas y otras no pero todas tan hermosas, una vez más la visión primera del mundo, la mirada limpia del que describe su entorno como un canto de alabanza: vaquitas enanas en prados de amapola, la choza de azúcar de donde va saliendo la gente como hormigas, el caballo de ojos verdes contra un fondo de cañaverales, el bautismo en una iglesia que no cree en la perspectiva y se trepa o cae sobre sí misma, el lago con botecitos como zapatos y en último plano un pez enorme que ríe con labios de color turquesa. Entonces vino alguien a explicarme que la venta de las pinturas ayudaba a tirar adelante; nos íbamos quedando dormidos pero yo seguí todavía ojeando los cuadritos amontonados en un rincón, sacando las grandes barajas de tela con las vaquitas y las flores y esa madre con dos niños en las rodillas, uno de blanco y el otro de rojo, bajo un cielo tan lleno de estrellas que la única nube quedaba como humillada en un ángulo, apretándose contra la varilla del cuadro, saliéndose ya de la tela de puro miedo.

Julio Cortázar – *Apocalipsis en Solentiname*

Contenido

13.0 INTRODUCCIÓN

Si hacemos abstracción de sus aspectos distributivos, el crecimiento económico puede definirse como la evolución en el tiempo de la renta per cápita, y_t, o sea de la cantidad que se obtiene al dividir la renta agregada, Y_t, por la población, N_t.[1] Por lo tanto, el crecimiento de las economías depende de la evolución relativa de la renta o de la producción agregada y de la población. Si la producción crece más deprisa que la población, la renta per cápita crece; si la población y la producción crecen a la misma tasa, la renta per cápita permanece constante, y si la producción crece más despacio que la población, la renta per cápita disminuye.

Precisar de antemano cuál va a ser la evolución futura de la renta per cápita es muy difícil. Unos economistas —a los que podríamos llamar desarrollistas— mantienen que el progreso técnico va a permitir que el crecimiento de la producción sea siempre más rápido que el de la población, y otros —más cercanos a los planteamientos de algunos grupos ecologistas— creen que el crecimiento continuado de la renta per cápita no es posible porque están convencidos de que el agotamiento de los recursos no renovables y la contaminación terminarán por frenar el progreso técnico y, en consecuencia, impedirán que el crecimiento de la producción sea más rápido que el de la población.

Este tema no pretende resolver esa polémica sino encauzarla. Y con este fin se estudian dos modelos económicos que van a ayudarnos a entender mejor ambas posturas. y, al mismo tiempo, a dar los primeros pasos en el análisis del crecimiento económico. El primero de estos modelos es el modelo de crecimiento maltusiano. Este modelo estudia la evolución a largo plazo de la renta per cápita partiendo del supuesto de que la función de producción agregada presenta rendimientos marginales decrecientes, y llega a la conclusión de que el crecimiento continuado de la renta per cápita no es posible. El segundo modelo es el modelo de crecimiento neoclásico o modelo de Solow. Este modelo estudia la evolución a largo plazo de la renta per cápita partiendo del supuesto de que la acumulación de capital permite un crecimiento sostenido de la productividad del trabajo, y llega a la conclusión

---

[1]En el Apartado 12.8 del Tema 12 hemos aprendido que el valor de la renta agregada coincide con el de la producción agregada siempre que los beneficios se definan residualmente.

de que el progreso técnico puede hacer que la renta per cápita crezca de un modo continuado. Una vez descritos estos dos modelos, se utilizan para averiguar si la política económica puede favorecer el crecimiento.

13.1 EL CRECIMIENTO EN UN MODELO MALTUSIANO

El Reverendo Thomas R. Malthus vivió en Gran Bretaña durante la segunda mitad del siglo XVIII y el primer tercio del siglo XIX. Malthus era clérigo de la iglesia anglicana por profesión y economista por afición, y le tocó vivir durante los peores años de la revolución industrial inglesa. En esa época las condiciones de vida de la mayoría de la población eran miserables, las jornadas de trabajo eran muy largas y los salarios de los trabajadores eran tan bajos que a duras penas les permitían subsistir. Sin embargo, Malthus llegó a la conclusión de que la causa principal de la miseria no había que buscarla en el sistema de producción capitalista, ni en el reparto desigual de la riqueza, sino en el crecimiento ilimitado de la población. Estaba convencido de que las posibilidades de producción crecían siguiendo una progresión aritmética, pero que las pasiones irrefrenables de las personas —no olvidemos que Malthus se ganaba la vida predicando— daban lugar a un crecimiento geométrico de la población. En un mundo así era lógico que la renta per cápita disminuyera hasta alcanzar un nivel de estricta subsistencia que hacía que el crecimiento económico se detuviera.

Malthus publicó sus ideas por primera vez en 1798 en un libro titulado *Ensayo sobre el principio de la población*. La segunda edición, considerablemente ampliada, se publicó en 1803 con el título de *Ensayo sobre el principio de la población o revista de sus efectos pasados o presentes sobre la felicidad del hombre*. En ese libro el reverendo llega a la conclusión de que "nadie tiene derecho a la existencia si no encuentra puesto su cubierto en el banquete de la vida".

En los apartados siguientes se construye un modelo económico sencillo que formaliza algunas de las principales ideas maltusianas. Concretamente, nuestro objetivo es diseñar un modelo en el que la población crezca más deprisa que los medios necesarios para su subsistencia y que nos permita estudiar la evolución de la renta per cápita bajo estos supuestos.

13.1.1 Las mercancías del modelo maltusiano

Supuesto M0: *En el modelo maltusiano sólo hay dos mercancías: un factor productivo, que es el trabajo y al que vamos a llamar N_t, y un producto, al que vamos a llamar Y_t.*

La principal razón por la que suponemos que en el modelo maltusiano hay un solo factor productivo es que simplifica considerablemente el análisis. Además, a finales del siglo XVIII suponer que sólo había un factor productivo era relativamente plausible. La economía británica estaba dejando de ser una economía de antiguo régimen —basada sobre todo en la agricultura y en la ganadería— para convertirse en una economía esencialmente industrial. En las economías de antiguo régimen la tierra y el trabajo eran los principales factores de producción. Por el contrario, el capital —los aperos de labranza y las herramientas de los artesanos— jugaba un papel muy secundario. Si en un mundo con esas características suponemos que la cantidad de tierra no cambia mucho, la producción agregada dependerá sobre todo de la cantidad de trabajo y esa es la idea que se formaliza en el Supuesto M0.[2]

Se puede mantener que suponer que el trabajo es el principal factor de producción sigue siendo razonable durante los primeros momentos de la revolución industrial, porque las primeras tecnologías industriales —los primeros telares o los altos hornos, por ejemplo— eran muy intensivas en mano de obra y el capital, aunque cada vez fuera más importante, seguía teniendo una participación limitada en la producción. Una forma sencilla de formalizar esta idea es exigir que el trabajo agregado sea el único argumento de la función de producción agregada, o sea que $Y = F(N)$.

En lo que respecta a la producción, en el Apartado 12.2 del Tema 12 hemos aprendido que la mayoría de los modelos macroeconómicos suponen que hay un solo producto y justifican este supuesto porque simplifica considerablemente el análisis. El Supuesto M0 se complementa con el supuesto adicional de que existe una tecnología que permite transformar la producción en consumo privado o en gasto público sin incurrir en coste alguno.

---

[2]Suponer que la cantidad de tierra no cambia no es del todo exacto porque se puede acondicionar más tierra para la ganadería o la agricultura roturando bosques o construyendo terrazas, por ejemplo.

Dicho de una forma un poco más técnica, implícitamente el Supuesto M0 establece que el consumo privado y el gasto público son mercancías perfectamente sustitutivas desde el punto de vista de la producción.

13.1.2 El sector exterior del modelo maltusiano

Supuesto M1: *Las exportaciones y las importaciones del modelo maltusiano son siempre cero.*

En esta primera aproximación al problema del crecimiento hacemos abstracción de las complicaciones que introduce el sector exterior y para ello adoptamos el Supuesto M1. Este supuesto equivale a suponer que vamos a estudiar una economía que no tiene sector exterior. Técnicamente estas economías se llaman economías cerradas. La principal justificación de este supuesto es que simplifica el análisis. Otra forma de interpretar este supuesto es pensar que el objetivo del modelo es entender el crecimiento de la economía mundial considerada como un todo.

13.1.3 El sector público del modelo maltusiano

Supuesto M2: *El sector público del modelo maltusiano compra mercancías públicas, G_t, recauda impuestos, T_t, realiza transferencias a los hogares, Z_t, y mantiene en todo momento un presupuesto equilibrado.*

Las funciones del sector público del modelo maltusiano son una simplificación de las que describíamos en el Apartado 12.3 del Tema 12. Concretamente, el modelo maltusiano supone que el sector público no puede endeudarse y que no utiliza la política monetaria. Por lo tanto, para saber cuál es la política económica nos basta con conocer las secuencias de gasto público, impuestos y transferencias. Además, como se supone que el sector público mantiene en todo momento un presupuesto equilibrado, esas secuencias deben cumplir la siguiente restricción presupuestaria:

$$G_t + Z_t = T_t \qquad (13.0)$$

Una forma equivalente de formular este supuesto es exigir que los déficits y los superávits públicos y, por lo tanto, el ahorro del sector público sean siempre cero.

13.1.4   Los hogares del modelo maltusiano

Los hogares del modelo maltusiano son una versión muy simplificada de los hogares que se describen en el Apartado 12.4 del Tema 12. En los apartados siguientes se describen la evolución de la población, las relaciones de propiedad y las decisiones que toman los hogares de este modelo.

La evolución de la población

El núcleo central del modelo maltusiano es su teoría sobre la evolución de la población. Según el modelo maltusiano el crecimiento de la población es el principal determinante del comportamiento del modelo en el largo plazo. Concretamente los supuestos maltusianos sobre las tasas de natalidad y de mortalidad son los siguientes:

Supuesto M3: *La tasa de natalidad, a, es independiente del consumo per cápita, c.*

Supuesto M4: *La tasa de mortalidad, m(c), depende inversamente del consumo per cápita: cuanto menor es el consumo per cápita, mayor es la tasa de mortalidad y cuanto mayor es el consumo per cápita, menor es la tasa de mortalidad.*

El Supuesto M3 se justifica porque Malthus pensaba que la tasa de natalidad está determinada por la pasión entre los sexos que, según el reverendo, es una de las constantes de la naturaleza, y por costumbres profundamente arraigadas y relativamente invariables como la edad media del matrimonio y el uso de métodos anticonceptivos. Por lo tanto, para Malthus la tasa de natalidad es esencialmente independiente del nivel de vida. En consecuencia, la tasa de natalidad expresada como función del consumo per cápita, que es la variable que se usa para cuantificar el nivel de vida, debería ser constante. Esta idea se formaliza exigiendo que $a(c) = a$.[3]

En lo que respecta a la tasa de mortalidad, Malthus se dio cuenta de que la alimentación, la higiene y la calidad de la asistencia médica son sus principales determinantes. Como estas variables dependen del consumo per cápita, cuando éste aumenta, la alimentación y la salud de las personas mejoran y, en consecuencia, la tasa de mortalidad disminuye. Por el contrario, cuando el consumo per cápita disminuye, la alimentación y las condiciones sanitarias empeoran y la tasa de mortalidad aumenta. Por lo tanto, Malthus pensaba que la tasa de mortalidad es una función decreciente del consumo per cápita. Estas ideas se recogen en el Supuesto M4 que formalmente exige que la pendiente de la tasa de mortalidad expresada como función del consumo per cápita sea siempre negativa, o sea que $\Delta m(c)/\Delta c < 0$.

Una consecuencia de los Supuestos M3 y M4 es que la evolución de la población en el modelo maltusiano es la siguiente:

$$N_{t+1} = N_t + A_t - M_t = [1 + a - m(c_t)]N_t \qquad (13.1)$$

En la expresión (13.1) la variable N_t es la población al principio del periodo t, y A_t y M_t son, respectivamente, el número de nacimientos y el número de fallecimientos que se producen durante ese periodo.

Ejercicio 13.0: Considere una economía cuya población inicial es $N_0 = 10$ millones de personas, su tasa de natalidad es $a = 0,02$ y su tasa de mortalidad expresada como función del consumo per cápita es $m(c) = 0,015/c$ y (a) obtenga una expresión que le permita obtener la tasa de crecimiento de la población como función de c; (b) suponga que $c = 1$ y calcule el número de nacidos, el de fallecidos y la población de los periodos $t = 1, 2, 3$ y (c) suponga que $c = 0,5$ y repita este ejercicio.

La propiedad de los factores productivos

Supuesto M5: *Los hogares del modelo maltusiano son propietarios de su tiempo.*

---

[3]En este tema y en el siguiente las variables agregadas se representan con letras mayúsculas y las variables per cápita se representan con letras minúsculas. Por ejemplo, el consumo agregado es C y el consumo per cápita es $c = C/N$.

El Supuesto M5 establece que en el modelo maltusiano la propiedad de los factores productivos corresponde al sector privado. Este supuesto ya se ha comentado con detalle en el Apartado 12.4.1 del Tema 12.

La asignación de los factores productivos

Supuesto M6: *Todas las personas del modelo maltusiano dedican todo su tiempo disponible a trabajar.*

El Supuesto M6 simplifica considerablemente la decisión de trabajar de los hogares del modelo. Equivale a suponer que los hogares están dispuestos a trabajar a tiempo completo a cualquier salario. Para que esto ocurra, los hogares tienen que valorar tanto el consumo o tan poco el ocio que, sea cual sea el salario, siempre dedican todo su tiempo disponible a trabajar. Cuando las condiciones de vida de las personas son tan miserables que las personas tienen que trabajar todo el día para sobrevivir, el Supuesto M6 no está demasiado alejado de la realidad. Formalmente este supuesto implica que la jornada laboral en el modelo maltusiano dura 14 horas, o sea que $h_t = 14$. Otra consecuencia de este supuesto es que el modelo maltusiano no hace distinción entre la población total y la población empleada y, por lo tanto, la variable N_t denota, al mismo tiempo, la población y el empleo. A Lucas se le acaba de ocurrir que el Supuesto M6 también implica que en el modelo maltusiano no hay ni niños, ni estudiantes, ni jubilados, ni vagos.

Ejercicio 13.1: Calcule las tasas de actividad, de empleo y de paro del modelo maltusiano.

La asignación de la renta

Supuesto M7: *Los hogares del modelo maltusiano dedican toda su renta disponible al consumo.*

El Supuesto M7 equivale a suponer que el ahorro del sector privado es siempre cero y su expresión formal es la siguiente:

$$C_t = (Y_t + Z_t) - T_t \tag{13.2}$$

Este supuesto, que a primera vista puede parecer excesivamente simplificador, es relativamente plausible en las economías de subsistencia. En estas economías, los hogares no tienen incentivos para ahorrar por dos razones: en primer lugar porque la renta disponible es tan baja que difícilmente pueden hacerlo y, en segundo lugar, porque si las condiciones de vida son tan miserables que la supervivencia de los hogares está amenazada, ahorrar para consumir en el futuro no tiene mucho sentido. La expresión formal del ahorro de los hogares del modelo maltusiano, A_{Ht}, es la siguiente:

$$A_{Ht} = (Y_t + Z_t - T_t) - C_t = 0 \tag{13.3}$$

Ejercicio 13.2: Considere un modelo maltusiano en el que no hay sector público y en el que, por lo tanto, $Z_t = T_t = G_t = 0$, y exprese el consumo per cápita como función de la renta per cápita.

13.1.5 Las empresas del modelo maltusiano

Como ocurría en el modelo macroeconómico básico, el modelo maltusiano supone que la producción corre a cargo de las empresas y que puede describirse mediante una función de producción agregada. El modelo maltusiano supone que la función de producción agregada cumple los siguientes supuestos:

Supuesto M8: *La producción agregada es creciente en la cantidad de trabajo.*

Supuesto M9: *La productividad marginal del trabajo es siempre decreciente.*

El Supuesto M8 ya se ha comentado en el Apartado 2.5 del Tema 2. y recoge la idea de que cuanto mayor sea la fuerza de trabajo empleada, mayor será la producción total. Esta idea se formaliza exigiendo que la pendiente de la función de producción agregada sea siempre positiva, o sea que $\Delta Y / \Delta N > 0$.

El Supuesto M9 establece que los rendimientos marginales del trabajo son decrecientes y juega un papel fundamental en los resultados del modelo

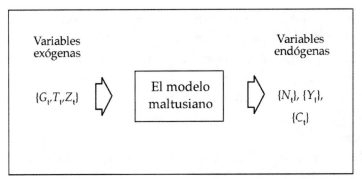

Gráfico 13.0: *Las variables exógenas y endógenas del modelo de crecimiento maltusiano.*

maltusiano. Malthus estaba convencido de que la naturaleza era cicatera con sus criaturas. Una manera de formalizar esta idea es exigir que los rendimientos marginales del trabajo sean decrecientes. Por lo tanto, en el modelo maltusiano cuando aumenta el empleo aumenta la producción pero el rendimiento marginal de cada trabajador es cada vez menor. Una consecuencia de este supuesto es que llega un momento en que el rendimiento marginal del trabajo es tan pequeño que ni siquiera es suficiente para garantizar la supervivencia del último trabajador contratado. Formalmente el Supuesto M9 exige que la función de producción agregada sea cóncava con respecto al origen en todo su dominio de definición, o sea que $\Delta PMgN/\Delta N < 0$.

Ejercicio 13.3: Suponga que en una economía maltusiana la función de producción agregada es $Y_t = N_t^{\alpha}$, que $\alpha = 0{,}5$ y que en esa economía hay 1.000 trabajadores y (a) determine si la función de producción propuesta cumple los Supuestos M8 y M9; (b) estudie sus rendimientos a escala, y (c) suponga que el Ministerio de Industria le encarga un informe sobre el tamaño que deberían tener las empresas para maximizar la producción y especifique cuáles serían las conclusiones de su informe.

El Ejercicio 13.3 debería haber puesto de manifiesto que los rendimientos a escala de las funciones de producción que cumplen los Supuestos M0 y M9 son siempre decrecientes y que, en este caso, la producción total aumenta con el número de empresas y la organización industrial de la economía se convierte en un problema delicado. Como el objetivo del modelo maltusiano es estudiar la evolución de la renta per cápita a largo plazo, y como este objetivo tiene poco que ver con la organización industrial de la economía, para simplificar el análisis vamos a suponer que en el modelo maltusiano hay una sola empresa. El Supuesto M10 recoge esta idea.

Supuesto M10: *En el modelo maltusiano hay una sola empresa.*

13.1.6 La caracterización del modelo maltusiano

El modelo maltusiano que hemos descrito en las páginas anteriores puede caracterizarse mediante el siguiente sistema de ecuaciones:

$$\left. \begin{array}{rcl} Y_t &=& F(N_t) \\ C_t &=& Y_t + Z_t - T_t \\ c_t &=& C_t/N_t \\ N_{t+1} &=& [1 + a - m(c_t)]N_t \end{array} \right\} \tag{13.4}$$

Estas ecuaciones constituyen una descripción completa del modelo porque si sabemos cuáles son la población inicial y la política económica, podemos calcular la evolución en el tiempo de la población, de la producción agregada, y del consumo agregado. Técnicamente las variables que un modelo toma como dadas —en este caso el gasto público, los impuestos y las transferencias— se llaman variables exógenas, y las variables que el modelo genera

—en este caso la población, la producción y el consumo— se llaman variables endógenas. El Gráfico 13.0 identifica a las variables exógenas y endógenas del modelo maltusiano.

13.1.7 La simulación del modelo maltusiano

Simular un modelo consiste en obtener series temporales de sus variables endógenas. Los modelos económicos que pueden simularse son literalmente maquetas simplificadas de las economías del mundo real y pueden usarse para experimentar con distintas políticas económicas sin incurrir en los costes que supondría hacer esos experimentos en las economías del mundo real. El modelo de crecimiento maltusiano es un modelo de este tipo.

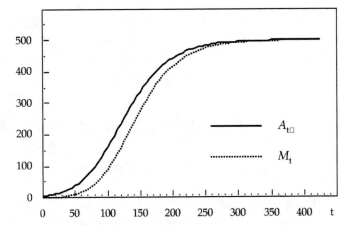

Gráfico 13.1: *La evolución de los nacimientos y los fallecimientos en el modelo maltusiano.*

Ejercicio 13.4: ¿Cree que la renta per cápita del modelo maltusiano crece de una forma continuada, o cree que a partir de un determinado momento la renta per cápita se estanca y el crecimiento se detiene?

Una forma de contestar a la pregunta que nos plantea el Ejercicio 13.4 es simular el modelo maltusiano y estudiar el comportamiento a largo plazo de la serie de la renta per cápita que obtengamos de la simulación. Para simular el modelo maltusiano, primero tenemos que elegir formas funcionales explícitas para la función de producción y para la función de la tasa de natalidad y un valor numérico para la tasa de natalidad. Una vez que hayamos elegido ese valor y esas funciones, podemos utilizar las ecuaciones del sistema (13.4) para simular el comportamiento de las variables endógenas del modelo para unas condiciones iniciales y una política económica determinadas. Eso es precisamente lo que el Ejercicio 13.5 nos propone que hagamos.

Ejercicio 13.5: Santa Rita es una economía pequeña en la que no hay sector público y, por lo tanto, el gasto público, G_t, las transferencias, Z_t, y los impuestos, T_t, son siempre cero. Suponga que la población inicial es $N_0 = 100$, que la tasa de natalidad es $a = 0{,}05$, que la tasa de mortalidad expresada como función del consumo per cápita es $m(c_t) = 0{,}0005/c_t$, que la función de producción agregada es $Y_t = N_t^\alpha$ y que $\alpha = 0{,}5$ y (a) calcule la población, la producción agregada, el consumo agregado, el consumo

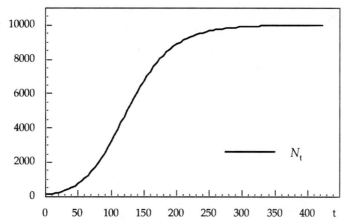

Gráfico 13.2: *La evolución de la población en el modelo maltusiano.*

per cápita y la renta per cápita de los periodos $t = 0, 1, 2$ y (b) repita los cálculos anteriores para los periodos $t = 3, 4, 5, \ldots$

Contestar al apartado (a) del Ejercicio 13.5 es relativamente sencillo. Como sabemos que $N_0 = 100$ y que $T_t = Z_t = 0$, las ecuaciones del sistema (13.4) nos permiten calcular directamente los valores de todas las variables endógenas del modelo. Concretamente usando los datos del Ejercicio 13.5 obtenemos que $Y_0 = 10$, $C_0 = 10$, $c_0 = 0{,}1$ y $N_1 = 104{,}5$. Repitiendo estos cálculos dos veces más se obtienen los valores de las variables endógenas correspondientes a los periodos $t = 1$ y $t = 2$. Sin embargo, para contestar al apartado (b) de ese ejercicio, tenemos que repetir esos cálculos muchas veces más, y hacerlo sin la ayuda de un ordenador o de una calculadora programable es una tarea muy tediosa.

Ejercicio 13.6: Escriba un algoritmo, o sea una descripción detallada de una secuencia de instrucciones ejecutables por un ordenador, que le permita contestar al apartado (b) del Ejercicio 13.5.

Los Gráficos 13.1, 13.2 y 13.3 representan los primeros cuatrocientos periodos del modelo maltusiano descrito en el Ejercicio 13.5 que se ha simulado con la ayuda de un programa en FORTRAN que transcribe el algoritmo que se pedía en el Ejercicio 13.6. Los Gráficos 13.1 y 13.2 representan la evolución en el tiempo de los nacimientos, de los fallecimientos y

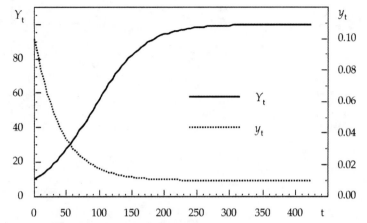

Gráfico 13.3: *La evolución de la producción y de la renta per cápita en el modelo maltusiano.*

de la población y el Gráfico 13.3 representa la evolución en el tiempo de la producción y de la renta per cápita. Como el Gráfico 13.1 pone de manifiesto, aproximadamente a partir de 400 periodos el número de nacimientos coincide con el de defunciones y, en consecuencia, la población total deja de cambiar. Una vez que el crecimiento de la población se detiene, la producción, la renta per cápita y el consumo per cápita también permanecen constantes. Cuando esto ocurre, decimos que el modelo maltusiano ha llegado a su estado estacionario. El estado estacionario de un modelo también se llama equilibrio estacionario y equilibrio a largo plazo.

13.1.8   La solución del modelo maltusiano

El método que hemos seguido en el apartado anterior ilustra la evolución en el tiempo del modelo maltusiano. En este apartado nos planteamos un objetivo un poco más ambicioso: queremos resolver el modelo analíticamente sin tener que simular su comportamiento. Para conseguirlo, necesitamos un método que nos permita calcular el equilibrio estacionario del modelo —o sea, los valores de la población, la producción y el consumo a los que convergerían esas variables si simuláramos el modelo durante un periodo de tiempo suficientemente largo—. Formalmente, la definición del equilibrio estacionario del modelo maltusiano es la siguiente:

Definición 13.0: Equilibrio estacionario del modelo maltusiano.
En el modelo maltusiano que hemos descrito en este tema un equilibrio
estacionario es el vector de valores invariantes de la población, la producción y el consumo, (N^*, Y^*, C^*), a los que converge el modelo.

*Ejercicio 13.7: Calcule el equilibrio estacionario de la economía que se des-
cribe en el Ejercicio 13.5.*

Para contestar a la pregunta que plantea el Ejercicio 13.7 vamos a empezar por simplificar el sistema (13.4). En las economías sin sector público
como la que se describe en el Ejercicio 13.5, como las transferencias y los
impuestos son siempre cero, la tercera ecuación de sistema (13.4) pasa a
ser simplemente $C_t = Y_t$ y el sistema (13.4) pasa a ser el siguiente:

$$\left.\begin{array}{rcl} Y_t &=& F(N_t) \\ C_t &=& Y_t \\ c_t &=& C_t/N_t \\ N_{t+1} &=& [1 + a - m(c_t)]N_t \end{array}\right\} \tag{13.5}$$

En general, resolver sistemas de ecuaciones como el sistema (13.5) es difícil
porque la última ecuación es una ecuación en diferencias, o sea, una e-
cuación en la que aparecen variables en distintos momentos del tiempo,
y muchas veces esas ecuaciones no tienen solución. Afortunadamente, en
este caso la solución existe y encontrarla es relativamente sencillo. Para
facilitarnos la tarea vamos a recurrir al método gráfico. Concretamente
vamos a empezar por representar las tasas de natalidad y de mortalidad
típicas del modelo maltusiano.

*Ejercicio 13.8: Compruebe que las funciones que se representan en el Grá-
fico 13.4 cumplen los Supuestos M3 y M4.*

El Gráfico 13.4 pone de manifiesto que existe exactamente un valor del
consumo per cápita, c^*, que hace que las tasas de natalidad y de mortalidad
coincidan.[4] Cuando esto ocurre, el número de nacimientos coincide con el
número de defunciones y la población permanece constante. Para todos

---

[4]Este resultado es una consecuencia de los Supuestos M3 y M4 que garantizan que el
punto de intersección de $a(c)$ y $m(c)$, si existe, es único.

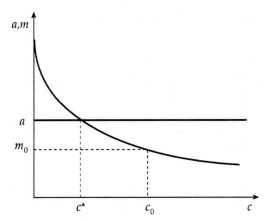

Gráfico 13.4: *El consumo per cápita de equilibrio estacionario en el modelo maltusiano.*

los demás valores del consumo per cápita, o bien la tasa de natalidad es mayor que la tasa de mortalidad y la población aumenta, o bien la tasa de natalidad es menor que la tasa de mortalidad y la población disminuye. Para calcular ese valor del consumo per cápita, igualamos las tasas de natalidad y mortalidad y resolvemos la ecuación resultante, $a = m(c)$.

El paso siguiente es calcular los valores del consumo agregado y de la población de equilibrio estacionario, C^* y N^*, cuyo cociente es el consumo per cápita de equilibrio estacionario, c^*, que acabamos de calcular. Para facilitarnos esa tarea vamos a recurrir al Gráfico 13.5 que representa la función de consumo agregado de un modelo maltusiano sin sector público. En ese gráfico, el valor del consumo per cápita que se obtiene con una cantidad de trabajo determinada coincide con el valor de la pendiente del rayo que une el origen con el valor de la función que corresponde a esa cantidad de trabajo.

Ejercicio 13.9: Compruebe que la función de producción agregada representada en el Gráfico 13.5 cumple los Supuestos M8 y M9.

El Supuesto M9 garantiza que los valores de las pendientes de los rayos que unen el origen de coordenadas con los puntos de la función de producción —y, por lo tanto, con la función de consumo en las economías sin sector público— son siempre distintos. Por lo tanto, en el Gráfico 13.5 hay un solo punto, (N^*, C^*), en el que el consumo per cápita es exactamente

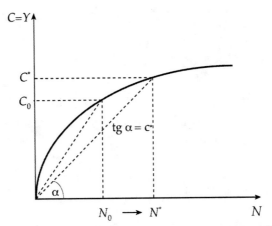

Gráfico 13.5: *La población, la producción y el consumo agregado de equilibrio estacionario en un modelo maltusiano sin sector público.*

c^*. Para calcular el valor de N^* tenemos que resolver la siguiente ecuación: $c^* = C^*/N^* = F(N^*)/N^*$. Una vez que sepamos cuánto vale N^*, sustituimos ese valor en la función de consumo agregado, $C^* = F(N^*)$, y obtenemos el valor del consumo agregado de equilibrio estacionario sustituyendo. Por último, la producción agregada y la renta per cápita de equilibrio estacionario son, respectivamente, $Y^* = C^*$ e $y^* = c^*$.

Para completar la solución del modelo maltusiano debemos ocuparnos de un detalle importante: tenemos que asegurarnos de que la solución que hemos encontrado es estable. O sea, que el modelo converge a esa solución para cualquier valor de la población inicial, N_0. Por ejemplo, el Gráfico 13.5 ilustra lo que ocurre cuando N_0 es menor que N^*. En ese caso, el consumo per cápita que se obtiene con esa fuerza de trabajo, $c_0 = C_0/N_0$, es mayor que c^*. Como el Supuesto M4 establece que la tasa de mortalidad es decreciente en el consumo per cápita, se verifica que $m(c_0) < m(c^*) = a$. Como ilustra el Gráfico 13.4, para ese valor del consumo per cápita, la tasa de mortalidad es menor que la tasa de natalidad y, en consecuencia, la población aumenta. Esta situación se repite hasta que la población llega a ser N^*. Cuando la población alcanza ese valor, el consumo per cápita vuelve a ser c^*, las tasas de natalidad y de mortalidad vuelven a coincidir y la población permanece constante para siempre. La demostración de lo que ocurre cuando la población inicial es mayor que la población de equilibrio estacionario queda como ejercicio para el lector.

Ejercicio 13.10: Suponga que $N_0 > N^*$ y demuestre que la población, la producción agregada y el consumo agregado de equilibrio estacionario son N^*, Y^* y C^* respectivamente.

Por lo tanto, para calcular el equilibrio estacionario de un modelo maltusiano sin sector público analíticamente, primero tenemos que resolver el siguiente sistema de ecuaciones:

$$\left. \begin{array}{rcl} m(c) & = & a \\ c & = & F(N)/N \end{array} \right\} \tag{13.6}$$

y luego tenemos que usar las soluciones del sistema para calcular los valores de la producción agregada y del consumo agregado.

13.1.9 La política económica en el modelo maltusiano

En los apartados anteriores hemos aprendido que en el modelo de crecimiento maltusiano siempre que la población inicial sea menor que la población de equilibrio estacionario, la población, la producción agregada y el consumo agregado crecen y el consumo y la renta per cápita disminuyen hasta que se llega al consumo per cápita de equilibrio estacionario en el que cada persona produce y consume exactamente la cantidad necesaria para sobrevivir. El objetivo de los Ejercicios 13.11, 13.12, 13.13, 13.14 y 13.15 es analizar los efectos de distintas medidas de política económica que pretenden aumentar el consumo per cápita de los hogares de un modelo maltusiano.

Ejercicio 13.11: El progreso técnico. El Ministerio de Industria de la economía descrita en el Ejercicio 13.5 pone en marcha un programa de apoyo a las inversiones en investigación y desarrollo. Suponga que como consecuencia de esa política económica, la productividad media del trabajo se duplica. (a) Obtenga la nueva función de producción agregada del modelo; (b) calcule el nuevo equilibrio estacionario del modelo, y (c) evalúe las consecuencias para el bienestar de los hogares de esta política industrial.
Ejercicio 13.12: Las mejoras sanitarias. El Ministerio de Sanidad de la economía descrita en el Ejercicio 13.5 pone en marcha un programa de vacunación y asistencia médica gratuitas que reduce la tasa de mortalidad a $m(c) = 0{,}0003/c$. (a) Calcule el nuevo equilibrio estacionario del modelo, y

(b) evalúe las consecuencias para el bienestar de los hogares de esta política sanitaria.

Ejercicio 13.13: El control de la natalidad. *Suponga que tras la dimisión del anterior responsable del Ministerio de Sanidad, la nueva ministra pone en marcha una campaña de distribución gratuita y uso obligatorio de preservativos que reduce la tasa de natalidad de la economía descrita en el Ejercicio 13.5 a $a = 0{,}03$. (a) Calcule el nuevo equilibrio estacionario del modelo, y (b) evalúe las consecuencias para el bienestar de los hogares de esta campaña de control de la natalidad.*

Ejercicio 13.14: Más difícil: Impuestos y transferencias en un modelo maltusiano. *Considere ahora una economía habitada por 50 terratenientes (T) y 1.000 jornaleros (J). Las tasas de natalidad y mortalidad de unos y otros son las siguientes: $a_J = 0{,}03$, $a_T = 0{,}02$, $m_J = 0{,}01/c_J$ y $m_T = 0{,}02$. La economía se organiza siguiendo el sistema tradicional que obliga a los jornaleros a trabajar y a pagar a los terratenientes la mitad de la producción total, que los terratenientes se reparten igualitariamente. Los terratenientes no trabajan y se dedican a cazar y a organizar fiestas a las que invitan a los terratenientes de las economías vecinas. La función de producción agregada es $Y = 10J^\alpha$ y $\alpha = 0{,}5$. (a) Calcule las poblaciones, las rentas per cápita y los consumos per cápita de equilibrio de terratenientes y jornaleros; (b) suponga que un rey benévolo hereda el trono y decide recaudar un impuesto del 20 % sobre la renta de los terratenientes y transferir toda la recaudación a los jornaleros para que se la repartan a partes iguales, y calcule las poblaciones, las rentas per cápita y los consumos per cápita de equilibrio de terratenientes y jornaleros, y (c) compare las soluciones de los dos apartados anteriores.*

Ejercicio 13.15: Más difícil: Revolución sangrienta en un modelo maltusiano. *Cansados de vivir en la miseria, los jornaleros del Ejercicio 13.14 se sublevan contra el orden establecido y asesinan al rey y a todos los terratenientes. (a) Calcule los nuevos valores de la población, la renta per cápita y el consumo per cápita de equilibrio estacionario, y (b) compare sus soluciones con las del Ejercicio 13.14.*

Como ilustran los ejercicios anteriores, el control de la natalidad es la única política que consigue aumentar el consumo per cápita de equilibrio estacionario en el modelo maltusiano.[5] Este resultado se debe a que los supuestos maltusianos sobre las tasas de natalidad y de mortalidad y sobre la función de producción hacen que las economías maltusianas se queden atrapadas en la trampa de la pobreza que resulta del crecimiento continuado de la población y de la productividad marginal decreciente del trabajo.

El progreso técnico y las políticas distributivas hacen que la población, la producción agregada y el consumo agregado de equilibrio estacionario aumenten pero, como no afectan ni a la tasa de natalidad ni a la tasa de mortalidad, no consiguen aumentar ni el consumo per cápita, ni la renta per cápita de equilibrio estacionario. Las mejoras sanitarias, al reducir la tasa de mortalidad, tienen el efecto perverso de hacer que el consumo per cápita y la renta per cápita disminuyan.

13.1.10   El modelo maltusiano en la actualidad

Si consideramos la evolución en el tiempo de la renta per cápita

de distintos países y la comparamos con las predicciones del modelo maltusiano, el modelo propuesto por Malthus no queda en muy buen lugar. Aunque es verdad que en algunos países con tasas de natalidad elevadas la renta per cápita es relativamente baja, en la mayoría de las economías industriales la población se ha multiplicado por cuatro o por cinco desde la época de Malthus y, a pesar de ello, la renta per cápita ha crecido a un ritmo todavía mayor, contradiciendo las predicciones maltusianas.

Probablemente, las razones que justifican estas discrepancias entre las predicciones del modelo maltusiano y la realidad sean la sencillez formal del modelo y el énfasis que pone en la ineludibilidad de los rendimientos marginales decrecientes. Quizás la simplificación más exagerada del modelo maltusiano sea que no tiene en cuenta los efectos de la acumulación de capital sobre el crecimiento económico. La acumulación de capital, al aumentar la productividad del trabajo, permite que los rendimientos marginales del trabajo crezcan y es la puerta de salida de la trampa de la pobreza maltu-

---

[5]Nótese que cualquier política siniestra que haga que aumente la tasa de mortalidad del modelo tiene unos efectos parecidos.

siana. En el apartado siguiente vamos a estudiar otro modelo de crecimiento en el que los hogares acumulan capital, y que nos permite formalizar estas ideas.

13.2 EL CRECIMIENTO EN UN MODELO NEOCLÁSICO

El modelo de crecimiento neoclásico que se describe en este apartado se basa en un artículo publicado por el economista Robert E. Solow en 1956[6]. Solow recibió el Premio Nobel de Economía de 1987 en parte por haber descubierto este modelo. En los aproximadamente cuarenta años que han transcurrido desde la publicación del artículo de Solow, el modelo de crecimiento neoclásico se ha convertido en uno de los modelos más utilizados en el análisis macroeconómico, y es el punto de partida de muchos artículos que investigan el crecimiento económico, los ciclos económicos, la economía monetaria, la economía financiera, la hacienda pública y la economía internacional. En las páginas que siguen primero se describe una versión simplificada del modelo neoclásico y a continuación se usa para volvernos a plantear si el crecimiento económico es sostenible en este modelo y para simular los efectos de las políticas económicas cuyo objetivo es favorecer el crecimiento.

13.2.1 Las mercancías del modelo neoclásico

Supuesto N0: *En el modelo neoclásico hay dos factores productivos, capital, K, y trabajo, N, y un producto, Y.*

El supuesto de que hay dos factores productivos enriquece considerablemente el análisis del crecimiento y juega un papel fundamental en muchos de los resultados del modelo neoclásico. Como vamos a aprender más adelante, estas dos propiedades se deben a que la acumulación de capital hace compatible el crecimiento de la población con el aumento de la productividad marginal del trabajo y con el crecimiento continuado de la producción agregada. Si además el progreso técnico hace que la productividad global de los factores aumente, la renta per cápita también puede crecer de forma

[6]Solow, R. "A Contribution to the Theory of Economic Growth", *Quarterly Journal of Economics*, febrero de 1956.

continuada. Dicho con otras palabras, la acumulación de capital permite que la economía salga de la trampa de pobreza maltusiana.

En lo que respecta a la producción, el modelo neoclásico también supone que hay un producto único. Como ya se ha comentado en el Apartado 13.1.1 la mayoría de los modelos macroeconómicos adoptan este supuesto porque simplifica considerablemente el análisis. Como ocurría con el modelo maltusiano, el Supuesto N0 se complementa con el supuesto implícito de que existe una tecnología que permite transformar la producción en consumo privado, en inversión o en gasto público sin incurrir en coste alguno.

Ejercicio 13.16: Suponga que la tasa de crecimiento de la población de un modelo es constante e igual a n ¿A qué tasa cree que tendría que crecer el capital para que el capital per cápita permaneciera constante?

13.2.2 El sector exterior del modelo neoclásico

Supuesto N1: *Las exportaciones y las importaciones del modelo neoclásico son siempre cero.*

Este supuesto coincide con el Supuesto M1 del modelo maltusiano, equivale a suponer que vamos a estudiar una economía sin sector exterior y se justifica porque simplifica considerablemente el análisis.

13.2.3 El sector público del modelo neoclásico

Supuesto N2: *El sector público del modelo neoclásico compra mercancías públicas, G_t, recauda impuestos, T_t, realiza transferencias a los hogares, Z_t, y mantiene en todo momento un presupuesto equilibrado.*

Este supuesto es idéntico al Supuesto M2 y se ha comentado con detalle en el Apartado 13.1.3. El Supuesto N2 implica que el sector público del modelo neoclásico no puede endeudarse y que no utiliza la política monetaria. Por lo tanto, para saber cuál es la política económica nos basta con conocer las secuencias de gasto público, impuestos y transferencias. Además, como se supone que el sector público mantiene en todo momento un presupuesto equilibrado, esas secuencias deben cumplir la restricción presupuestaria descrita por la expresión (13.0).

13.2.4 Los hogares del modelo neoclásico

Los hogares del modelo neoclásico son muy parecidos a los hogares del modelo maltusiano. En los apartados siguientes se describen la evolución de la población, las relaciones de propiedad y las decisiones que toman los hogares de este modelo.

La evolución de la población

Supuesto N3: *La tasa de crecimiento de la población, n, es constante e independiente de las condiciones económicas.*

Igual que ocurría en el modelo maltusiano, en las versiones más sencillas del modelo neoclásico la causa del crecimiento económico es el crecimiento de la población, pero el modelo neoclásico supone que la tasa de crecimiento de la población es independiente del consumo per cápita y de las restantes variables endógenas. Por lo tanto, el modelo neoclásico no tiene una teoría de la población propiamente dicha y se limita a suponer que las razones que determinan su evolución son exógenas al modelo.[7] Una consecuencia del Supuesto N3 es que la evolución en el tiempo de la población del modelo neoclásico es la siguiente:

$$N_{t+1} = (1 + n)N_t \tag{13.7}$$

donde la variable N_t denota la población al principio del periodo t.

La propiedad de los factores productivos

Supuesto N4: *Los hogares del modelo neoclásico son propietarios de su tiempo y del fondo de capital.*

---

[7]A Irene la teoría maltusiana de la población no le convencía demasiado pero el Supuesto N3 le convence todavía menos y se ha propuesto no olvidarse de esta limitación cuando tenga que valorar las conclusiones del modelo neoclásico.

Este supuesto establece que en el modelo neoclásico la propiedad de los factores productivos corresponde al sector privado, es idéntico al Supuesto M5 del modelo maltusiano y ya se ha comentado con detalle en el Apartado 12.4.1 del Tema 12.

La asignación de los factores productivos

Supuesto N5: *Todas las personas del modelo neoclásico dedican todo su tiempo disponible a trabajar y asignan todo su capital al mercado.*

Este supuesto es una extensión del Supuesto M6 del modelo maltusiano y simplifica considerablemente el análisis al trivializar las decisiones de oferta de factores. En lo que respecta al trabajo, el Supuesto N5 equivale a suponer que la jornada laboral dura 14 horas y que el empleo coincide con la población total. Por lo tanto, en el modelo neoclásico la variable N_t también denota al mismo tiempo la población y el empleo.

La asignación de la renta

Supuesto N6: *Los hogares del modelo neoclásico ahorran una proporción constante de sus ingresos después de impuestos y consumen el resto.*

El Supuesto N6 se formaliza en la siguiente igualdad:

$$A_{Ht} = \sigma(Y_t + Z_t - T_t). \tag{13.8}$$

En esa expresión la variable A_{Ht} es el ahorro de los hogares, la constante σ es la tasa de ahorro y la variable Y_t es la renta que, como hemos aprendido en el Apartado 12.8 del Tema 12, coincide con la producción agregada. El Supuesto N6 también se puede expresar en términos del consumo agregado, C_t, como se indica a continuación:

$$C_t = (1 - \sigma)(Y_t + Z_t - T_t) \tag{13.9}$$

El Supuesto N6 es más general que el Supuesto M7 del modelo maltusiano pero sigue siendo una simplificación evidente de la realidad. En esta versión del modelo neoclásico se adopta este supuesto porque la solución formal del problema de la asignación intertemporal de la renta de los hogares es muy complicada.

La asignación del ahorro

Como hemos aprendido en el Apartado 12.4.4 del Tema 12, en las economías del mundo real el ahorro de los hogares se dedica a comprar mercancías de inversión y a financiar el déficit del sector público y el del sector exterior. Como en el modelo neoclásico el sector público no puede endeudarse y no hay sector exterior, el ahorro de los hogares se dedica íntegramente a comprar mercancías de inversión. Por lo tanto, una consecuencia del Supuesto N6 es que en el modelo neoclásico la inversión, I_t, siempre coincide con el ahorro. La expresión formal de esta identidad es la siguiente:

$$I_t = A_{Ht} = \sigma(Y_t + Z_t - T_t) \tag{13.10}$$

13.2.5 Las empresas del modelo neoclásico

Como ocurría en el modelo macroeconómico básico y en el modelo maltusiano, el modelo neoclásico supone que la producción corre a cargo de las empresas y que puede describirse mediante una función de producción agregada. El Supuesto N7 describe las propiedades que cumple la función de producción agregada del modelo neoclásico.

Supuesto N7: *La función de producción agregada del modelo neoclásico es una función de producción neoclásica.*

Las propiedades de la función de producción neoclásica se han descrito con detalle en el Apartado 2.6 del Tema 2 y son las siguientes: la producción es creciente en el capital y en el trabajo; las productividades marginales del capital y del trabajo son decrecientes, y los rendimientos a escala son constantes. Es importante recordar que una consecuencia de suponer que los rendimientos a escala son constantes es que la producción agregada es independiente del número y del tamaño de las empresas que hay en la economía. Por lo tanto, en el modelo neoclásico la organización industrial de la economía es un problema trivial, y podemos suponer que existe una sola empresa sin perder generalidad.

La evolución del fondo de capital

Supuesto N8: *El fondo de capital se deprecia geométricamente con el uso a una tasa constante, δ.*

Es evidente que en la realidad el capital —la maquinaria, los bienes de equipo y los edificios— se desgasta con el uso y que ese desgaste hace que su valor disminuya. La tasa de depreciación es el nombre técnico de la disminución de valor del capital expresada como un porcentaje de su valor inicial. Obtener una medida fiable de la tasa de depreciación es muy difícil. Por ejemplo, la legislación española establece un porcentaje fijo para cada mercancía de inversión que oscila entre un 10 y un 25 % del valor inicial de la mercancía. Por lo tanto, en España la tasa de depreciación legal media está comprendida entre el 10 y el 25 %. El modelo neoclásico supone que la depreciación es constante para simplificar el análisis.

El Supuesto N8 y la definición de los gastos de inversión como inversión bruta implican que la evolución del fondo de capital es la siguiente:

$$K_{t+1} = (1 - \delta)K_t + I_t \tag{13.11}$$

La igualdad (13.11) establece que el valor del fondo de capital al principio del periodo $t+1$, K_{t+1}, es igual a la parte no depreciada del fondo de capital existente al principio del periodo t, $(1-\delta)K_t$, más el flujo de inversión bruta del periodo t, I_t.

13.2.6 La contabilidad nacional en el modelo neoclásico

Una consecuencia importante de los Supuestos N1, N2 y N6 es que los hogares del modelo neoclásico dedican todos sus ingresos a comprar mercancías de consumo y de inversión y a pagar los impuestos. La expresión formal de este resultado es la siguiente:

$$C_t + I_t + T_t = Y_t + Z_t \tag{13.12}$$

Como el sector público mantiene en todo momento un presupuesto equilibrado, se cumple que $T_t - Z_t = G_t$ y la igualdad (13.12) equivale a la siguiente:

$$C_t + I_t + G_t = Y_t \qquad\qquad (13.13)$$

La igualdad (13.13) establece que la producción final es igual al gasto, y es una de las identidades de la contabilidad nacional del modelo. Como ya se ha comentado en el Apartado 13.2.4, si definimos los beneficios agregados residualmente como hacíamos en el Apartado 12.8 del Tema 12, en el modelo neoclásico también se verifica que la suma de las rentas factoriales coincide con el valor de la producción final.

13.2.7 La caracterización del modelo neoclásico

El modelo neoclásico que hemos descrito en las páginas anteriores puede caracterizarse mediante el siguiente sistema de ecuaciones:

$$\left.\begin{array}{rcl} Y_t &=& F(K_t, N_t) \\ C_t &=& (1-\sigma)(Y_t + Z_t - T_t) \\ I_t &=& \sigma(Y_t + Z_t - T_t) \\ K_{t+1} &=& (1-\delta)K_t + I_t \\ N_{t+1} &=& (1+n)N_t \end{array}\right\} \qquad (13.14)$$

Esas ecuaciones constituyen una descripción completa del modelo porque si sabemos cuáles son los valores del fondo de capital y de la población iniciales y cuál es la política del sector público podemos calcular la evolución en el tiempo de todas las variables endógenas del modelo, o sea de la población, de la producción agregada, del consumo agregado, de la inversión agregada, de la población y del capital.

13.2.8 La simulación del modelo neoclásico

Para simular el modelo neoclásico, además de saber cuáles son las condiciones iniciales y la política económica, tenemos que elegir una forma funcional explícita para la función de producción agregada, y valores numéricos concretos para la tasa de crecimiento de la población y para las tasas de ahorro y de depreciación. Una vez que hayamos elegido esa función y esos valores

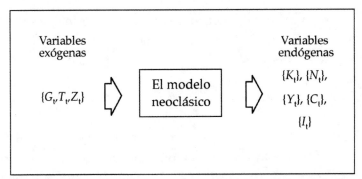

Gráfico 13.6: *Las variables exógenas y endógenas del modelo de crecimiento neoclásico.*

podemos utilizar las ecuaciones del sistema (13.14) para simular el comportamiento de las variables endógenas del modelo para unas condiciones iniciales y una política económica determinadas. Eso es precisamente lo que el Ejercicio 13.17 nos propone que hagamos.

Ejercicio 13.17: Santa Lucía es una economía pequeña en la que no interviene el sector público y, por lo tanto, el gasto público, G_t, las transferencias, Z_t, y los impuestos, T_t, son siempre cero. Suponga que el capital y la población iniciales son $K_0 = 100$ y $N_0 = 100$, que la tasa de natalidad es $n = 0,02$, que la tasa de ahorro es $\sigma = 0,20$, que la tasa de depreciación del capital es $\delta = 0,08$ y que la función de producción agregada es $Y_t = AK_t^\alpha N_t^{1-\alpha}$, donde $A = 1$ y $\alpha = 0,5$ y (a) calcule la población, el capital, la producción agregada, el consumo agregado y la inversión agregada de los periodos $t = 0, 1, 2$ y (b) repita los cálculos anteriores para los periodos $t = 3, 4, 5, \ldots$

Contestar al apartado (a) del Ejercicio 13.17 es relativamente sencillo. Como sabemos que $K_0 = 100$, que $N_0 = 100$ y que $T_t = Z_t = 0$, las ecuaciones del sistema (13.14) nos permiten calcular directamente los valores de todas las variables endógenas del modelo. Concretamente usando los datos del Ejercicio 13.17, obtenemos que $Y_0 = 100$, $I_0 = 20$, $C_0 = 80$, $K_1 = 112$ y $N_1 = 102$. Repitiendo estos cálculos dos veces más, se obtienen los valores de las variables endógenas correspondientes a los periodos $t = 1$ y $t = 2$. Sin embargo, para contestar al apartado (b) de ese ejercicio tenemos que repetir esos cálculos muchas veces más, y hacerlo sin la ayuda de un ordenador

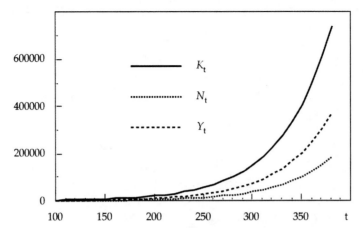

Gráfico 13.7: *La evolución del capital, de la población y de la pro-*
ducción agregada en el modelo neoclásico.

o de una calculadora programable esta tarea es muy tediosa.

Ejercicio 13.18: Escriba un algoritmo, o sea una descripción detallada de
una secuencia de instrucciones ejecutables por un ordenador, que le permita
resolver el apartado (b) del Ejercicio 13.17.

Los Gráficos 13.7 y 13.8 representan los primeros cuatrocientos periodos del modelo neoclásico descrito en el Ejercicio 13.17 que se ha simulado
con la ayuda de un programa en FORTRAN que transcribe el algoritmo que
se pedía en el Ejercicio 13.18. Las principales conclusiones que se obtienen
de la inspección de esos gráficos son las siguientes: (a) la población, el capital, la producción agregada, el consumo agregado y la inversión agregada
del modelo neoclásico crecen exponencialmente de forma continuada y (b)
a partir de un determinado momento el capital per cápita y la renta per
cápita —y, por lo tanto, el consumo per cápita y la inversión per cápita—
del modelo neoclásico permanecen constantes.

Ejercicio 13.19: Demuestre que para que las propiedades (a) y (b) del apar-
tado anterior se cumplan simultáneamente, todas las variables endógenas
del modelo neoclásico tienen que crecer a la misma tasa.

Si comparamos la evolución en el tiempo de los modelos maltusiano
y neoclásico, nos damos cuenta de que en el modelo maltusiano, a partir

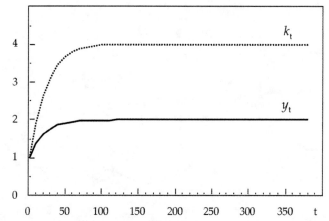

Gráfico 13.8: *La evolución del fondo de capital per cápita y de la renta per cápita en el modelo neoclásico.*

de un momento, la población, la producción y el consumo agregados dejan de crecer, mientras que en el modelo neoclásico crecen continuamente. Sin embargo, en los dos modelos a partir de un momento las variables per cápita permanecen constantes. Cuando esto ocurre, decimos que el modelo ha llegado a su estado estacionario o a su equilibrio estacionario.

13.2.9 La solución del modelo neoclásico

Como hemos hecho con el modelo maltusiano, el objetivo de este apartado es resolver el modelo neoclásico analíticamente, o sea sin simular su comportamiento. En el apartado anterior hemos aprendido que las variables endógenas agregadas del modelo neoclásico crecen continuamente y que a partir de un momento las variables per cápita dejan de cambiar. Por lo tanto la solución del modelo neoclásico, o sea su equilibrio estacionario, se define en términos de estas últimas.

Definición 13.1: Equilibrio estacionario del modelo neoclásico. En el modelo neoclásico que hemos descrito en este tema un equilibrio estacionario es el vector de valores invariantes del fondo de capital per cápita, de la renta per cápita, del consumo per cápita, y de la inversión per cápita, (k^*, y^*, c^*, i^*), a los que converge el modelo.

Ejercicio 13.20: Calcule el equilibrio estacionario de la economía que se describe en el Ejercicio 13.17 .

Para contestar a la pregunta que plantea el Ejercicio 13.20 vamos a empezar por simplificar el sistema (13.14). En primer lugar sustituimos la expresión genérica de la función de producción agregada por una función Cobb-Douglas.[8] Además, en las economías en las que no interviene el sector público como la que se describe en el Ejercicio 13.17, como el gasto público, los impuestos y las transferencias son siempre cero la segunda ecuación del sistema pasa a ser $C_t = (1 - \sigma)Y_t$, la tercera ecuación del sistema pasa a ser $I_t = \sigma Y_t$ y el sistema (13.14) pasa a ser el siguiente:

$$\left. \begin{array}{rcl} Y_t & = & AK_t^\alpha N_t^{1-\alpha} \\ C_t & = & (1 - \sigma)Y_t \\ I_t & = & \sigma Y_t \\ K_{t+1} & = & (1 - \delta)K_t + I_t \\ N_{t+1} & = & (1 + n)N_t \end{array} \right\} \qquad (13.15)$$

Para resolver el sistema (13.15) empezamos por suponer que cuando el modelo llega a su estado estacionario, el capital per cápita permanece constante para siempre. Para verificar esa conjetura, vamos a transformar las ecuaciones del sistema (13.15) hasta obtener una expresión que refleje la evolución en el tiempo de esa variable. Concretamente queremos encontrar una función, g, que nos permita obtener k_{t+1} a partir de k_t. Una forma de obtener esa función es la siguiente: Empezamos por dividir la cuarta ecuación del sistema (13.15) por la quinta ecuación de ese sistema y obtenemos la siguiente expresión

$$\frac{K_{t+1}}{N_{t+1}} = \frac{(1 - \delta)K_t}{(1 + n)N_t} + \frac{I_t}{(1 + n)N_t} \qquad (13.16)$$

Si ahora sustituimos en esta expresión las dos primeras ecuaciones del sistema (13.15), obtenemos la siguiente expresión:

$$\frac{K_{t+1}}{N_{t+1}} = \frac{(1 - \delta)K_t}{(1 + n)N_t} + \frac{\sigma AK_t^\alpha N_t^{1-\alpha}}{(1 + n)N_t} \qquad (13.17)$$

---

[8]En nuestro análisis del crecimiento y en el de los ciclos siempre vamos a usar funciones Cobb-Douglas porque estas funciones son consistentes con muchas de las propiedades que presentan las series económicas agregadas de casi todos los países industriales.

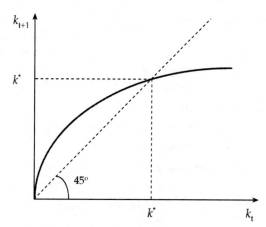

Gráfico 13.9: *La ley de movimiento del capital per cápita en el modelo neoclásico.*

Sustituyendo K_t/N_t por k_t y K_{t+1}/N_{t+1} por k_{t+1} y simplificando la expresión (13.17), obtenemos la siguiente expresión:

$$k_{t+1} = \frac{1-\delta}{1+n}k_t + \frac{\sigma A}{1+n}k_t^{\alpha} \tag{13.18}$$

La expresión (13.18) es la función $k_{t+1} = g(k_t)$ que estábamos buscando.

El Gráfico 13.9 es una representación exagerada de la expresión (13.18). En ese gráfico observamos que la función $k_{t+1} = g(k_t)$ tiene dos puntos de intersección con la recta de 45 grados. En esos puntos se verifica que $k_{t+1} = k_t$ y es muy sencillo comprobar que cuando el capital per cápita alcanza uno de esos valores, deja de cambiar. Técnicamente esos valores son los puntos fijos o estados estacionarios del sistema. El primer punto fijo de la función que hemos representado en el Gráfico 13.9 es $\tilde{k} = 0$ y no tiene demasiado interés económico. El segundo punto fijo de esa función es el capital per cápita de equilibrio, k^*. Para calcular ese valor, sustituimos k_{t+1} y k_t por k^* en la expresión (13.18) y resolvemos la ecuación resultante. La solución de esa ecuación es la siguiente:

$$k^* = \left(\frac{\sigma A}{n+\delta}\right)^{\frac{1}{1-\alpha}} \tag{13.19}$$

Para terminar de contestar al Ejercicio 13.17 tenemos que calcular los valores de equilibrio estacionario de la renta, la inversión y el consumo per cápita, (y^*, c^*, i^*), y para calcular esos valores tenemos que escribir las ecuaciones del sistema (13.15) en términos per cápita y sustituir en las expresiones resultantes el valor de k^*. Una vez realizadas esas transformaciones y sustituciones obtenemos que el equilibrio estacionario del modelo es el siguiente: $y^* = A(k^*)^\alpha$, $c^* = (1 - \sigma)y^*$, y $i^* = \sigma y^*$. Concretamente el equilibrio estacionario de la economía que se describe en el Ejercicio 13.17 es $(k^*, y^*, c^*, i^*) = (4, 2, 1{,}6, 0{,}4)$.

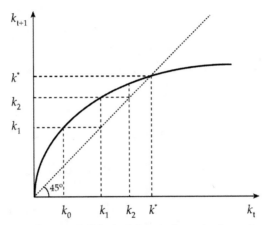

Gráfico 13.10: *La estabilidad del estado estacionario del modelo neoclásico.*

Ejercicio 13.21: *Demuestre que el sistema dinámico descrito por la expresión (13.18) converge al capital per cápita de estado estacionario, k^*, para cualquier valor del capital per cápita inicial, k_0.*

Para completar el análisis del modelo neoclásico tenemos que asegurarnos de que la solución que hemos encontrado es estable, tal y como nos pide que hagamos el Ejercicio 13.21. El Gráfico 13.10 es una representación exagerada de la función (13.18) y nos va a servir de ayuda en la demostración. Como puede apreciarse en ese gráfico, si el valor inicial del fondo de capital per cápita, k_0, es menor que su valor de estado estacionario, k^*, la función $k_{t+1} = g(k_t)$ está por encima de la recta de 45 grados y, en consecuencia, el capital per cápita aumenta hasta llegar al valor de equilibro estacionario. Del mismo modo se puede comprobar que si el capital per cápita inicial es mayor que k^*, la función $k_{t+1} = g(k_t)$ está por debajo de la recta de 45 grados y que el capital per cápita disminuye hasta llegar a k^*. Por lo tanto, hemos comprobado que el sistema dinámico descrito por la función (13.18) converge a k^* para todos los valores iniciales del capital per cápita. Lo que técnicamente es lo mismo que decir que el sistema dinámico descrito por la expresión (13.18) es globalmente estable.[9]

Ejercicio 13.22: Demuestre formalmente que la función definida por la expresión (13.18) está por encima de la recta de 45 grados en el intervalo $(0, k^*)$.

Ejercicio 13.23: Proponga un argumento informal que justifique intuitivamente que la inversión per cápita de equilibrio estacionario del modelo neoclásico es siempre positiva.

13.2.10 La política económica en el modelo neoclásico

Para evaluar las consecuencias de la política económica sobre el bienestar de los hogares, los economistas calculan sus efectos sobre el consumo per cápita, c^*, porque suponen que la inversión sólo afecta a los hogares indirectamente, en la medida en que les permite aumentar su consumo. Como hemos aprendido en el apartado anterior, el consumo cápita de equilibrio del modelo neoclásico se calcula sustituyendo el valor del capital per cápita de equilibrio en la siguiente expresión: $c^* = (1 - \sigma)A(k^*)^\alpha$. Concretamente el valor del consumo per cápita de equilibrio expresado en función de los parámetros del modelo neoclásico es el siguiente:

$$c^* = (1 - \sigma)A \left(\frac{\sigma A}{n + \delta} \right)^{\frac{\alpha}{1-\alpha}} \tag{13.20}$$

El progreso técnico en el modelo neoclásico

¿Cómo afecta el progreso técnico al consumo per cápita de equilibrio en el modelo neoclásico? En el modelo neoclásico el progreso técnico se representa mediante la variable A que mide la productividad global de los factores. Cuando A aumenta, la cantidad de producción que se obtiene a partir de

---

[9]Para demostrar formalmente que el sistema es globalmente estable, tenemos que demostrar que la función (13.18) es estrictamente cóncava y que el valor de su pendiente tiende a infinito cuando k tiende a cero.

unas cantidades determinadas de trabajo y capital aumenta en la misma proporción.

Ejercicio 13.24: Demuestre que en el modelo neoclásico los rendimientos medios del trabajo y del capital son directamente proporcionales a la productividad global de los factores, A.

Para estudiar los efectos del progreso técnico sobre el consumo per cápita de equilibrio, se utiliza la expresión (13.20) y se analiza lo que ocurre con c^* cuando aumenta A. Como α es mayor que cero y menor que uno, el exponente de la expresión (13.20), $\alpha/(1-\alpha)$, es siempre positivo y, en consecuencia, cuando A aumenta, el consumo per cápita de equilibrio también aumenta. Por lo tanto, en el modelo neoclásico llegamos a la conclusión de que el progreso técnico hace que el consumo per cápita de equilibrio aumente y permite a la economía escapar de la trampa de la pobreza del modelo maltusiano. Además, si el progreso técnico se produce de una forma continuada, el consumo per cápita también crecerá de una forma continuada. Este resultado nos permite contestar a la pregunta que nos planteábamos en la introducción a este tema: el crecimiento de la renta per cápita es sostenible siempre que los rendimientos a escala de la función de producción agregada sean constantes y que el progreso técnico se produzca de una forma continuada.

Ejercicio 13.25: Suponga que el Ministerio de Industria de la economía descrita en el Ejercicio 13.17 pone en marcha un programa de apoyo a las inversiones en investigación y desarrollo y que, como consecuencia de esa política económica, la productividad global de los factores, A, aumenta en un 10 %. (a) Calcule el equilibrio estacionario de este modelo, y (b) compare su respuesta con la del Ejercicio 13.20.

El ahorro en el modelo neoclásico

¿Qué ocurre en el modelo neoclásico si los hogares se vuelven más ahorradores? Para contestar a esta pregunta tenemos que estudiar lo que ocurre con el consumo per cápita de equilibrio cuando aumenta la tasa de ahorro, σ. La expresión (13.20) establece que c^* no es una función monótona de σ.

Si σ aumenta, el valor del segundo paréntesis de esa expresión aumenta, pero el valor del primer paréntesis disminuye.

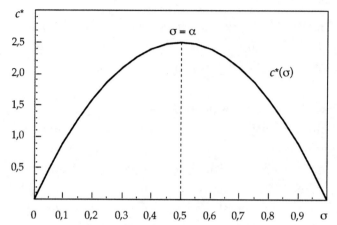

Gráfico 13.11: *La edad de oro en el modelo de crecimiento neoclási- co.*

Ejercicio 13.26: Considere la economía descrita en el Ejercicio 13.17. (a) Calcule el consumo per cápita de equilibrio, c^*, para los siguientes valores de la tasa de ahorro: $\sigma_1 = 0,3$, $\sigma_2 = 0,4$, $\sigma_3 = 0,5$, $\sigma_4 = 0,6$, $\sigma_5 = 0,7$, $\sigma_6 = 0,8$; (b) represente gráficamente c^* como función de σ, y (c) obtenga el valor de σ que maximiza c^*.

El Gráfico 13.11 representa el consumo per cápita de equilibrio de la economía descrita en el Ejercicio 13.17 como función de su tasa de ahorro y es la respuesta al Ejercicio 13.26. Según ese gráfico, la tasa de ahorro que maximiza c^* es $\sigma = 0,5$. Por lo tanto, ése es el valor de la tasa de ahorro que maximiza el bienestar de los hogares del modelo neoclásico y que permite a la economía alcanzar lo que técnicamente se conoce como su edad de oro. Con un poco más de trabajo se puede demostrar que el valor de la tasa de ahorro que maximiza el consumo per cápita de equilibrio es $\sigma = \alpha$. Por lo tanto, si en una economía neoclásica σ es menor que α, los aumentos de la tasa de ahorro de una cuantía razonable harán que el consu- mo per cápita de equilibrio aumente, pero si σ es mayor que α, ocurrirá lo contrario y los aumentos de la tasa de ahorro harán que el consumo per cápita de equilibrio disminuya.

Ejercicio 13.27: Santa Luisa y Santa Ana son dos economías pequeñas idénticas a la que se describe en el Ejercicio 13.17 con una única excepción: en Santa Luisa la tasa de ahorro es $\sigma_L = 0,3$ y en Santa Ana es $\sigma_A = 0,6$. Analice los efectos sobre el bienestar de sus hogares de una reforma fiscal que hace que la tasa de ahorro de las dos islas aumente en 0,1.

El control de la natalidad en el modelo neoclásico

¿Qué ocurre en el modelo neoclásico si la tasa de crecimiento de la población disminuye? En este caso la expresión (13.20) nos vuelve a dar una respuesta inequívoca: si la tasa de natalidad, n, disminuye, el capital per cápita de equilibrio aumenta y, en consecuencia, la renta per cápita, la inversión per cápita y el consumo per cápita de equilibrio también aumentan.

Ejercicio 13.28: Considere la economía descrita en el Ejercicio 13.17 y suponga que la ministra de sanidad pone en marcha una campaña de distribución gratuita y uso obligatorio de preservativos que reduce la tasa de crecimiento de la población a $n = 0,01$. (a) Calcule el nuevo equilibrio estacionario del modelo, y (b) compare su respuesta con la del Ejercicio 13.17.

Los impuestos y el gasto público en el modelo neoclásico

¿Qué prefieren los hogares del modelo neoclásico, vivir en un mundo en el que pueden disfrutar de las prestaciones del sector público y tienen que pagar impuestos para financiarlas, o vivir en un mundo en el que el sector público no interviene en la economía? Para contestar a esa pregunta, necesitamos un criterio de valoración que nos permita comparar las mercancías públicas y las mercancías privadas. Como resolver formalmente este problema escapa a las limitaciones técnicas que nos hemos impuesto en este libro, vamos a adoptar el Supuesto N9 que nos da un criterio de valoración muy sencillo de aplicar.

Supuesto N9: *Los hogares del modelo neoclásico valoran las mercancías privadas y las mercancías públicas por igual.*

Una vez que sabemos cómo medir las preferencias de los hogares, para contestar a la pregunta que nos hemos planteado al principio de este apartado, tenemos que decidir cuáles van a ser las prestaciones del sector público y qué clase de impuestos va a recaudar para financiarlas. Supongamos en primer lugar que el sector público recauda un impuesto proporcional sobre la renta, τ_y, y que dedica toda su recaudación a financiar la producción de mercancías públicas —parques nacionales, por ejemplo. Para cuantificar los efectos de este tipo de intervención, tenemos que calcular el equilibrio estacionario de un modelo con sector público como el que se describe en el sistema (13.14), sustituyendo las variables de política económica por sus valores correspondientes. En este caso los impuestos son $T_t = \tau_y Y_t$, el gasto público es $G_t = T_t$ y las transferencias son $Z_t = 0$.[10]

Sustituyendo estos valores de la política del sector público en el sistema (13.14) y simplificando las expresiones resultantes, se obtiene el siguiente sistema de ecuaciones:

$$\left.\begin{array}{rcl} Y_t & = & AK_t^\alpha N_t^{1-\alpha} \\ C_t & = & (1-\sigma)(1-\tau_y)Y_t \\ I_t & = & \sigma(1-\tau_y)Y_t \\ K_{t+1} & = & (1-\delta)K_t + I_t \\ N_{t+1} & = & (1+n)N_t \end{array}\right\} \tag{13.21}$$

que es la caracterización formal de un modelo neoclásico con un impuesto proporcional sobre la renta.

Para resolver este sistema, se utiliza el mismo método de solución que se ha descrito en el Apartado 13.2.9 y después de hacer todos los cálculos correspondientes se obtiene que:

$$\hat{k}^* = \left[\frac{A\sigma(1-\tau_y)}{n+\delta}\right]^{\frac{1}{1-\alpha}} \tag{13.22}$$

Del análisis de la ecuación (13.22) se concluye que, siempre que el tipo impositivo τ_y sea mayor que cero y menor que uno, el fondo de capital per cápita de equilibrio en un modelo neoclásico con un impuesto proporcional sobre la renta es menor que el que se obtiene en un modelo sin impuestos. Sin embargo, esta conclusión no nos dice si los hogares del modelo neoclásico prefieren vivir en una economía con mercancías públicas financiadas con un impuesto proporcional sobre la renta o en una economía en la que no

---

[10]Nótese que en este ejemplo la política del sector público es $\{G_t, T_t, Z_t\} = \{\tau_y Y_t, \tau_y Y_t, 0\}$.

intervenga el sector público. Para contestar a esa pregunta, tenemos que determinar si la suma del consumo per cápita de equilibrio y el gasto público per cápita en el modelo en el que interviene el sector público, $\hat{c}^* + \hat{g}^*$, es mayor o menor que el consumo per cápita de equilibrio en el modelo en el que no interviene el sector público, c^*.

En este caso, el gasto público per cápita de equilibrio es $\hat{g}^* = \tau_y \hat{y}^*$ y el consumo per cápita de equilibrio es $\hat{c}^* = (1-\sigma)(1-\tau_y)\hat{y}^*$, y la renta per cápita de equilibrio es $\hat{y}^* = A(\hat{k}^*)^\alpha$. Si se sustituye en esas expresiones el valor de la renta per cápita de equilibrio y se simplifica la expresión resultante, se obtiene que:

$$\hat{c}^* + \hat{g}^* = (1 - \sigma + \sigma\tau_y) A \left[\frac{A\sigma(1-\tau_y)}{n+\delta} \right]^{\frac{\alpha}{1-\alpha}} \tag{13.23}$$

Por último, tenemos que comparar $\hat{c}^* + \hat{g}^*$ con el valor de c^*, que se ha obtenido en la expresión (13.20). Concretamente, si se divide $\hat{c}^* + \hat{g}^*$ por c^*, se llega a la conclusión de que los hogares del modelo neoclásico preferirán vivir en un mundo con sector público si

$$(1 - \sigma + \sigma\tau_y)(1 - \tau_y)^{\frac{\alpha}{1-\alpha}} > (1 - \sigma), \tag{13.24}$$

y preferirán vivir en un mundo sin sector público si la desigualdad (13.24) tiene el signo contrario.

Ejercicio 13.29: Considere una economía neoclásica en la que $A = 1$, $\alpha = 0{,}3$, $\delta = 0{,}08$, $n = 0{,}02$ y $\sigma = 0{,}2$. Suponga que las preferencias de los hogares cumplen el Supuesto N9 y que a las elecciones generales se presentan dos partidos, el Partido Conservador y el Partido Socialista. El Partido Conservador propone que el sector público no intervenga en la economía y el Partido Socialista propone recaudar un impuesto proporcional sobre la renta del 40 % y dedicar toda la recaudación a financiar la sanidad y la educación públicas. (a) ¿Cuál de los dos partidos cree que ganará las elecciones? y (b) suponga ahora que $\alpha = 0{,}1$ y repita el ejercicio anterior.

Como ilustra el Ejercicio 13.29, en general el sentido de la desigualdad (13.24) no está determinado. Para unos valores de los A, α, δ, n, σ y

τ_y, los hogares del modelo neoclásico prefieren vivir en una economía en la que no intervenga el sector público, y para otros valores de esos parámetros prefieren vivir en un mundo en el que el sector público recaude un impuesto proporcional sobre la renta para financiar el gasto público. Por lo tanto, si trabajáramos en el servicio de estudios del Ministerio de Economía de una economía neoclásica y nos encargaran un informe que evaluara los efectos sobre el bienestar de los hogares de los impuestos sobre la renta, tendríamos que medir los valores de los parámetros del modelo antes de emitir una opinión.

El método que acabamos de describir puede utilizarse para evaluar otras medidas de política fiscal. Por ejemplo, el sector público puede financiar la producción de mercancías públicas con un impuesto de cuantía fija, con un impuesto proporcional sobre el consumo o con un impuesto proporcional sobre la inversión. También puede utilizar los impuestos para financiar las transferencias. En todos estos casos el método de solución del modelo es el mismo: se sustituyen los valores de la política económica que estemos considerando en el sistema de ecuaciones (13.14) y se resuelve el sistema resultante utilizando el método de solución que hemos descrito en el Apartado 13.2.9.

Ejercicio 13.30: Considere la economía descrita en el Ejercicio 13.29. Suponga que el Partido Conservador sigue proponiendo que el sector público no intervenga en la economía y que el Partido Socialista propone ahora financiar la sanidad y la educación públicas con un impuesto proporcional sobre el consumo del 40 %. (a) ¿Cuál de los dos partidos cree que ganará las elecciones?, y (b) ¿cómo cambiarían los resultados si el tipo impositivo propuesto hubiera sido del 10 %?

Ejercicio 13.31: Considere la economía descrita en el Ejercicio 13.29. Suponga que el gobierno quiere construir una red de parques nacionales cuyo coste de construcción y mantenimiento es 0,1 unidades anuales. El Servicio de Estudios del Ministerio de Economía está considerando las siguientes propuestas para financiar el gasto público de equilibrio: recaudar un impuesto de cuantía fija , τ; recaudar un impuesto proporcional sobre la renta, τ_y, o recaudar un impuesto proporcional sobre el consumo, τ_c. (a) Calcule la cuantía del impuesto de cuantía fija y los tipos impositivos a los que se debería gravar la renta y el consumo, y (b) ¿cuál de las tres medidas recomendaría?

Ejercicio 13.32: Considere la economía descrita en el Ejercicio 13.29. Suponga que el gobierno está planteándose establecer un sistema de pensiones de jubilación en forma de transferencias a los hogares y que el coste total del sistema es 0,7 unidades anuales. El Servicio de Estudios del Ministerio de Economía está considerando las siguientes propuestas para financiar el gasto público de equilibrio: recaudar un impuesto de cuantía fija , τ; recaudar un impuesto proporcional sobre la renta, τ_y, o recaudar un impuesto proporcional sobre el consumo, τ_c. (a) Calcule la cuantía del impuesto de cuantía fija y los tipos impositivos a los que se debería gravar la renta y el consumo, y (b) ¿cuál de las tres medidas recomendaría?

Tema 14

INTRODUCCIÓN A LA TEORÍA DE LOS CICLOS

AMOR 77: Y después de hacer todo lo que hacen, se levantan, se bañan, se entalcan, se perfuman, se peinan, se visten, y así progresivamente van volviendo a ser lo que no son.

Julio Cortázar – *Un tal Lucas*

Contenido

14.0 INTRODUCCIÓN

Los objetivos de este tema son analizar los efectos de los ciclos económicos sobre el bienestar de los hogares y determinar si la política económica puede contribuir a reducir la amplitud y la duración de las recesiones y, por lo tanto, a aumentar ese bienestar. Para alcanzar esos objetivos, vamos a modificar el modelo macroeconómico básico que hemos estudiado en el Tema 12 para adaptarlo al estudio de los ciclos económicos de una economía cerrada. La principal conclusión a la que vamos a llegar es que los efectos de la política económica dependen crucialmente de los supuestos que adoptemos acerca del funcionamiento de los mercados.

Si suponemos que los precios son flexibles y que los mercados se vacían, la política fiscal más expansiva —o sea, la que más favorece el aumento de la producción y la creación de empleo— es la disminución de los impuestos. Además, bajo estos supuestos, la política monetaria no afecta ni a la producción ni al empleo y, por lo tanto, decimos que es neutral. En cambio, si suponemos que el salario real y el nivel de precios son rígidos y, en consecuencia, que pueden producirse situaciones de exceso de oferta o de demanda duraderas, la política fiscal más expansiva es el aumento del gasto público, y la política monetaria deja de ser neutral y puede usarse para amortiguar los efectos de las recesiones.

Aunque parezca un contrasentido, para respetar las limitaciones técnicas que nos hemos impuesto en el Tema 0, el modelo de los ciclos que vamos a estudiar en este tema es un modelo estático y, por lo tanto, no se puede utilizar para simular el comportamiento cíclico de la economía. Además, el análisis que vamos a hacer de sus predicciones es cualitativo. En consecuencia, el modelo nos permite averiguar si una medida de política económica dará lugar, por ejemplo, a un aumento o a una disminución de la producción, pero no se puede utilizar para cuantificar esos cambios.

En los últimos veinte años se han desarrollado modelos técnicamente mucho más complejos que nos permiten superar estas limitaciones pero, desgraciadamente, esos modelos son demasiado complicados para estudiarlos en un curso de introducción. Sin embargo, el modelo que se estudia en este tema sigue siendo interesante porque muchos macroeconomistas aplicados todavía utilizan variantes de este modelo para hacer recomendaciones sobre las políticas económicas que se deben emplear en el mundo real.

14.1   UN MODELO DE LOS CICLOS

El modelo de los ciclos que vamos a describir en las páginas que siguen es una versión sencilla del modelo macroeconómico básico adaptada al estudio de los ciclos económicos. En este apartado se describen las mercancías y los sectores del modelo, y en los dos apartados siguientes se soluciona el modelo, primero suponiendo que los precios son flexibles y que los mercados se vacían —que son los supuestos del enfoque clásico— y, a continuación, suponiendo que el salario real y el nivel de precios son rígidos y que se pueden producir excesos de oferta o de demanda duraderos —que son los supuestos del enfoque keynesiano.

14.1.1   Las mercancías

Supuesto F0: *En el modelo de los ciclos hay cuatro mercancías: dos factores productivos, el trabajo, que vamos a llamar N y el capital, K; un producto, Y, y dinero, M.*

Como hemos aprendido en el Tema 9, los ciclos económicos afectan muy especialmente al mercado de trabajo. Una prueba de este hecho es que las fluctuaciones de la producción están muy correlacionadas con las fluctuaciones del empleo. Por lo tanto, en el modelo de los ciclos que se estudia en estas páginas, como casi todas las teorías de los ciclos económicos, se analiza explícitamente la decisión de asignación del tiempo. En el Tema 9 también hemos aprendido que en las economías del mundo real el capital cambia muy lentamente y que sus fluctuaciones apenas intervienen en la propagación de los ciclos económicos. En este tema nos aprovechamos de esta circunstancia y, aunque el fondo de capital sea uno de los factores productivos del modelo, suponemos que permanece constante a efectos de los ciclos y lo vamos a tratar como si fuera una de las variables exógenas del modelo.

El Supuesto F0 también establece que el capital y el trabajo se utilizan para producir una mercancía final única. Ya sabemos que este supuesto se utiliza con mucha frecuecia en macroeconomía y que se completa con el supuesto implícito de que la producción puede dedicarse indistintamente al consumo, C, a la inversión, I, o al gasto público, G, sin incurrir en coste alguno.

Por último, el Supuesto F0 establece que el modelo de los ciclos que se describe en estas páginas es una economía monetaria y, por lo tanto, el dinero fiduciario es otra de las mercancías del modelo. La función principal que desempeña el dinero en el modelo es servir como medio de pago y, por lo tanto, implícitamente se supone que las rentas factoriales se pagan en dinero y que la producción se compra con dinero.

14.1.2 El sector exterior

Supuesto F1: *El modelo de los ciclos es una economía cerrada.*

En esta primera aproximación al estudio de los ciclos se adopta el Supuesto F1 para no tener que considerar las complicaciones que introduce el sector exterior. Como ya se ha comentado en el Apartado 13.1.2 del Tema 13, este supuesto equivale a suponer que las exportaciones y las importaciones de la economía del modelo son siempre cero.

14.1.3 El sector público

Supuesto F2: *El sector público recauda un impuesto sobre la renta laboral, τ, compra mercancías públicas, G, y determina la oferta monetaria, M^s.*

El modelo de los ciclos supone que el principal objetivo de la política económica es reducir la duración y la amplitud de las recesiones. Este tipo de medidas reciben el nombre genérico de políticas de estabilización y, según cuáles sean las variables que se utilicen como instrumentos, se clasifican en políticas fiscales y políticas monetarias.

La política fiscal

Las medidas de política fiscal son los instrumentos que utiliza el sector público para obtener sus recursos —esencialmente los impuestos— y los empleos que se dan a esos recursos —esencialmente la compra de mercancías públicas, las transferencias y el pago de los intereses de la deuda pública—. Para no complicar excesivamente el análisis, el modelo de los ciclos considera únicamente dos medidas de política fiscal: los impuestos sobre la renta del trabajo y el gasto público. Concretamente el modelo supone que, cuando las autoridades económicas determinan que la economía se encuentra en una recesión, reducen los impuestos o aumentan el gasto público para favorecer el crecimiento de la producción y del empleo. Las políticas de este signo se llaman políticas expansivas. En cambio, cuando las autoridades económicas piensan que la tasa de crecimiento de la economía es excesiva adoptan medidas de signo contrario.

La política monetaria

Como hemos aprendido en el Apartado 7.8 del Tema 7, el principal objetivo de la política monetaria es favorecer el crecimiento de la producción y del empleo, pero manteniendo un crecimiento moderado del nivel de precios. Una de las variables instrumentales que se utilizan con este fin es la oferta monetaria que, como ya sabemos, mide la cantidad de medios de pago que hay en la economía. En la mayoría de los países del mundo real la autoridad económica encargada de control de la oferta monetaria es el Banco Emisor y el método más utilizado para modificar la oferta monetaria son las operaciones de mercado abierto, mediante las que el Banco Emisor compra o vende deuda pública. Por ejemplo, cuando el Banco Emisor quiere que la oferta monetaria aumente, compra deuda pública y la paga con efectivo. Esta operación, además de aumentar la oferta monetaria hace que el precio de la deuda aumente y que su tipo interés nominal disminuya. El modelo de los ciclos supone que el sector público determina la oferta monetaria pero no especifica cuáles son las variables instrumentales que utiliza para conseguirlo.

El déficit público

Para simplificar el análisis, el modelo de los ciclos no tiene en cuenta ni las consecuencias de la política fiscal sobre el déficit público ni sus aspectos dinámicos. Las políticas expansivas suelen dar lugar a aumentos en el déficit y en la deuda del sector público que pueden no ser sostenibles en el largo plazo. Y si una política fiscal no es sostenible, antes o después le seguirá otra política de signo contrario que reequilibre el presupuesto y reduzca la deuda del sector público. Los hogares de los modelos más complicados tienen en cuenta estos efectos. Sin embargo, para evitarse las complicaciones técnicas que plantean el análisis dinámico y la consideración explícita de las expectativas de los hogares, el modelo de los ciclos que se estudia en este tema no tiene en cuenta estos efectos.

Por lo tanto, en el modelo de los ciclos la política económica tiene tres componentes: el gasto público, los impuestos sobre la renta laboral y la oferta monetaria, es decir (G, τ, M^s).

Ejercicio 14.0: Irene no está muy convencida de que las políticas expansivas necesariamente causen aumentos del déficit público. ¿Qué tendría que ocurrir para que una reducción de los tipos impositivos o un aumento del gasto público resultara en una reducción del déficit público?

Ejercicio 14.1: Suponga que el gobierno está considerando adoptar las siguientes medidas: reducir al mismo tiempo los impuestos y el gasto público para no desequilibrar el presupuesto o reducir los impuestos sin cambiar el gasto público. (a) ¿Cuál de las dos medidas le parece más creíble? y (b) ¿cómo cambiarían sus decisiones de trabajo y ahorro en uno y otro caso?

14.1.4 Los hogares

Los hogares del modelo de los ciclos son una versión simplificada de los hogares que se describen en el Apartado 12.4 del Tema 12. En los apartados siguientes se estudia la evolución de la población, las relaciones de propiedad y las decisiones que toman los hogares de este modelo.

La evolución de la población

Supuesto F3: *La población permanece constante.*

En modelos explícitos técnicamente mucho más complejos que el que se estudia en estas páginas, se puede demostrar que el comportamiento cíclico de la economía es independiente de su comportamiento tendencial, es decir del crecimiento a largo plazo de sus series. Este resultado establece que los ciclos de una economía se pueden estudiar con independencia de su crecimiento. El Supuesto F3 utiliza este resultado y, para simplificar el análisis, establece que la población permanece constante.

Las relaciones de propiedad

Supuesto F4: *Los hogares son propietarios de todos los factores productivos.*

Para simplificar el análisis el modelo de los ciclos supone que la propiedad de los factores productivos corresponde exclusivamente a los hogares. Este supuesto coincide con el que se hacía en la introducción a la teoría del crecimiento y ya se ha comentado con detalle en el Apartado 12.4.1 del Tema 12.

El trabajo

Supuesto F5: *La decisión de trabajar, N^s, es una función creciente del salario real y una función decreciente de los impuestos sobre la renta del trabajo.*

El modelo de los ciclos supone que para decidir cuánto van a trabajar los hogares del modelo comparan los beneficios de trabajar con los costes asociados al trabajo y que trabajan cuando aquéllos son superiores a éstos. En lo que respecta a los beneficios del trabajo, el modelo de los ciclos supone que los hogares sólo tienen en cuenta el salario real y hace abstracción de otros beneficios asociados al trabajo, como el reconocimiento social o la satisfacción personal de trabajar. En lo que respecta a los costes del trabajo, se supone que los hogares tienen en cuenta el coste de oportunidad de su tiempo.

Una consecuencia de estos supuestos es que la función que describe la decisión de trabajar es una función creciente en el salario real. La razón que justifica este resultado es muy sencilla: cuando el salario real aumenta, la cantidad de mercancías que los hogares pueden comprar con su trabajo también aumenta y, por lo tanto, hay más personas que están dispuestas a trabajar. Cuando el salario real disminuye, ocurre lo contrario: los beneficios de trabajar disminuyen y hay menos personas dispuestas a trabajar.

Ejercicio 14.2: Suponga que Lucas lleva cinco años trabajando en una empresa de auditoría. Cobra 65.000€ brutos y paga un 25 % de impuestos. La empresa le ofrece mantenerle el contrato o hacerle socio. Si decide hacerse socio, sabe que va a cobrar 70.000€ brutos y que va a tener que pagar el 35 % de impuestos. ¿Cuál de las dos alternativas cree que elegirá? Justifique su respuesta.

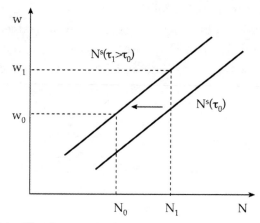

Gráfico 14.0: *El salario real, el impuesto sobre la renta y la decisión de trabajar.*

Otra de las variables que afectan a la decisión de trabajar y que se estudian explícitamente en el modelo de los ciclos es el impuesto sobre la renta laboral, τ. Para elegir entre las dos alternativas que le han propuesto en el Ejercicio 14.2, Lucas tiene que calcular su sueldo neto, es decir, su sueldo después de pagar los impuestos. Saber cuál es su sueldo bruto, es decir, su sueldo antes de pagar los impuestos, le sirve de muy poco porque una parte de ese sueldo —los impuestos— se la queda el sector público y Lucas no puede disponer de ella. Como los impuestos sobre la renta del trabajo hacen que los beneficios de trabajar disminuyan, la decisión de trabajar es una función decreciente de los impuestos sobre la renta del trabajo. El Gráfico 14.0 representa la función que describe la oferta de trabajo y pone de manifiesto que es una función creciente del salario real y que, cuando aumentan los impuestos, la función de oferta de trabajo se desplaza hacia la izquierda.

Además del salario real y de los impuestos sobre el trabajo, en la decisión de trabajar influyen otras variables que no se estudian explícitamente en este tema para no complicar el análisis. Por lo tanto, la función que representa la decisión de trabajar es la siguiente:

$$N^s = f(\overset{+}{w}, \overset{-}{\tau}) \qquad\qquad (14.0)$$

En la expresión (14.0) y en las restantes expresiones de este tema el signo "+" encima de una variable indica que la función es creciente en la variable, y el signo "−" indica que la función es decreciente.

Ejercicio 14.3: Irene no está muy convencida de que la pendiente de la función que describe la decisión de trabajar sea siempre positiva. Le parece más razonable pensar que las personas que ganan mucho dinero trabajan menos horas que las que ganan menos. (a) Formalice la intuición de Irene y (b) justifique que la pendiente de la función que describe la decisión de trabajar agregada sea positiva, aunque las pendientes de las funciones individuales puedan ser negativas en algunos de sus tramos.

Ejercicio 14.4: Como la oferta de trabajo depende de los impuestos y como el gasto público se financia con impuestos, Lucas piensa que, el gasto público también se debería incluir en la función que describe la decisión de trabajar. Construya un argumento en favor o en contra de esta idea de Lucas.

La asignación de la renta

Supuesto F6: *El consumo agregado, C, es una función decreciente del tipo de interés real, r, y una función creciente de la renta, Y, y de la renta esperada, Y^e.*

Como el tiempo no se puede guardar ni acumular, la decisión de trabajar o de no hacerlo es una decisión que no tiene una dimensión temporal propiamente dicha. En cambio, la asignación de la renta es una decisión que obliga a los hogares a comparar el presente con el futuro y, por lo tanto, es una decisión intertemporal. Al elegir entre consumir y ahorrar, los hogares deciden qué parte de su renta se gastan en el presente y qué parte de su renta guardan para podérsela gastar en el futuro.

Para llegar a esa decisión los hogares comparan los beneficios del consumo —o sea, la satisfacción que les proporciona el consumo— con el coste de oportunidad del consumo —o sea, con la satisfacción que les va a proporcionar consumir en el futuro—. En esta decisión el tipo de interés real, r, juega un papel fundamental porque determina la cantidad de mercancías que los hogares van a recibir en el futuro a cambio de renunciar a consumir en el presente. Dicho con otras palabras, si un hogar decide consumir las mercancías que se pueden comprar con una unidad de renta en el presente, renuncia a consumir las mercancías que se pueden comprar con r unidades de renta en el futuro. Por lo tanto, el tipo de interés real mide el coste de oportunidad del consumo presente en términos del consumo futuro.

Ejercicio 14.5: Si el coste de oportunidad del consumo es el tipo de interés real, ¿qué relación cree que hay entre el consumo agregado y el nivel de precios?

Los precios de las mercancías juegan un papel muy importante en la decisión de qué mercancías comprar. Por ejemplo, los precios son esenciales cuando tenemos que elegir entre dos marcas de pantalones vaqueros, o entre ir al cine y quedarnos en casa a ver la televisión. Sin embargo, los precios ño afectan a la asignación de la renta entre el ahorro y el consumo porque no ños dicen cuál es el precio del consumo presente en términos del consumo futuro. Para decidir cuánto consumir y cuánto ahorrar los hogares tienen en cuenta el tipo de interés real, mientras que el nivel de precios es la variable que determina cuánto dinero tienen que pagar por su consumo.

Una vez que nos hemos convencido de que el tipo de interés real es la variable que mide el coste de oportunidad del consumo, concluir que el consumo es una función decreciente del tipo de interés real es casi inmediato. Cuanto mayor sea el tipo de interés real, consumir en el presente nos obliga a renunciar a una cantidad mayor de consumo en el futuro. Por lo tanto, cuanto mayor sea el tipo de interés real, los hogares consumirán menos y ahorrarán más y, en consecuencia, el modelo de los ciclos supone que el consumo es una función decreciente del tipo de interés real.

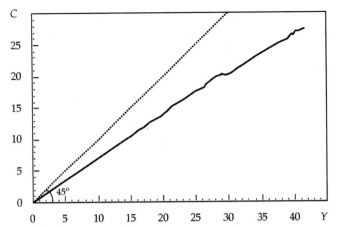

Gráfico 14.1: *El consumo y la renta de la economía española en billones de pesetas de 1986.*

Otras variables que afectan a la decisión de consumir son la renta presente, que, como hemos aprendido en el Apartado 12.8 del Tema 12, coincide con el valor de la producción final, y la renta esperada.[1] Como ilustra el Gráfico 14.1, en la economía española hay una correlación positiva muy evidente entre el consumo y la renta. En lo que respecta al modelo, se supone que el consumo es una función creciente de la renta de los hogares porque cuando esta variable aumenta, los hogares pueden aumentar su consumo y su ahorro al mismo tiempo. Concretamente, si la recaudación impositiva no cambia, ocurre que $\Delta Y = \Delta C + \Delta A_H$, y los hogares pueden dedicar una parte de los incrementos en su renta a aumentar el consumo y el resto a aumentar el ahorro.[2]

El consumo de los hogares también es una función creciente de su renta esperada, Y^e. Si los hogares creen que su renta va a aumentar en el futuro, tendrán menos razones para ahorrar y aumentarán su consumo. Por el contrario, si los hogares creen que su renta va a disminuir en el futuro, reducirán su consumo presente y aumentarán su ahorro para no tener que

[1]En realidad la variable que afecta al consumo es la renta disponible, $Y - T$. Pero como el análisis que se hace en este tema es cualitativo y como no tiene en cuenta los efectos de la política fiscal sobre el déficit público, suponemos que al cambiar el tipo impositivo sobre la renta del trabajo, τ, la recaudación, T, permanece constante y, en consecuencia, podemos estudiar la decisión de consumir como función de la renta.

[2]Para que esto ocurra hace falta que tanto el consumo presente como el consumo futuro sean mercancías normales, lo que parece muy razonable.

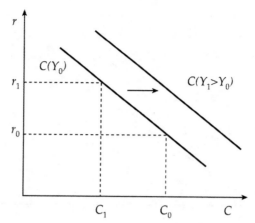

Gráfico 14.2: *El consumo, el tipo de interés real, y la renta en el modelo de los ciclos.*

reducir tanto su consumo en el futuro. Por lo tanto, el modelo de los ciclos supone que el consumo de los hogares es una función creciente de su renta esperada.

Además del tipo de interés real, de la renta presente, y de la renta esperada, en la decisión de consumir influyen otras variables que no se analizan explícitamente en este tema. Por lo tanto, la función que representa la decisión de consumir en el modelo de los ciclos es la siguiente:

$$C = f(\overset{-}{r}, \overset{+}{Y}, \overset{+}{Y^e}) \tag{14.1}$$

Ejercicio 14.6: Obtenga la función de ahorro de los hogares y analice la dependencia entre el tipo de interés real, la renta, la renta esperada y el ahorro.

La inversión

Supuesto F7: *La inversión es una función decreciente del tipo de interés real y una función creciente de la productividad marginal del capital esperada, $PMgK^e$.*

El modelo de los ciclos supone que todo el ahorro de los hogares se dedica a comprar mercancías de inversión y el Supuesto F7 describe las variables que intervienen en la decisión de invertir. Cuando un hogar o una empresa se plantea financiar un proyecto de inversión compara los beneficios esperados del proyecto con el coste de financiarlo. Como los gastos de inversión se dedican a comprar mercancías de capital, una manera razonablemente aproximada de medir la rentabilidad de esos gastos es medir la productividad marginal esperada del capital. Cuanto mayor sea la productividad marginal del capital esperada, los proyectos de inversión serán más rentables, y habrá más inversores dispuestos a financiarlos. Por lo tanto, el modelo de los ciclos supone que la inversión es una función creciente de la productividad marginal del capital esperada.

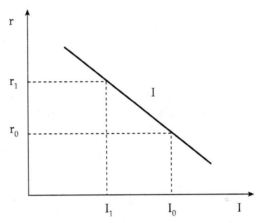

Gráfico 14.3: *La inversión y el tipo de interés real en el modelo de los ciclos.*

Si un hogar o una empresa decide financiar un proyecto de inversión, sabe que no va a poder dedicar a otros usos los fondos necesarios para costear ese proyecto. Si el inversor dispone de esos fondos, el coste de oportunidad en el que incurre al financiar el proyecto de inversión es el tipo de interés real que hubiera obtenido dedicando esos fondos al más rentable de sus usos alternativos. Si el hogar no dispone de esos fondos, tendrá que pedirlos prestados, y el tipo de interés real es el precio que tiene que pagar por el préstamo. Por lo tanto, el tipo de interés real mide el coste, directo o de oportunidad, de los proyectos de inversión y, cuanto mayor sea el tipo de interés real, menor será la rentabilidad de esos proyectos y habrá menos inversores que estén dispuestos a financiarlos. Por lo tanto, el modelo de los ciclos supone que la inversión es una función decreciente del tipo de interés real.

Además de la productividad marginal del capital esperada y del tipo de interés real, los inversores tienen en cuenta otras variables que afectan a la rentabilidad esperada o al coste de los proyectos de inversión y queño se analizan explícitamente en este tema. Por lo tanto, la función que representa la decisión de invertir en el modelo de los ciclos es la siguiente:

$$I = f(\overset{-}{r}, PM\overset{+}{g}K^e) \tag{14.2}$$

La demanda de dinero

Supuesto F8: *La demanda de dinero es una función creciente de la renta agregada y del nivel de precios, P, y una función decreciente del tipo de interés real y de la tasa de inflación esperada, π^e.*

El modelo de los ciclos supone que todos los pagos de la economía se hacen en dinero. Las empresas pagan las rentas factoriales en dinero, y los hogares, las empresas y el sector público compran la producción final con dinero. Por lo tanto, la cantidad de dinero que se demanda en el modelo depende sobre todo de dos variables: del valor monetario de la producción, que se obtiene al multiplicar la renta real por el nivel de precios, y de la rentabilidad relativa del dinero y de los restantes activos de la economía.

El nivel de precios, P, es el precio de la producción agregada.

Abusando un poco del lenguaje podemos decir que P cuantifica las unidades monetarias que habría que pagar a cambio de una unidad de producción. Otra forma de interpretar el significado del nivel de precios es la que nos propone el Ejercicio 14.7.

Ejercicio 14.7: Suponga que una unidad de una mercancía determinada cuesta P€. ¿Cuántas unidades de esa mercancía habría que entregar a cambio de 1€?

La respuesta a la pregunta que nos plantea el Ejercicio 14.7 es que a cambio de 1€ nos darían $1/P$ unidades de la mercancía. En términos agregados ocurre algo parecido: si a cambio de una unidad de producción final tenemos que pagar P€, el precio de 1€ será $1/P$ unidades de producción final. O lo que es lo mismo, si P es el nivel de precios, $1/P$ es el precio del dinero.

Ejercicio 14.8: Todos los meses Irene les pide a sus padres 20€ para trans-porte y 45€ para comer en la universidad. Suponga que los precios de esas dos mercancías aumentan en un 5 % ¿Cuánto dinero tendrá que pedir ahora Irene?

Como la principal función del dinero es servir de medio de pago, cuando los precios suben, la demanda de dinero aumenta. Si el precio de la cesta de consumo de Irene aumenta, y si Irene quiere consumir lo mismo que antes, su demanda de dinero tiene que aumentar. Por lo tanto, el modelo de los ciclos supone que la función que describe la demanda de dinero, que vamos a llamar M^d, es una función creciente en el nivel de precios. Si la función M^d es creciente en P, lógicamente será decreciente en $1/P$. El Gráfico 14.4 ilustra esta propiedad. Este resultado es muy razonable, si consideramos que $1/P$ es el precio del dinero. Bajo esta interpretación, suponer que la función M^d es decreciente en $1/P$ equivale a suponer que el dinero cumple el principio de la demanda, o sea que se demanda más dinero cuanto menor es su precio.

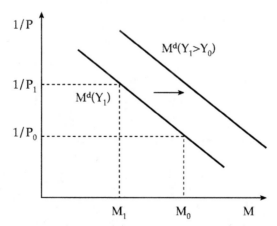

Gráfico 14.4: *La demanda de dinero, el nivel de precios y la renta en el modelo de los ciclos.*

Otra consecuencia de suponer que la principal función del dinero es servir de medio de pago es que la demanda de dinero es una función creciente de la renta. Hay dos razones que justifican esta conclusión. En primer lugar, el gasto de los hogares aumenta con su renta y, en consecuencia, su demanda de dinero también aumenta. Además, como hemos supuesto que las rentas factoriales se pagan en dinero, cuando aumenta la producción, o sea la renta, la demanda de medios de pago por parte de las empresas también aumenta.

Además de ser un medio de pago, el dinero es un depósito de valor y, como tal, compite con los restantes depósitos de valor de la economía. En el Apartado 12.4.5 del Tema 12 hemos aprendido que las principales variables que influyen en las decisiones de cartera son la rentabilidad, el riesgo y la liquidez de los activos. Como el dinero es completamente líquido, para completar nuestra descripción de la demanda de dinero vamos a estudiar cómo afectan a la demanda de dinero su rentabilidad y su riesgo que, como vamos a demostrar a continuación, dependen fundamentalmente de la inflación esperada.

Ejercicio 14.9: ¿Cuál cree que es la rentabilidad nominal del efectivo? ¿Y la de los depósitos a la vista?

La rentabilidad nominal del efectivo es siempre cero: un billete de 10€ siempre vale 10€. En condiciones normales ni se vende por menos, ni paga a su propietario ningún tipo de interés. En lo que respecta a los depósitos a la vista, su rentabilidad nominal es muy pequeña. Si tenemos en cuenta las comisiones que los bancos y las cajas de ahorro cobran por sus servicios, en muchos casos los costes de mantener una cuenta corriente son positivos y, en consecuencia, la rentabilidad nominal de los depósitos a la vista es negativa. Por lo tanto, para simplificar el análisis, el modelo de los ciclos supone que la rentabilidad nominal del dinero es cero.

Ejercicio 14.10: Suponga que un conocido de un conocido le intenta vender una partida de billetes falsos, pero tan bien imitados que son muy difíciles de detectar. (a) ¿Cuánto pagaría por ellos? y (b) proponga un argumento económico que justifique su respuesta.

Ejercicio 14.11: ¿Cuál cree que es la rentabilidad real del efectivo? ¿Y la de los depósitos a la vista?

En el Apartado 11.4 del Tema 11 hemos aprendido que la rentabilidad real de un activo es aproximadamente igual a la diferencia entre su rentabilidad nominal y la tasa de inflación.[3] Como hemos supuesto que el tipo de interés nominal del dinero, i_m, es cero, su tipo de interés real, r_m, es aproximadamente igual a la tasa de inflación esperada con signo negativo. Formalmente, $r_m \simeq i_m - \pi^e = 0 - \pi^e = -\pi^e$.[4] Por lo tanto, cuanto mayor sea la tasa de inflación esperada, menor será la rentabilidad real del dinero y, en consecuencia, su demanda también será menor. Dicho con otras palabras, este resultado nos lleva a suponer que la demanda de dinero es una función decreciente de la inflación esperada.

Ejercicio 14.12: ¿En qué costes cree que incurre un hogar que decide mantener su ahorro en forma de dinero?

La utilidad del dinero como medio de pago y su rendimiento real son los beneficios de invertir en activos financieros. Para decidir cuánto dinero van a demandar además de considerar la rentabilidad de los activos monetarios, los hogares tienen en cuenta sus costes y, más concretamente su coste de oportunidad. El coste para un hogar de ahorrar en forma de dinero es la rentabilidad real a la que renuncia por no haber invertido en otro tipo de activos. Como la rentabilidad real de los activos del modelo de los ciclos se mide por el tipo de interés real, r, esta variable determina el coste de oportunidad del dinero. Y como r mide el coste de oportunidad del dinero, cuanto mayor sea r, menor será la demanda de dinero. Por lo tanto, el modelo de los ciclos supone que la demanda de dinero es una función decreciente del tipo de interés real de la economía.

En resumen, como establece el Supuesto F8, la función de demanda de dinero en el modelo de los ciclos es la siguiente:

$$M^d = f(\overset{+}{P}, \overset{-}{r}, \overset{+}{Y}, \overset{-}{\pi^e}) \tag{14.3}$$

[3]En el Apartado 11.4 se demuestra que la relación entre el tipo de interés real r, el tipo de interés nominal, i, y la tasa de inflación esperada, π^e, se describe en la ecuación de Fisher que es la siguiente: $(1+i) = (1+r)(1+\pi^e)$. Esta expresión es aproximadamente igual a: $i \simeq r + \pi^e$.

[4]Por lo tanto, en las economías inflacionarias la rentabilidad real del dinero es siempre negativa, y en las economías deflacionarias es siempre positiva.

14.1.5   Las empresas

Como ocurría en el modelo macroeconómico básico, el modelo de los ciclos supone que las decisiones de producción y de empleo corren a cargo de las empresas del modelo. En los apartados siguientes se describen esas dos decisiones.

La producción

Supuesto F9: *La función de producción agregada del modelo de los ciclos es una función de producción neoclásica.*

Las propiedades de la función de producción neoclásica se han descrito con detalle en el Apartado 2.6 del Tema 2 y son las siguientes: la producción es creciente en el capital y en el trabajo; las productividades marginales del capital y del trabajo son decrecientes, y los rendimientos a escala son constantes. Por lo tanto, la expresión formal del Supuesto F9 es la siguiente:

$$Y = f(z, K, N) \tag{14.4}$$

En esa expresión la variable z denota la productividad global de los factores y mide el número de unidades de producción que se pueden obtener a partir de unas cantidades determinadas de capital y de trabajo. El modelo de los ciclos supone que las fluctuaciones de z son la causa que origina los ciclos económicos. Cuando z aumenta, el capital y el trabajo se vuelven más productivos y la economía entra en una fase expansiva y cuando z disminuye, el capital y el trabajo se vuelven menos productivos y se produce una recesión.

El empleo

Supuesto F10: *El número de horas de trabajo demandadas es una función creciente de la productividad marginal del trabajo, PMgN, y de la productividad global de los factores, z, y una función decreciente del salario real, w.*

En el Apartado 12.5 del Tema 12 hemos aprendido que el objetivo de las empresas es maximizar sus beneficios. Para conseguirlo, igualan la rentabilidad marginal y el coste marginal de los factores productivos que contratan. La rentabilidad marginal del empleo es su productividad marginal que depende de las características individuales de los trabajadores y de la productividad global de los factores. Cuanto más productivo sea el trabajo y cuanto mayor sea la productividad global de los factores, a las empresas les resulta más rentable aumentar sus plantillas y su producción. Este razonamiento lleva al modelo de los ciclos a suponer que la demanda de trabajo es una función creciente de la productividad marginal del trabajo y de la productividad global de los factores.

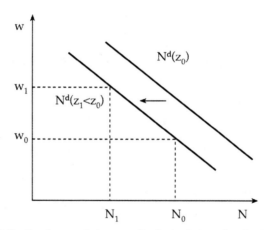

Gráfico 14.5: *La demanda agregada de trabajo, el salario real, y la productividad global de los factores en el modelo de los ciclos.*

En lo que respecta a los costes del empleo, la partida más importante de los costes laborales son los salarios. Para unos valores dados de la productividad marginal del trabajo y de la productividad global de los factores, cuanto mayores sean los salarios reales, mayores serán los costes laborales y, en consecuencia, las empresas demandarán menos trabajo. Por lo tanto, el modelo de los ciclos supone que la demanda de trabajo es una función decreciente del salario real.[5]

---

[5]Nótese que este supuesto equivale a suponer que el trabajo cumple el principio de la demanda.

Las empresas también tienen en cuenta otras variables cuando se plantean la decisión de empleo. Entre esas variables destacan las cotizaciones sociales, los costes de contratación y de despido, los salarios mínimos y, en general, toda la regulación del mercado de trabajo. Para no complicar excesivamente el análisis, el modelo de los ciclos no considera explícitamente estas variables y supone que la función de demanda de trabajo es la siguiente:

$$N^d = f(\bar{w}, P\overset{+}{M}gN, \overset{+}{z}) \tag{14.5}$$

14.2 EL ANÁLISIS CLÁSICO DE LOS CICLOS

La idea en torno a la que se organiza el pensamiento clásico es que el funcionamiento libre de los mercados es eficiente. En consecuencia, los economistas clásicos piensan que el sector público debe intervenir lo menos posible en la economía. Entre los investigadores en activo que abogan por estos principios, destacan Robert Lucas de la Universidad de Chicago y Edward Prescott de la Universidad de Minnesota.

Los economistas clásicos piensan que si las personas son racionales y actúan siguiendo su propio interés, si no hay limitaciones ni en la contratación ni en el intercambio y si la intervención del sector público se limita a definir los derechos de propiedad y a garantizar el cumplimiento de los contratos, entonces existen unos precios y unas asignaciones de equilibrio, que permiten a todas las personas cumplir con sus objetivos y que hacen que se vacíen todos los mercados.[6]

Dicho con otras palabras, si se dan las condiciones que hemos mencionado anteriormente, los mercados generan por sí solos unos precios que hacen que las cantidades que los vendedores están dispuestos a vender coincidan con las cantidades que los compradores están dispuestos a comprar y que agotan los beneficios del intercambio. Además, el análisis clásico demuestra que las asignaciones de equilibrio que resultan del funcionamiento libre de los mercados no permiten aumentar el bienestar de ningún hogar sin tener que reducir el bienestar de otro. Por lo tanto los economistas

---

[6]Nótese que este planteamiento sólo se cumple si en la economía no hay ni impuestos distorsionantes, ni mercancías públicas.

clásicos insisten en que las asignaciones de equilibrio que genera el mercado son "eficientes"desde un punto de vista social. Una consecuencia de este resultado es que el sector público no puede mejorar el bienestar de todos los hogares al mismo tiempo.[7]

Ejercicio 14.13: Irene piensa que el paro es una prueba contundente de que los mercados no son tan eficientes como dicen los economistas clásicos. Lucas piensa que si se siguieran las recomendaciones de los economistas clásicos y se desregulara el mercado de trabajo, habría menos paro y entonces los supuestos de los economistas clásicos estarían más cerca de cumplirse. Comente estas dos opiniones.

En los apartados siguientes se analizan los ciclos económicos del modelo que se ha descrito en el Apartado 14.1 a partir de los supuestos clásicos de que los precios son flexibles y que los mercados se vacían y se estudian las posibilidades de actuación de la política económica bajo estos supuestos.

14.2.1 La solución clásica del modelo

El sistema de ecuaciones que caracteriza el comportamiento de los hogares y de las empresas del modelo que se ha descrito en las páginas precedentes es el siguiente:

$$\left.\begin{array}{rcl} N^s & = & f(w, \tau) \\ N^d & = & f(w, PMgN, z) \\ Y & = & f(K, N, z) \\ C & = & f(r, Y, Y^e) \\ I & = & f(r, PMgK^e) \\ M^d & = & f(P, Y, r, \pi^e) \end{array}\right\} \tag{14.6}$$

El modelo se completa con la especificación de la política económica, o sea, del gasto público, del impuesto sobre la renta del trabajo y de la oferta monetaria, (G, τ, M^s).

---

[7]En 1954, G. Debreu, un economista de origen francés que ha pasado la mayor parte de su vida profesional en la Universidad de Berkely y que fue galardonado con el premio Nobel de Economía en 1991, demostró que este razonamiento de los economistas clásicos es formalmente correcto.

En total, el modelo tiene diecisiete variables, de las cuales nueve son exógenas y ocho son endógenas. Las variables exógenas son de tres tipos: variables de política económica, (G, τ, M^s), variables tecnológicas, $(K, PMgN, z)$, y variables esperadas, $(PMgK^e, Y^e, \pi^e)$. Las variables de política económica son las que el sector público utiliza para intervenir en la economía, las variables tecnológicas describen algún aspecto de los procesos de transformación de los factores productivos en productos y las variables esperadas modelizan las expectativas de los hogares sobre aspectos concretos de la evolución futura de la economía. En la versión clásica del modelo de los ciclos las variables endógenas son el empleo, la producción y el dinero, (N, Y, M), y sus respectivos precios: el salario real, el tipo de interés real y el precio del dinero, $(w, r, 1/P)$. El consumo, C, y la inversión, I, también se consideran variables endógenas porque sus valores dependen únicamente de las variables exógenas y de las seis variables endógenas básicas.

Ejercicio 14.14: Irene ha intentado simular el modelo clásico y no ha podido. ¿Se le ocurre alguna forma de ayudarle?

En este caso, ayudar a Irene es una tarea poco menos que imposible. Si comparamos el sistema (14.6) con los sistemas que describen el modelo de crecimiento maltusiano o el modelo de crecimiento neoclásico nos damos cuenta de que en las ecuaciones del sistema (14.6) los subíndices t o $t+1$ no aparecen por ningún sitio. Esto se debe a que, por paradójico que parezca, el modelo de los ciclos es estático y, por lo tanto, no incluye la variable tiempo. Los modelos estáticos se pueden resolver pero no se pueden simular.[8]

Para resolver el modelo siguiendo los principios del análisis clásico suponemos que los precios fluctúan libremente hasta vaciar los mercados correspondientes. Este supuesto nos da las condiciones de equilibrio que se necesitan para resolver el modelo y que son las siguientes:

$$N^d(w) = N^s(w) \tag{14.7}$$

[8]El modelo de los ciclos que se estudia en este tema es un modelo estático porque los modelos dinámicos que se utilizan para estudiar los ciclos económicos son demasiado complejos para un curso de introducción. Como vamos a ver en las páginas que siguen, esta primera aproximación estática al análisis de los ciclos nos va a permitir estudiar consecuencias agregadas de los ciclos y evaluar cualitativamente las consecuencias de algunas políticas de estabilización.

$$C(r) + I(r) + G = Y \tag{14.8}$$

$$M^d(P) = M^s \tag{14.9}$$

La expresión (14.7) es la condición de equilibrio del mercado de trabajo. Esa expresión establece que en equilibrio la cantidad demandada de trabajo debe ser igual a la cantidad ofrecida y, como ilustra el Gráfico 14.6, nos permite calcular el salario de equilibrio, w^*, y el empleo del equilibrio, N^*.

La expresión (14.8) es la condición de equilibrio en el mercado de la producción. En las economías cerradas, la demanda de producción final es la suma de las demandas de mercancías de consumo, de inversión y de gasto público y la oferta es la producción final de las empresas de la economía. En los apartados anteriores hemos aprendido que el consumo y la inversión son funciones decrecientes en el tipo de interés real, r, y que el gasto público es una variable exógena al modelo y, en consecuencia, se supone que es independiente de r. Por lo tanto, como ilustra el Gráfico 14.7, la demanda de productos es una función decreciente del tipo de interés real. En lo que respecta a la oferta de productos, una vez que hemos calculado el empleo de equilibrio, N^*, la producción de equilibrio se obtiene directamente de la función de producción agregada, $Y^* = f(K, N^*, z)$, porque la productividad global de los factores y el capital son variables exógenas al modelo. Por lo tanto, como ilustra el Gráfico 14.7, la oferta de mercancías es independiente del tipo de interés real. La condición de equilibrio del mercado de productos nos permite determinar el tipo de interés real de equilibrio, r^*, e, indirectamente, el consumo de equilibrio, C^*, y la inversión de equilibrio, I^*.

Por último, la expresión (14.9), es la condición de equilibrio del mercado de dinero. Ya sabemos que la demanda de dinero es una función decreciente de su precio y que la oferta de dinero es una variable política económica y, por lo tanto, es exógena al modelo y es independiente delñivel de precios. Como ilustra el Gráfico 14.8, la condición de equilibrio del mercado de dinero nos permite determinar el nivel de precios de equilibrio, P^*, y la cantidad de dinero de equilibrio, M^*.

Ejercicio 14.15: Lucas no está muy seguro de si los tres mercados de la economía clásica se vacían al mismo tiempo, o secuencialmente. Intente resolver la duda de Lucas.

La duda que plantea Lucas en el Ejercicio 14.15 es importante. Para contestarla basta con que recordemos que el modelo clásico de los ciclos es un modelo estático, y que en los modelos estáticos el antes y el después no tienen cabida. El modelo clásico de los ciclos se caracteriza mediante un sistema de ecuaciones que se resuelven simultáneamente. Usando un lenguaje un poco más riguroso, la definición del equilibrio del modelo clásico de los ciclos es la siguiente:

Definición 14.0: Equilibrio del modelo clásico de los ciclos. Dada una especificación de la política económica, (G, τ, M^s), y unos valores para las variables exógenas del modelo, $(K, PMgK^e, PMgN, Y^e, \pi^e, z)$, un equilibrio del modelo clásico de los ciclos es un conjunto de valores para el consumo, la inversión, el empleo, la producción y el dinero, $(C^*, I^*, N^*, Y^*, M^*)$, y un conjunto de valores para el salario real, el tipo de interés real y el nivel de precios, (w^*, r^*, P^*), que se satisfacen todas las ecuaciones que describen la economía y se vacían todos los mercados.[9]

14.2.2 Las recesiones en el modelo clásico

Las causas que originan las recesiones en las economías del mundo real pueden ser de muchos tipos: causas naturales como una sequía prolongada o una temporada de lluvias torrenciales, causas políticas como un gobierno inestable o unos sindicatos demasiado combativos, causas tecnológicas como innovaciones técnicas que mejoren la productividad de los factores o causas internacionales como una subida inesperada de los precios del petróleo. En el modelo clásico de los ciclos vamos a ocuparnos únicamente de las recesiones que pueden traducirse en cambios en la productividad global de los factores, z. Por lo tanto, para analizar los efectos de una recesión en el modelo, vamos a estudiar cómo cambia su solución cuando disminuye z. Con este fin, vamos a resolver dos veces el sistema de ecuaciones que caracteriza al modelo, una para cada uno de los dos valores de z, y vamos a comparar las dos soluciones. Como las ecuaciones que describen el modelo son cualitativas, vamos a resolver el sistema utilizando el método gráfico.

El método gráfico impone unas limitaciones técnicas adicionales que

---

[9]Formalmente los valores de equilibrio tienen que cumplir todas las expresiones del sistema (14.6), y las expresiones (14.7), (14.8) y (14.9).

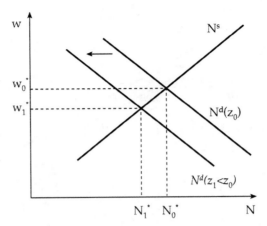

Gráfico 14.6: *Las recesiones en el modelo clásico de los ciclos: el mercado de trabajo.*

no tienen nada que ver con las características del modelo y nos obliga a considerar los tres mercados de la economía secuencialmente, a pesar de que, como ya se ha comentado anteriormente, todas las ecuaciones del sistema se resuelven simultáneamente. La estructura del sistema (14.6) aconseja empezar por el mercado de trabajo. Como ilustra el Gráfico 14.6, cuando z disminuye, el trabajo se vuelve menos productivo, la función de demanda de trabajo se desplaza hacia la izquierda, y el salario y el empleo de equilibrio disminuyen.

El siguiente mercado que se analiza es el mercado de la producción. Si solamente tenemos en cuenta la productividad global de los factores y las variables endógenas del modelo, la expresión (14.8) que describe el equilibrio del mercado de producción, se transforma en la siguiente expresión:

$$C(r, Y) + I(r) + G = Y = f(z, N) \tag{14.10}$$

Como ponen de manifiesto la expresión (14.10) y el Gráfico 14.7, las recesiones afectan a la oferta y a la demanda de productos al mismo tiempo. En lo que respecta a la oferta de productos, las disminuciones de la productividad global de los factores y del empleo de equilibrio hacen que la producción agregada disminuya. En lo que respecta a la demanda de productos, la disminución de la renta hace que la función de consumo y, por lo tanto, la función de gasto se desplacen hacia la izquierda.

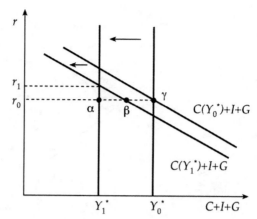

Gráfico 14.7: *Las recesiones en el modelo clásico de los ciclos: el mercado de productos.*

Ejercicio 14.16: Lucas se ha dado cuenta de que si la producción disminuye y la función de gasto se desplaza hacia la izquierda, el nuevo tipo de interés real de equilibrio, r_1^*, puede ser mayor o menor que el tipo de interés real de equilibrio inicial, r_0^*. Ayude a Lucas a resolver esta indeterminación.

Una forma de resolver la indeterminación a la que alude Lucas en el Ejercicio 14.16 es la siguiente: como los hogares prefieren suavizar el perfil temporal de sus flujos de consumo, si el tipo de interés real de equilibrio hubiera seguido siendo r_0^*, la cuantía de la disminución del consumo, habría sido menor que la cuantía de la disminución de la renta. Este resultado se debe a que los hogares responden a una disminución de su renta dismi- nuyendo tanto el consumo como el ahorro.[10] El Gráfico 14.7 ilustra este resultado: la disminución del consumo, $\beta\gamma$, es menor que la disminución de la renta, $\alpha\gamma$. Una consecuencia de este resultado es que el nuevo tipo de interés real de equilibrio, r_1^*, tiene que ser mayor que el tipo de interés real de equilibrio anterior a la recesión, r_0^*. Además, como el consumo y la in- versión son funciones decrecientes del tipo de interés real de equilibrio, el aumento de esta variable hace que el consumo y la inversión de equilibrio disminuyan.

Ejercicio 14.17: Analice los efectos de una recesión sobre el tipo de interés

---

[10]Los hogares se comportan de esta forma para suavizar los efectos de la disminución de la renta sobre su consumo futuro.

real de equilibrio, (a) si la cuantía de la disminución del consumo hubiera sido igual que la cuantía de la disminución de la renta, y (b) si la cuantía de la disminución del consumo hubiera sido mayor que la cuantía de la disminución de la renta.

En lo que respecta al mercado de dinero, la condición de equilibrio (14.9) expresada únicamente como función de las variables endógenas del modelo es la siguiente:

$$M^d(r, Y, P) = M^s \qquad (14.11)$$

En este caso la disminución de la producción de equilibrio y el aumento del tipo de interés real de equilibrio desplazan la función de demanda de dinero hacia la izquierda. En consecuencia, como ilustra el Gráfico 14.8, el precio de equilibrio del dinero disminuye y el nivel de precios de equilibrio aumenta.

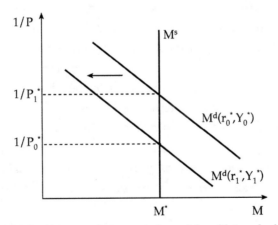

Gráfico 14.8: *Las recesiones en el modelo clásico de los ciclos: el mercado del dinero.*

En resumen, cuando se produce una recesión en el modelo clásico de los ciclos, la producción, el empleo, el salario real, el consumo y la inversión de equilibrio disminuyen y el tipo de interés real y el nivel de precios de equilibrio aumentan.

Ejercicio 14.18: Suponga que la autoridad económica de un país determina que su economía está entrando en una recesión. Utilice el modelo clásico *de los ciclos para analizar los efectos de, (a) un aumento del gasto público; (b) una disminución del impuesto sobre la renta del trabajo; y (c) una expansión monetaria. (d) ¿Cuál de estas tres medidas recomendaría para paliar los efectos negativos de la recesión?*

14.2.3 Las políticas expansivas en el modelo clásico

En el modelo clásico de los ciclos las recesiones hacen que la función de demanda de trabajo se desplace hacia la izquierda y, desde ese mercado, se propagan al resto de la economía. Por lo tanto, en este modelo la forma más eficiente de paliar los efectos negativos de las recesiones es diseñar políticas económicas que incentiven la demanda de trabajo. Sin embargo, en el mundo real las políticas de este tipo suelen ser poco efectivas, porque es muy difícil obligar a las empresas a crear empleo en contra de su voluntad.

Ejercicio 14.19: Lucas cada vez tiene más dudas sobre la conveniencia de las políticas de estabilización. Pensando sobre este asunto, le han surgido las siguientes dudas: uno de sus primos es pescador y Lucas sabe que las horas que trabaja fluctúan mucho, porque los barcos no salen a pescar cuando el mar está peligroso. A Lucas se le ha ocurrido que las autoridades podrían estabilizar la producción de su primo obligándole a pescar los días de temporal, pero a cualquiera se le alcanza que esa política sería un disparate. Lucas se pregunta si no ocurrirá algo parecido con las políticas de estabilización en general, y le gustaría saber cuáles son las razones que justifican la intervención del sector público en la economía para paliar los efectos de las recesiones. Ayude a Lucas a descubrir cuáles son esas razones.

Las preguntas que nos plantea el Ejercicio 14.19 son relativamente complicadas. Para ayudarle a Lucas a contestarlas y para contestar, de paso, al Ejercicio 14.18, en los apartados siguientes se analizan los efectos de las políticas expansivas en el modelo clásico de los ciclos. En esos apartados vamos a aprender que la política económica tiene muy poco margen de actuación en el modelo clásico porque ni el gasto público, ni los impuestos sobre la renta del trabajo, ni las políticas monetarias afectan directamente a la demanda de trabajo, que es el mercado a través del que se propagan las recesiones.

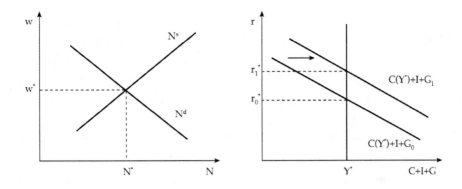

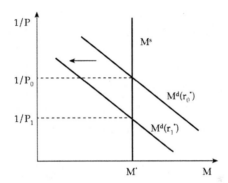

Gráfico 14.9: *Los aumentos del gasto público en el modelo clásico de los ciclos.*

Los aumentos del gasto público

Supongamos que, para contrarrestar los efectos de una recesión, las autoridades económicas del modelo clásico deciden aumentar el gasto público. Según las ecuaciones que describen el modelo, los aumentos en el gasto público afectan directamente al mercado de productos, desplazando hacia la derecha la función de gasto, e indirectamente al mercado de dinero, desplazando hacia la izquierda la demanda de dinero, pero no afectan al mercado de trabajo.

Como ilustra el Gráfico 14.9, los efectos de un aumento del gasto público en la economía clásica analizados con más detalle son los siguientes: (a) las funciones que describen la demanda y la oferta de trabajo no cambian y por lo tanto el salario real y el empleo de equilibrio permanecen constantes; (b) como el empleo de equilibrio no cambia la producción agregada tampoco lo hace; (c) el aumento del gasto público provoca un desplazamiento hacia la derecha de la función que describe el gasto y el tipo de interés real de equilibrio aumenta para contrarrestar el exceso de demanda de productos; (d) como consecuencia del aumento del tipo de interés real de equilibrio, el consumo y la inversión de equilibrio disminuyen; (e) el aumento del tipo de interés real de equilibrio hace que aumente el coste de oportunidad del dinero y, en consecuencia, la función de demanda de dinero se desplaza hacia la izquierda, el precio de equilibrio del dinero disminuye y el nivel de precios de equilibrio aumenta; y (g) como la oferta monetaria no ha cambiado, la cantidad de dinero de equilibrio permanece constante.

En resumen, en el modelo clásico de los ciclos los aumentos del gasto público desplazan al consumo y a la inversión pero no contribuyen a aumentar ni la producción ni el empleo de equilibrio. Más concretamente, si en el modelo clásico de los ciclos aumenta el gasto público, el nivel de precios y el tipo de interés real de equilibrio aumentan, el consumo y la inversión de equilibrio disminuyen y la producción, el empleo, el salario real y la cantidad de dinero permanecen constantes.

Las disminuciones del impuesto sobre la renta del trabajo

Otra política fiscal expansiva es reducir el impuesto sobre la renta del trabajo. Según las ecuaciones que describen el modelo clásico, desplazando hacia la derecha la función de oferta de trabajo, e indirectamente al mercado de productos y al mercado del dinero, desplazando hacia la derecha la función de gasto y la función de demanda de dinero.

Como ilustra el Gráfico 14.10, los efectos de una reducción del impuesto sobre la renta del trabajo en el modelo clásico analizados con más detalle son los siguientes: (a) el empleo de equilibrio aumenta y el salario real de equilibrio disminuye debido al desplazamiento hacia la derecha de la función de oferta de trabajo que se produce como consecuencia de la disminución del tipo impositivo; (b) la producción y, por lo tanto, la renta de equilibrio aumentan como consecuencia del aumento del empleo, (c) las funciones de consumo y de gasto se desplazan hacia la derecha como consecuencia del aumento de la renta; (d) el tipo de interés real de equilibrio disminuye

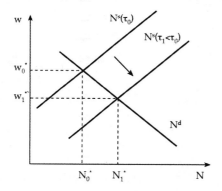
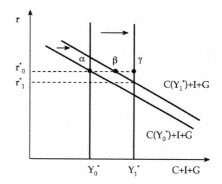

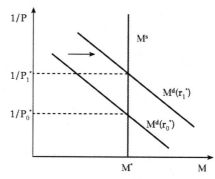

Gráfico 14.10: *Las disminuciones del impuesto sobre la renta del trabajo en el modelo clásico de los ciclos.*

porque el aumento del ahorro producido por el aumento de la renta hace que el aumento inicial del gasto, $\alpha\beta$, sea menor que el aumento de la renta, $\alpha\gamma$; (e) la inversión de equilibrio aumenta como consecuencia de la disminución del tipo de interés real; (f) el precio de equilibrio del dinero aumenta y el nivel de precios de equilibrio disminuye porque la disminución del tipo de interés real hace que la demanda de dinero se desplace hacia la derecha, y (g) la cantidad de dinero de equilibrio permanece constante porque la oferta monetaria no ha cambiado.

En resumen, en el modelo clásico de los ciclos las disminuciones del impuesto sobre la renta del trabajo hacen que la producción, el empleo, la inversión y el consumo de equilibrio aumenten, que el tipo de interés real, el salario real y el nivel de precios de equilibrio disminuyan, y no afectan a la cantidad de dinero de equilibrio.

Ejercicio 14.20: Irene cada vez está más confundida. Si las reducciones de los impuestos son tan beneficiosas para la economía, ¿por qué la mayoría de los gobiernos se resisten a bajar los impuestos? Conteste la pregunta que se acaba de plantear Irene.

La mejor forma de contestar a Irene es recordarle que el análisis de los ciclos que se hace en este tema no tiene en cuenta las consecuencias de las políticas fiscales expansivas sobre el déficit del sector público ni sobre las expectativas de los hogares y que los posibles efectos de las reducciones de los impuestos sobre estas variables pueden desaconsejar su uso.

Ejercicio 14.21: Analice los efectos de una disminución de los tipos impositivos sobre el déficit del sector público.

Aunque a primera vista pueda parecer sorprendente, las disminuciones en los impuestos pueden hacer que el déficit público disminuya. El razonamiento que se utiliza para justificar esta posibilidad es el siguiente: la recaudación fiscal de los impuestos sobre la renta, T, depende de dos factores: del tipo de medio de gravamen y de la renta. En concreto se cumple que $T = \tau Y$. Si el tipo impositivo disminuye, por ejemplo en un 5 %, puede ocurrir que la renta aumente en una proporción mayor o menor. Si la renta aumenta en una proporción mayor, o sea en más de un 5 %, la recaudación aumentará y el déficit público disminuirá y si aumenta en menos de un 5 % ocurrirá lo contrario.

Dada la naturaleza cualitativa del modelo de los ciclos, no se puede determinar cuál de estos dos efectos, la disminución de los tipos o el aumento de la base, es el dominante, pero la mayoría de los estudios empíricos parecen concluir que las cuantías de los cambios en la renta inducidos por las disminuciones de los tipos impositivos son relativamente pequeñas y, en consecuencia, parecen confirmar que este tipo de políticas expansivas tienden a aumentar el déficit público.

Otro de los posibles efectos secundarios de las reducciones de los tipos impositivos que escapa a las posibilidades de este tema son los cambios que estas medidas inducen en las expectativas de los hogares. Supongamos que el gobierno anuncia una disminución en los tipos marginales del impuesto sobre la renta, ¿qué nos garantiza que esa medida vaya a ser permanente?, ¿cómo podemos estar seguros de que el sector público no vaya a cambiar el signo de su política como consecuencia del previsible aumento del déficit público, o que no vaya a verse obligado a reducir el gasto público?

Otra vez estamos ante preguntas difíciles de contestar. Por una parte, es evidente que los presupuestos del sector público no pueden ser permanentemente deficitarios, porque llegará un momento en que incluso el sector público agote su crédito. Pero también es cierto que el margen de endeudamiento del sector público es muy amplio. En cualquier caso, aunque la respuesta definitiva a esas preguntas escape a las posibilidades de nuestro análisis, debemos quedarnos con la idea de que las expectativas de los hogares juegan un papel muy importante en la determinación de los efectos de la política fiscal y que las conclusiones a las que llega el análisis dinámico que tiene en cuenta esas expectativas pueden ser muy distintas a las que se obtienen de los análisis estáticos como el que se hace en estas páginas.

Los aumentos de la oferta monetaria

Supongamos ahora que para paliar los efectos negativos de una recesión las autoridades económicas del modelo clásico de los ciclos deciden aumentar la oferta monetaria. Según las ecuaciones que describen el modelo, la oferta monetaria afecta directamente al mercado de dinero, desplazando hacia la derecha la función de oferta de dinero, pero, quizás sorprendentemente, no afectan de ninguna manera a los restantes mercados de la economía.

Como ilustra el Gráfico 14.11, los efectos de un aumento de la cantidad de dinero en el modelo clásico analizados con más detalle son los siguientes: (a) el precio de equilibrio del dinero disminuye y el nivel de precios de equilibrio y la cantidad de dinero de equilibrio aumentan debido al desplazamiento hacia la derecha de la oferta monetaria, y (b) como el nivel de precios no afecta a ninguna de las restantes ecuaciones que describen el modelo, la política monetaria no afecta a los valores de equilibrio de las restantes variables endógenas del modelo.

Técnicamente estos resultados establecen que en el modelo clásico de

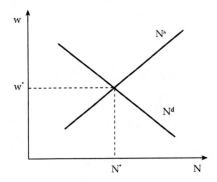
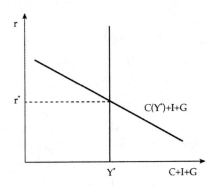

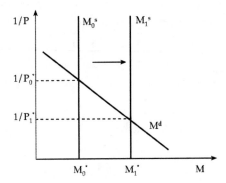

Gráfico 14.11: *Las aumentos de la oferta monetaria en el modelo clásico de los ciclos.*

los ciclos el dinero es neutral. La neutralidad del dinero es una propiedad que presentan la mayoría de los modelos que suponen que los precios son flexibles y que los mercados se vacían de inmediato. En cambio, en el modelo keynesiano de los ciclos que se describe en el apartado siguiente vamos a aprender que la política monetaria no es neutral.

14.3 EL ANÁLISIS KEYNESIANO DE LOS CICLOS

En el apartado anterior hemos aprendido que la idea esencial del enfoque clásico es que los precios fluctúan libremente y que vacían los mercados. Posiblemente el mercado que más se acerca al ideal clásico sea la bolsa. En ese mercado los compradores y los vendedores negocian entre sí. Los compradores pujan —por ejemplo, alguien quiere un paquete de acciones a un precio determinado— y los vendedores piden —alguien ofrece las acciones a otro precio— hasta que una puja y una oferta coinciden y se produce la transacción que vacía el mercado y agota los beneficios del intercambio. Para que esto ocurra tiene que haber un número de compradores y de vendedores potenciales suficientemente alto, y las mercancías tienen que ser suficientemente homogéneas como para que ningún participante individual pueda influir en los precios.

En cambio, el enfoque keynesiano parte de unos supuestos muy distintos a los del enfoque clásico. Los economistas keynesianos suponen que los vendedores fijan los precios en función de sus costes y de sus estimaciones de la demanda del mercado y que no los negocian directamente con los compradores. Los compradores se limitan a observar los precios que los vendedores han fijado y deciden cuánto comprar. Por último, los vendedores corrigen los posibles desajustes modificando sus precios esporádicamente cuando los costes de producción o las condiciones de la demanda ha cambiado lo suficiente como para justificar esos cambios.

Ejercicio 14.22: A Lucas le gustaría saber si los supuestos keynesianos sobre comportamiento de los vendedores son consistentes con el hecho de que el objetivo de las empresas sea maximizar sus beneficios. Intente resolver la duda de Lucas.

La respuesta a la pregunta que se plantea Lucas en el Ejercicio 14.22 es que el comportamiento de los vendedores que se describe en el párrafo anterior maximiza los beneficios siempre que haya costes asociados a cambiar los precios y que los vendedores tengan poder de mercado. Para que los vendedores tengan poder de mercado, tienen que ser pocos o las mercancías tienen que estar suficientemente diferenciadas. Cuando se dan esas circunstancias, los precios tardan mucho en responder a los excesos de oferta y de demanda y pueden producirse situaciones de desequilibrio prolongadas en los distintos mercados. Como vamos a aprender en las páginas que siguen, una consecuencia de estos supuestos es que las políticas de estabilización tienen más margen de actuación que en el modelo clásico para mejorar el bienestar de los hogares.

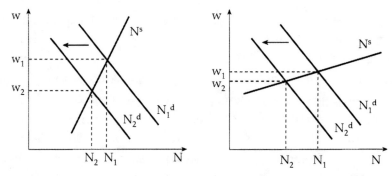

Gráfico 14.12: *Las fluctuaciones de los salarios y del empleo.*

Uno de los argumentos que los economistas keynesianos utilizan para justificar estos supuestos es el desempleo que se produce en la recesiones. Para estos economistas, el hecho de que los salarios no disminuyan a pesar de la caída del empleo es una prueba evidente de que el mecanismo del mercado no funciona como mantienen los economistas clásicos. Para mejorar esta situación y favorecer la recuperación de la producción y del empleo, los economistas keynesianos recomiendan la intervención discrecional del sector público. Ante esta crítica, los defensores del enfoque clásico argumentan que los precios son el resultado de las decisiones de las empresas y los hogares. Si los salarios elevados son causa del desempleo, los economistas clásicos les preguntan a los keynesianos que qué es lo que impide que los salarios disminuyan hasta hacer que el desempleo desaparezca. Dicho con otras palabras, los economistas clásicos insisten en que el análisis keynesiano debe reconciliar las rigideces en los precios y en los salarios con la racionalidad de los agentes económicos.

14.3.1 Salarios rígidos

El primer argumento que los economistas keynesianos ofrecen para justificar la rigidez de los salarios se basa en los datos. Es innegable que a frecuencias cíclicas los salarios reales fluctúan mucho menos que el empleo.[11] Como ilustra el Gráfico 14.12, para justificar al mismo tiempo el comportamiento cíclico observado del salario real y del empleo, la pendiente de la función

---

[11]En la economía de los Estados Unidos las horas trabajadas fluctúan un 67 % más que el salario real, y en la economía española el empleo fluctúa un 57 % más que el salario real.

de oferta de trabajo tiene que ser relativamente pequeña, mucho menor de lo que sugieren la mayoría de los trabajos empíricos.

Además de ofrecer este argumento empírico, los economistas keynesianos cuestionan que la respuesta de los hogares a las reducciones del salario real sea trabajar menos horas. Según los economistas keynesianos, las disminuciones del empleo que se producen durante las recesiones se deben sobre todo a despidos involuntarios. Cuando una empresa quiere reducir su plantilla, no suele negociar el salario con los trabajadores afectados. Normalmente a los trabajadores despedidos se les comunica que han cesado en su puesto de trabajo y a los trabajadores que siguen en la plantilla se les mantiene el salario.

Otras razones que según los economistas keynesianos justifican la rigidez del salario real son las siguientes: los salarios mínimos y los convenios colectivos limitan considerablemente la flexibilidad de los salarios; la selección adversa que se produce cuando los empresarios bajan el salario real de toda la plantilla —corren el riesgo de perder a los trabajadores más cualificados, que son los que pueden encontrar otro puesto de trabajo con más facilidad, y de quedarse con los menos cualificados, y los problemas de incentivos que se producen cuando los empresarios bajan el salario real de toda la plantilla —los trabajadores tienden a esforzarse menos y su productividad disminuye; si la cuantía de esta disminución es lo suficientemente grande, la reducción de los salarios puede hacer que los beneficios de las empresas disminuyan.

Ejercicio 14.23: A Irene los argumentos de los economistas keynesianos le han parecido muy razonables, pero le ha surgido la siguiente duda: si el salario real del modelo keynesiano no es el salario que vacía el mercado de trabajo, entonces ¿cómo se determina el salario? Intente resolver esta duda de Irene.

Para contestar a la pregunta que plantea el Ejercicio 14.23, los economistas keynesianos proponen la teoría del salario real eficiente. Los postulados principales en los que se basa esta teoría son los siguientes: la productividad del trabajo depende del salario real; los trabajadores que se sienten bien pagados —o sea, los que creen que su salario es mayor que su coste de oportunidad— no quieren perder sus puestos de trabajo y trabajan mejor; y

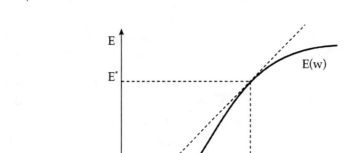

Gráfico 14.13: *La función de esfuerzo y el salario real de eficiencia.*

los costes salariales adicionales que resultan de pagar los salarios eficientes se compensan en parte con los costes de la ineficiencia y con los costes de la supervisión en los que incurren las empresas que pagan a sus empleados salarios reales menores.

Formalmente, la teoría de los salarios eficientes se representa mediante una función que cuantifica la relación que existe entre el salario que perciben los trabajadores y el esfuerzo con el que desempeñan su trabajo. Esta función es la función de esfuerzo y, como ilustra el Gráfico 14.13, sus características principales son las siguientes: cuando el salario real es muy bajo, los trabajadores se esfuerzan muy poco; a partir de un determinado salario, el esfuerzo aumenta mucho con el salario y, cuando el salario real es muy alto, los trabajadores no pueden esforzarse más y el esfuerzo aumenta muy poco con el salario.

El salario real de eficiencia —que vamos a llamar w_E— es el valor del salario real que maximiza el esfuerzo por unidad de salario. Gráficamente, el valor del esfuerzo por unidad de salario coincide con la pendiente del rayo que une el origen con cada punto de la función de esfuerzo y, en consecuencia, el salario de eficiencia es el valor de la pendiente del rayo más inclinado. El modelo keynesiano de los ciclos adopta esta teoría y supone que las empresas siempre pagan a sus trabajadores el salario real de eficiencia. Formalmente este supuesto equivale a suponer que el salario real que resuelve el modelo keynesiano es $w^* = w_E$.

14.3.2   Precios rígidos

Además de suponer que el salario real es rígido, los economistas keynesianos suponen que el precio de la producción también se ajusta lentamente a las variaciones de la oferta y de la demanda o, lo que es lo mismo, suponen que el nivel de precios también es rígido. Los principales argumentos que ofrecen para justificar la rigidez de los precios son la competencia monopolística y los costes de menú.

Según los economistas keynesianos, en la mayoría de las industrias hay un número relativamente pequeño de vendedores que compiten con productos diferenciados. Esta estructura de mercado, que técnicamente se llama competencia monopolística, permite a los vendedores fijar los precios de sus productos en vez de tomarlos como dados. Además, siempre que las empresas deciden cambiar los precios de sus productos incurren en costes de etiquetado e información a sus consumidores. Estos costes se llaman costes de menú y el intento de ahorrarse estos costes lleva a las empresas a cambiar los precios lo menos posible. Estos dos argumentos permiten a los economistas keynesianos a concluir que los precios responden muy lentamente a las condiciones del mercado. En los párrafos siguientes se analizan estos dos argumentos con más detalle.

En los mercados muy competitivos como la bolsa o los mercados de algunas materias primas no tiene sentido hablar de precios rígidos. Estos mercados se caracterizan porque hay un gran número de compradores y vendedores que negocian productos muy homogéneos —una acción de un banco o una tonelada de trigo, pongamos por caso. Cuando se dan estas dos condiciones, o sea cuando hay muchos vendedores y los productos son muy homogéneos, los vendedores individuales no pueden influir en los precios y no les queda más remedio que aceptar los precios que les impone el mercado. Por ejemplo, es muy difícil vender las acciones de las empresas que cotizan en la bolsa por encima de su precio de mercado.

En los mercados en los que hay menos vendedores y en los que los productos son menos homogéneos los vendedores tienen más margen para influir en los precios. El mercado de coches es un buen ejemplo de este tipo de mercados. Aunque el mercado de coches sea un mercado competitivo porque los productores compiten entre sí por los clientes, es menos competitivo que la bolsa porque hay muchos menos vendedores —cuatro o cinco grandes empresas— y porque los productos que se intercambian son relativamente diferentes —aunque se parezcan bastante, un Ford Fiesta, un Opel Corsa, un Seat Ibiza, y un Renault Clio no son iguales—. Según el enfoque keynesiano, este tipo de situaciones de mercado que permiten a las empresas fijar los precios de sus productos dentro de unos márgenes relativamente amplios son las más frecuentes.

Ejercicio 14.24: A Irene le gustaría saber por qué, si las empresas pueden realmente fijar su precios, no los cambian con más frecuencia como ocurre con los precios de los mercados competitivos.

Como ya se ha comentado anteriormente, los economistas keynesianos contestan a la objeción que plantea Irene en el Ejercicio 14.24 recurriendo a los costes de menú. El ejemplo tradicional de los costes de menú, y la razón de su nombre, son los costes en los que incurren los restaurantes al tener que imprimir nuevos menús cada vez que deciden cambiar sus precios. Pero los costes de menú no se limitan a los restaurantes, sino que afectan a la mayoría de las empresas. Cada vez que una empresa decide cambiar los precios de sus productos, tiene que volver a etiquetar las mercancías, tiene que cambiar las listas de precios, tiene que imprimir catálogos nuevos y tiene que informar a sus clientes. Por lo tanto, si las empresas pueden fijar sus precios —lo que ocurre gracias al poder de mercado que les concede la competencia monopolística— y si incurren en costes cada vez que cambian los precios, intentarán ahorrarse estos costes cambiando lo menos posible sus precios.

Ejercicio 14.25: A Lucas este último argumento no le convence demasiado. Le cuesta trabajo creer que los costes de menú puedan llegar a ser lo suficientemente grandes como para que tengan consecuencias macroeconómicas importantes. Proponga un razonamiento basado en la competencia monopolística que sirva para convencer a Lucas.

Para justificar la importancia macroeconómica de los costes de menú, los economistas keynesianos proponen el siguiente argumento: aunque en términos absolutos los costes asociados a cambiar los precios no sean muy

elevados, si las empresas compiten en un régimen de competencia monopolística, los beneficios asociados a cambiar los precios tampoco son muy
grandes. Por ejemplo, un Ford Fiesta puede costar mil euros más que un
Renault Clio de la misma cilindrada porque los dos coches son relativamente diferentes y puede que a los compradores del Fiesta les compense
pagar el sobreprecio. Por lo tanto, aunque los costes asociados a cambiar
los precios no sean muy grandes, siempre que los beneficios del cambio sean
menores que esos costes —lo que según los economistas keynesianos ocurre
con mucha frecuencia en situaciones de competencia monopolística— las
empresas optarán por no modificar los precios de sus productos.

Puesto que los economistas keynesianos mantienen que la mayoría de
los precios no se determinan por el mecanismo del mercado, la siguiente
pregunta que tienen que contestar es cómo se determinan los precios. Para contestar a esa pregunta el enfoque keynesiano recurre a la teoría de
la competencia monopolística. Esta teoría demuestra que la estrategia que
maximiza los beneficios de una empresa que tiene poder de mercado, es
cobrar un precio superior al coste marginal de sus productos.[12] Por lo tanto, el modelo keynesiano de los ciclos supone que los precios no cambian
y que son los que cobrarían las empresas en un régimen de competencia
monopolística, P_M. Ese supuesto equivale a suponer que el nivel de precios
que resuelve el modelo keynesiano es $P^* = P_M$.

14.3.3 La producción en el modelo keynesiano

Al prescindir del mercado, el enfoque keynesiano necesita una teoría alternativa para determinar la producción y el empleo. En lo que respecta a la
producción, los economistas keynesianos suponen que las empresas responden a los cambios en la demanda de sus productos ajustando la producción.
Las empresas se comportan de este modo porque los precios que han fijado
son mayores que sus costes marginales y pueden vender unidades adicionales de sus productos sin incurrir en pérdidas. Por ejemplo, si se producen
aumentos inesperados en la demanda de los productos de una empresa,
la empresa responde aumentando su producción. Si para aumentar la producción la empresa tiene que contratar más trabajo, puede hacerlo porque

---

[12]Las diferencias entre los precios de venta y los costes marginales son los márgenes
comerciales de las empresas.

está pagando a sus empleados el salario real de eficiencia y a ese salario se supone que siempre hay un exceso de oferta de trabajo. Lógicamente, si la demanda de sus productos es menor que la esperada, las empresas responden produciendo menos y reduciendo su fuerza de trabajo.

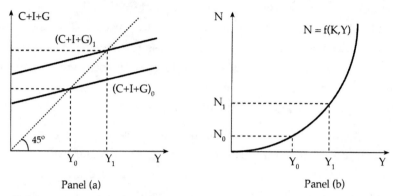

Panel (a)   Panel (b)

Gráfico 14.14: *La determinación de la producción y del empleo en el modelo keynesiano de los ciclos.*

El Panel (a) del Gráfico 14.14 ilustra cómo se determina la producción de la economía keynesiana. En ese gráfico se representa el gasto agregado, $C + I + G$, como función de la producción agregada, Y, que, como ya sabemos, coincide con la renta. La pendiente de la función de gasto es positiva porque hemos supuesto que el consumo es una función creciente de la renta.[13] Como en el modelo keynesiano se supone que las empresas producen las cantidades que sus compradores les demandan a los precios de competencia monopolística, el valor de la producción agregada, Y, coincide con el valor del gasto agregado, $C + I + G$. El Panel (a) del Gráfico 14.14 representa la producción en el eje de abscisas y el gasto en el eje de ordenadas. Por lo tanto, los valores de la producción y del gasto coinciden en los puntos que pertenecen a la recta de 45 grados—. Por ejemplo, si la función de gasto es $(C + I + G)_0$, el valor de la renta que iguala la producción y el gasto es Y_0 —o sea, la abscisa de la intersección de la función de gasto con la recta de 45 grados. Si la función del gasto se desplaza a $(C + I + G)_1$, la intersección con la recta de 45 grados cambia y el valor de la renta que iguala la producción y el gasto pasa a ser Y_1.

[13]Nótese que esta forma de representar el gasto es distinta a la que hemos utilizado en el modelo clásico de los ciclos. En el modelo clásico hemos representado el gasto como función del tipo de interés real, r, y en el modelo keynesiano como función de la renta, Y.

14.3.4 El empleo en el modelo keynesiano

Como ya hemos apuntado en el apartado anterior, los economistas keynesianos suponen que las empresas estiman la demanda de su producción y que contratan el trabajo que necesitan para producir la cantidad estimada. Si la demanda efectiva es mayor que la demanda estimada, las empresas contratan más trabajo, y si la demanda efectiva es menor que la estimada, las empresas despiden a los trabajadores sobrantes. Por lo tanto, el enfoque keynesiano supone que los precios son rígidos pero que tanto las decisiones de producción como las de empleo son muy flexibles, y que las empresas se aprovechan de esa flexibilidad para ajustar la producción y el empleo a las condiciones cambiantes de los ciclos.

El Panel (b) del Gráfico 14.14 ilustra la determinación del empleo en el modelo keynesiano. En ese gráfico se representa el empleo agregado, N, como función de la producción agregada, Y.[14] La función de empleo, $N = f(Y, K)$, determina el número de trabajadores que las empresas tienen que contratar para obtener distintas cantidades de producción. Por ejemplo, el empleo agregado necesario para producir Y_0 es N_0, y el empleo necesario para producir Y_1 es N_1.

14.3.5 El origen de los ciclos en el modelo keynesiano

Las perturbaciones exógenas que disminuyen la productividad global de los factores, z, no afectan a ninguna de las funciones que caracterizan al modelo keynesiano de los ciclos. Este resultado aparentemente extraño se debe a que en el Apartado 14.1 hemos supuesto que las variaciones en z afectan a la oferta de la economía y a que como en el enfoque keynesiano el gasto juega un papel determinante, la oferta queda relegada a un segundo plano. Concretamente el enfoque keynesiano supone que la oferta de trabajo no interviene en la solución del modelo y que la oferta de productos se ajusta de inmediato a las condiciones de la demanda.

Según el enfoque keynesiano, el origen de los ciclos hay que buscarlo en las variaciones en el gasto, y muy especialmente en las de los gastos

---

[14]La función que se representa en el Panel (b) del Gráfico 14.14 es la inversa de la función de producción agregada bajo el supuesto de que el fondo de capital permanece constante.

de inversión, que son su componente más volátil. Para los economistas keynesianos las expansiones y las recesiones tienen su origen en los periodos recurrentes de euforia y desánimo por los que pasan los empresarios —sus espíritus animales, a decir de Keynes— que se traducen en aumentos o disminuciones en los gastos de inversión. Esta idea de Keynes —que a Lucas no le ha parecido demasiado científica— no es más que una manera un tanto poética de decir que el origen de los ciclos es exógeno al modelo —como lo era en el modelo clásico— y que las recesiones afectan sobre todo al gasto de la economía y, más concretamente, a los gastos de inversión.[15]

Para incorporar estas ideas al modelo keynesiano de los ciclos, suponemos que cuando z aumenta los empresarios se sienten eufóricos y aumentan la inversión y que cuando z disminuye los empresarios se desaniman y la inversión disminuye.[16] Concretamente, el modelo keynesiano de los ciclos supone que la función de inversión es la siguiente:

$$I = f(\overset{-}{r}, \overset{+}{\text{PMgK}^e}, \overset{+}{z})$$
(14.12)

14.3.6 La solución keynesiana del modelo

El sistema de ecuaciones que caracteriza el comportamiento de los hogares y de las empresas del modelo keynesiano de los ciclos es el siguiente:

$$\left.\begin{array}{rcl} w &=& w_E \\ P &=& P_M \\ C &=& f(r, Y, Y^e) \\ I &=& f(r, \text{PMgK}^e, z) \\ N &=& f(Y, K) \\ M^d &=& f(P, r, Y, \pi^e) \end{array}\right\}$$
(14.13)

Igual que ocurría con el modelo clásico, el modelo keynesiano se completa con la especificación del gasto público, del impuesto sobre la renta laboral y de la oferta monetaria, (G, τ, M^s), que son las tres variables de política económica que estamos considerando en este tema.

---

[15]En el Apartado 9.4 del Tema 9 hemos aprendido que en las economías del mundo real los gastos de inversión son mucho más volátiles que los restantes componentes del gasto. Por lo tanto, los datos son consistentes con este supuesto keynesiano.

[16]Una forma equivalente de formalizar este supuesto es suponer que las perturbaciones que originan los ciclos afectan a la productividad marginal del capital esperada.

Si comparamos el sistema de ecuaciones (14.13) con el sistema que caracteriza el modelo clásico, nos damos cuenta de que en el modelo keynesiano hemos omitido las funciones que describen la oferta y la demanda de trabajo y que las hemos sustituido por dos funciones que establecen que el salario real es el salario de eficiencia, $w = w_E$, y que la producción es el principal determinante del empleo, $N = f(Y, K)$. Como el enfoque keynesiano supone que las empresas pagan a sus trabajadores el salario de eficiencia, y que éste es mayor que el salario que vacía el mercado, la función de oferta de trabajo se vuelve irrelevante y no interviene en la solución del modelo. Además, el enfoque keynesiano supone implícitamente que cuando las empresas pagan a sus trabajadores el salario de eficiencia siempre hay un exceso de oferta de trabajo.

Como también hemos supuesto que las empresas del modelo keynesiano producen las cantidades necesarias para atender la demanda de sus productos, y que contratan la mano de obra que necesitan para producir esas cantidades, la función de demanda de trabajo tampoco interviene en la solución del modelo. La función de inversión establece que el origen de los ciclos son las perturbaciones exógenas en los gastos de inversión y, por último, la segunda ecuación del sistema indica que el nivel de precios es siempre el nivel de precios de competencia monopolística, $P = P_M$.

El modelo keynesiano de los ciclos también es un modelo estático y por lo tanto, como ocurría con el modelo clásico, se puede resolver pero no se puede simular. La definición formal de la solución del modelo keynesiano es la siguiente:

Definición 14.1: Solución del modelo keynesiano. Dada una especificación de la política económica, (G, τ, M^s) y unos valores para las variables exógenas del modelo, $(z, K, Y^e, PMgK^e, \pi^e)$, la solución del modelo keynesiano es un vector de valores para el consumo, la inversión, la producción, el empleo y el dinero, $(C^*, I^*, Y^*, N^*, M^*)$, y un vector de valores para el tipo de interés real, el salario real y el nivel de precios, (r^*, w^*, P^*) que cumplen las siguientes condiciones:

$$\left.\begin{array}{rcl} C(Y, r) + I(r) + G &=& Y \\ M^d(Y, r) &=& M^s \\ N &=& f(Y) \\ w^* &=& w_E \\ P^* &=& P_M \end{array}\right\} \tag{14.14}$$

La comparación entre la solución del modelo keynesiano y el equilibrio del modelo clásico es muy ilustrativa de las diferencias que hay entre los dos enfoques. El enfoque clásico recurre al supuesto único de que los precios fluctúan libremente hasta vaciar los mercados para determinar los valores de todas las variables endógenas. Por el contrario, el enfoque keynesiano recurre a una teoría específica para cada mercado: utiliza la teoría del salario de eficiencia para determinar el salario real, utiliza la teoría de la competencia monopolística para determinar el nivel de precios, y supone que el gasto determina la producción y el empleo.

La solución gráfica del modelo keynesiano es un poco más complicada que la del modelo clásico. Las complicaciones adicionales se deben a que tenemos que encontrar los valores de la producción y del tipo de interés real que resuelven simultáneamente las dos primeras ecuaciones del sistema (14.14). Una forma de resolver esta dificultad es transformar esas dos ecuaciones en funciones que nos permitan determinar explícitamente los valores de la renta y del tipo de interés real que resuelven el modelo.

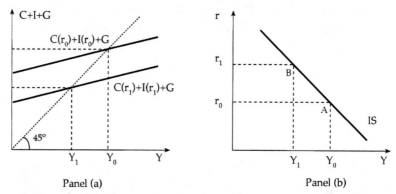

Panel (a)   Panel (b)

Gráfico 14.15: *La función IS es el lugar geométrico de los pares* (Y, r) *que vacían el mercado de productos.*

Supongamos que el tipo de interés real fuera r_0. Entonces, como ilustra el Panel (a) del Gráfico 14.15, el valor de la renta que haría que la producción y el gasto coincidieran sería Y_0. En el Panel (b) del Gráfico 14.15 el punto A representa el par de valores, (Y_0, r_0), que resolverían el mercado de productos en este caso. Supongamos ahora que el tipo de interés real de la economía aumentara y pasara a ser $r_1 > r_0$. Al producirse este cambio, la función de consumo, la función de inversión y la función de gasto se desplazarían hacia abajo, tal y como ilustra el Panel (a) del Gráfico 14.15. En este caso, el valor de la renta que haría que la producción y el gasto coincidieran sería Y_1. En el Panel (b) del Gráfico 14.15 el punto B representa el par de valores, (Y_1, r_1), que resolverían el mercado de productos en este caso.

Si repitiéramos este razonamiento para otros valores del tipo de interés real, obtendríamos los restantes puntos de la función que está representada en el Panel (b) del Gráfico 14.15. Esa función es el lugar geométrico de los pares (Y, r) que resuelven el mercado de la producción del modelo keynesiano y se llama la función IS.[17] La propiedad que más nos interesa de la función IS es que su pendiente es negativa. Esta propiedad se debe a que, como acabamos de ver, cuanto mayor es el tipo de interés real, menor es el gasto y, por lo tanto, menor es el valor de la producción que resuelve el modelo.

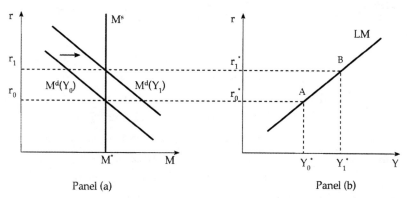

Panel (a)   Panel (b)

Gráfico 14.16: *La función LM es el lugar geométrico de los pares (Y, r) que vacían el mercado del dinero.*

El Gráfico 14.16 repite el razonamiento anterior para el mercado del dinero. En el Panel (a) de ese gráfico se representa la demanda de dinero como función del tipo de interés real bajo el supuesto keynesiano de que el nivel de precios está dado.[18,19]

---

[17]El nombre de la función IS se debe a las iniciales de "investment z "saving".

[18]Nótese que esta forma de representar la demanda de dinero es distinta a la que hemos usado en el modelo clásico. En el modelo clásico hemos representado la demanda de dinero como función del precio del dinero, $1/P$, y en el modelo keynesiano como función del tipo de interés real, r.

[19]Nótese también que, como ya se ha comentado en el Apartado 14.1.4, el tipo de interés real, r, mide el coste de oportunidad del dinero y, por lo tanto, la demanda de dinero es una función decreciente de r.

Supongamos que la renta del modelo fuera Y_0. Entonces, como ilustra el Panel (a) del Gráfico 14.16, la función de demanda de dinero sería $M^d(Y_0)$ y el valor del tipo de interés real que igualaría la oferta y la demanda de dinero sería r_0. En el Panel (b) del Gráfico 14.16 los valores de la renta y del tipo de interés real que vaciarían el mercado de dinero en este caso son las coordenadas del punto A.

Supongamos ahora que la renta aumentase y que pasara a ser $Y_1 > Y_0$. Al producirse este cambio, los hogares y las empresas aumentarían su demanda de medios de pago y, en consecuencia, la demanda de dinero se desplazaría hacia la derecha. Como la oferta de dinero no ha cambiado, el tipo de interés real que vaciaría el mercado en este caso aumentaría, y pasaría a ser r_1. En el Panel (b) del Gráfico 14.16 los valores de la renta y del tipo de interés real que vaciarían el mercado de dinero en este caso son las coordenadas del punto B.

Si repitiéramos este razonamiento para otros valores de la renta, obtendríamos los restantes puntos de la función que está representada en el Panel (b) del Gráfico 14.16. Esa función es el lugar geométrico de los pares (Y, r) que resuelven el mercado de dinero del modelo keynesiano y se llama función LM.[20] La propiedad que más nos interesa de la función LM es que su pendiente es positiva. Esta propiedad se debe a que cuanto mayor es la renta, mayor es la demanda de dinero y el tipo de interés real que resuelve el modelo también es mayor.

Ejercicio 14.26: Utilice las funciones IS y LM para obtener los valores del tipo de interés real y de la renta que solucionan el modelo keynesiano.

El Gráfico 14.17 nos ayuda a resolver el modelo keynesiano y contesta a la pregunta que plantea el Ejercicio 14.26. Los valores de la renta y del tipo de interés real que resuelven el modelo son precisamente (Y^*, r^*), porque ésos son los valores que vacían al mismo tiempo el mercado de la producción y el mercado del dinero y, por lo tanto, son los valores que resuelven las dos primeras ecuaciones del sistema (14.14). Una vez que hemos obtenido el valor de la producción que resuelve el modelo keynesiano, el empleo se

---

[20]El nombre de la función LM se debe a las iniciales de "liquidity demandz "money supplyz no al patrocinio de la marca de cigarrillos, como se le acaba de ocurrir a Lucas.

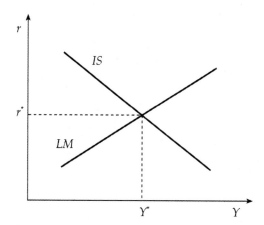

Gráfico 14.17: *La solución del modelo keynesiano de los ciclos.*

determina de un modo inmediato ya que el enfoque keynesiano supone que las empresas pagan a sus trabajadores el salario real de eficiencia y que a ese salario pueden contratar toda la mano de obra que necesiten. Concretamente, el empleo que resuelve el modelo keynesiano es $N^* = f(Y^*)$. La determinación de los valores del consumo y de la inversión que resuelven el modelo también es inmediata una vez que sepamos cuáles son los valores de Y^* y r^*. Concretamente, $C^* = C(Y^*, r^*)$ e $I^* = I(r^*)$. Por último, como establecen las dos últimas ecuaciones del sistema (14.14), el nivel de precios que soluciona el modelo es el de la competencia monopolística, $P^* = P_M$, y el salario real que soluciona el modelo es el salario real de eficiencia, $w^* = w_E$.

14.3.7 Las recesiones en el modelo keynesiano

Para simular los efectos de las recesiones en el modelo keynesiano también vamos a resolver el modelo para dos valores distintos de z, y vamos a comparar gráficamente las dos soluciones. Supongamos que partimos de una situación inicial estacionaria y que las expectativas de los empresarios empeoran. En el modelo keynesiano, este cambio se manifiesta como una disminución de z que desplaza hacia abajo la función del gasto y hacia la izquierda la función *IS*.

El Gráfico 14.18 ilustra estos cambios. Si los empresarios piensan que las condiciones económicas han empeorado o que la productividad margi-

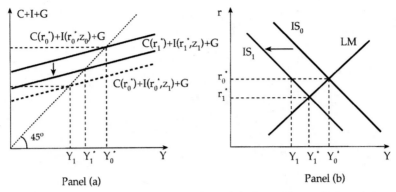

Gráfico 14.18: *Las recesiones en el modelo keynesiano de los ciclos.*

nal del capital esperada va a disminuir, disminuirán sus gastos de inversión. Esta disminución del gasto hace que el tipo de interés real que resuelve el modelo disminuya para todos los niveles de renta. Formalmente estos cambios provocan un desplazamiento hacia la izquierda de la función *IS*, pero no afectan a la función *LM*. Como consecuencia de este desplazamiento, los valores de la producción y del tipo de interés real que resuelven el modelo disminuyen.

Las consecuencias inducidas por estos cambios son las siguientes: (a) el empleo disminuye; (b) la inversión disminuye a pesar de la disminución del tipo de interés real porque hemos supuesto que la disminución de la inversión es la causa de la recesión; (c) la evolución del consumo agregado es ambigua porque se producen dos cambios que afectan al consumo en sentidos contrarios, la disminución de la renta hace que el consumo disminuya, y la disminución del tipo de interés real hace que el consumo aumente. Dada la naturaleza cualitativa del modelo, no podemos determinar cuál de estos dos efectos es el dominante, aunque parece razonable suponer que si las recesiones son lo suficientemente pronunciadas o duraderas, el efecto desincentivador del consumo de la reducción de la renta será el dominante y el consumo agregado tenderá a disminuir; y (d) como el enfoque keynesiano supone que el salario real y el nivel de precios son rígidos, sus valores no cambian con el ciclo económico. Tanto en las recesiones como en las expansiones las empresas del modelo keynesiano pagan a sus empleados el salario real de eficiencia y cobran los precios de competencia monopolística por sus productos.

Ejercicio 14.27: Suponga que la autoridad económica de un país determina que la economía está entrando en una recesión. Utilice el modelo keynesiano de los ciclos para analizar los efectos de (a) un aumento del gasto publico, (b) una disminución del impuesto sobre la renta del trabajo, y (c) una expansión monetaria. (d) ¿Cuál de estas tres medidas recomendaría para paliar los efectos negativos de la recesión?

14.3.8 Las políticas expansivas en el modelo keynesiano

En el modelo keynesiano de los ciclos las recesiones se deben a disminuciones exógenas del gasto que se propagan por toda la economía. Por lo tanto, al contrario de lo que ocurría en el modelo clásico, la forma más eficiente de paliar los efectos negativos de las recesiones en el modelo keynesiano es adoptar políticas económicas que estimulen el gasto.

Los aumentos del gasto público

Supongamos que las autoridades económicas del modelo keynesiano deciden aumentar el gasto público. Según las ecuaciones que describen la solución del modelo, las variaciones del gasto público afectan directamente al mercado de productos e indirectamente a los restantes mercados del modelo.

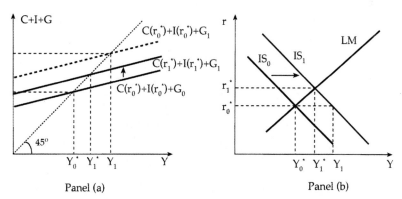

Gráfico 14.19: *Los aumentos del gasto público en el modelo keynesiano de los ciclos.*

Como ilustra el Gráfico 14.19, los efectos de un aumento del gasto público analizados con más detalle son los siguientes: (a) la producción aumenta como consecuencia del desplazamiento hacia arriba de la función del gasto; (b) como ahora para cada valor del tipo de interés real el valor de la renta que soluciona el modelo ha aumentado, la función *IS* se desplaza hacia la derecha; (c) la producción y el tipo de interés real que resuelven el modelo aumentan como consecuencia del desplazamiento hacia la derecha de la función *IS*; (d) el empleo aumenta porque las empresas contratan a más mano de obra debido al aumento de la producción; (e) la inversión disminuye debido al aumento del tipo de interés real; (f) los efectos del aumento del gasto público sobre el consumo son ambiguos: el aumento de la renta hace que aumente el consumo, pero el aumento del tipo de interés real favorece el ahorro y hace que el consumo disminuya; y (g) el nivel de precios y el salario real permanecen constantes tal y como establecen los supuestos del enfoque keynesiano.

Las disminuciones del impuesto sobre la renta laboral

Supongamos ahora que el gobierno del modelo keynesiano decide bajar el tipo impositivo de la renta del trabajo. Según las ecuaciones que describen la solución del modelo las variaciones del impuesto sobre la renta no afectan a ninguno de los tres mercados. Este resultado es una consecuencia de la teoría de los salarios eficientes, que establece que el salario de eficiencia y el empleo son independientes de la oferta de trabajo, y de la modelización la política fiscal, que ignora los efectos de la reducción de los impuestos sobre déficit público y sobre las expectativas de los hogares.

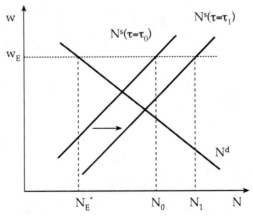

Gráfico 14.20: *Las disminuciones del impuesto sobre la renta del trabajo en el modelo keynesiano de los ciclos.*

El Gráfico 14.20 ilustra estos resultados. Si el gobierno decide disminuir el impuesto sobre la renta del trabajo, la función de oferta de trabajo se desplaza hacia la izquierda. Sin embargo, este desplazamiento no afecta ni al salario de eficiencia ni al empleo, que en el modelo keynesiano está determinado directamente por la producción e indirectamente por el gasto. Por lo tanto, los impuestos sobre la renta del trabajo no afectan a ninguna de las variables endógenas que resuelven el modelo keynesiano.

Los aumentos de la oferta monetaria

Al contrario de lo que ocurría en el modelo clásico, la rigidez del nivel de precios del modelo keynesiano hace que la política monetaria sirva para estabilizar la economía. O dicho de otra forma, en el modelo keynesiano de los ciclos el dinero no es neutral. Supongamos que el Banco Emisor aumenta la oferta monetaria. Según las ecuaciones que describen la solución del modelo, los aumentos de la oferta monetaria afectan directamente al mercado del dinero e indirectamente a los restantes mercados del modelo.

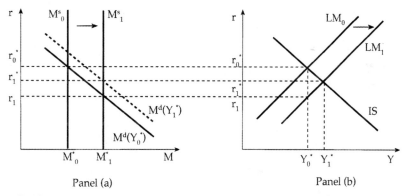

Panel (a)　　　　　　　　　　Panel (b)

Gráfico 14.21: *Los aumentos de la oferta monetaria en el modelo keynesiano de los ciclos.*

Como ilustra el Gráfico 14.21, los efectos de un aumento de la oferta monetaria en el modelo keynesiano analizados con más detalle son los siguientes: (a) la oferta monetaria se desplaza hacia la derecha y, como hay más dinero en el modelo y el nivel de precios no cambia, el tipo de interés real que iguala la oferta y la demanda de dinero disminuye para todos los niveles de renta; (b) este cambio provoca un desplazamiento hacia la derecha de la función LM; (c) el valor de la producción que resuelve el modelo

aumenta y el valor del tipo de interés real que resuelve el modelo disminuye como consecuencia del desplazamiento de la función LM; (d) el empleo
aumenta porque las empresas contratan más mano de obra para aumentar
su producción; (e) la inversión aumenta porque la expansión monetaria ha
reducido el tipo de interés real; (f) el consumo aumenta como consecuencia del aumento de la renta y de la disminución del tipo de interés real; y
(g) tal y como establecen los supuestos del enfoque keynesiano, el nivel de
precios y el salario real permanecen constantes.

Epílogo

El lector que se haya paseado con atención por estas páginas se habrá dado cuenta de que este libro es una colección de preguntas y la descripción de un método para contestarlas y no un recetario de respuestas. Esto se debe a que el análisis económico es un método y no una doctrina. Las respuestas a las preguntas que se plantea la macroeconomía las tenemos que dar cada uno.

Nunca olvidaré el asombro y la admiración que me produjeron mis primeras lecturas de economía. Veintitrés años más tarde, todavía siento una admiración parecida cuando leo los escritos de algunos de mis colegas. Si he conseguido transmitir al lector una parte pequeña de ese asombro y si este libro ha dejado al lector con ganas de seguir aprendiendo economía, habrá cumplido con creces su objetivo.

ÍNDICE ANALÍTICO